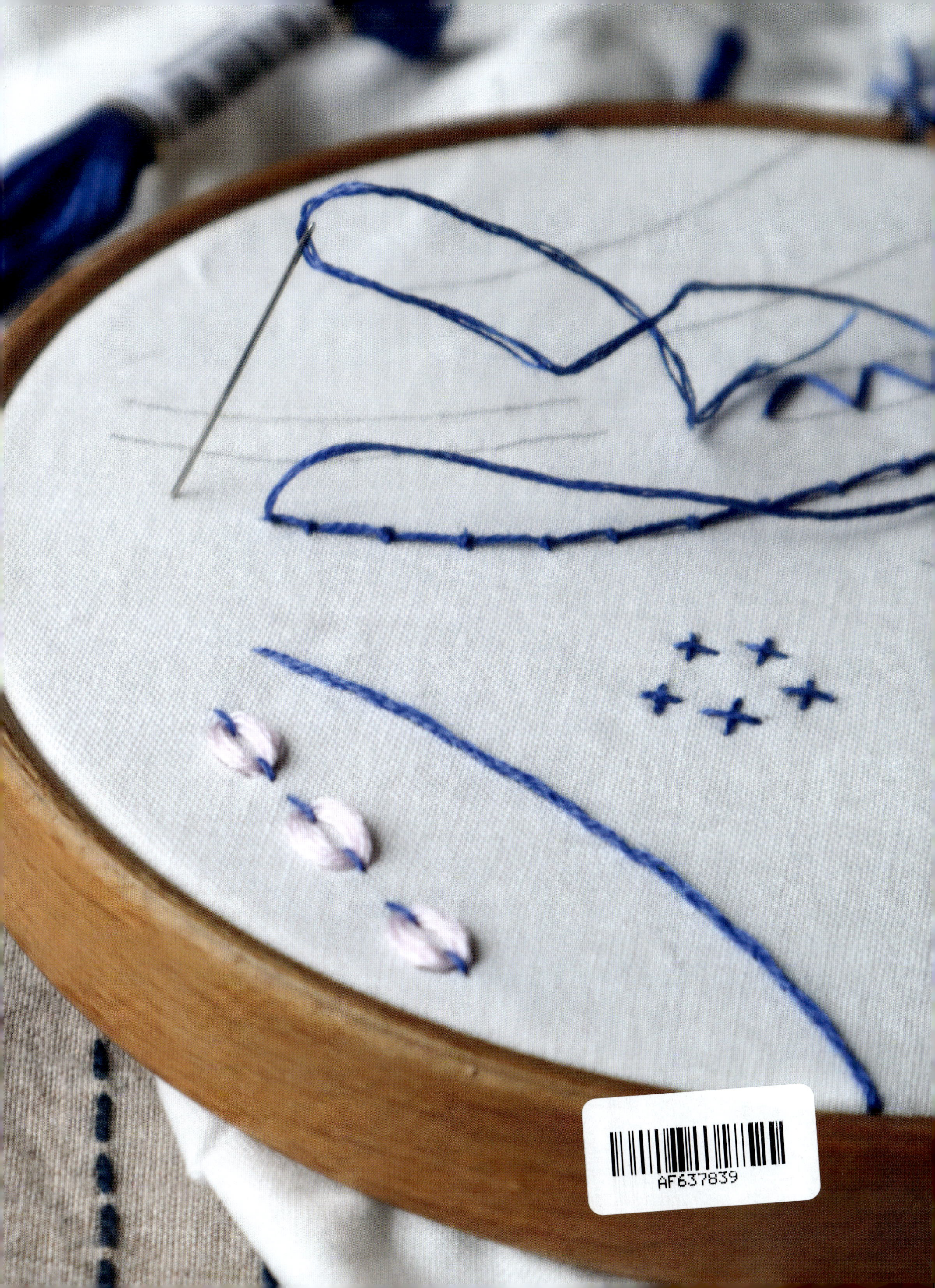

STICKEN

DIE GROSSE BIBLIOTHEK DER SCHÖNSTEN STICHE

Dieses Buch widme ich all meinen Leser:Innen, die mich über die Jahre begleitet haben.

Der Austausch mit euch beflügelt mich jedes Mal aufs Neue in dem Wunsch, noch mehr über das Sticken zu erfahren und dieses Wissen mit euch zu teilen.

Vielen Dank ihr Lieben!

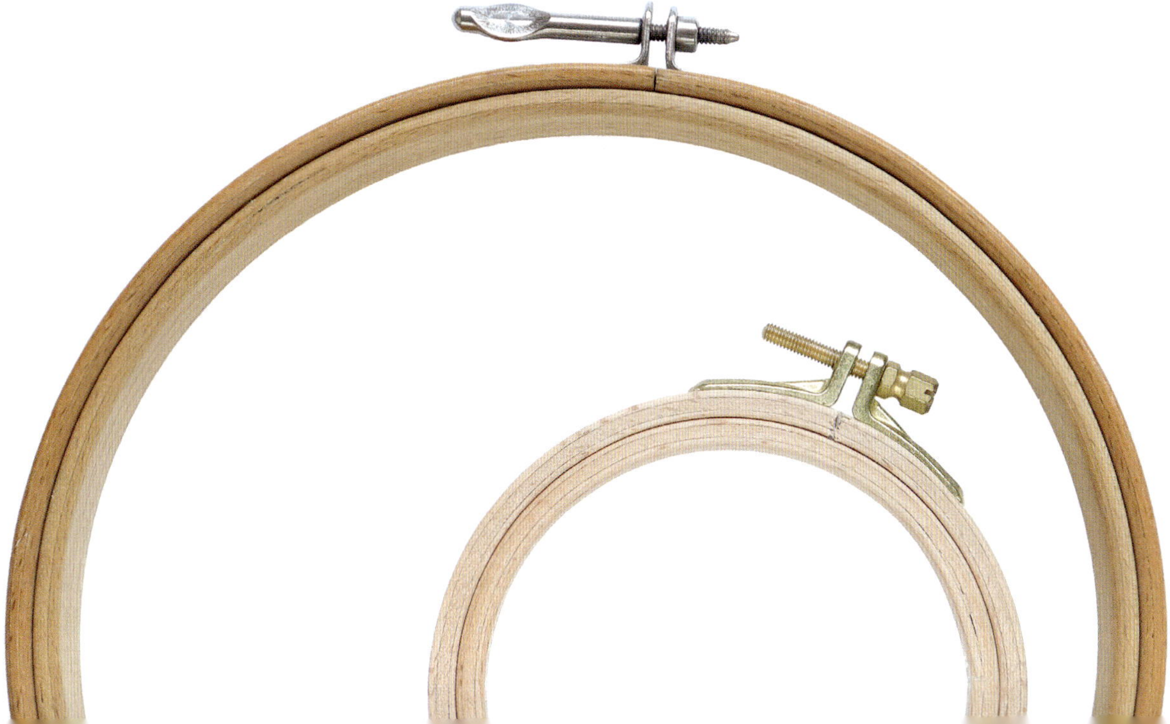

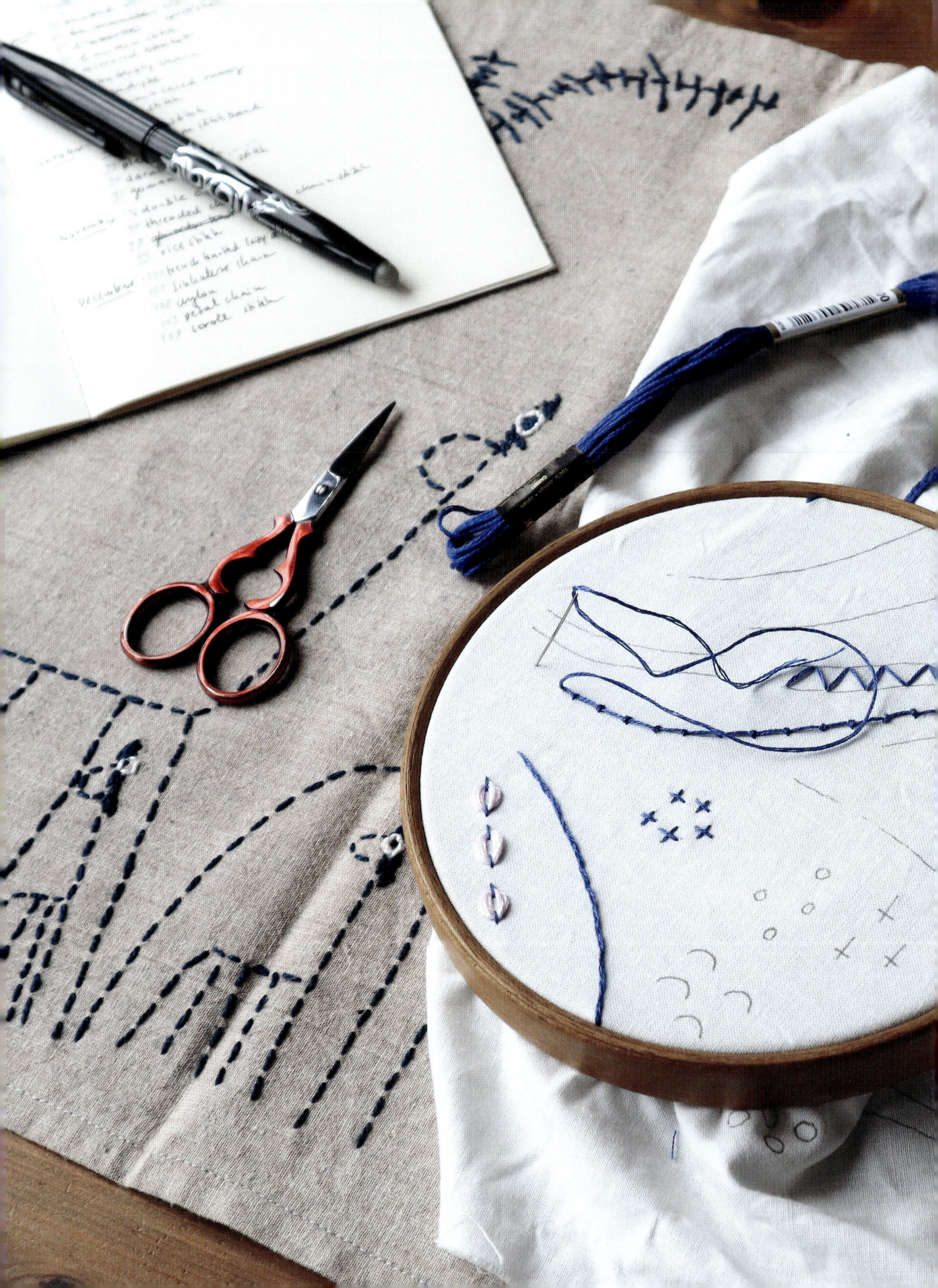

WIE VIELE STICKSTICHE BRAUCHT DER MENSCH?

In der Theorie reicht ein einziger Stich, um alle möglichen Projekte umzusetzen. Geht man jedoch einen Schritt weiter und lernt die verschiedenen Grundstiche dieser Handarbeitstechnik, hat man schon eine schöne Auswahl.

Doch wozu eigentlich noch mehr Stickstiche erlernen?

Das Sticken hebt sich in einem bedeutenden Punkt vom reinen Zeichnen oder Drucken ab: Es ist immer dreidimensional – ob man eine Linie stickt oder komplexe Knoten ... Sticken ist immer zum Anfassen.

Stiche werfen Schatten und Fäden glänzen – all das verändert sich, je nach Blickwinkel und Lichteinfall. Jeder Stickstich hat seine eigenen Charakteristika, die man ganz bewusst einsetzen kann. Und so kann ein Stickbild mit dem einen Stich ganz anders wirken, als mit einem anderen.

Die verschiedenen Texturen, die durch das Verweben, Kreuzen und Verschlingen von Fäden zustande kommen, machen jede Stickerei zu etwas Einmaligem. Es müssen nicht in jedem Projekt so viele Stiche wie möglich verwendet werden, um es schön aussehen zu lassen. Doch können unterschiedliche Stiche dazu beitragen, dass das Motiv so gut wie gewünscht zur Geltung kommt und manchmal sogar auch einfacher zu sticken ist.

Obwohl es so viele verschiedene Stiche und ihre Varianten gibt, verwenden wir oft wieder und wieder dieselben Stiche.

Ich hoffe, dass dieses Buch dich ermutigt, ein wenig zu experimentieren und andere Stiche auszuprobieren. Vielleicht findest du einen neuen Lieblingsstich, wer weiß?

Ich wünsche dir viel Spaß beim Ausprobieren und Durchstöbern der Stickstiche!

Anne Mende

Unter topp-kreativ.de/digibib kannst du die Vorlagen für dieses Buch in Originalgröße herunterladen. Den Downloadcode findest du im Impressum.

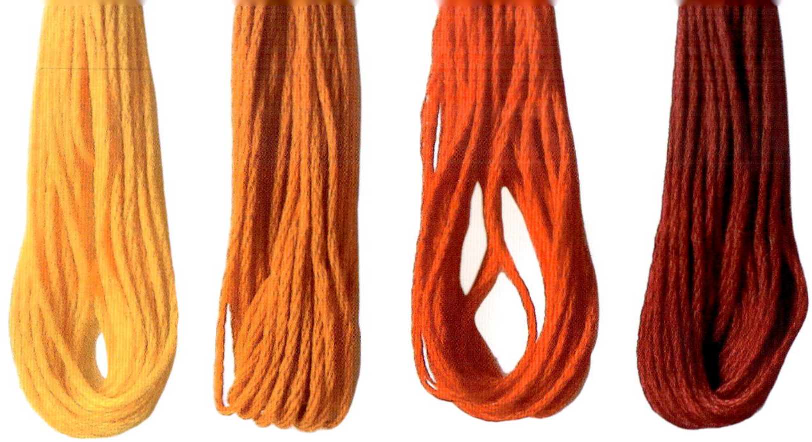

STICK-STICHE

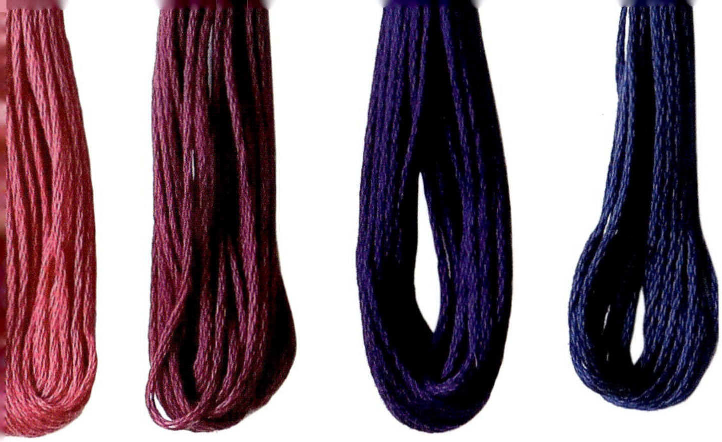

STICK-BEISPIELE

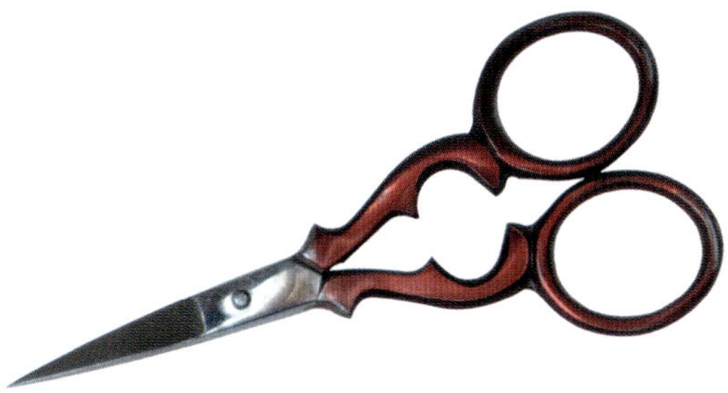

GRUNDLAGEN & STICHE

GRUNDLAGEN DES STICKENS

MATERIAL

STICKSTOFF(E)

Zum Besticken eignen sich viele Materialien – aber natürlich ist Stoff als Material am geläufigsten. Doch auch andere Werkstoffe wie Leder, Kork, Papier, Holz oder sogar Metallgitter lassen sich besticken.

Bei der großen Auswahl an Stoffen ist es gar nicht so leicht, den richtigen zu finden. Besonders einfach zu besticken sind unelastische, mittelschwere Baumwoll- und Leinenstoffe. Diese empfehle ich für Anfänger. Für die ersten Stickversuche kann man sich z. B. erst einmal im eigenen Wäscheschrank umsehen. Baumwolllaken oder Kissenbezüge (ohne Stretch oder andere Veredelungen) sind bestens geeignet, um darauf zu sticken. Prinzipiell lassen sich alle Stoffe besticken, es ergeben sich jedoch spezielle Herausforderungen, abhängig von der Stoffart. So kann man z. B. durchaus Samt besticken, doch ist es hier schwieriger das Muster zu übertragen und der Flor des Stoffes „verschluckt" gerne die Stickstiche. Auch elastische Stoffe haben ihr Eigenleben, das aber durch spezielle Stickvliese gebändigt werden kann.

Leicht zu bestickende Stoffe:

- nicht zu schwere Baumwollstoffe in Leinwandbindung (über 80 g/m^2)
- mittelschwere Leinenstoffe in Leinwandbindung (über 120 g/m^2)
- Canvas
- Panamastoff
- Filz

Schwer zu bestickende Stoffe:

- Stoffe mit abstehenden Fasern wie Samt, Fellimitat, Frottee, Cord
- elastische Stoffe wie Jersey, Stretchjeans
- grobe Strickware
- sehr dünne und locker gewebte Stoffe wie Tüll, Gaze, Musselin

Eine besondere Kategorie bilden die **Zählstoffe**. Diese sind fadengerade gewebt, also so, dass Kette und Schuss – die senkrechten und waagerechten Fäden des Gewebes – exakt den gleichen Abstand und die gleiche Anzahl haben. Dadurch ergibt sich eine Fadenbindung mit perfekten Quadraten. Das ist immer dann wichtig, wenn Motive gestickt werden, denen ein Zählmuster zugrunde liegt. Kreuzstichmotive, zum Beispiel, sind so angelegt, dass sich das ganze Motiv aus kleinen Quadraten (oder auch Pixeln) bildet. Wäre eine Seite länger als die andere, würde sich das Motiv in die Länge oder Breite ziehen. Deshalb sind Zählstoffe für alle Arten von Zählmustern so wichtig. Bei den Zählstoffen unterscheidet man zwischen den sehr offenen, gitterartigen Geweben wie **Stramin** , die dafür gedacht sind mit einem dicken Faden dicht überstickt zu werden. Sowie den zur mittleren Kategorie zählenden verschiedenen **Aida-Stoffen**. Das sind Stoffe, bei denen die Fäden extra so gewebt sind, dass sie deutlich sichtbare Löcher als Raster haben. Sie sind allerdings dichter gewebt als Stramin, sodass man den Stoff nicht komplett übersticken müsste.

Und nicht zuletzt der feinen Kategorie, die die **Evenweave Stoffe** bilden. Diese sehen auf den ersten Blick wie normaler, leinwandbindiger Stoff aus, sind aber sehr exakt gewebt um eine gute Zählbarkeit zu gewährleisten. Evenweave Stoffe nutzt man immer dort, wo nur ein Teil der Arbeit bestickt werden soll, wie zum Beispiel bei Tischdecken oder bei Hohlsaum- und Durchzugssticktechniken.

ACHTUNG: WENN MAN IM STOFFGESCHÄFT ODER IM INTERNET NACH STICKSTOFF SUCHT, WIRD MAN MEIST AUF ZÄHLSTOFFE VERWIESEN. FÜR FADENGEBUNDENE STICKEREIEN PERFEKT, JEDOCH FÜR DIE MEISTEN BUNTSTICKTECHNIKEN NICHT SO GUT GEEIGNET. BESONDERS DIE GROBEN STOFFE WIE AIDA ODER STRAMIN HABEN EIN VIEL ZU RIGIDES WEBMUSTER. DADURCH IST ES SCHWIERIG RUNDE ODER GESCHWUNGENE FORMEN ZU STICKEN. WEITERHIN SIND ZÄHLSTOFFE DEUTLICH TEURER UND ABSOLUT NICHT NOTWENDIG FÜR NICHT-ZÄHLMUSTER. FÜR NICHT GEZÄHLTE MUSTER SOLLTE ALSO EHER AUF „NORMALE" WEBSTOFFE ZURÜCKGEGRIFFEN WERDEN.

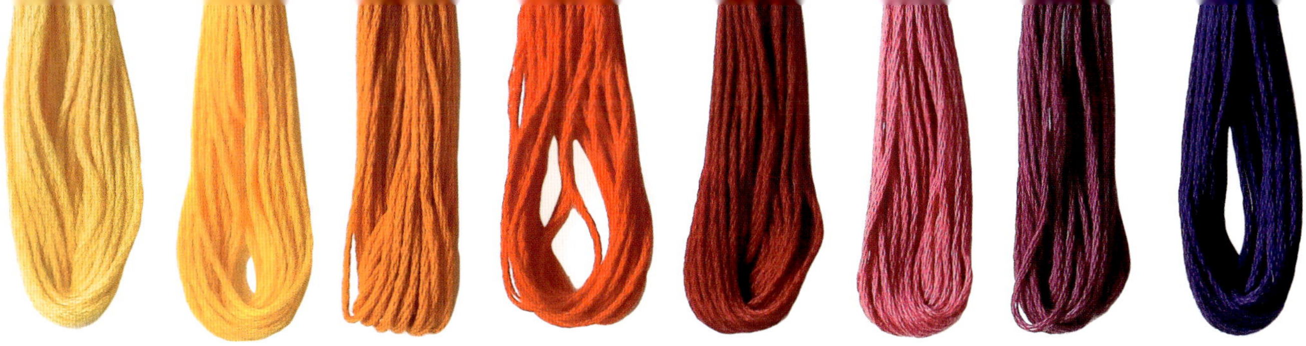

STICKGARN

Die zweite Zutat zum Sticken ist das Stickgarn. Hier haben sich zwei Stickgarnarten etabliert, die viel benutzt werden. Dazu gehören das 6fädige Stickgarn, auch Sticktwist genannt, und das Perlgarn.

Sticktwist besteht aus sechs Einzelfäden, die lose zu einem Faden gelegt sind. Das macht es sehr leicht, diese Fäden zu teilen. Der Vorteil dieses Garnes liegt darin, dass man sich die benötigte Fadenstärke selbst zusammenstellen kann indem man das Garn teilt. Sticktwist lässt sich sehr leicht verarbeiten und hat eine relativ glatte Oberfläche.

Perlgarn ist ein stark gedrehtes glänzendes Garn, welches sich nicht teilen lässt. Perlgarn gibt es in verschiedenen Stärken. Wenn man verschiedene Garnstärken benötigt, muss man bei diesem Garn also unterschiedliche Stärken einer Farbe kaufen. Deshalb wird beim Arbeiten mit Perlgarn oft nur eine Fadenstärke für das ganze Projekt genutzt. Perlgarn ist ein sehr kompaktes Garn, welches eher seilartig aussieht. Durch die Verzwirnung ist Perlgarn widerstandsfähiger als Sticktwist.

DIE VIELFALT DER STICKGARNE

Es gibt Stickgarne aus unterschiedlichen Materialien. So gibt es Sticktwist aus Baumwolle, Leinen oder Rayon (Kunstseide auf Zellulosebasis). Weitere Stickgarnarten sind zum Beispiel feine Seidengarne, Kelimwolle, Crewelwolle, Mattgarn und Vierfachstickgarn. Jedes Garn hat ganz eigene Eigenschaften, die oft für eine bestimmte Sticktechnik optimiert sind.

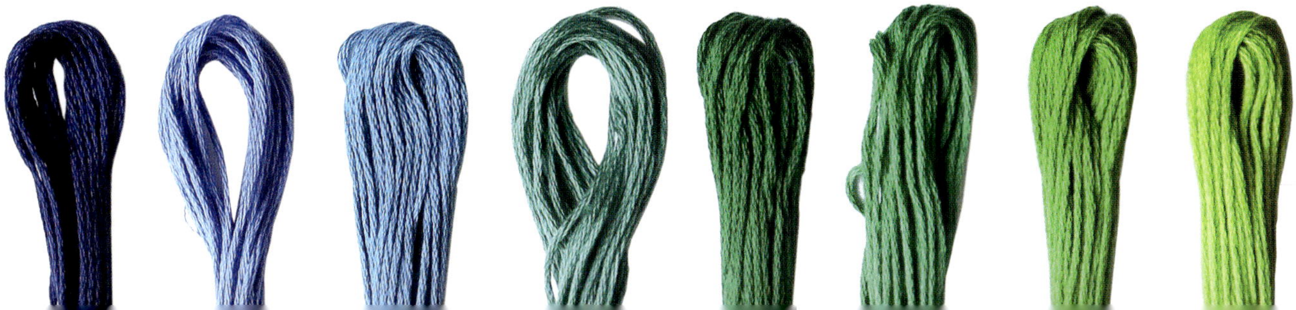

QUALITÄT STATT QUANTITÄT

Stickgarn ist ein Hauptbestandteil jeder Stickerei und leider in der Anschaffung nicht sehr günstig. Aber Achtung: Es werden oft Großpackungen mit 50 oder 100 Strängen Sticktwist zu sehr niedrigen Preisen angeboten. Diese sind in der Regel qualitativ nicht sehr hochwertig. Das Resultat sind oft Frustrationen beim Sticken, da sich dieses Stickgarn aufgrund einer raueren Oberfläche nicht gut teilen lässt, sich gerne beim Sticken verknotet, die Lichtechtheit nicht zwangsweise gegeben ist und – schlimmstenfalls – die Farbe beim Waschen ausblutet. Weiterhin können Farben nicht einzeln nachgekauft werden und es sind sicher viele Farben dabei, die man nicht mag.

Zum Sticken braucht man keine Berge an Stickgarn. Es lohnt sich also eher, einige hochwertige Garne in den Lieblingsfarben zu kaufen oder für bestimmte Projekte gezielt Garn zu kaufen. So erweitert sich schrittweise der persönliche Garnfundus, aus dem man für zukünftige Projekte schöpfen kann.

STICKMATERIAL FÜR DEN KLEINEN GELDBEUTEL

Als Alternative für den kleinen Geldbeutel empfiehlt es sich, sich auf Flohmärkten, in Secondhand-Läden oder im Internet umzusehen. Es werden oft nicht mehr benötigte Handarbeitsmaterialien aussortiert und zu recht niedrigen Preisen angeboten. Es kann sich auch lohnen in der Familie oder bei Freunden nachzufragen. In vielen Haushalten findet sich noch ein Handarbeitskörbchen, welches schon seit Ewigkeiten nicht mehr benutzt wird und zu schade zum Wegwerfen ist.

STICKNADELN

Sticknadeln sind das Hauptwerkzeug beim Sticken. Für die verschiedenen Anwendungsbereiche gibt es verschiedene Nadelarten. Zum Sticken der hier im Buch gezeigten Motive empfehle ich eine feine Nadel mit länglichem Öhr und Spitze sowie eine größere Nadel mit abgerundeter Spitze.

Sticknadeln werden oft als Paket mit unterschiedlichen Größen angeboten. Diese Pakete sind perfekt für den Einstieg geeignet. So kann man ausprobieren, welche Nadel einem am besten gefällt.

Die Wahl der Nadel hängt einerseits vom Stoff, andererseits auch von der Fadenstärke ab. Je dicker der Faden, desto größer muss auch die Nadel sein.

Nadelgrößen werden in Zahlen angegeben. Je kleiner die Zahl, desto größer ist die Nadel.

Auch die Sticktechnik ist relevant für die Wahl der Nadel. Bei Knotenstichen, wie zum Beispiel dem Wickelstich, bietet es sich an eine Perlennadel zu benutzen. Diese hat ein schmales Öhr und ist sehr lang. Dadurch kann man mehr Wicklungen legen und die Nadel lässt sich leichter durchziehen, da das Öhr weniger Widerstand leistet.

Mit oder ohne Spitze? Eine Nadel ohne Spitze wird in der Regel bei allen Techniken benutzt, bei denen weder der Stoff noch der Faden durchstochen werden soll. Das betrifft die meisten Zählstiche, aber auch Webstiche. Hier soll in der Regel der Faden einem vorgegebenen Pfad folgen, ohne dass er vorhandene Fäden durchsticht. Eine Nadel ohne Spitze ist auch bei sehr feinen Stoffen (z. B. Jersey oder Gaze) sinnvoll. Spitze Nadeln könnten hier dazu führen, dass die feinen Fäden des Stoffes beschädigt würden und sich Löcher bilden. Eine Nadel ohne Spitze gleitet eher an den Fäden vorbei.

WERKZEUGE

STICKRAHMEN UND STICKRINGE

Bei vielen Sticktechniken ist ein Stickrahmen oder Stickring eine große Hilfe oder sogar notwendig. Ein Stickrahmen hält eine gleichmäßige Spannung des Stoffes aufrecht und gewährleistet so, dass die Stickstiche gleichmäßig liegen können. Außerdem ist es damit oft einfacher, das Stickprojekt in der Hand zu halten.

Bei Stickrahmen denkt man oft zuerst an die runden Holzrahmen. Es gibt allerdings auch rechteckige Holzrahmen in verschiedenen Größen. Diese sind besonders hilfreich für größere und rechteckige Stoffstücke. Auch vermeidet man bei diesen Rahmen den unvermeidlichen Ring-Abdruck, der bei Stickringen auftritt. Gerade wenn sehr empfindliche Materialien benutzt werden, ist ein Rahmen dem Stickring vorzuziehen, sollte das Motiv größer als der Stickring sein.

Bei manchen Rahmen-Modellen lässt sich der Stoff sogar aufrollen, sodass sehr große und lange Stoffe ohne Probleme bestickt werden können.

Stickringe gibt es in verschiedenen Ausführungen und Materialien. Der wohl bekannteste Stickring ist der Holzring mit Schraube.

Bei Holzringen sollte man immer darauf achten, dass sie von guter Qualität sind. Bei sehr dünnen Schrauben kann es passieren, dass diese nicht stark genug sind um die Spannung des Stoffes zu halten oder sie lassen sich nach einer Weile gar nicht mehr zudrehen. Auch sollte man bei Holzringen immer darauf achten, dass zwischen beiden Ringen kein Spalt bleibt, wenn sie zugedreht sind. Bei manchen preiswerten Bambusrahmen bleiben gerne Lücken zwischen den Ringen und oft splittert sogar das Material. Ich empfehle daher, qualitativ hochwertige Holzringe aus Buche zu benutzen.

Es ist eine unglaubliche Hilfe, wenn man dank eines Stickständers beide Hände zum Sticken benutzen kann. Gerade Knötchenstiche oder Schlaufenstiche, wie der Kettenstich, lassen sich deutlich leichter mit beiden Händen arbeiten. Stickständer gibt es zum freien Aufstellen im Raum, als kleinen Ständer zum Anschrauben an eine Tischkante oder als Sitzständer, der sowohl auf dem Tisch als auch auf dem Schoß abgestellt werden kann.

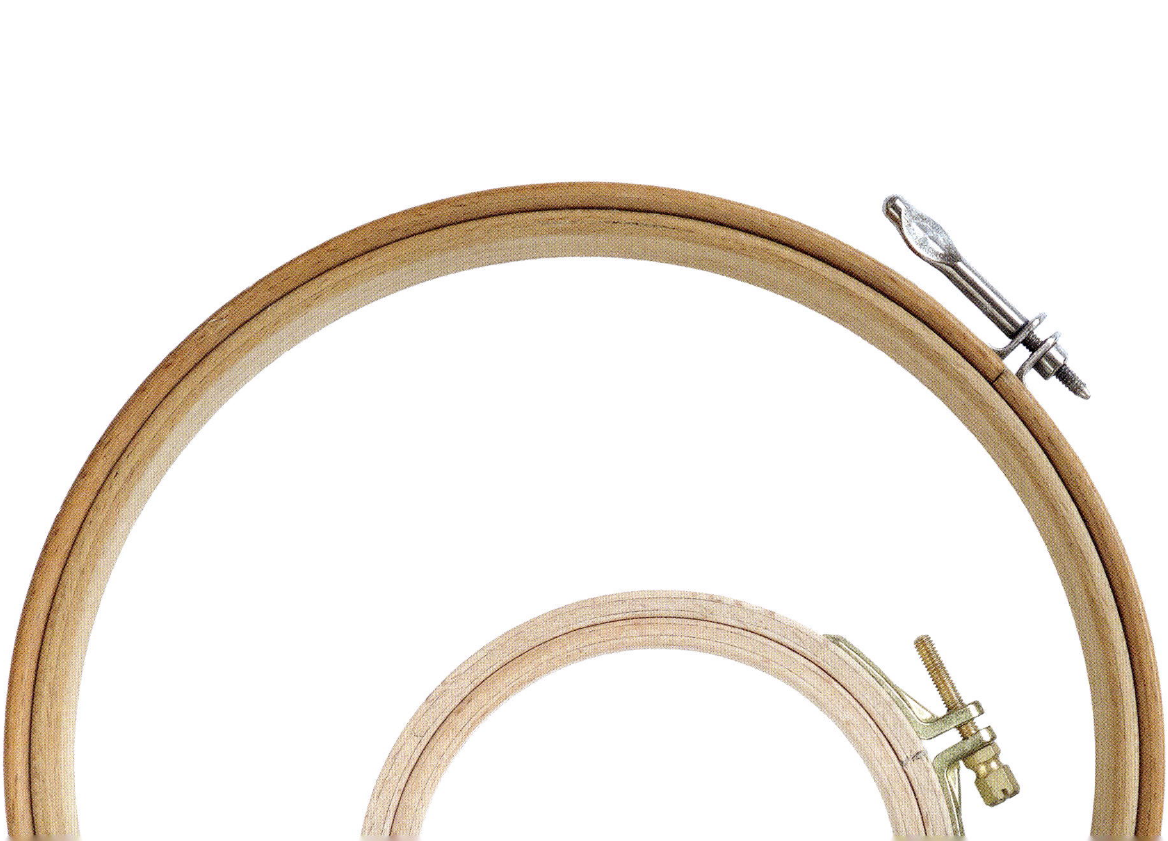

SCHEREN

Eine spezielle **Stoffschere** ist eine gute Anschaffung, da sich Stoff in der Regel mit Allzweckscheren nicht gut schneiden lässt. Fürs Sticken reicht eine Stoffschere in mittlerer Größe vollkommen aus, da meist nur kleinere Schnitte gemacht werden.

Zum Auftrennen und Schneiden der Fäden ist eine kleine, spitze **Stickschere** hilfreich. Damit lassen sich auch sehr kleine Stickstiche gezielt auftrennen und Fäden glatt abschneiden.

WICHTIG: DIE STOFF- UND DIE STICKSCHERE SOLLTEN AUSSCHLIESSLICH FÜR STOFF UND GARN BENUTZT WERDEN. DA SIE SONST SCHNELL STUMPF WERDEN. EIN UM DEN GRIFF GEKNOTETER STOFFSTREIFEN MARKIERT SIE UND KANN VERWECHSLUNGEN MIT BASTELSCHEREN VERHINDERN – BESONDERS WENN AUCH WEITERE FAMILIENMITGLIEDER DIE SCHERE BENUTZEN KÖNNTEN.

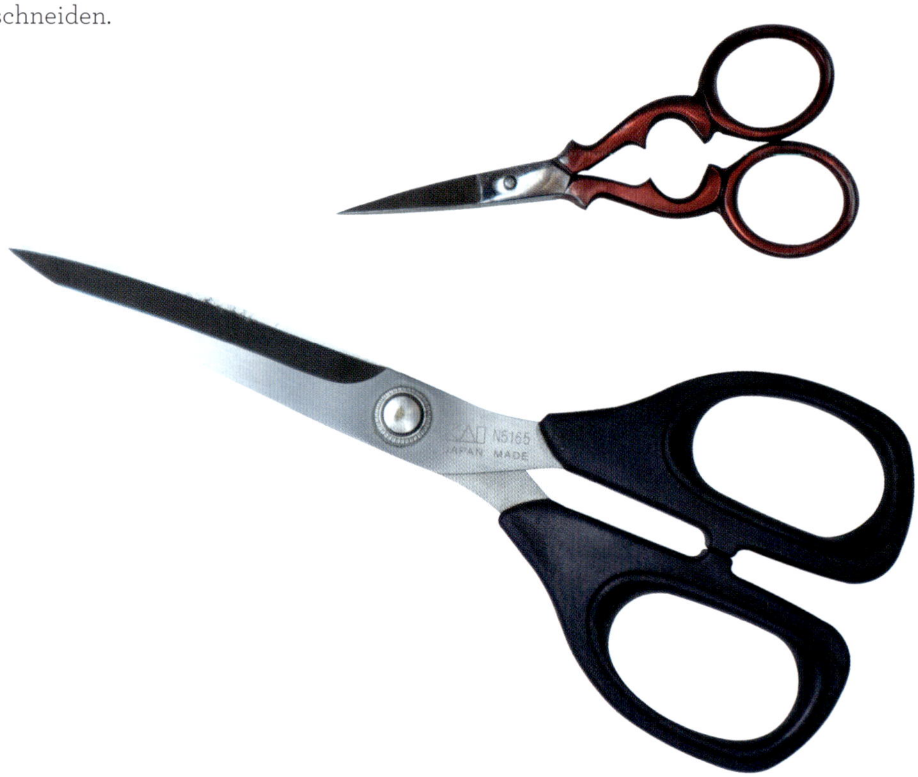

NÄHMETHODE UND EINSTECHMETHODE

Die meisten Stickstiche können auf zwei Arten gestickt werden: Bei der **Nähmethode** wird die Nadel in einem Zug in den Stoff ein- und wieder ausgestochen. Der Faden wird also gleichzeitig an zwei Stellen durch den Stoff gezogen. Diese Technik ist besonders hilfreich beim Arbeiten ohne Stickrahmen und auch oft etwas schneller, da zwei Arbeitsschritte in einem Zug gemacht werden. Bei der **Einstechmethode** wird immer in den Stoff eingestochen und dann der Faden durchgezogen. Der Faden wird also immer nur an einer Stelle durch den Stoff gezogen. Dadurch wird der Faden weniger stark beansprucht. Die Einstechmethode ist sinnvoll für straff gespannte Stoffe im Rahmen. Die Ergebnisse sind oft auch etwas präziser als bei der Nähmethode.

Bei den meisten Stichillustrationen, so wie auch hier im Buch, wird die Nähmethode gezeigt. So bekommt man schneller einen Überblick über den Stich und es muss nicht die doppelte Anzahl Einzelschritte dargestellt werden. Die einzelnen Schritte können aber genauso auch mit der Einstechmethode gearbeitet werden.

STICKMUSTER ÜBERTRAGEN

Die einfachste Möglichkeit Stickmuster zu übertragen ist das **Durchpausen**. Bei dünnen und hellen Stoffen ist das in der Regel ganz einfach möglich. Bei blickdichteren Stoffen hilft es, den Stoff an ein Fenster zu halten. Alternativ kann eine selbstgebaute Lichtbox (Bilderrahmen mit Glasscheibe und eine Lampe, z. B. vom Handy) aushelfen.

Stickmuster, die vollständig überstickt werden, können mit einem feinen **Textilmarker** übertragen werden. In der Regel möchte man aber die Linien verschwinden lassen. Für diese Fälle gibt es verschiedene auswaschbare Textilstifte oder solche, die nach einiger Zeit von allein verschwinden. Letztere sollte man aber wirklich nur für schnelle Projekte nutzen, da es sonst eine böse Überraschung geben kann ...

Feine **Kreidestifte** aus dem Schneiderzubehör sind für dunklere Stoffe sehr gut geeignet und waschen sich später aus. Allerdings ist auch hier Vorsicht geboten, denn die Linien verschwinden meist auch schon beim Sticken, da die Kreidepigmente nur oberflächlich auf dem Stoff aufliegen.

Ein **Bleistift** kann zwar benutzt werden, doch sollte er auf keinen Fall eine weiche Mine haben. Die Grafitpigmente im Bleistift können das Stickgarn verschmutzen und ohne Waschen gehen die Linien nicht weg. Besonders wenn die Linien nicht komplett überstickt werden sollen oder mit sehr hellen Materialien, besonders weiß, gearbeitet wird, rate ich dringend vom Bleistift ab.

Bei dunklen und dicken Stoffen hat sich **Transferpapier** bewährt. Dieses hat eine pigmentierte Seite. Das Transferpapier wird beim Übertragen zwischen Stoff und Motiv-Vorlage gelegt. Dann wird das Motiv mit einem Bleistift unter Druck nachgezogen. Es sollte auf einer harten Unterlage gearbeitet werden. Die Linien übertragen sich dann auf den Stoff.

Wo das Durchpausen nicht funktioniert ist dünnes, auswaschbares **Stickvlies** ein Segen. Auf dieses kann das Motiv übertragen werden. Je nach Stickvliesvariante wird es dann auf den Stoff gebügelt, geklebt oder mit ein paar Stichen aufgenäht. Nach dem Sticken kann das Vlies dann ausgewaschen werden. Stickvlies hat zudem die positive Eigenschaft, dass dehnbare oder locker gewebte Stoffe, wie Jersey oder Musselin, stabilisiert werden und sich damit auch leichter besticken lassen. Nach dem Auswaschen hat der Stoff, trotz Stickerei, dann wieder seine dehnbaren Eigenschaften.
Vorsicht ist jedoch geboten. Wasserlösliches Stickvlies löst sich auch durch die Feuchtigkeit der Hände oder bei sehr hoher Luftfeuchtigkeit an. Es klebt dann mehr oder weniger stark an den Fingern und der Nadel. Hier hilft leider nur, die Hände beim Arbeiten immer mal abzuwischen und generell den Kontakt zum Vlies beim Sticken zu vermeiden. Ein Stickrahmen und Stickständer ist hier vorteilhaft.

Bei **Zählmustern** ist das Übertragen des Motivs nicht zwangsweise notwendig. Es ist allerdings hilfreich, sich ein paar Hilfslinien in regelmäßigen Abständen grob vorzusticken oder vorzuzeichnen. Weiterhin können markante Stellen vorher gekennzeichnet werden.

ZUR BENUTZUNG DIESES BUCHS

STICKSTICHE

Die Stickstiche im folgenden Kapitel sind nach Stichfamilien sortiert. Das ermöglicht es dir, schnell und übersichtlich Stickstiche und ihre Varianten zu finden. Wird zum Beispiel der Fliegenstich gesucht, kann dieser über das Fliegenstichkapitel gefunden werden. Weiterhin sind dort dann auch viele Fliegenstich-Varianten gezeigt. Das bietet, neben dem klassischen Grundstich, viele Inspirationen zum Ausprobieren anderer Stich-Varianten.

HINWEIS: VIELE STICHE KÖNNEN ALS EINZELMUSTER, ABER AUCH ALS LINIENMUSTER GESTICKT WERDEN. GEGEBENENFALLS SIND DIE ABBILDUNGEN DER FERTIGEN LINIEN DANN AUS PLATZGRÜNDEN QUER GEZEIGT. GESTICKT WERDEN DIESE STICHE JEDOCH, WIE ÜBLICH, VON OBEN NACH UNTEN – WENN DAMIT EINE HORIZONTALE LINIE ERREICHT WERDEN SOLL, DREHT MAN DEN STOFF DANN BEIM ARBEITEN UM 90°.

Zu jeder Stichfamilie, sowie auch zu einzelnen Stichen, gibt es detaillierte Erläuterungen, welche Anwendungsbereiche sie abdecken können.

STICKBEISPIELE

Auf den Seiten 114-121 findest du eine kleine Auswahl an Stickmotiven inkl. Vorlagen zu verschiedenen beliebten Themen. Diese Motive sind aus Kombinationen verschiedener Stickstiche zusammengesetzt und können entweder direkt nachgestickt werden oder als Inspirationsquelle für eigene Kombinationen dienen.

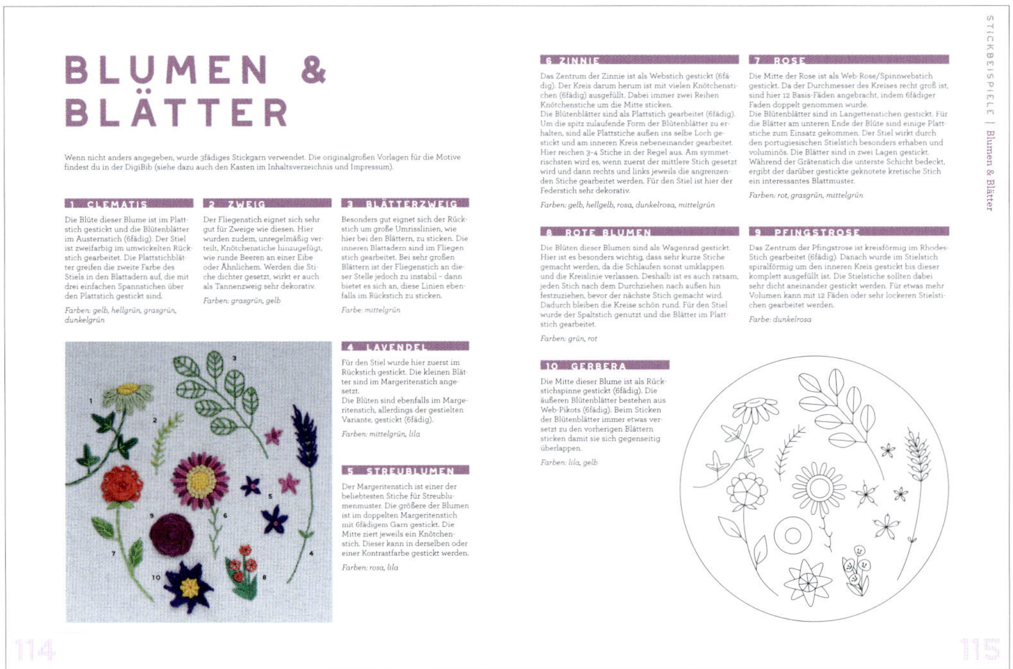

BLUMEN & BLÄTTER

Wenn nicht anders angegeben, wurde 3fädiges Stickgarn verwendet. Die originalgroßen Vorlagen für die Motive findest du in der DigiBib (siehe dazu auch den Kasten im Inhaltsverzeichnis und Impressum).

1 CLEMATIS

Die Blüte dieser Blume ist im Plattstich gestickt und die Blütenblätter im Austernstich (6fädig). Der Stiel ist zweifarbig im umwickelten Rückstich gearbeitet. Die Plattstichblätter greifen die zweite Farbe des Stiels in den Blattadern auf, die mit drei einfachen Spannstichen über den Plattstich gestickt sind.

Farben: gelb, hellgrün, grasgrün, dunkelgrün

2 ZWEIG

Der Fliegenstich eignet sich sehr gut für Zweige wie diesen. Hier wurden zudem, unregelmäßig verteilt, Knötchenstiche hinzugefügt, wie runde Beeren an einer Eibe oder Ähnlichem. Werden die Stiche dichter gesetzt, wirkt er auch als Tannenzweig sehr dekorativ.

Farben: grasgrün, gelb

3 BLÄTTERZWEIG

Besonders gut eignet sich der Rückstich um große Umrisslinien, wie hier bei den Blättern, zu sticken. Die inneren Blattadern sind im Fliegenstich gearbeitet. Bei sehr großen Blättern ist der Fliegenstich an dieser Stelle jedoch zu instabil – dann bietet es sich an, diese Linien ebenfalls im Rückstich zu sticken.

Farbe: mittelgrün

4 LAVENDEL

Für den Stiel wurde hier zuerst im Rückstich gestickt. Die kleinen Blätter sind im Margeritenstich angesetzt.
Die Blüten sind ebenfalls im Margeritenstich, allerdings der gestielten Variante, gestickt (6fädig).

Farben: mittelgrün, lila

5 STREUBLUMEN

Der Margeritenstich ist einer der beliebtesten Stiche für Streublumenmuster. Die größere der Blumen ist im doppelten Margeritenstich mit 6fädigem Garn gestickt. Die Mitte ziert jeweils ein Knötchenstich. Dieser kann in derselben oder einer Kontrastfarbe gestickt werden.

Farben: rosa, lila

6 ZINNIE

Das Zentrum der Zinnie ist als Webstich gestickt (6fädig). Der Kreis darum herum ist mit vielen Knötchenstichen (6fädig) ausgefüllt. Dabei immer zwei Reihen Knötchenstiche um die Mitte sticken.
Die Blütenblätter sind als Plattstich gearbeitet (6fädig). Um die spitz zulaufende Form der Blütenblätter zu erhalten, sind alle Plattstiche außen ins selbe Loch gestickt und am inneren Kreis nebeneinander gearbeitet. Hier reichen 3-4 Stiche in der Regel aus. Am symmetrischsten wird es, wenn zuerst der mittlere Stich gesetzt wird und dann rechts und links jeweils die angrenzenden Stiche gearbeitet werden. Für den Stiel ist hier der Federstich sehr dekorativ.

Farben: gelb, hellgelb, rosa, dunkelrosa, mittelgrün

7 ROSE

Die Mitte der Rose ist als Web-Rose/Spinnwebstich gestickt. Da der Durchmesser des Kreises recht groß ist, sind hier 12 Basis-Fäden angebracht, indem 6fädiger Faden doppelt genommen wurde.
Die Blütenblätter sind in Langettenstichen gestickt. Für die Blätter am unteren Ende der Blüte sind einige Plattstiche zum Einsatz gekommen. Der Stiel wirkt durch den portugiesischen Stielstich besonders erhaben und voluminös. Die Blätter sind in zwei Lagen gestickt. Während der Grätenstich die unterste Schicht bedeckt, ergibt der darüber gestickte geknotete kretische Stich ein interessantes Blattmuster.

Farben: rot, grasgrün, mittelgrün

8 ROTE BLUMEN

Die Blüten dieser Blumen sind als Wagenrad gestickt. Hier ist es besonders wichtig, dass sehr kurze Stiche gemacht werden, da die Schlaufen sonst umklappen und die Kreislinie verlassen. Deshalb ist es auch ratsam, jeden Stich nach dem Durchziehen nach außen hin festzuziehen, bevor der nächste Stich gemacht wird. Dadurch bleiben die Kreise schön rund. Für den Stiel wurde der Spaltstich genutzt und die Blätter im Plattstich gearbeitet.

Farben: grün, rot

9 PFINGSTROSE

Das Zentrum der Pfingstrose ist kreisförmig im Rhodes-Stich gearbeitet (6fädig). Danach wurde im Stielstich spiralförmig um den inneren Kreis gestickt bis dieser komplett ausgefüllt ist. Die Stielstiche sollten dabei sehr dicht aneinander gestickt werden. Für etwas mehr Volumen kann mit 12 Fäden oder sehr lockeren Stielstichen gearbeitet werden.

Farbe: dunkelrosa

10 GERBERA

Die Mitte dieser Blume ist als Rückstichspinne gestickt (6fädig). Die äußeren Blütenblätter bestehen aus Web-Pikots (6fädig). Beim Sticken der Blütenblätter immer etwas versetzt zu den vorherigen Blättern sticken damit sie sich gegenseitig überlappen.

Farben: lila, gelb

STICKBEISPIELE | Blumen & Blätter

114 115

AUFLISTUNG NACH STICHNAMEN

Auf den Seiten 122/123 befindet sich das Stichverzeichnis. Dort können alle Stickstiche nach Namen gefunden werden. Die entsprechende Seite ist dort mit angegeben.

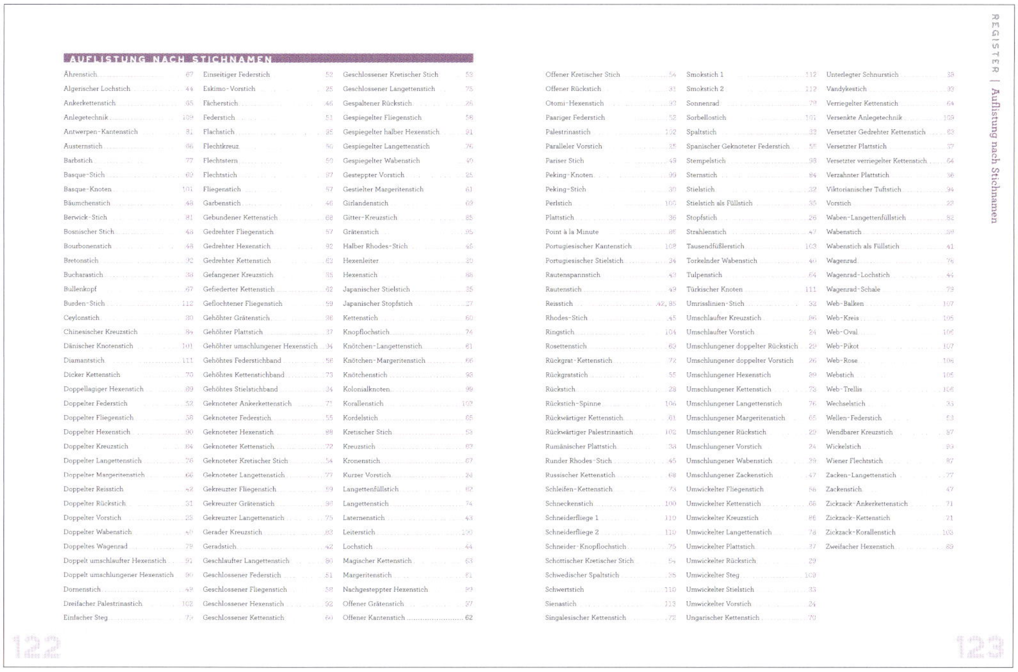

AUFLISTUNG MIT BILDERN

Dieses Buch enthält ab Seite 124 eine bebilderte Übersicht aller vorgestellten Stickstiche. Besonders praktisch ist das, wenn ein Stickstich vorliegt, dessen Namen du nicht kennst. Diese Übersicht ist außerdem hilfreich, um sich einen Stickstich für ein Projekt auszusuchen. So hat man alles auf einen Blick und kann ganz einfach den passendsten Stickstich finden.

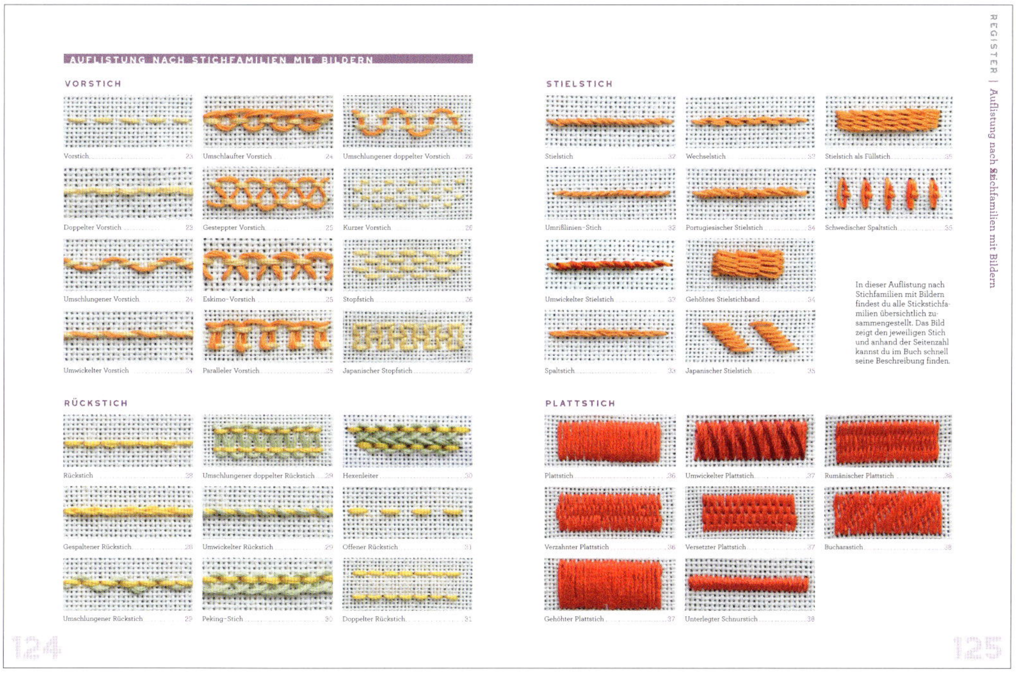

STICKSTICHE

VORSTICH

DER VORSTICH IST WOHL EINER DER BEKANNTESTEN STICKSTICHE. SEINE GESTRICHELTE LINIE IST UNVERKENNBAR UND AUCH BEIM NÄHEN VON BEKLEIDUNG HAT DER VORSTICH EINE LANGE TRADITION ALS NÄHSTICH ZUM MARKIEREN, HEFTEN, REPARIEREN UND VERSCHÖNERN. AUF DER GANZEN WELT WIRD DER VORSTICH IN TRADITIONELLEN STICKTECHNIKEN GENUTZT. DAS LIEGT UNTER ANDEREM DARAN, DASS ER SEHR EINFACH ZU ERLERNEN UND SEHR SPARSAM IM FADENVERBRAUCH IST. SO IST DER VORSTICH Z.B. DER HAUPTAKTEUR IN DER JAPANISCHEN SASHIKO-STICKEREI, BEI DER MUSTER SO NACHGESTICKT WERDEN, DASS SIE VON BEIDEN SEITEN DES STOFFS ERKENNBAR SIND. AUCH BEI DER KANTHA-STICKEREI AUS BENGALEN IN INDIEN WIRD VORWIEGEND DER VORSTICH VERWENDET. AUCH BEIM QUILTEN IST ER DER HAUPTSTICH. NICHT ZULETZT FINDET SICH DER VORSTICH BEI DER REPARATUR VON TEXTILIEN WIEDER, DA ER SICH GUT IN DIE WEBSTRUKTUR EINFÜGT UND SO DAS GEWEBE FIXIERT.

VORSTICH

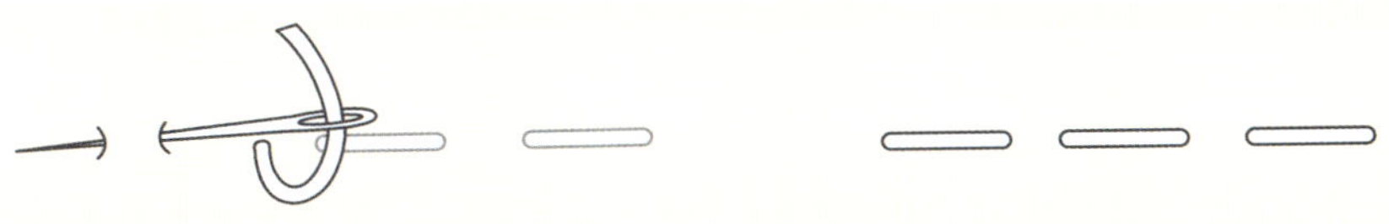

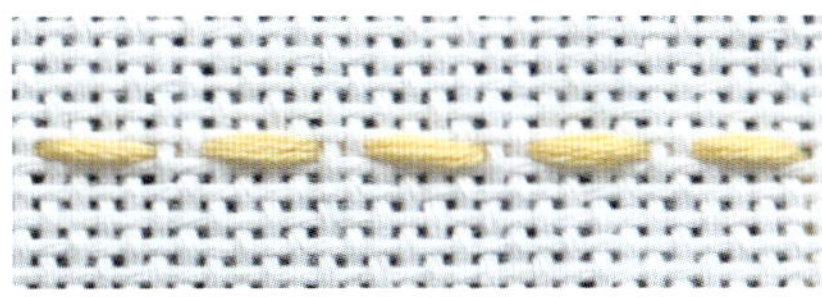

Die schlichte, gestrichelte Linie kommt durch das Auf und Ab der Sticknadel zustande. Dieser Stickstich lässt sich sehr gut auch ohne Rahmen sticken, weshalb er so gut zum Besticken großer Stoffstücke, wie Decken oder Kleidungsstücke, geeignet ist. Je nach Geschmack kann die Länge der Stiche und die der Zwischenräume variiert werden, wodurch der Vorstich, trotz seiner Einfachheit, immer wieder anders aussieht. Der Vorstich wird in der Regel als Linienstich benutzt. Jedoch können auch Flächen ausgefüllt werden, indem man mehrere Linien dicht aneinandersetzt.

1 Die Nadel auf der Linie in den Stoff einstechen und eine Stichlänge weiter wieder nach oben führen.

DOPPELTER VORSTICH

Der doppelte Vorstich, auch Holbeinstich genannt, sieht auf Vorder- und Rückseite des Stickguts gleich aus. So kann er überall dort genutzt werden, wo man beide Seiten des Stoffes sieht. Traditionell findet der Holbeinstich Anwendung auf Zählstoffen in der Assisi-Stickerei und der Schwarzstickerei. Dabei werden komplexe Muster ausgestickt.

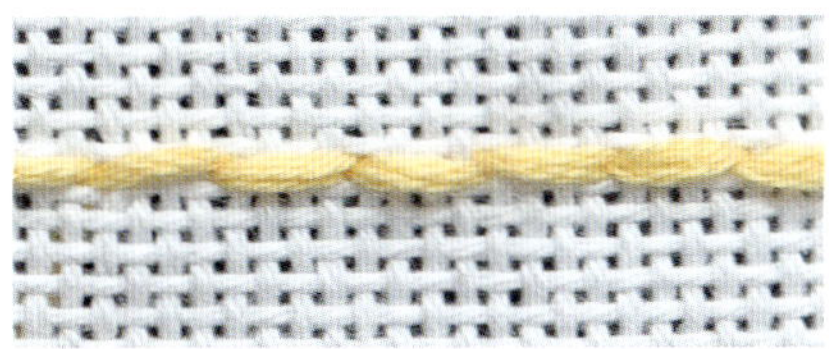

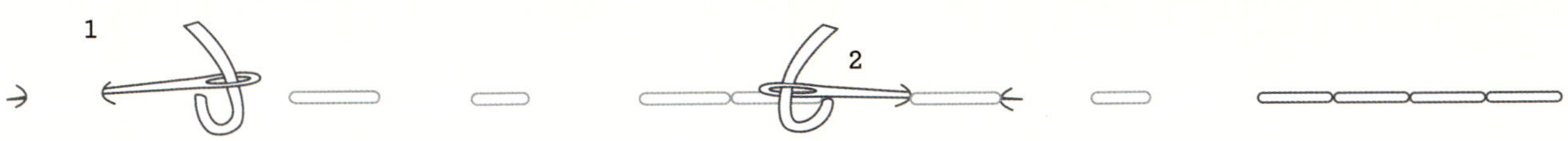

1 Eine Reihe im Vorstich sticken. Dabei müssen die Stiche und die Abstände gleich lang sein.

2 Auf derselben Linie, in entgegengesetzter Richtung, die Strecken zwischen den Stichen wiederum mit Vorstichen ausfüllen. Dabei mit der Nadel nicht durch die Fäden stechen, sondern sie im selben Loch neben den vorhandenen Faden schieben.

UMSCHLUNGENER VORSTICH

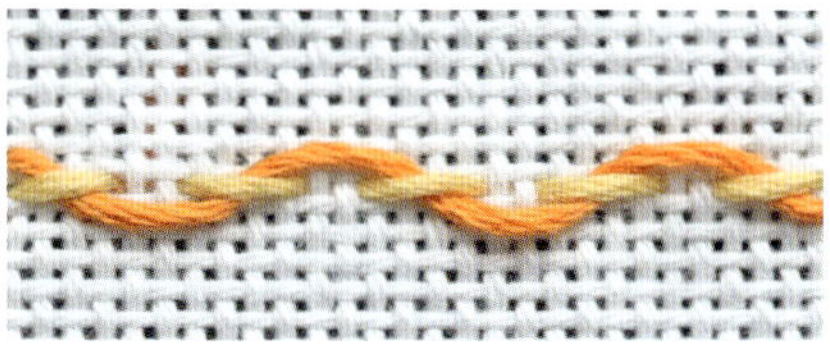

Mit dem umschlungenen Vorstich kann eine gestrichelte Vorstichlinie aufgepeppt werden. Für den umschlingenden Faden kann die gleiche oder eine andere Farbe verwendet werden.

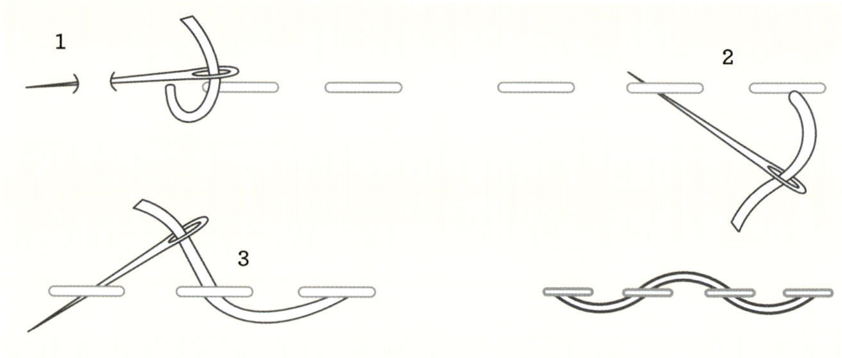

1 Eine Reihe im Vorstich sticken.

2+3 Die Nadel nach oben führen und fortlaufend abwechselnd von oben und unten zwischen Stoff und Vorstichen entlangführen.

UMWICKELTER VORSTICH

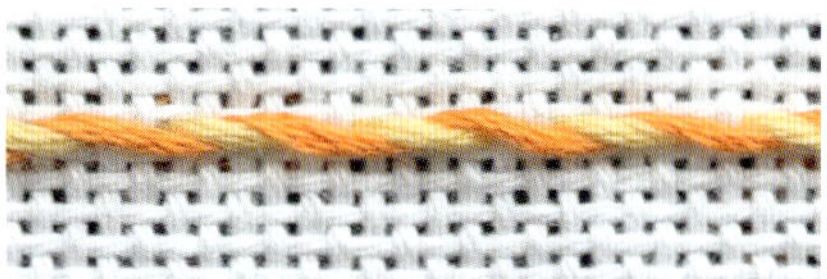

Ähnlich dem umschlungenen Vorstich, werden auch hier die Vorstiche umstickt. Wird Faden in der gleichen Faden wie für die Vorstiche verwendet, entsteht eine dem Stielstich ähnliche Linie.

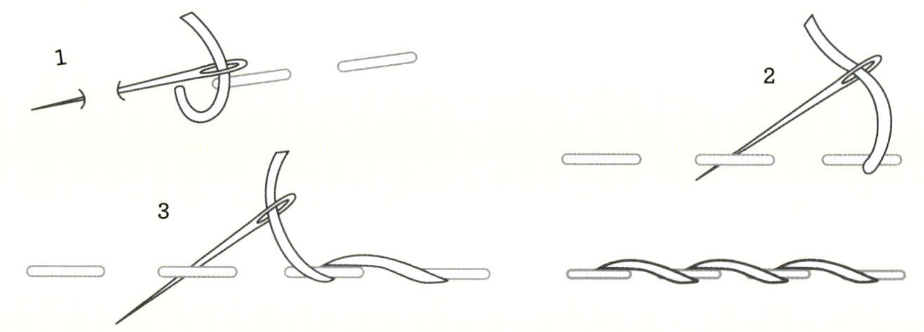

1 Eine Reihe im Vorstich sticken.

2+3 Die Nadel nach oben führen, dann den Faden immer aus der gleichen Richtung fortlaufend zwischen Stoff und Vorstichen durchziehen.

UMSCHLAUFTER VORSTICH

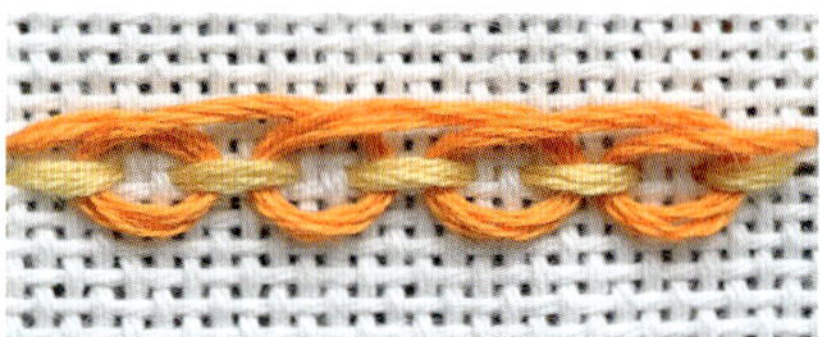

Auch geläufig als verkreuzter bzw. chinesisch durchzogener Vorstich. Hierbei wird ein Faden in Schlingen durch die Oberstiche des Vorstichs gezogen.

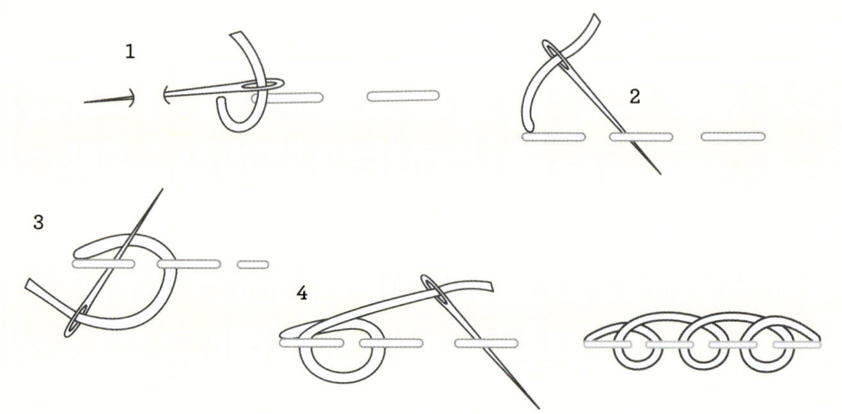

1 Eine Reihe im Vorstich sticken.

2 Am ersten Vorstich ausstechen. Die Nadel von oben unter dem zweiten Vorstich entlangführen.

3 Mit der Nadel von unten, unter dem ersten Vorstich und über dem Faden der zuvor gelegten Schlinge nach oben gehen.

4 Schritte 2+3 wiederholen, bis alle Vorstiche umschlauft sind.

GESTEPPTER VORSTICH

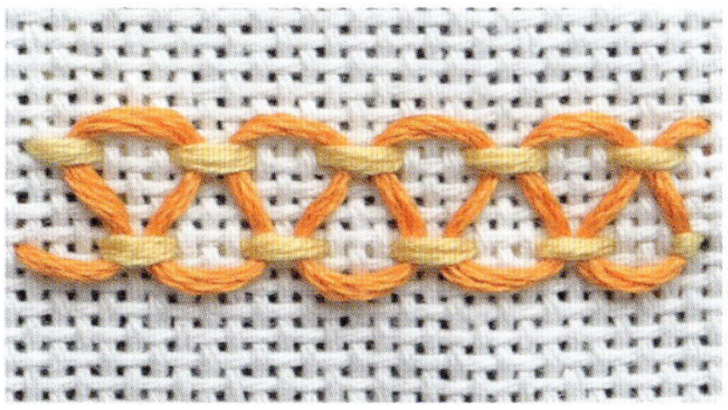

1 Zwei Reihen untereinander im Vorstich sticken, dabei die Stiche versetzt zueinander anordnen.

2 Die Nadel von oben unter die ersten beiden untereinander liegenden Vorstiche führen.

3 Die Nadel von unten unter dem nächsten Vorstich und demselben oberen Vorstich entlangführen.

4 Schritte 2+3 von oben nach unten sinngemäß wiederholen und so fortfahren, bis alle Vorstiche durchzogen sind.

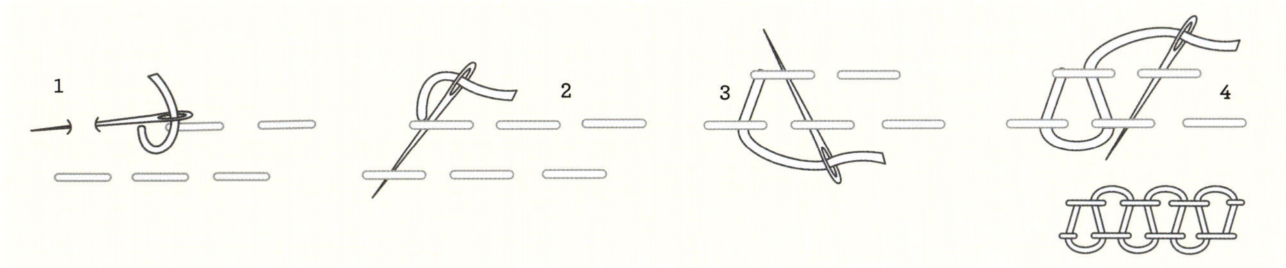

ESKIMO-VORSTICH

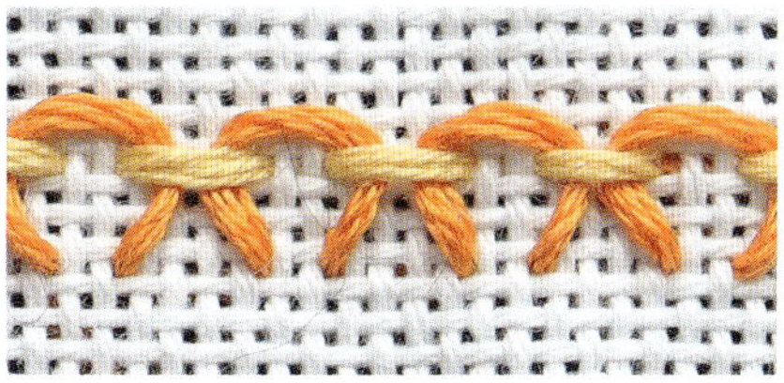

1 Eine Reihe im Vorstich sticken.

2 Jetzt von links nach rechts arbeiten. Den zweiten Faden mittig, unterhalb der ersten beiden Vorstiche ausstechen, dann unter dem ersten Vorstich entlanggehen.

3 Die Nadel von oben unter dem zweiten Vorstich entlangziehen und knapp neben der Ausstichstelle der Fadenschlaufe einstechen.

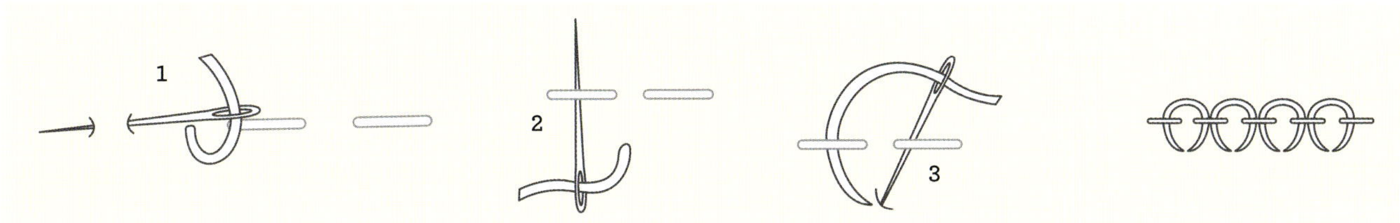

PARALLELER VORSTICH

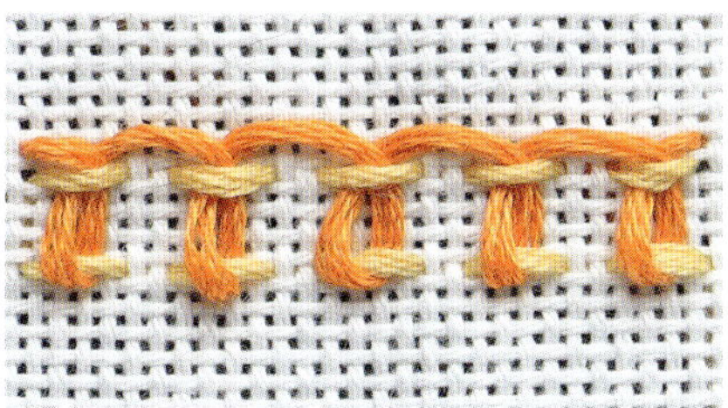

1 Zwei Reihen untereinander im Vorstich sticken.

2 Die Nadel von oben unter den ersten beiden Vorstichen entlangführen.

3 Die Nadel von unten über dem unteren und unter dem oberen Vorstich entlangführen, dabei ebenfalls unter dem Faden der oberen Schlinge entlanggehen.

4 Schritte 2+3 wiederholen, bis alle Vorstiche umschlauft sind.

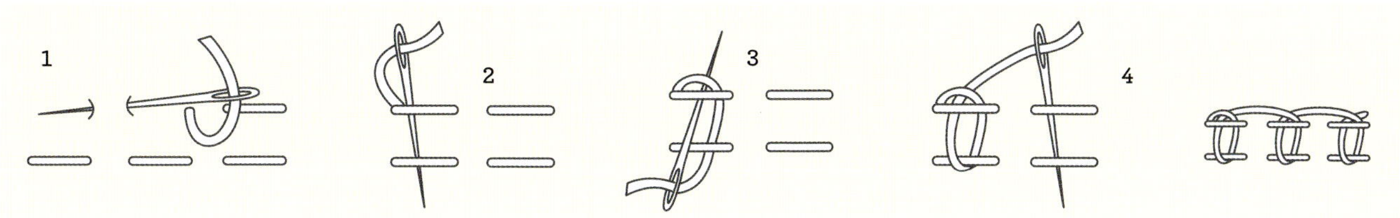

UMSCHLUNGENER DOPPELTER VORSTICH

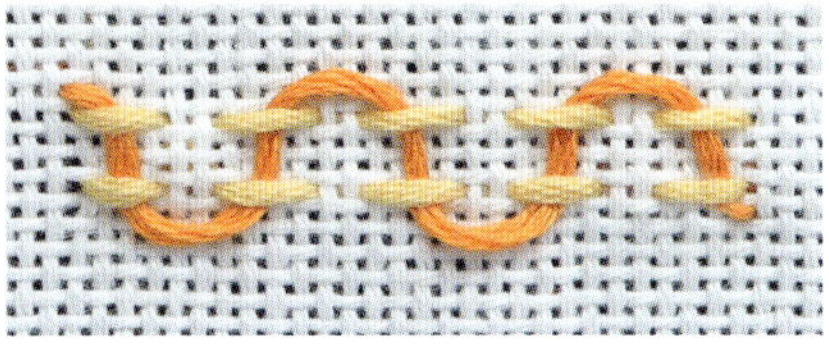

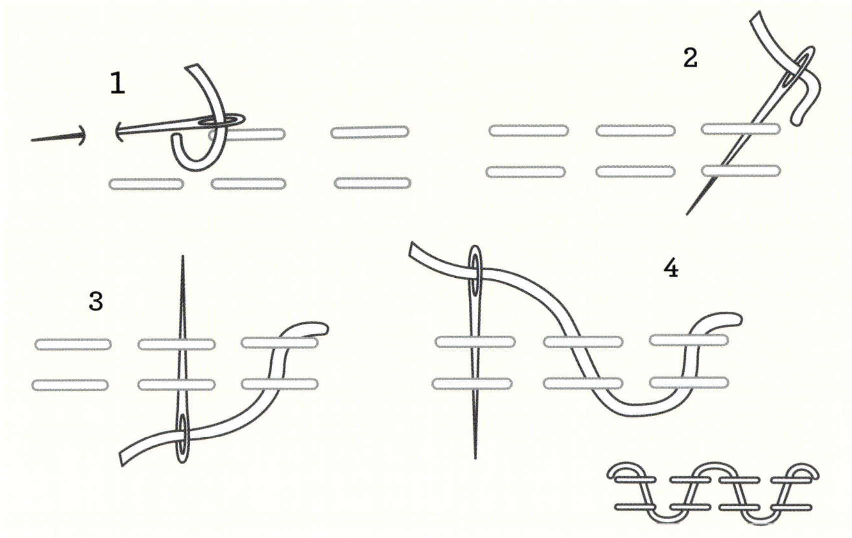

1+2 Zwei Reihen untereinander im Vorstich sticken. Die Nadel von oben unter den ersten beiden Vorstichen entlangführen.

3 Die Nadel von unten unter den nächsten beiden Vorstichen entlangführen.

4 Schritte 2+3 wiederholen, bis alle Vorstiche umschlungen sind.

KURZER VORSTICH

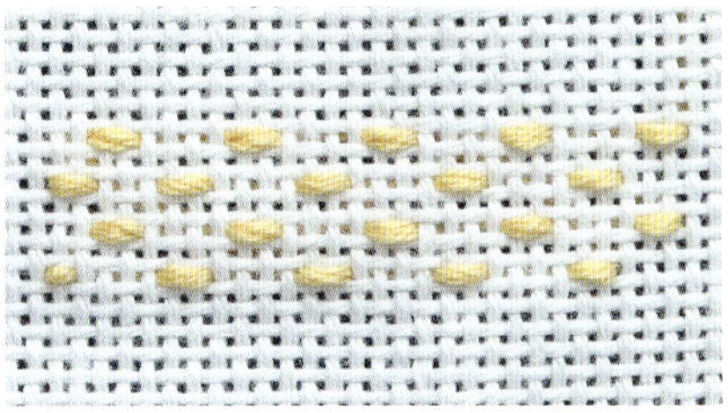

Der kurze Vorstich findet überall dort Anwendung, wo ein Füllstich nicht so stark auffallen soll oder viel Reibung an der Oberfläche zu einer schnellen Abnutzung der Stiche führen könnte. In Reihen gestickt, eignet er sich gut als Füllstich.

1+2 Die Hinreihen werden mit kürzeren Vorstichen, die Rückreihen mit gleichen Abständen versetzt zu den Stichen der Hinreihen im Vorstich gestickt.

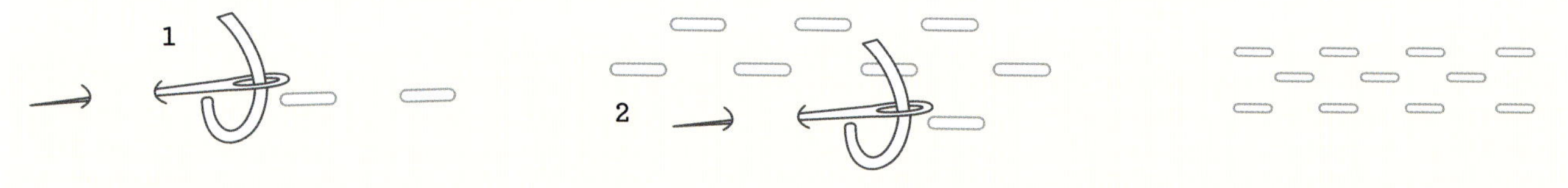

STOPFSTICH

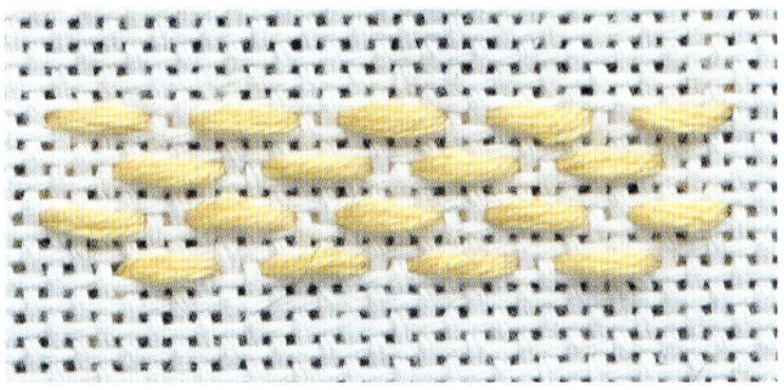

Mit dem Stopfstich werden durchscheinend gewordene Stoffe verstärkt, sodass Flicken anschließend besser mit dem Untergrund verbunden werden können. Dieser Stickstich kann auch als normaler Füllstich verwendet werden.

1+2 Hin- und Rückreihen werden dicht untereinander, zueinander versetzt im Vorstich gestickt.

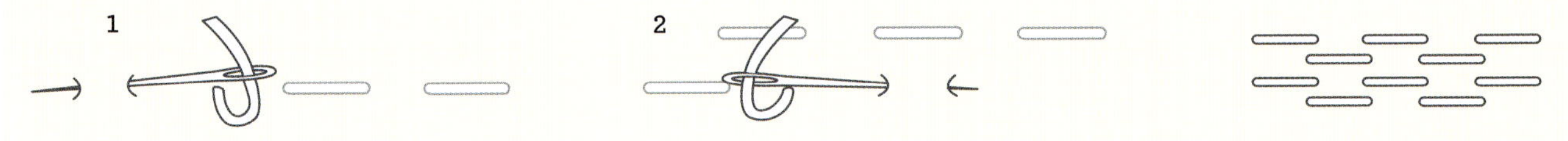

JAPANISCHER STOPFSTICH

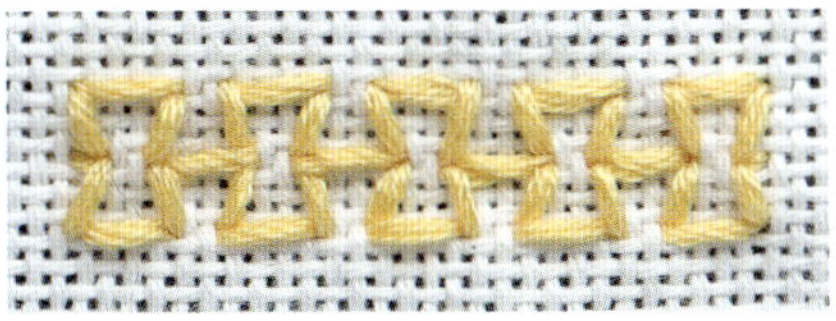

Dieser dekorative Stich wird in mehreren Arbeitsgängen gestickt. Er ergibt ein einzigartiges Sanduhr-Muster.

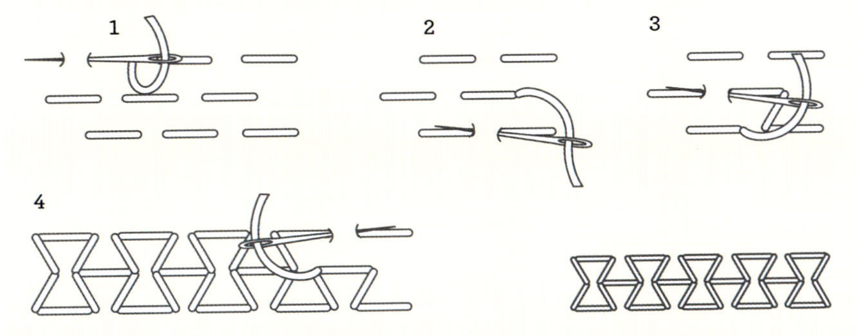

1 Mehrere, zueinander versetzte Reihen im Vorstich sticken.

2+3 Eine Hinreihe über zwei Vorstich-Reihen sticken und fortlaufend die Reihen-Zwischenräume der vorhandenen Vorstiche mit einem schrägen Vorstich verbinden.

4 Die Rückreihe gegenläufig sticken, wie in Schritt 2+3 beschrieben. Dabei wird die oberste der vorher bestickten Reihen sowie eine darüber liegende Reihe bestickt.

RÜCKSTICH

DER RÜCKSTICH IST AUFGRUND SEINER OPTIK DER STICH, DEN WOHL DIE MEISTEN MIT EINER NÄHMASCHINENNAHT IN VERBINDUNG BRINGEN. DIE GESTEPPTE LINIE IST DAS ERKENNUNGSMERKMAL DIESES STICKSTICHES. ALS LINIENSTICH IST DER RÜCKSTICH EIN VIELSEITIGER STICH, DER SICH GUT FÜR UMRISSLINIEN ABER AUCH Z.B. FÜR SCHRIFT EIGNET. IN DER HANDNÄHEREI BILDET DER RÜCKSTICH EINE SOLIDE, FESTE NAHT DURCH DIE STOFFSTÜCKE MITEINANDER VERBUNDEN WERDEN KÖNNEN. ANDERS ALS DER VORSTICH BILDET DER RÜCKSTICH EINE ETWAS GEWÖLBTER LIEGENDE LIEGENDE LINIE AUS STICHEN. DAS LIEGT DARAN, DASS BEIM RÜCKWÄRTSSTICKEN EINE SCHLAUFE UM DEN STOFF GEBILDET WIRD.

RÜCKSTICH

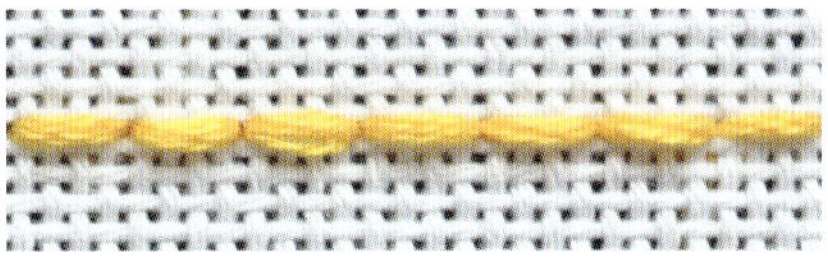

Der Rückstich, auch Steppstich genannt, beinhaltet immer rückwärts gerichtete Bewegungen. Als Rechtshänder stickt man diesen Stich in der Regel von rechts nach links und geht dabei mit der Nadel immer zur Ausstichstelle des vorherigen Stichs zurück.

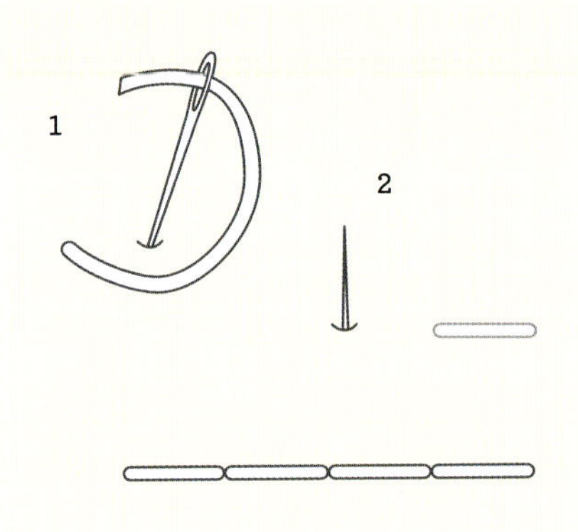

1 Auf der geplanten Strecke, eine Stichlänge nach gewünschtem Linienbeginn, die Nadel nach oben führen und einen Stich zurück sticken.

2 Die Nadel auf der Linie nach links, eine Stichlänge nach dem zuerst gestickten Stich, nach oben ausstechen. Dann zurück ans Ende des vorherigen Stiches gehen und einstechen.

GESPALTENER RÜCKSTICH

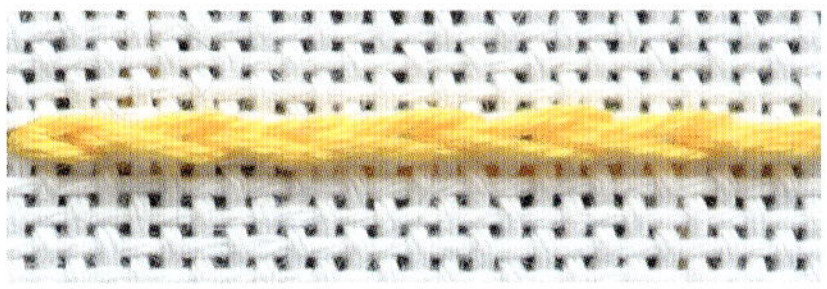

Der gespaltene Rückstich ist eine Variante des Rückstichs bei der die einzelnen Stiche miteinander verschwimmen. Dieser Stickstich ist optisch dem Spaltstich ähnlich und kann wie dieser für schmale Umrisslinien und feine Schrift genutzt werden. In Reihen oder Spiralen gestickt, eignet er sich auch als Stich für große oder unregelmäßige Flächen gut.

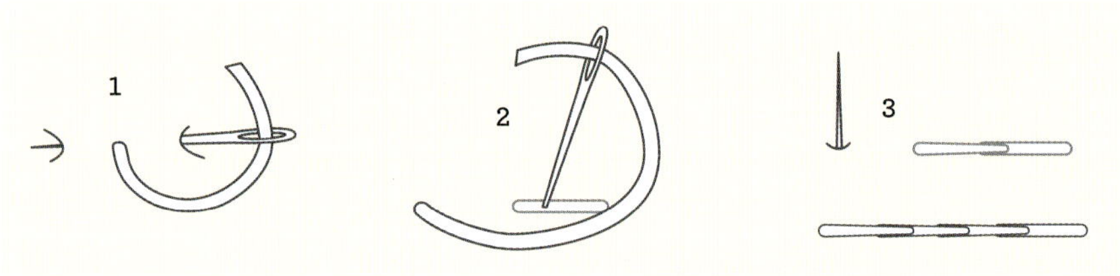

1 Eine Stichlänge hinter der zu stickenden Linie die Nadel nach oben führen und einen Stich zurück sticken. Die Nadel auf der Linie eine Stichlänge weiter links nach dem vorherigen Stich nach oben stechen.

2 Dann zurück in den vorherigen Stich einstechen, dabei die Fäden dieses Stichs teilen.

3 Eine Stichlänge voraus wieder ausstechen und Schritt 2 wiederholen.

UMSCHLUNGENER RÜCKSTICH

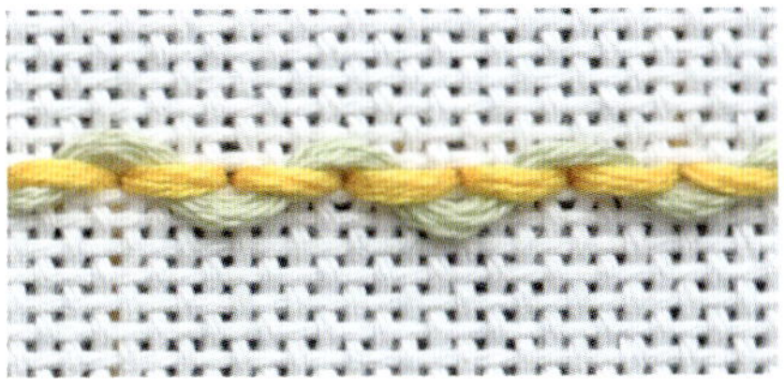

Bei dieser Variante des Rückstichs kann mit zwei Farben gearbeitet werden. So können ganz leicht farbige Akzente gesetzt werden.

1 Eine Linie im Rückstich sticken.

2+3 Die Nadel abwechselnd von oben und unten zwischen den Rückstichen und dem Stoff entlangführen.

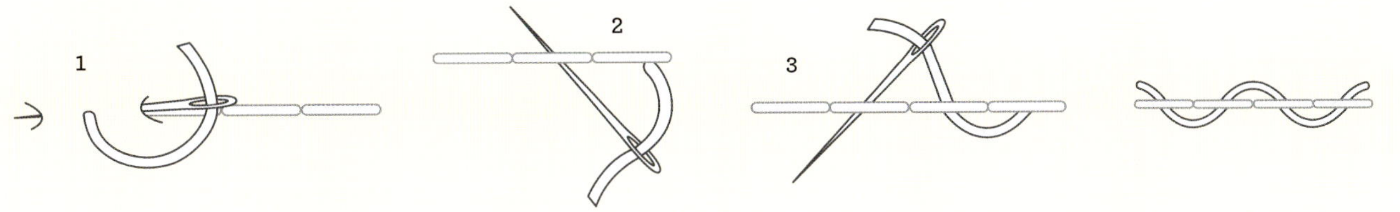

UMSCHLUNGENER DOPPELTER RÜCKSTICH

Diese Variante des umschlungenen Rückstichs wird mit zwei versetzten Reihen Rückstichen gearbeitet. Es ist auch möglich noch mehr Reihen Rückstiche so zu umschlingen.

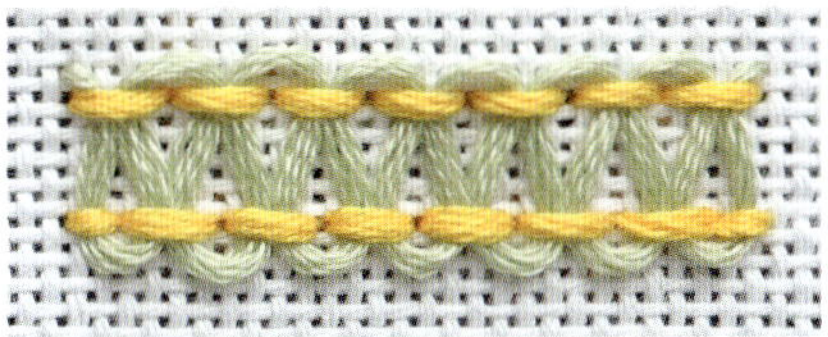

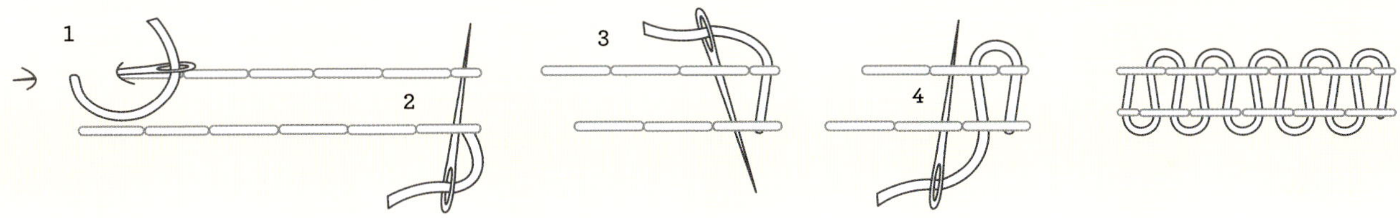

1+2 Zwei Linien im Rückstich parallel und um eine halbe Stichlänge versetzt zueinander sticken.

3+4 Die Nadel abwechselnd von oben und unten zwischen den Rückstichen und dem Stoff entlangführen, den umschlingenden Faden dabei in kleine Schlaufen legen.

UMWICKELTER RÜCKSTICH

Ähnlich wie beim umschlungenen Rückstich wird hier eine bestehende Linie aus Rückstichen umstickt. Der Effekt ist beim Umwickeln allerdings anders. Wird mit zwei Farben gestickt, entsteht ein spiralförmiger Farbwechsel wie bei einer Zuckerstange. Wird einfarbig gestickt, entsteht optisch eine dickere Linie. Die einzelnen Stiche des Rückstichs verschwimmen durch den zusätzlichen Faden zu einem seilartigen Aussehen.

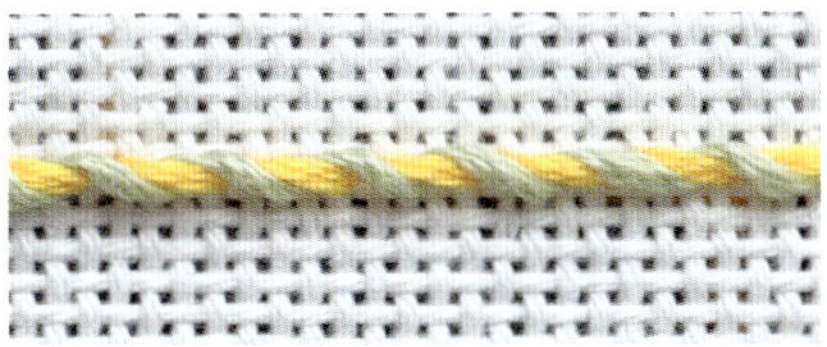

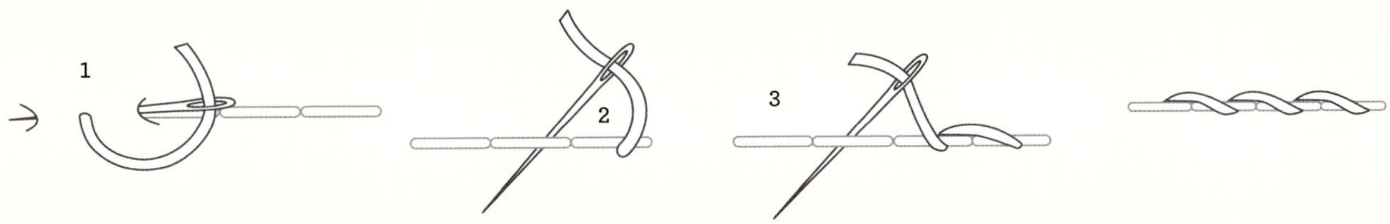

1 Eine Linie im Rückstich sticken.

2+3 Die Nadel nach oben führen, dann den Faden immer aus der gleichen Richtung fortlaufend zwischen Stoff und Rückstichen durchziehen.

PEKING-STICH

Eine weitere Variante mit Rückstichen ist der Peking-Stich, der ein- oder zweifarbig gearbeitet werden kann. In Rückstich-Linien werden kreisförmig Schlaufen eingezogen. Ursprünglich wurde dieser Stickstich in China benutzt um Flächen mit Farbverlauf zu füllen. Dabei werden die Peking-Stiche in abgestuften Farben einfarbig als Linien untereinander gestickt. Doch auch als reiner Linienstich macht dieser Stickstich eine Menge her.

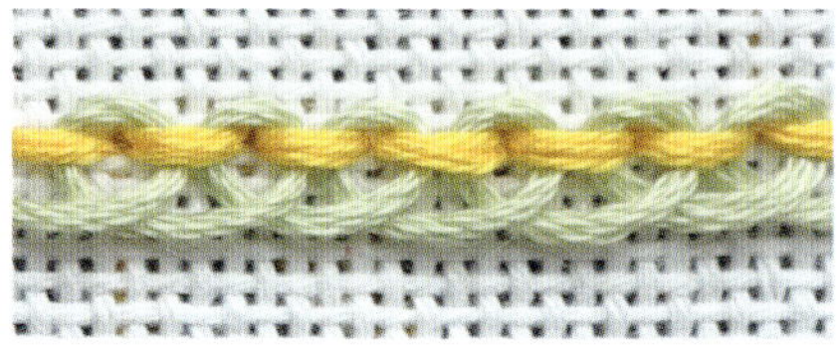

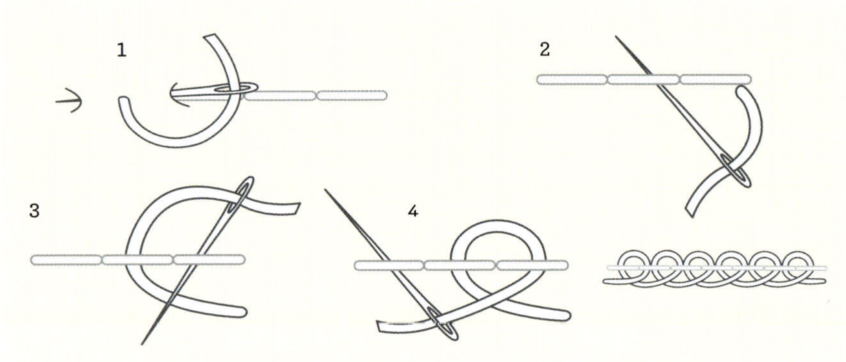

1 Eine Linie im Rückstich sticken.

2 Die Nadel von rechts kommend unter dem zweiten Rückstich hindurchführen.

3 Die Nadel von oben unter dem ersten Rückstich und über dem vorher gelegten Faden entlangführen und eine kleine Schlaufe legen.

4 Schritte 2+3 fortlaufend wiederholen.

HEXENLEITER

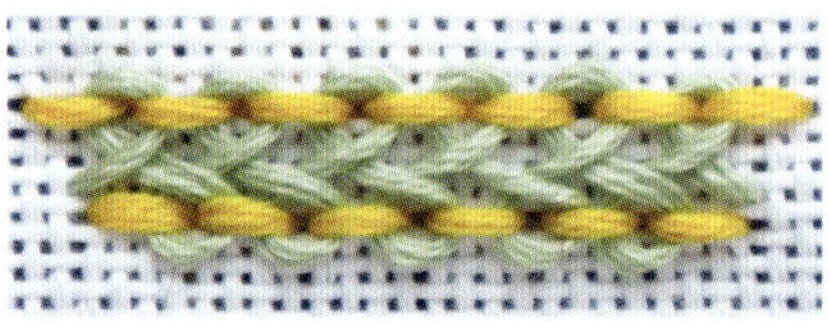

Die Hexenleiter ist auch bekannt als doppelter Pekingstich. Statt einer einzelnen Reihe Rückstiche werden hier zwei Reihen umschlauft.

1 Zwei Reihen Rückstiche parallel und versetzt zueinander sticken.

2 Die Nadel von rechts unter dem zweiten oberen Rückstich hindurchführen.

3 Die Nadel von oben unter dem ersten oberen Rückstich, über dem vorher gelegten Faden und unter den zweiten unteren Rückstich entlangführen.

4 In gleicher Weise eine Schlaufe spiegelverkehrt auf der unteren Rückstichlinie sticken.

5 Schritte 2–4 fortlaufend wiederholen.

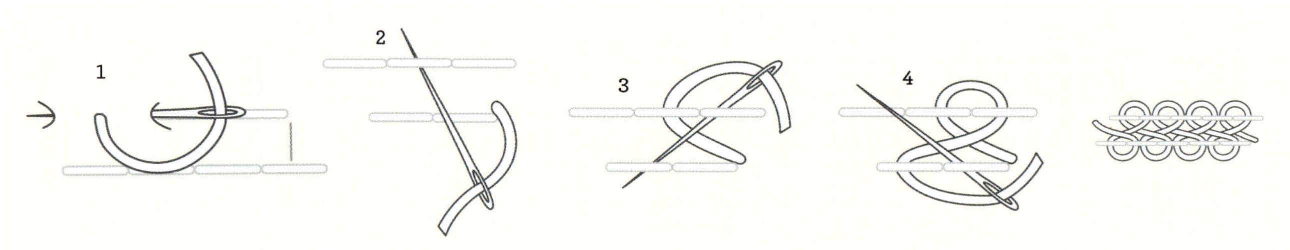

OFFENER RÜCKSTICH

Der offene Rückstich erzeugt eine gestrichelte Linie, ähnlich dem Vorstich. Da er als Rückstich aber geschlauft gestickt wird, bildet er Stiche aus, die eher nach oben gewölbt sind und nicht so flach auf dem Stoff aufliegen wie der Vorstich.

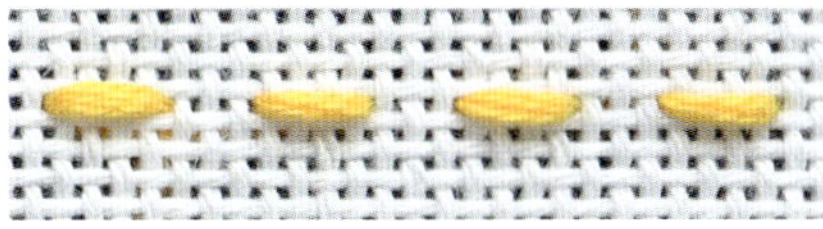

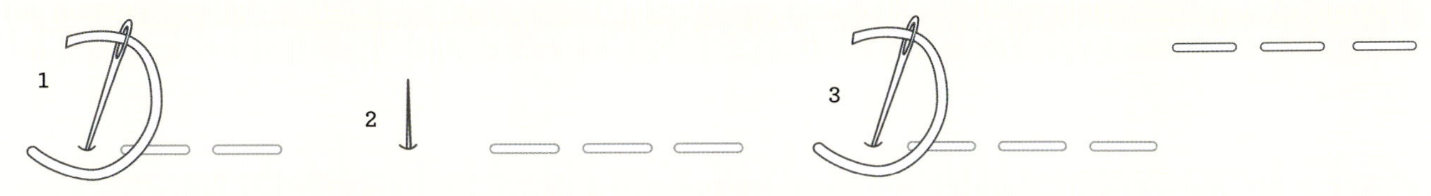

1+2 Auf der gewünschten Linie eine Stichlänge weiter die Nadel nach oben führen und einen Stich zurück sticken.

3 Schritt 1 fortlaufend wiederholen.

DOPPELTER RÜCKSTICH

Der doppelte Rückstich ist die Kehrseite des Hexenstichs. Er findet in der Schattenstickerei Anwendung. Dabei wird auf sehr dünnem Stoff gestickt, sodass die Fäden auf der Rückseite durchscheinen und auf der Vorderseite einen leichten Schatten hinterlassen.

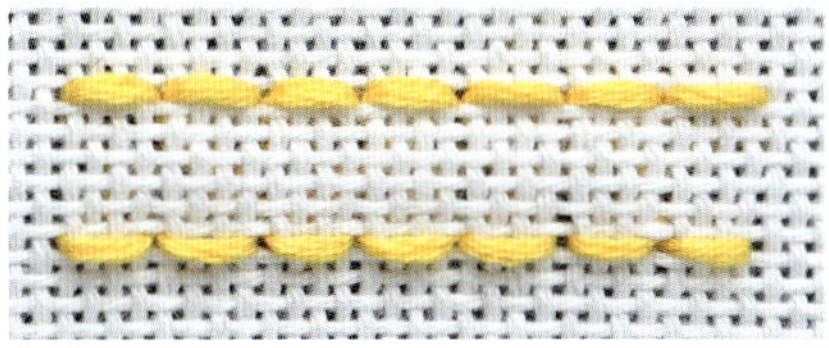

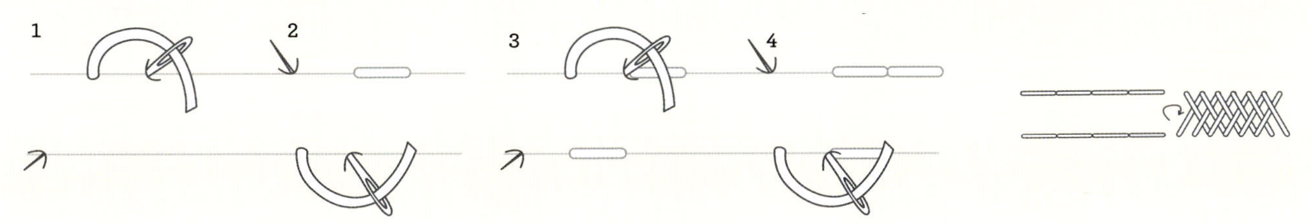

1 Auf der oberen Linie mit der Nadel einen Stich zurück sticken und die Nadel eine Stichlänge weiter auf der unteren Linie hochführen.

2 Auf der unteren Linie einen Stich zurück sticken und mit der Nadel auf der oberen Linie eine Stichlänge weiter nach oben kommen.

3+4 Schritte 1+2 fortlaufend wiederholen.

STIELSTICH

DER STIELSTICH TRÄGT SEINE BELIEBTESTE VERWENDUNG SCHON IM NAMEN. IN DER BLUMENSTICKEREI MACHT ER FÜR STIELE UND GESCHWUNGENE UMRISSE STETS EINE GUTE FIGUR. DOCH AUCH IN ANDEREN BEREICHEN SIND DER STIELSTICH UND SEINE VARIANTEN HÄUFIG ANZUTREFFEN: SO IST DER STIELSTICH FÜR SCHREIBSCHRIFT-SCHRIFTZÜGE DIE GEEIGNETE WAHL, ABER AUCH ALS FÜLLSTICH INTERESSANT.

STIELSTICH

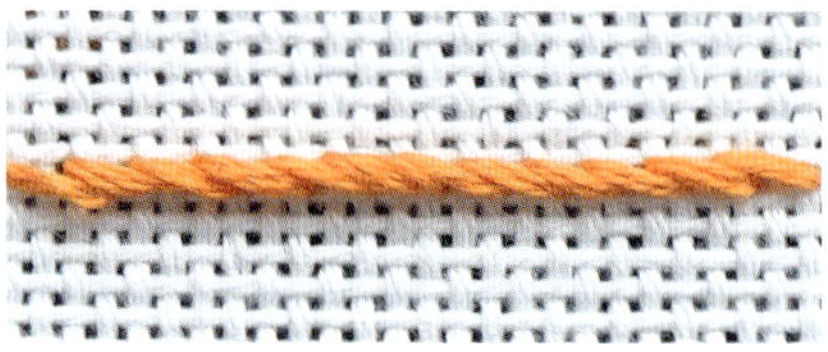

Der Stielstich bildet eine dickere Linie, bei der die einzelnen Stiche ähnlich einem gedrehten Seil liegen. Die Stiche sollten relativ kurz gehalten werden, damit dieser Effekt seine volle Wirkung zeigen kann.

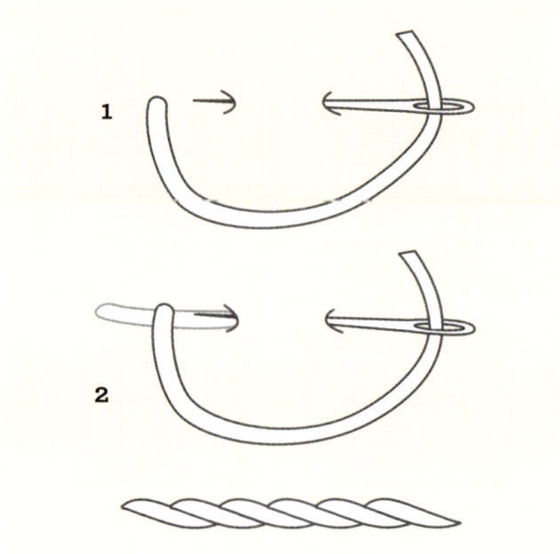

1 Mit der Nadel rechts der Ausstichstelle in doppelte Stichlänge einstechen und auf halber Strecke zwischen Anfang und Ende des Stichs die Nadel wieder aus dem Stoff herausstechen. Die entstehende Fadenschlaufe muss dabei unterhalb der Nadel liegen.

2 Eine Stichlänge hinter dem Ende des ersten Stichs die Nadel einstechen und am Ende des ersten Stichs wieder nach oben führen. Die entstehende Fadenschlaufe muss dabei unterhalb der Nadel liegen.

TIPP: BEIM ARBEITEN MIT STIELSTICHEN IST ES PRAKTISCH, DIE FADENSCHLAUFE MIT DEM DAUMEN DER HAND, DIE NICHT DIE NADEL FÜHRT, FESTZUHALTEN. DADURCH KANN SICH DIE SCHLAUFE NICHT FESTZIEHEN ODER VERDREHEN BEVOR DER STICH KOMPLETT IST.

UMRISSLINIEN-STICH

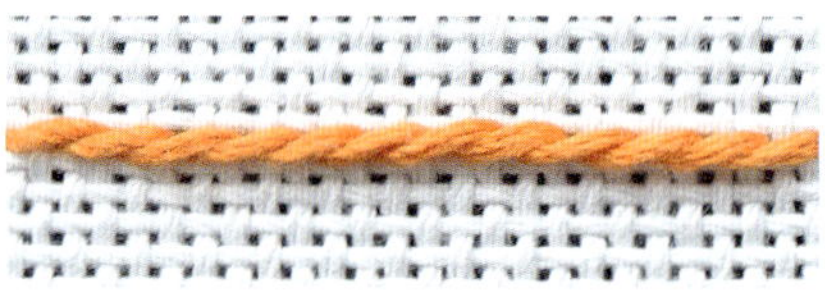

Auch wenn der Umrisslinien-Stich fast identisch mit dem Stielstich gestickt wird, so hat er doch eine etwas andere Optik. Während die seilartige Struktur des Stielstichs sehr präzise ausgeprägt ist, verschwimmt diese beim Umrisslinienstich mehr. So entsteht eine weichere Linie mit weniger stark sichtbaren Einzelstichen.

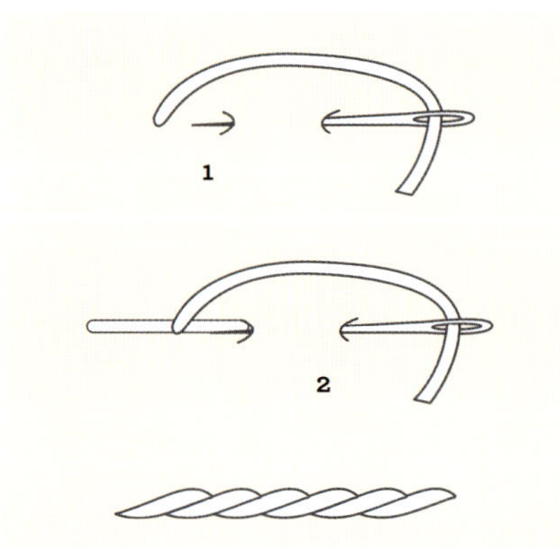

1 Mit der Nadel, wie beim Stielstich, rechts der Ausstichstelle in doppelte Stichlänge einstechen und auf halber Strecke zwischen Anfang und Ende des Stichs die Nadel wieder aus dem Stoff herausstechen. Die entstehende Fadenschlaufe muss dabei oberhalb der Nadel liegen.

2 Eine Stichlänge hinter dem Ende des ersten Stichs die Nadel einstechen und am Ende des ersten Stichs wieder nach oben führen. Die entstehende Fadenschlaufe muss dabei oberhalb der Nadel liegen.

UMWICKELTER STIELSTICH

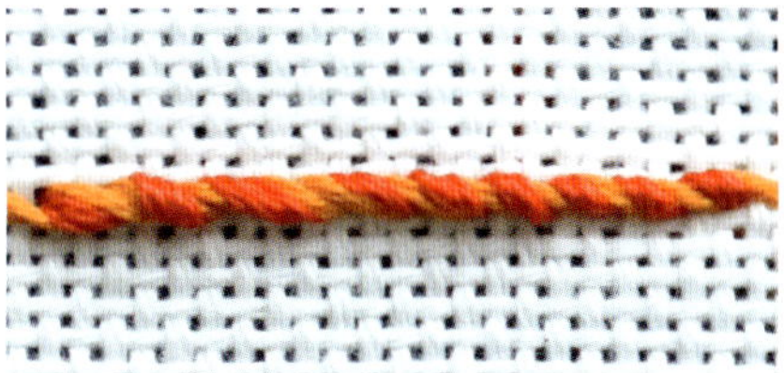

Der umwickelte Stielstich kann ein- oder auch zweifarbig gestickt werden. Dadurch entsteht eine zweifarbige Spirale, die zudem etwas dicker ist als der klassische Stielstich.

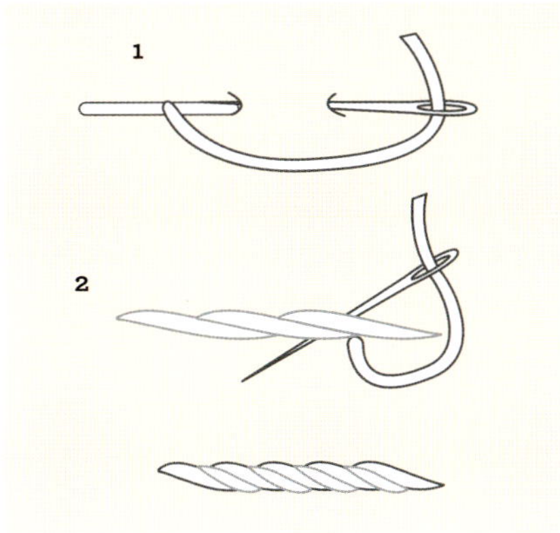

1 Eine Reihe im Stielstich sticken.

2 Die Nadel neben dem Anfang der Stielstich-Linie nach oben führen. Jetzt fortlaufend immer von oben die Nadel unter jedem Stielstich entlangführen, dabei weder Stiche noch Stoff durchstechen.

SPALTSTICH

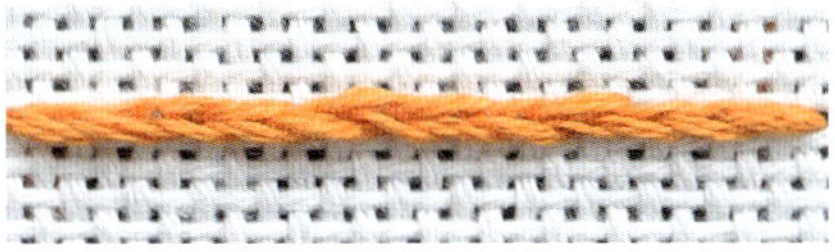

Der Spaltstich ist ein wunderbarer Stich um Linien zu sticken. Am besten funktioniert er mit Garnen, die teilbar oder weich sind, da diese durchstochen werden müssen. Beim Arbeiten mit weichen Fäden, wie Wolle, ergibt sich eine relativ glatte Linie. Teilbare Fäden, wie Sticktwist, bilden eine dem Kettenstich ähnliche Optik.

1 Mit der Nadel rechts der Ausstichstelle in doppelter Stichlänge einstechen und auf halber Strecke zwischen Anfang und Ende des Stichs die Nadel wieder aus dem Stoff herausstechen, dabei den Stickfaden mittig durchstechen bzw. teilen.

2 Eine Stichlänge hinter dem Ende des ersten Stichs die Nadel einstechen und am Ende des ersten Stichs wieder nach oben führen, dabei wiederum den Stickfaden mittig durchstechen bzw. teilen.

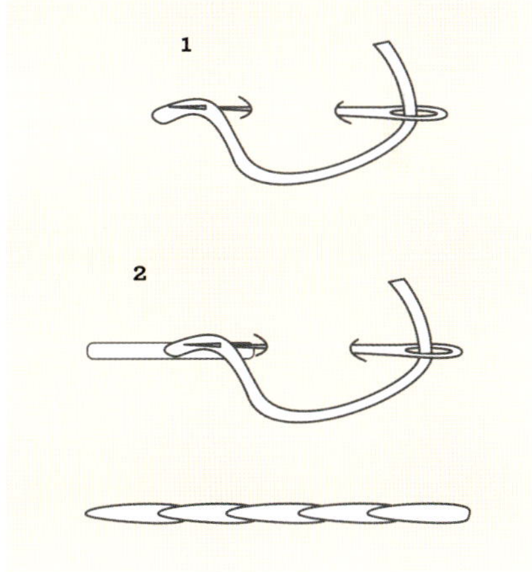

WECHSELSTICH

Der Wechselstich sieht aus, als wären zwei Reihen im Rückstich gestickt. Doch hier wird tatsächlich nur eine Reihe gearbeitet. Der Effekt ergibt sich aus dem wechselseitigen Legen der Fäden. Damit ist dieser Stickstich passend für dickere Linien oder zum Ausfüllen von Flächen.

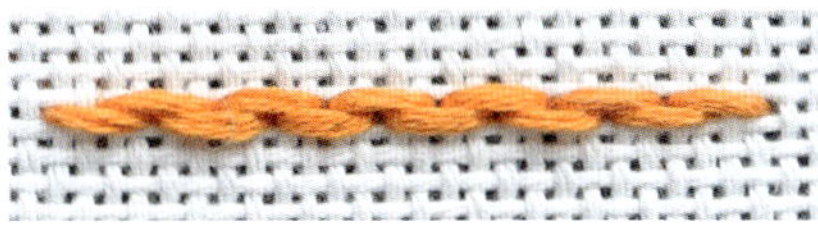

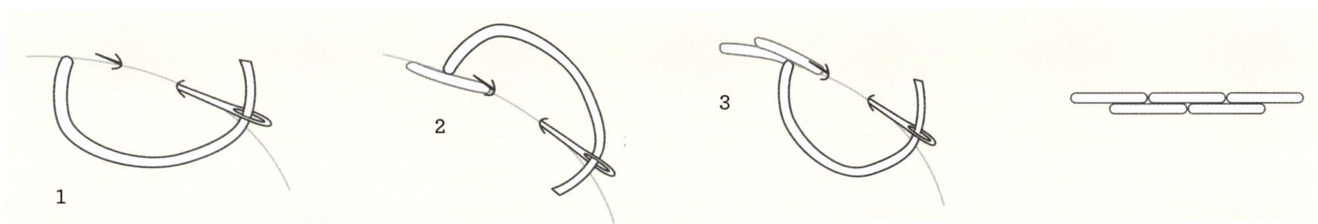

1 Mit der Nadel rechts der Ausstichstelle in doppelte Stichlänge einstechen und auf halber Strecke zwischen Anfang und Ende des Stichs die Nadel wieder aus dem Stoff herausstechen. Die entstehende Fadenschlaufe muss dabei unterhalb der Nadel liegen.

2 Eine Stichlänge hinter dem Ende des ersten Stichs die Nadel einstechen und am Ende des ersten Stichs wieder nach oben führen. Die entstehende Fadenschlaufe muss dabei oberhalb der Nadel liegen.

3 Ab jetzt wie gewohnt den Stielstich sticken aber dabei immer abwechselnd die Fadenschlaufe nach oben und unten legen.

PORTUGIESISCHER STIELSTICH

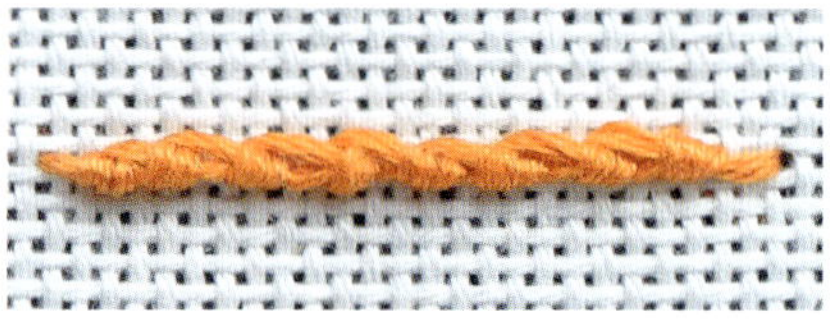

Mit dieser Variante des Stielstichs können sehr dicke Linien gestickt werden. Durch den zusätzlichen Knoten entsteht eine interessante Textur.

1 Mit der Nadel rechts der Ausstichstelle in doppelte Stichlänge einstechen und auf halber Strecke zwischen Anfang und Ende des Stichs die Nadel auf gerader Linie wieder aus dem Stoff herausstechen. Die entstehende Fadenschlaufe muss dabei unterhalb der Nadel liegen.

2+3 Mit der Nadel zweimal den ersten Stich mittig umwickeln, ohne dabei den Stich oder den Stoff zu durchstechen.

4 Eine Stichlänge hinter dem Ende des ersten Stichs die Nadel einstechen und am Ende des ersten Stichs wieder nach oben führen. Die entstehende Fadenschlaufe muss dabei unterhalb der Nadel liegen.

5+6 Mit der Nadel zweimal gleichzeitig den zweiten Stich (mittig) und den ersten Stich (am Stichende) umwickeln ohne dabei den Stich oder den Stoff zu durchstechen. Ab hier Schritt 4–6 wiederholen.

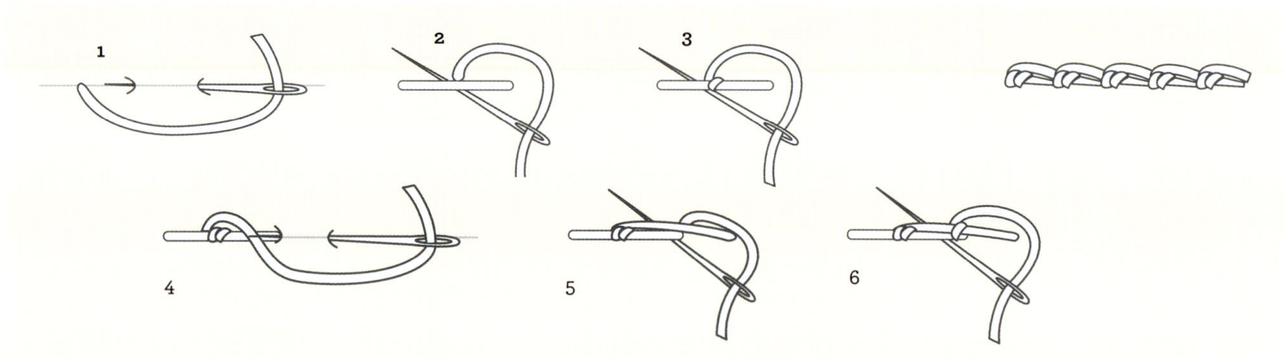

GEHÖHTES STIELSTICHBAND

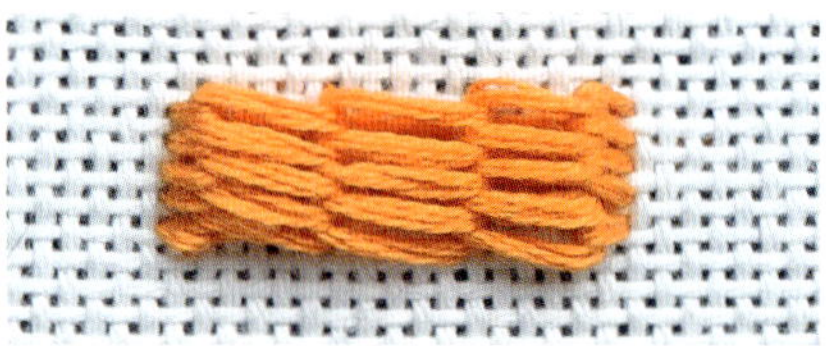

Diese Sticktechnik erfordert mehrere Lagen an Stichen um den erhöhten Effekt zu erzeugen. Das Stielstichband kann überall dort eingesetzt werden, wo eine gerade, sehr hohe Linie gewünscht ist. Die Textur erinnert an das Flechtmuster eines Körbchens.

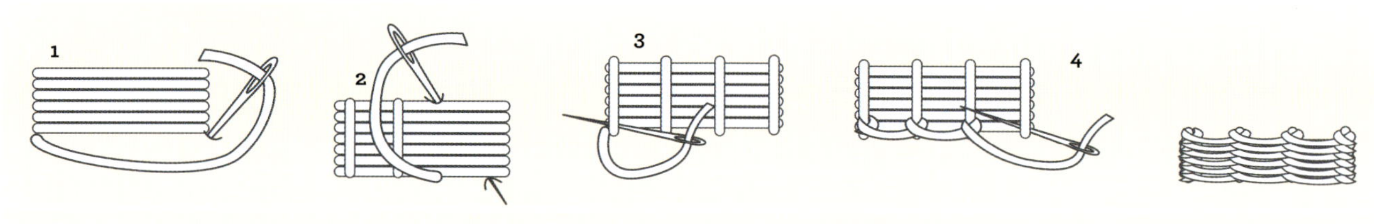

1 Je nach gewünschter Breite des Bandes lange Plattstiche dicht an dicht sticken.

2 Über die Plattstiche in regelmäßigen Abständen parallele Spannstiche setzen.

3+4 An der linken, unteren Ecke des Bandes ausstechen und mit der Nadel von rechts nach links den Faden unter jedem Spannstich aus Schritt 2 entlangführen. Sind alle Spannstiche umschlungen, die Nadel an der rechten Ecke des Bandes in den Stoff stechen und zum Beginn zurückführen. So fortlaufend arbeiten, bis die gesamte Fläche gefüllt ist.

JAPANISCHER STIELSTICH

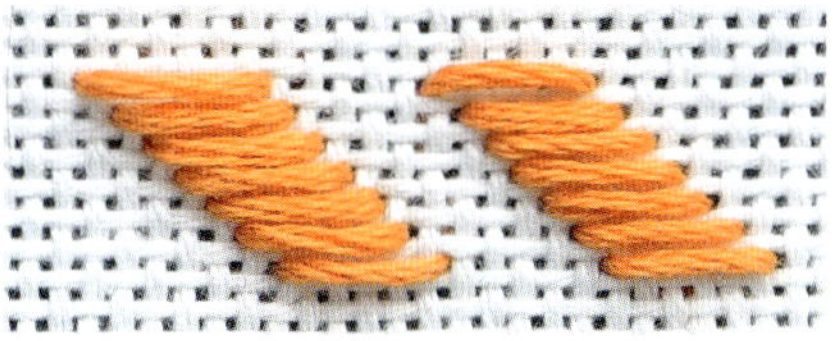

Dieser Stielstich wird immer als diagonale Linie gestickt. Am besten sieht er aus, wenn er mit einem glatten, glänzenden Faden gestickt wird, da dann der Glanz schön zur Geltung kommt. Damit dieser Stich gleichmäßig wird, empfiehlt es sich, zwei parallele Linien vorzuzeichnen.

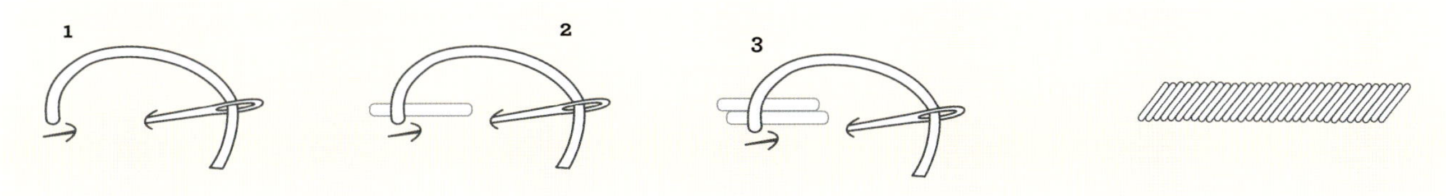

1 Mit der Nadel in Stichlänge einstechen, ein wenig darunter, rechts vom Anfang des ersten Stichs, die Nadel wieder aus dem Stoff herausführen. Die entstehende Fadenschlaufe muss dabei oberhalb der Nadel liegen.

2 In einheitlicher Stichlänge nach rechts, auf Höhe der Ausstichstelle einstechen, und wie bei Schritt 1 beschrieben wieder ausstechen.

3+4 Schritte 1+2 fortlaufend wiederholen.

STIELSTICH ALS FÜLLSTICH

Setzt man den Stielstich in Reihen dicht aneinander, kann so auch eine Fläche gefüllt werden. Beim Arbeiten in Reihen gibt es zwei Möglichkeiten:

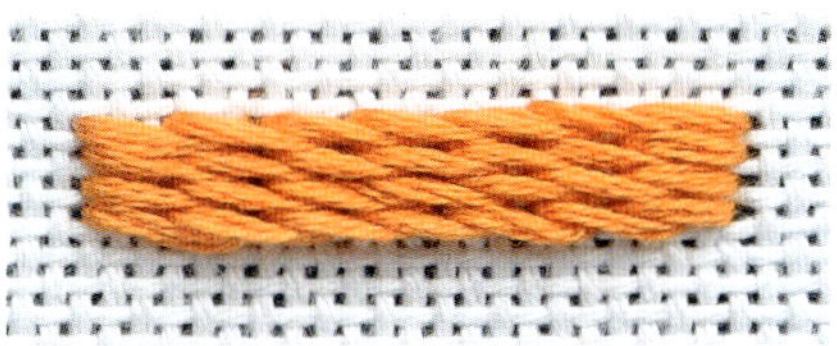

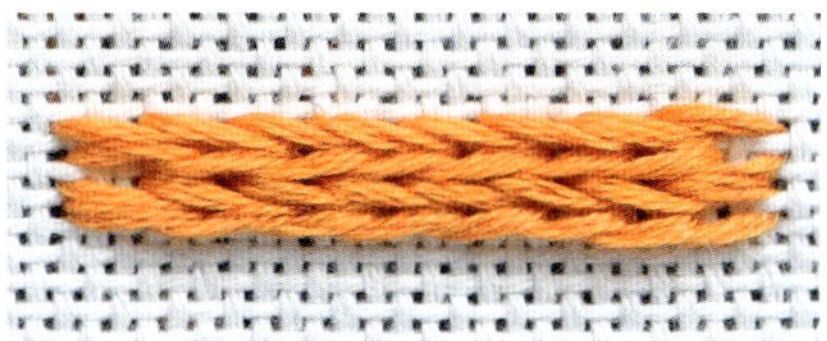

1+2 Alle Stielstiche werden immer in derselben Richtung gestickt. Dafür den Faden am Ende jeder Reihe beenden und auf der anderen Seite neu anfangen.

3 Die Reihen werden hin und zurück gestickt. Dadurch entsteht ein Muster, das wie gestrickt oder geflochten aussieht.

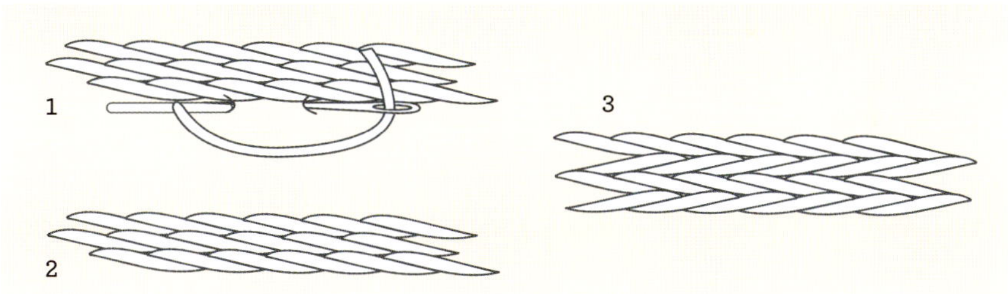

SCHWEDISCHER SPALTSTICH

Der schwedische Spaltstich ist ein zweifarbiger Stickstich, der in Linie, oder auch einzeln als Streumuster, gestickt werden kann. Im Kreis oder als Muster arrangiert, macht er sich ebenfalls gut.

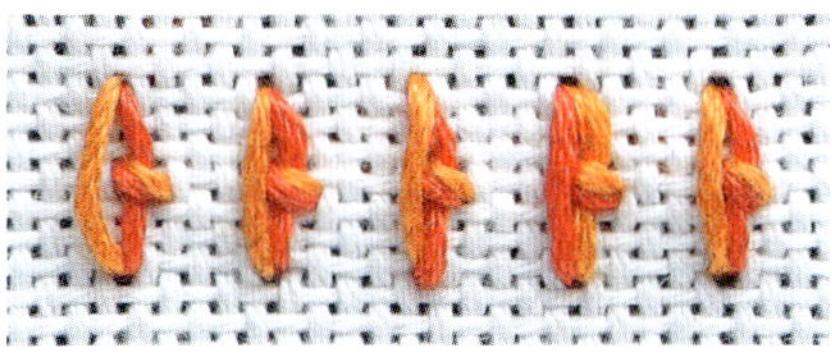

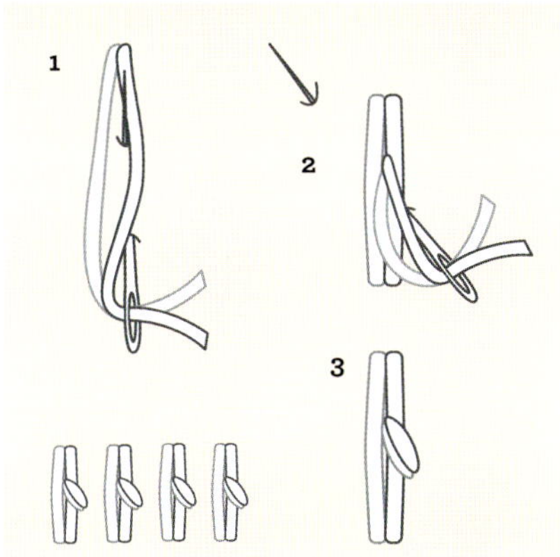

1 Mit doppeltem Faden einen langen Stich sticken und auf halber Strecke zwischen Anfang und Ende des Stichs die Nadel wieder aus dem Stoff herausstechen, dabei auf der Oberseite zwischen den Fäden hindurchsticken.

2+3 Schräg rechts von der Ausstichstelle die Nadel wieder in den Stoff einstechen. Nun ist ein Stich fertig. An der Stelle, wo der nächste Stich gestickt werden soll, die Nadel wieder nach oben führen.

PLATTSTICH

DER PLATTSTICH, AUCH FLACHSTICH GENANNT, IST EIN FÜLLSTICH, DER EINE SEHR EBENMÄSSIGE OBERFLÄCHE BILDET. ER IST VIELSEITIG EINSETZBAR UND DAHER EINER DER BELIEBTESTEN STICKSTICHE UM FLÄCHEN ZU FÜLLEN. ABER AUCH ALS FORTLAUFENDER STREIFEN IN BORDÜREN ODER BEI UNREGELMÄSSIGEN FORMEN, WIE BLUMEN UND BLÄTTERN, KOMMT DER PLATTSTICH ZUR ANWENDUNG. DIESER STICKSTICH DECKT DEN DARUNTERLIEGENDEN STOFF KOMPLETT AB.

PLATTSTICH

Der Plattstich ist ein einfacher Stickstich, der von Seite zu Seite gestickt wird. Die Kunst besteht darin, ihn ebenmäßig zu sticken um die typisch glatte Oberfläche zu erhalten. Die Konturen einer Plattstichfläche lassen sich deutlich leichter geradlinig sticken, wenn um die Form zuvor eine Kontur mit Spaltstichen gestickt wurde. Für etwas mehr Volumen kann der Innenraum mit Ketten- oder Vorstichen ausgefüllt werden (siehe gehöhter Plattstich). Der Plattstich kann in der Länge jedoch nur begrenzt weit gestickt werden, da die Fäden sonst anfangen Wellen zu schlagen. Hier gilt: Je dicker der Faden, desto länger können die Stiche werden. Sehr große Flächen sollten daher in der Regel besser in kürzere Abschnitte unterteilt oder mit Varianten des Plattstichs (siehe versetzter und verzahnter Plattstich) ausgestickt werden.

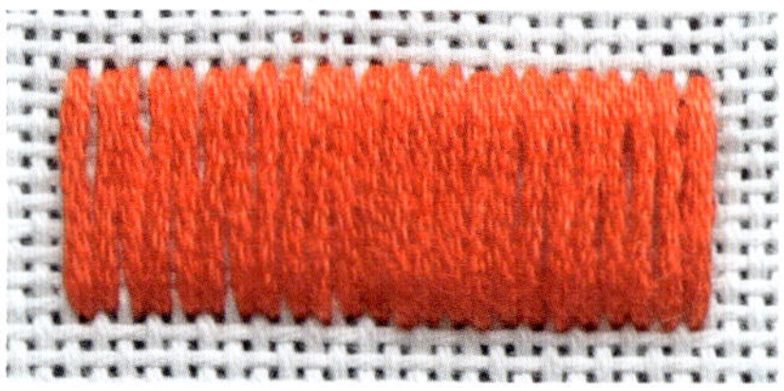

TIPP: PLATTSTICHFLÄCHEN WERDEN GLEICHMÄSSIGER, WENN SIE VON DER MITTE DER FLÄCHE NACH AUSSEN GESTICKT WERDEN. DAFÜR IN DER MITTE DER FORM DEN ERSTEN STICH SETZEN UND ZUR EINEN SEITE, DANN VON DER MITTE AUS ZUR ANDEREN SEITE STICKEN.

1 Einen Stich von Seite zu Seite sticken, den Faden auf der Rückseite des Stoffes wieder zurück zur Anfangsseite bringen. Dort direkt neben dem ersten Stich die Nadel nach oben führen und durchziehen.

2 Weitere Stiche von der einen Seite zur anderen sticken, dabei darauf achten, dass die Stiche parallel zueinander sind und den Stoff komplett abdecken. Der Abstand zwischen den Stichen ist also minimal.

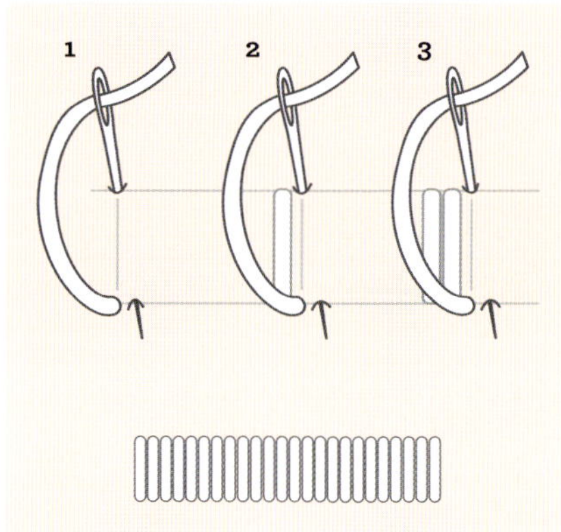

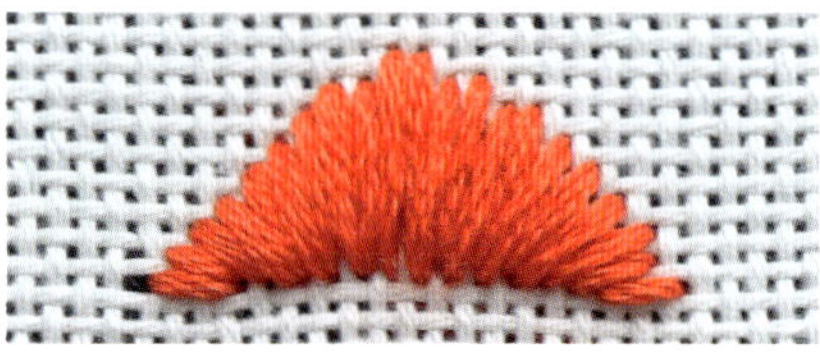

PLATTSTICH BEI RUNDEN FORMEN

Üblicherweise werden Plattstiche parallel zueinander gestickt. Eine Ausnahme sind runde Formen, da hier die eine Formkante länger ist als die andere. Hier werden abwechselnd lange und verkürzte Stiche gestickt, bis die Rundung vollendet ist. Die verkürzten Stiche sollten, von der äußeren Rundung ausgehend, etwas länger als die Hälfte der langen Stiche messen.

VERZAHNTER PLATTSTICH

Der verzahnte Plattstich wird in dichten Reihen gestickt und kann so auch sehr große Flächen ausfüllen. Durch den Versatz sind subtile Farbschattierungen möglich, dafür dann in jeder Reihe die Farbe wechseln.

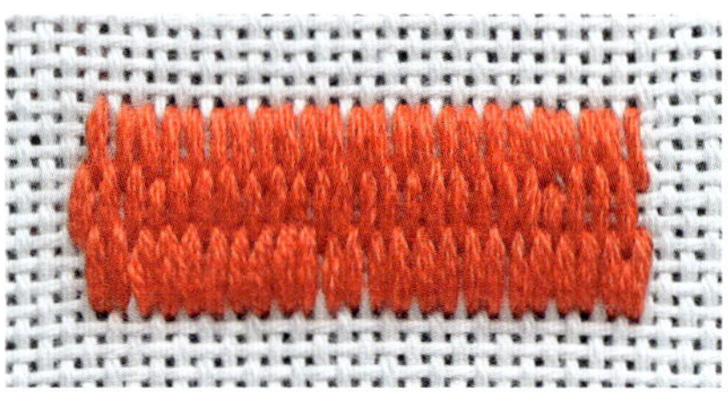

1+2 Eine Reihe gerade Plattstiche sticken.

3 Die nächste Reihe Plattstiche unter der ersten sticken, dabei an der oberen Kante zwischen die vorhandenen Stiche der ersten Reihe stechen.

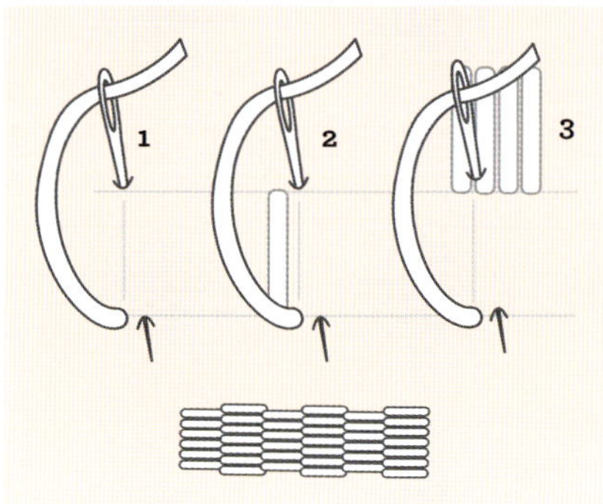

VERSETZTER PLATTSTICH

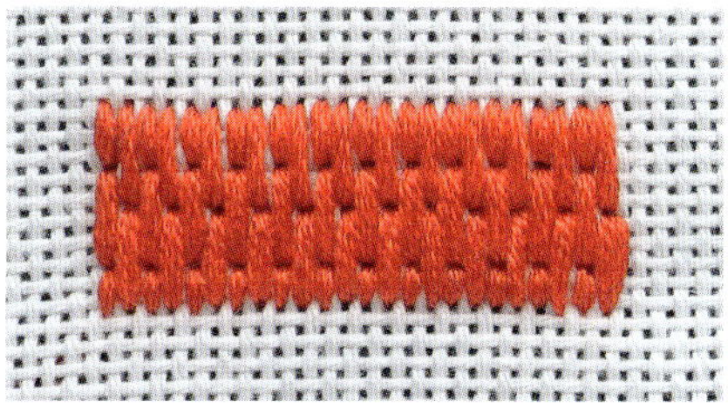

Der versetzte Plattstich wird ähnlich dem verzahnten Plattstich gestickt und kann für dieselben Anwendungsbereiche genutzt werden.
In der Nadelmalerei spielt dieser Stickstich eine bedeutende Rolle, da man mit ihm nahezu ansatzlose Farbübergänge sticken kann.

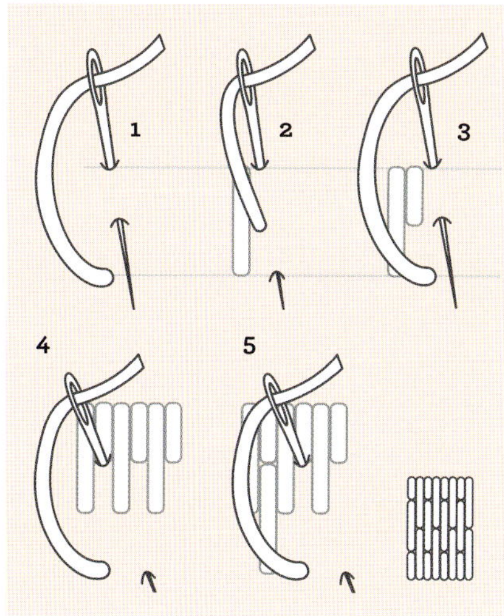

1–3 In der ersten Reihe immer abwechselnd einen langen und einen kurzen Plattstich setzen.

4+5 In allen folgenden Reihen werden nur lange Stiche gestickt – immer ausgehend vom unteren Ende der Stiche der vorher gestickten Reihe. Die Stiche sind dadurch immer versetzt.

TIPP: FÜR EINE GERADE ABSCHLUSSKANTE AM ENDE DER FLÄCHE, WIE BEI DER ERSTEN REIHE, ABWECHSELND LANGE UND KURZE STICHE STICKEN.

GEHÖHTER PLATTSTICH

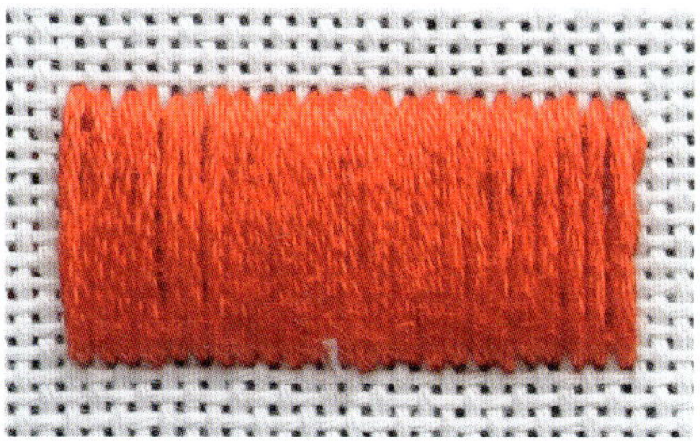

1 Zuerst die Umrisslinien mit Spaltstichen vorsticken, dann die umstickte Fläche mit Reihen aus Vorstichen oder Kettenstichen füllen. Kettenstiche bewirken dabei einen deutlich höheren plastischen Effekt als Vorstiche.

2–4 Die Form mit Plattstichen besticken.

Der gehöhte Plattstich ist für Flächen, die etwas erhabener wirken sollen gedacht. Er verbraucht dabei allerdings eine Menge Stickgarn.

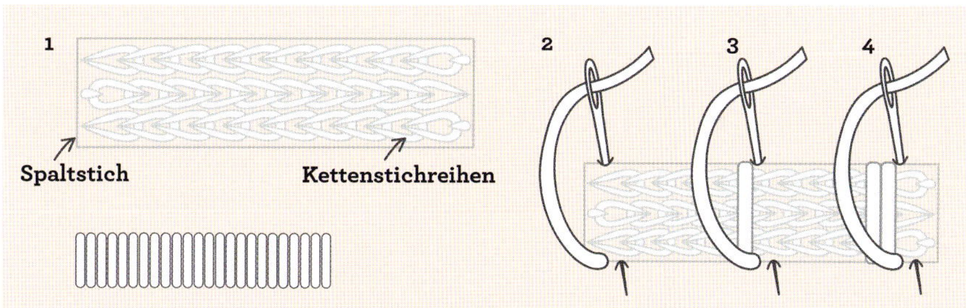

UMWICKELTER PLATTSTICH

Der umwickelte Plattstich ist eine einfache Variante des Plattstichs. Über eine klassische Plattstichfläche wird eine zusätzliche Schicht gestickt, die auch eine andere Farbe haben kann. So lassen sich interessante Strukturen bei Flächen erzielen.

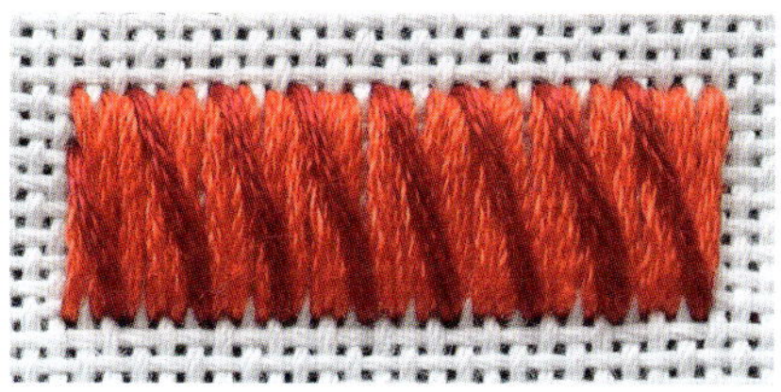

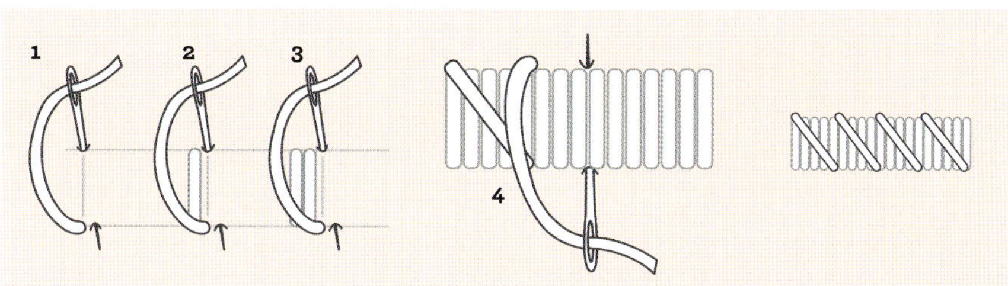

1–3 Zuerst eine Fläche im Plattstich ausfüllen.

4 Dann einzelne Stiche schräg von einer Seite zur anderen sticken. Diese sollten etwas Abstand zueinander haben, damit die unteren Plattstiche sichtbar bleiben.

UNTERLEGTER SCHNURSTICH

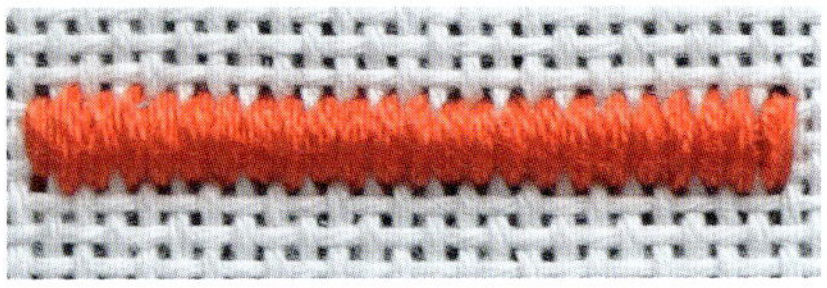

1 1–3 dicke Fäden Stickgarn auf die gewünschte Linie legen.

2+3 Kurze Plattstiche über die gelegten Fäden sticken, die schräg oder im rechten Winkel zur Fadenlinie liegen.

Der unterlegte Schnurstich ist ein etwas erhöhter, schmaler Plattstich. Er wird gerne in der Weißstickerei genutzt und wirkt besonders gut bei Buchstaben und langen Schnörkeln. Hier kann als „Polster" ein dickerer Faden überstickt werden, um mehr Volumen zu erhalten. Alternativ wird dieser Stich auch über einer Linie aus Rückstichen – ohne, oder mit extra Faden – gestickt.

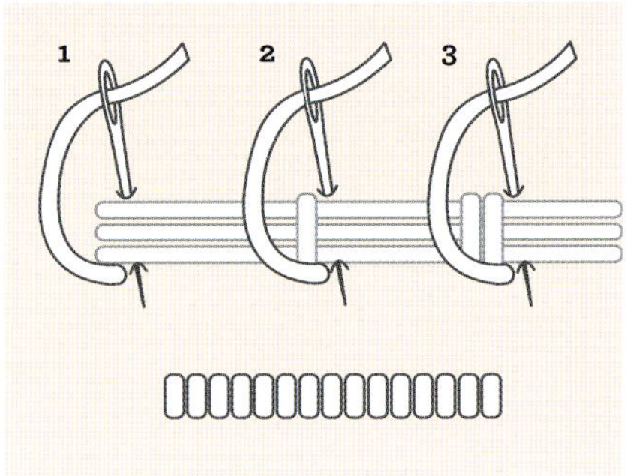

RUMÄNISCHER PLATTSTICH

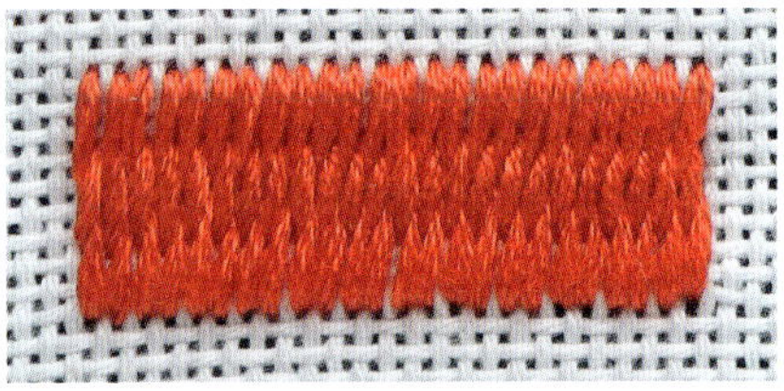

Der Rumänische Plattstich, auch Bilderstich genannt, ist ein Füllstich für größere Flächen. Hier wird ein langer Plattstich durch einen Überfangstich festgehalten. Diese Fixierstiche sollen in der Stickfläche „verschwimmen" und kein Muster ergeben wie beim Bucharastich.

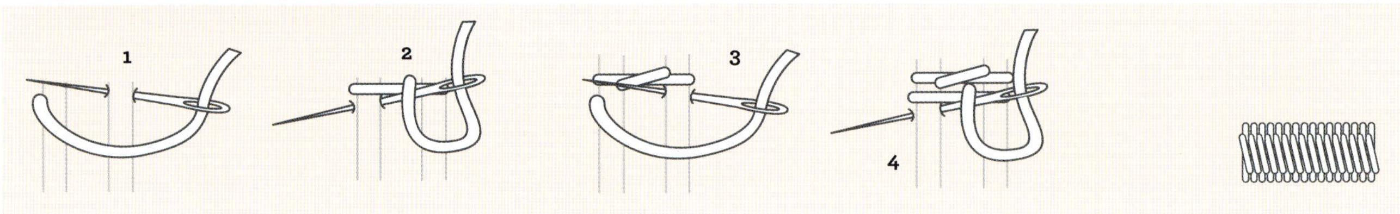

1 Zuerst einen langen Stich von Seite zu Seite sticken. Dann die Nadel von unterhalb des ersten Stiches nach oben führen, dabei den Stich nicht durchstechen.

2 Dann einen langen schrägen Stich über den vorhandenen Stich sticken, dabei direkt unterhalb des vorhandenen Stichs wieder in den Stoff stechen. Je nach Länge des ersten Stichs, können hier ein oder mehrere solcher Fixierstiche nötig sein. Die Fixierstiche sollten locker aufliegen und nicht zu fest angezogen werden.

3+4 Schritte 1+2 fortlaufend wiederholen.

BUCHARASTICH

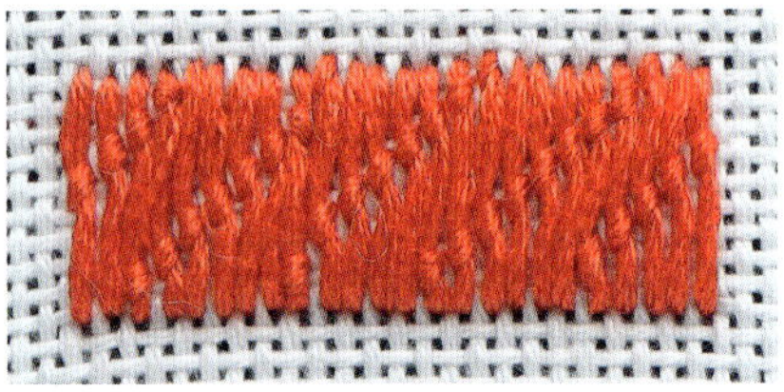

Der Bucharastich, auch Klosterstich genannt, ist eine Technik, die für große Flächen geeignet ist. Er ist dem Rumänischen Plattstich ähnlich, bildet aber ein deutliches Muster aus. Dadurch ist er perfekt für Hintergründe und andere Flächen geeignet, die eine subtile Struktur haben sollen.

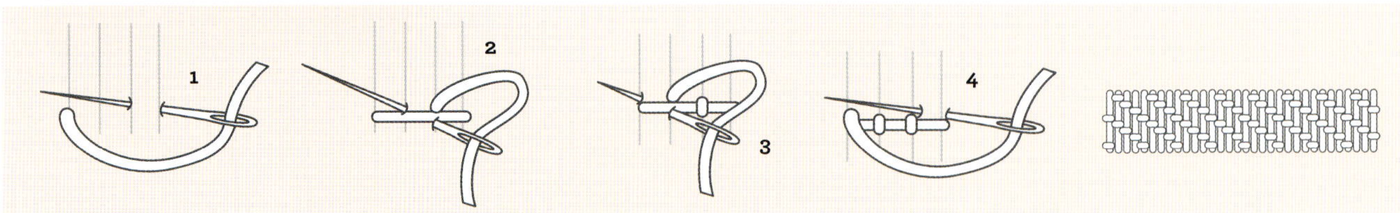

1 Zuerst einen langen Stich von Seite zu Seite sticken.

2–4 Dann Fixierstiche setzen, siehe Rumänischer Plattstich. Diese sollten allerdings kürzer und in regelmäßigen Abständen gestickt werden. Durch das regelmäßige Versetzen dieser kurzen Stiche über eine größere Fläche, können geometrische Muster eingearbeitet werden.

WABENSTICH

DIE RELATIV BREITE FORM DER WABENSTICHE MACHT SIE ZU GEEIGNETEN STICHEN FÜR KANTENVERZIERUNGEN SOWIE AUCH FÜR FLÄCHENDECKENDE MUSTER. TRADITIONELL WIRD DER WABENSTICH AUCH GERNE FÜR SMOKARBEITEN GENUTZT, WOBEI DER STOFF DURCH DEN STICKSTICH IN KLEINE FÄLTCHEN GELEGT WIRD UND DURCH VERSETZT ANGEORDNETE STICHE SCHÖNE GEOMETRISCHE MUSTER GEBILDET WERDEN KÖNNEN. DARÜBER HINAUS SIND WABENSTICHE OPTISCH INTERESSANT UND KÖNNEN ZU SPANNENDEN MUSTERN ZUSAMMENGESETZT WERDEN.

WABENSTICH

Wabenstiche werden in zwei Schritten gestickt. Es ist wichtig, die Stichabstände in etwa gleich zu halten, da sich sonst das Muster verzieht.

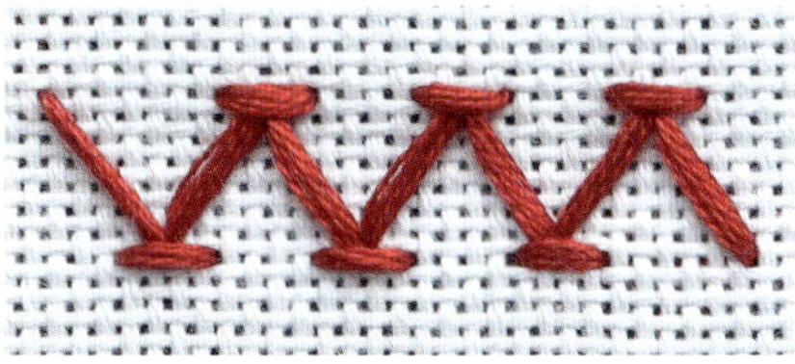

1 Oben links ausstechen und die Nadel auf der geplanten unteren Linie eine Stichlänge nach rechts einstechen und eine halbe Stichlänge weiter links nach oben führen.

2 Eine Stichlänge weiter rechts die Nadel einstechen und am Ende des diagonalen Stichs wieder nach oben führen. Der Faden ist dabei nach unten gelegt.

3 Die Nadel auf der geplanten oberen Linie eine Stichlänge nach rechts einstechen und eine halbe Stichlänge weiter links nach oben führen.

4 Eine Stichlänge weiter rechts die Nadel einstechen und am Ende des diagonalen Stichs wieder nach oben führen. Der Faden ist dabei nach oben gelegt.

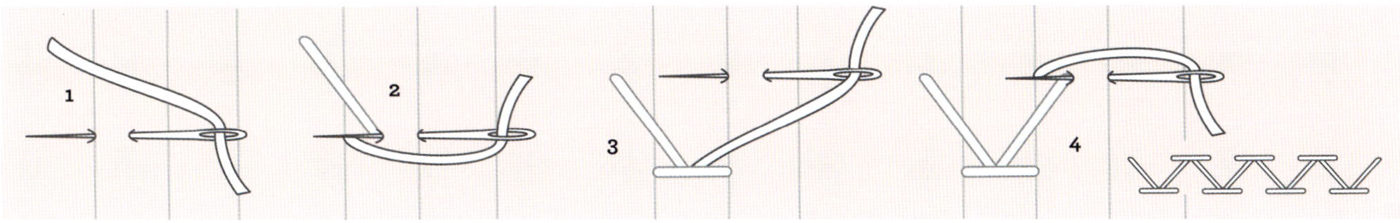

UMSCHLUNGENER WABENSTICH

Dieser Stickstich kann zweifarbig gestickt werden. Er wird zunächst wie ein klassischer Wabenstich gestickt und nachträglich mit zusätzlichen Fäden verwoben. Die Anzahl der Webfäden ist abhängig von der Höhe der Wabenstiche – je nach Belieben können mehr oder weniger eingewebt werden.

1+2 Eine Reihe im klassischen Wabenstich sticken. Dann, an einer Seite beginnend, die Nadel mittig nach oben führen und abwechselnd über und unter den diagonalen Wabenstichen entlang weben. Am Ende der Reihe die Nadel in den Stoff stechen. Die Nadel unter dem Ende der ersten Fadenreihe wieder nach oben bringen und versetzt zur vorherigen Reihe den Faden durch die Stiche weben.

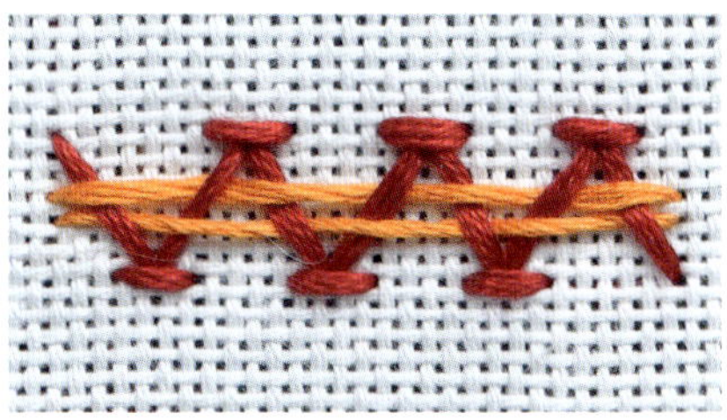

3 Diesen Vorgang auch oberhalb der ersten Fadenreihe wiederholen.

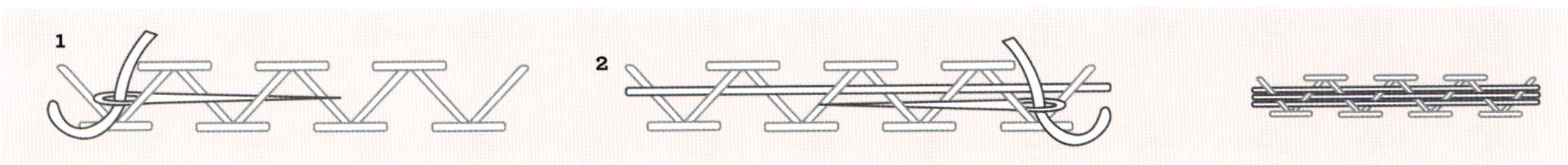

TORKELNDER WABENSTICH

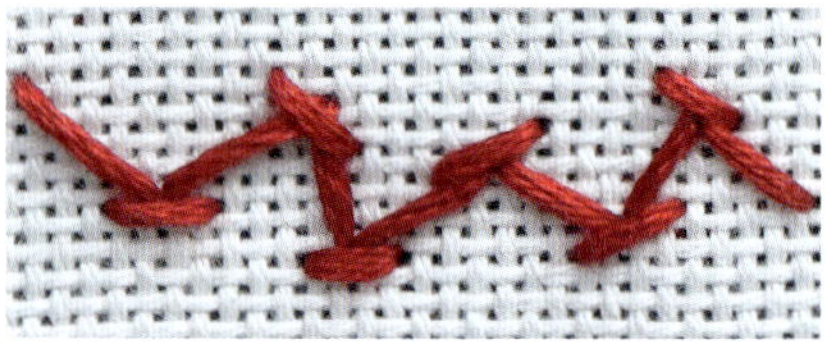

1–4 Nach dem Prinzip des klassischen Wabenstichs sticken, jedoch anders als die restlichen Wabenstiche muss der torkelnde Wabenstich nicht perfekt gerade gestickt werden. Die einzelnen Stiche werden schräg und auch nicht in einer geraden Linie gestickt. Ganz grob folgt der torkelnde Wabenstich einer Wellenlinie. Durch das Wechseln der Winkel der waagerechten Stiche entsteht die verzogene Optik.

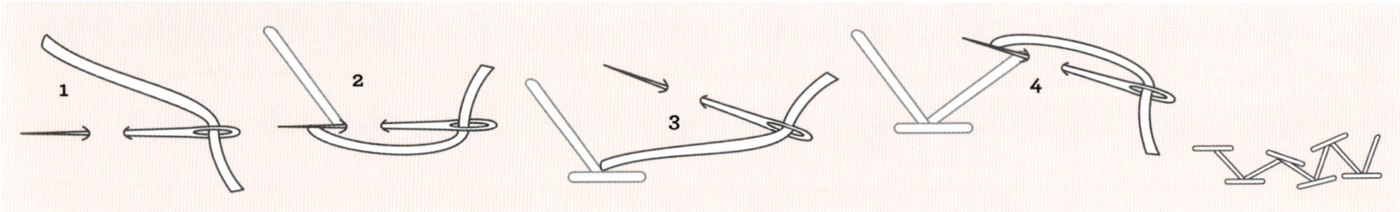

DOPPELTER WABENSTICH

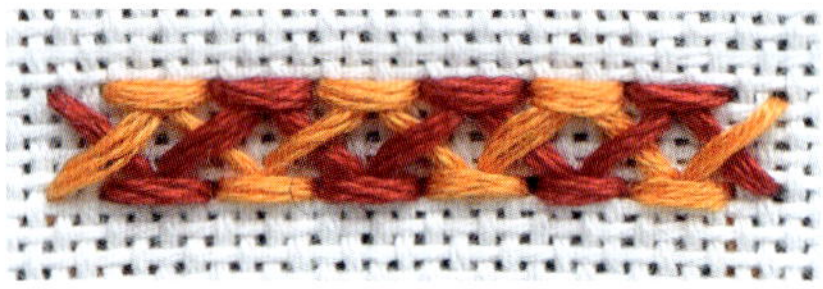

Der doppelte Wabenstich besteht nicht einfach nur aus zwei übereinander gestickten Reihen Wabenstich – die beiden Reihen werden zusätzlich miteinander verwoben. Dieser Stickstich kann zweifarbig gestickt werden.

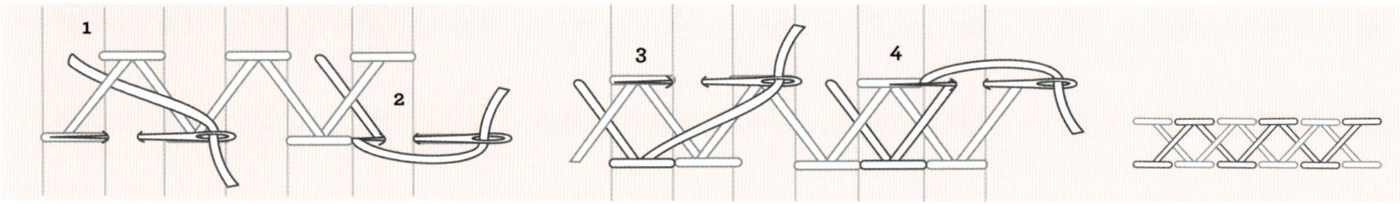

1 Eine Reihe im klassischen Wabenstich sticken. Dann oben links ausstechen und vor dem Sticken die Nadel unter dem ersten diagonalen Stich der ersten Reihe entlangführen. Nun zwischen den vorhandenen zwei waagerechten Stichen von der Mitte bis zum linken Stich einen kurzen Stich sticken.

2 Am waagerechten Stich, etwas weiter rechts, die Nadel einstechen und am Ende des diagonalen Stichs wieder nach oben führen. Der Faden ist dabei nach unten gelegt.

3 Auf der oberen Linie, zwischen den zwei vorhandenen waagerechten Stichen, von der Mitte bis zum linken Stich einen kurzen Stich sticken.

4 Am waagerechten Stich, etwas weiter rechts, die Nadel einstechen und am Ende des diagonalen Stichs wieder nach oben führen. Der Faden ist dabei nach oben gelegt.

GESPIEGELTER WABENSTICH

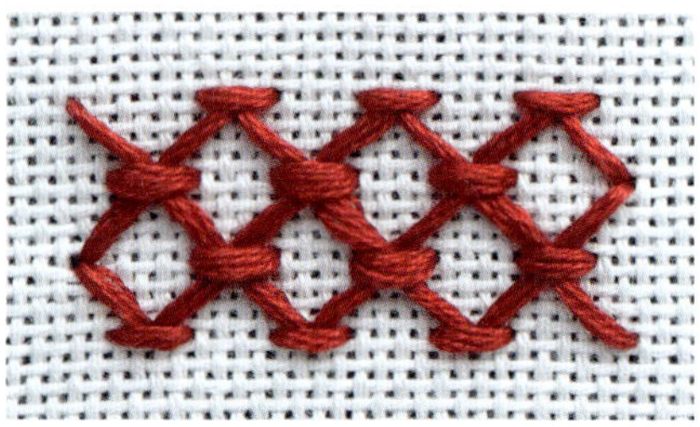

Mit dem gespiegelten Wabenstich lassen sich ganze Flächen füllen. Es entsteht ein Rautenmuster, das auch als breite Borte genutzt werden kann.
Benutzt man für jede Reihe eine andere Farbe, kann ein fließender Farbübergang entstehen.

1–4 Eine Reihe im klassischen Wabenstich sticken. Gespiegelt zur vorhandenen Reihe eine weitere Reihe Wabenstiche sticken. Dabei die waagerechten Stiche auf der unteren Linie dicht an die Stiche der vorherigen Reihe sticken.

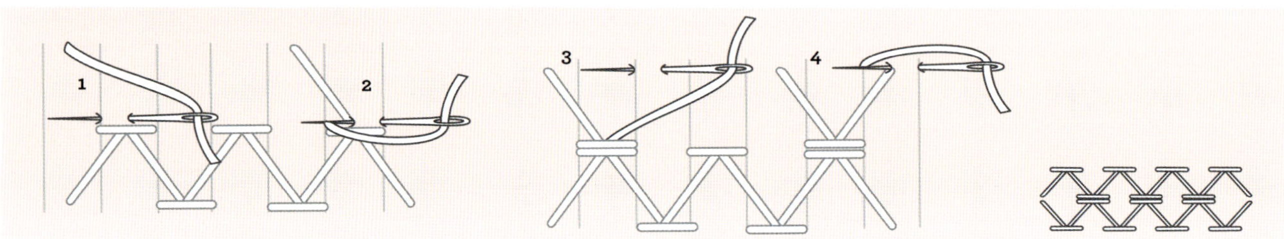

WABENSTICH ALS FÜLLSTICH

1–4 Ähnlich dem gespiegelten Wabenstich wird beim Wabenstich als Füllstich ein Muster durch das Übereinandersetzen der Stich gebildet. Anders als beim gespiegelten Wabenstich wird hier allerdings der untere Teil jeder neuen Reihe in die Zwischenräume der vorherigen Reihe gestickt. Dadurch entsteht ein Muster aus Dreiecken. Benutzt man für jede Reihe eine andere Farbe, kann ein fließender Farbübergang entstehen.

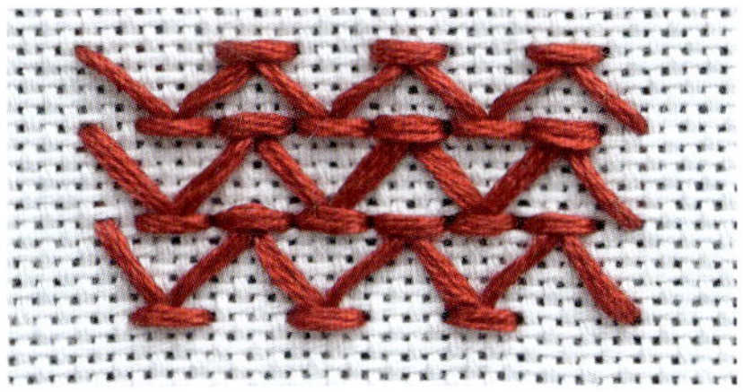

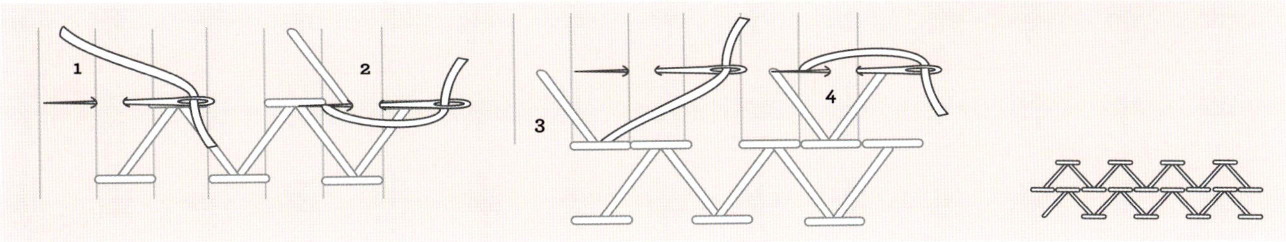

GERADSTICH

GERADSTICHE, AUCH SPANNSTICHE GENANNT, SIND EINZELNE STICKSTICHE, DIE ZUSAMMENGESETZT KOMPLEXE MUSTER ERGEBEN KÖNNEN. DABEI KANN ES HILFREICH SEIN, EINEN ZÄHLSTOFF ZU BENUTZEN UM GLEICHMÄSSIGE ERGEBNISSE ZU ERHALTEN.

GERADSTICH

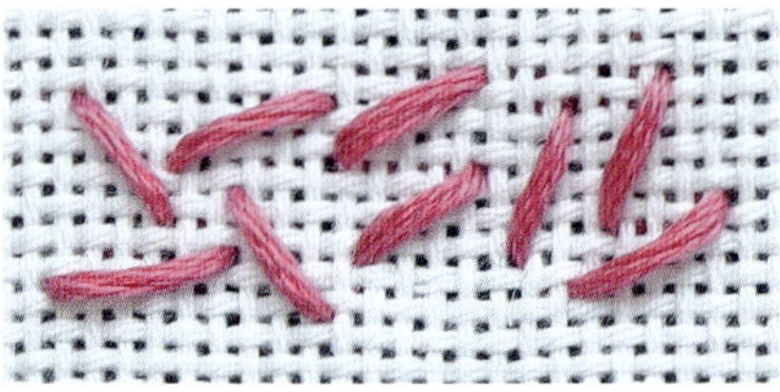

Der Geradstich ist der klassische Einzelstich. Überall dort, wo noch ein kleiner, zusätzlicher Stich nötig ist oder lange, vereinzelt stehende Stiche als Füllmuster gebraucht werden, ist der Geradstich das Mittel der Wahl.

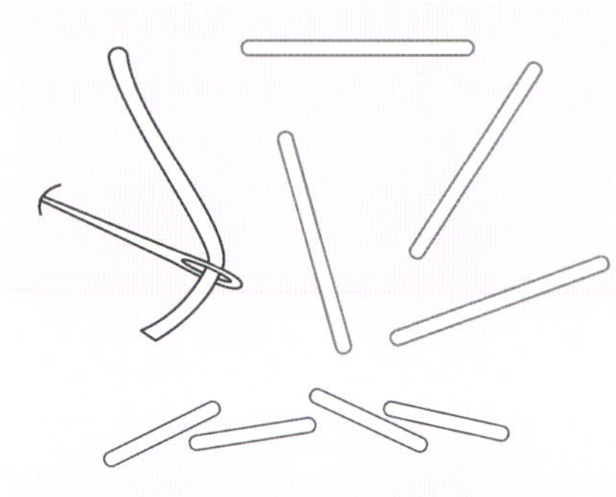

REISSTICH

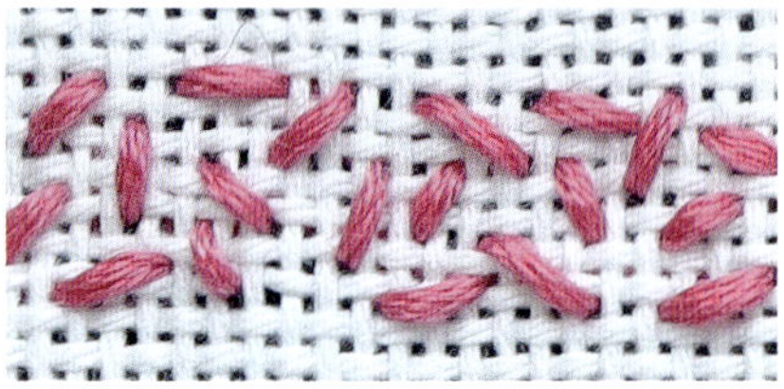

Der Reisstich ist die Streumuster-Variante des Geradstichs. Hierfür werden viele einzelne Stiche wild verteilt, als wäre Reis auf der Oberfläche verschüttet worden, gestickt. Dabei kann für ein offenes Füllmuster sehr viel Raum zwischen den Stichen gelassen werden oder für eine deckende Optik wenig Raum. Das Wichtigste ist, dass die Stiche in unterschiedliche Richtungen zeigen. Die Stichplatzierung soll kein Muster bilden, sondern eher durcheinander wirken.

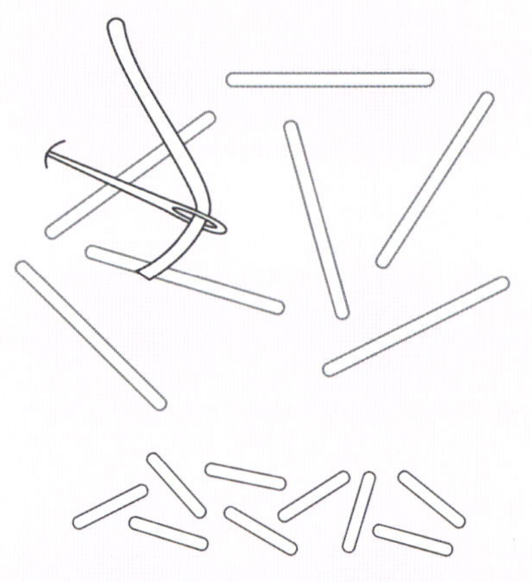

DOPPELTER REISSTICH

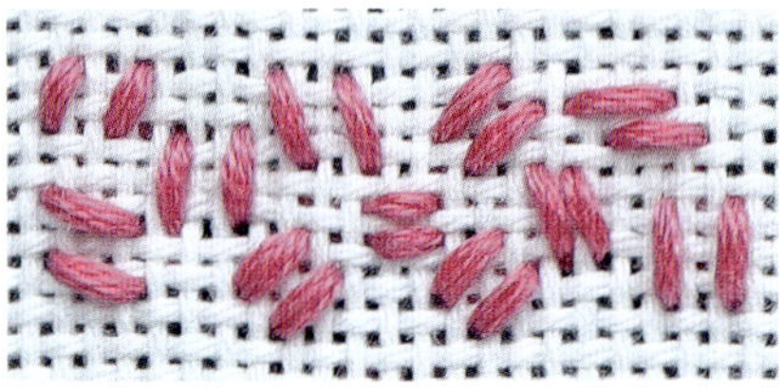

Der doppelte Reisstich wird wie der normale Reisstich gestickt, jedoch mit dem Unterschied, dass immer paarig gearbeitet wird. Es werden also immer zwei gleichlange Stiche nebeneinander gestickt.

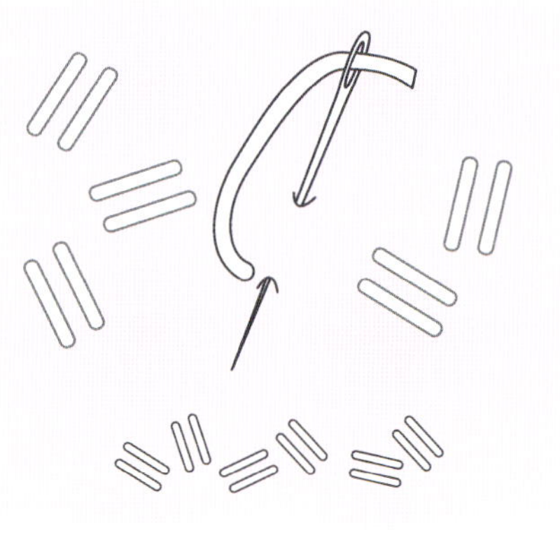

LATERNENSTICH

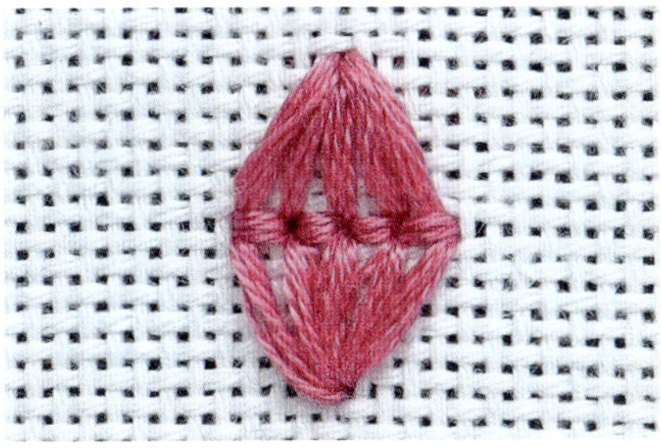

Der Laternenstich macht sich sehr gut als Einzelelement und auch als Füllmuster auf Zählstoff. Als Füllmuster werden die einzelnen Vierecke versetzt in Reihen gestickt.

1 In der linken Ecke ausstechen. Die Nadel in die obere Ecke einstechen und leicht rechts vom Ausgangspunkt wieder nach oben führen.

2 Die Nadel wieder in die obere Ecke einstechen und genau in der Mitte wieder nach oben führen.

3 Die Nadel noch zweimal oben einstechen, dabei zuerst etwas nach rechts versetzt zur Mitte und dann in die rechte Ecke einstechen.

4 Die Schritte 1–3 für den unteren Teil wiederholen.

5+6 Die Nadel auf der Mittellinie beim zweiten Stich von rechts nach oben führen. Dann einen Rückstich von der rechten Ecke zur Mitte sticken. Stich für Stich weitere Rückstiche entlang der Mittellinie sticken bis die Linie komplett ist.

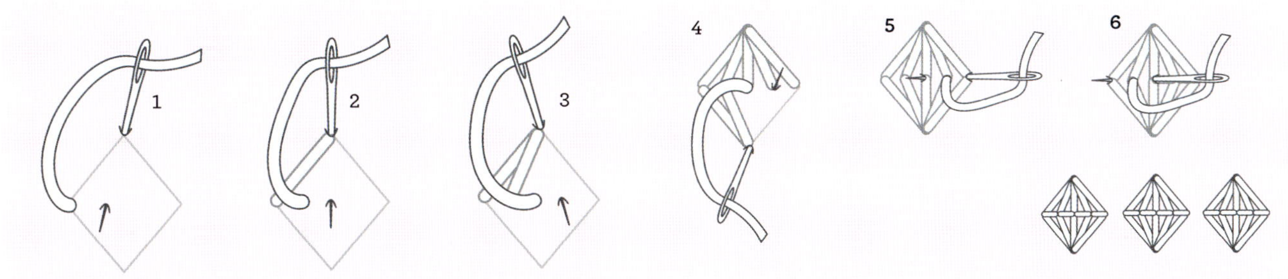

RAUTENSPANNSTICH

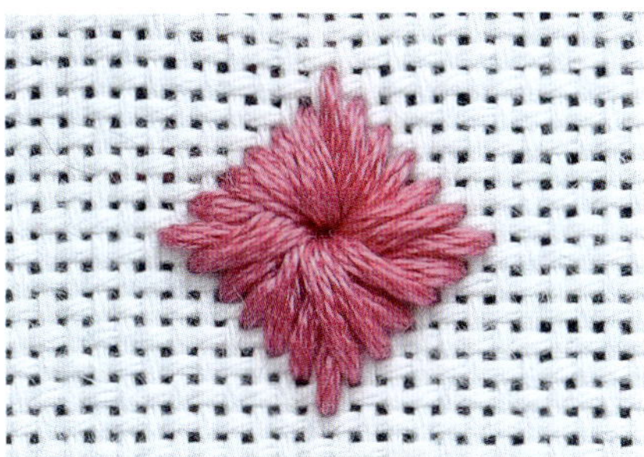

Für diesen Stich hilft es, sich ein Viereck vorzuzeichnen. Optional kann er als Lochstich so gestickt werden, dass in der Mitte ein Loch entsteht, um z. B. eine Kordel hindurchzuziehen.

1 Oben an der Außenlinie ausstechen. Die Nadel in der Mitte einstechen und leicht versetzt neben dem Startpunkt wieder nach oben führen.

2+3 Die Nadel wieder in der Mitte einstechen und leicht neben dem letzten Stich an der Außenlinie wieder nach oben führen. Solange wiederholen, bis das komplette Viereck deckend gefüllt ist. Dabei darauf achten, dass entlang jeder Kante die gleiche Anzahl Stiche gestickt wird.

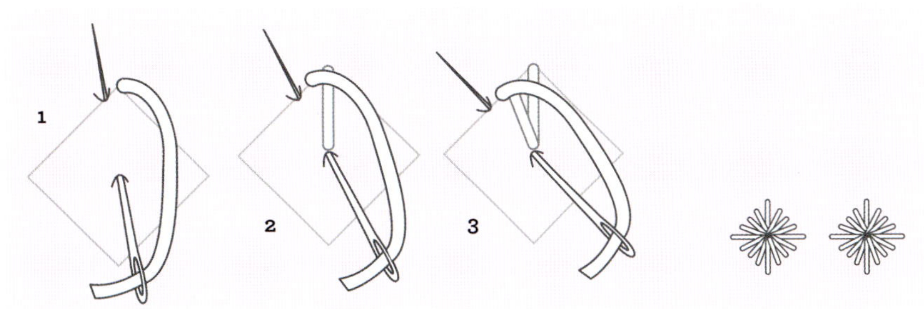

TIPP: SOLL EIN STICH ALS LOCHSTICH FUNGIEREN, UM Z.B. EINE SCHNUR DURCHZUZIEHEN, IST ES MEISTENS NOTWENDIG, DAS LOCH IM STOFF VORZUBEREITEN. DAFÜR ZUERST AN GEWÜNSCHTER STELLE DEN MITTELPUNKT MIT EINER DICKEN NADEL WEITEN. EINE DICKERE STRICKNADEL IST EIN GUTES HILFSMITTEL DAFÜR. DER STOFF WIRD SO NICHT BESCHÄDIGT, IST DANN ABER LEICHTER ZU BESTICKEN. FÜR GRÖSSERE LÖCHER KANN DER STOFF KREUZFÖRMIG EINGESCHNITTEN UND UMGEKLAPPT WERDEN. DIESE TECHNIK ERFORDERT JEDOCH ETWAS ÜBUNG, DAMIT EIN GLEICHMÄSSIG RUNDES LOCH ENTSTEHT.

ALGERISCHER LOCHSTICH

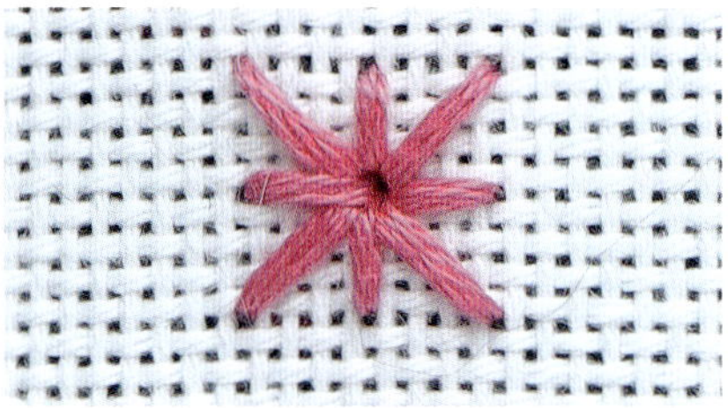

Der algerische Lochstich ähnelt dem Rautenspannstich. Hier wird jedoch eine festgelegte Anzahl an Stichen gearbeitet, während der Rautenspannstich deckend gestickt wird.

1 An der Außenlinie oben mittig ausstechen. Die Nadel in der Mitte einstechen und an der linken Ecke wieder nach oben führen.

2–4 Die Nadel in der Mitte einstechen und an der linken Seite mittig wieder nach oben führen. Sinngemäß wiederholen, bis auf der Hälfte jeder Seite und in jeder Ecke und ein Stich sitzt.

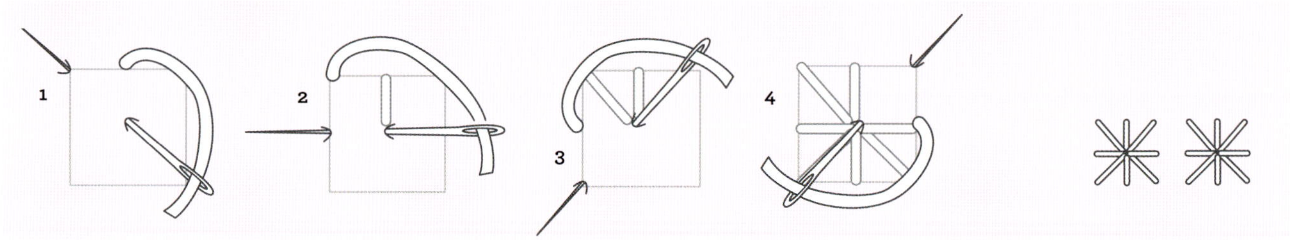

LOCHSTICH

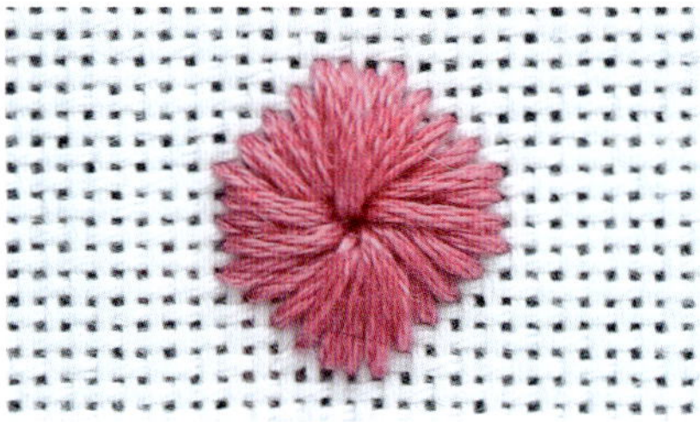

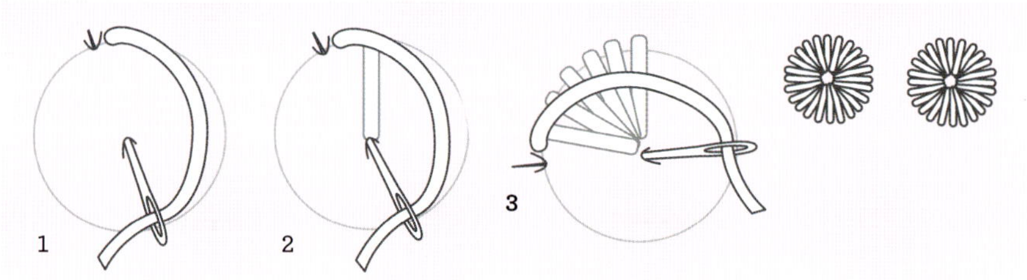

1 Oben an der Außenlinie ausstechen.

2 Die Nadel in der Mitte einstechen und leicht versetzt neben dem vorherigen Stich wieder nach oben führen.

3 Schritt 2 wiederholen, bis der Kreis gefüllt ist.

WAGENRAD-LOCHSTICH

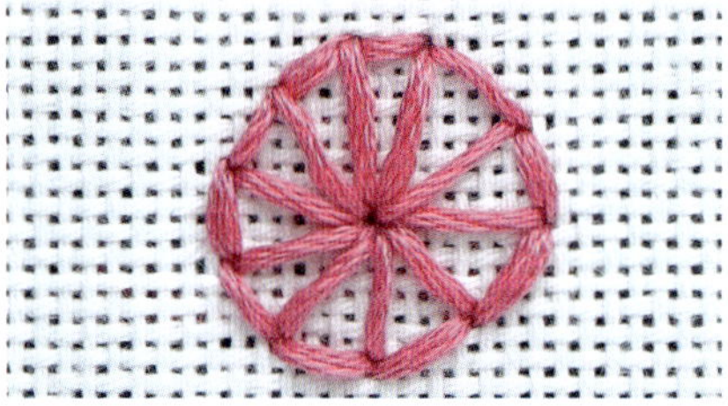

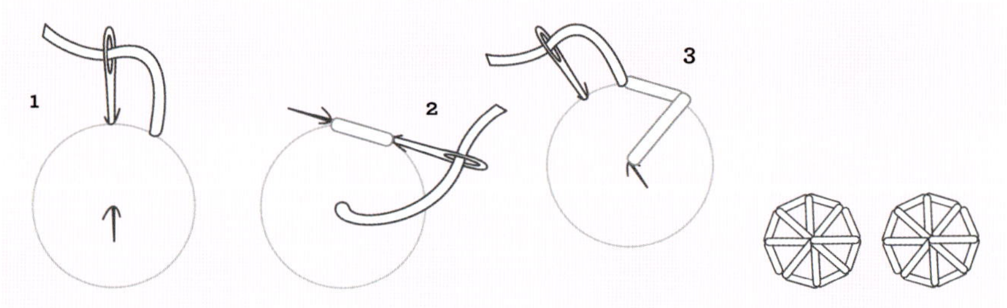

Der Wagenrad-Lochstich ist deutlich größer als der normale Lochstich und auch offener gestickt. Es hilft, sich vorher einen Kreis zu markieren um die Form besser einhalten zu können. Weiterhin lohnt sich auch die Markierung der Kreisviertel, um die Stiche in gleichmäßigen Abständen zu sticken.

1 Den Faden auf der Außenlinie des Kreises ausstechen. Die Nadel weiter links auf der Außenlinie einstechen und in der Mitte des Kreises wieder herausführen.

2 Die Nadel am rechten Ende des entstandenen Stichs einstechen und auf der linken Seite wieder nach oben führen.

3 Schritte 1+2 wiederholen, bis der Kreis ausgefüllt ist.

RHODES-STICH

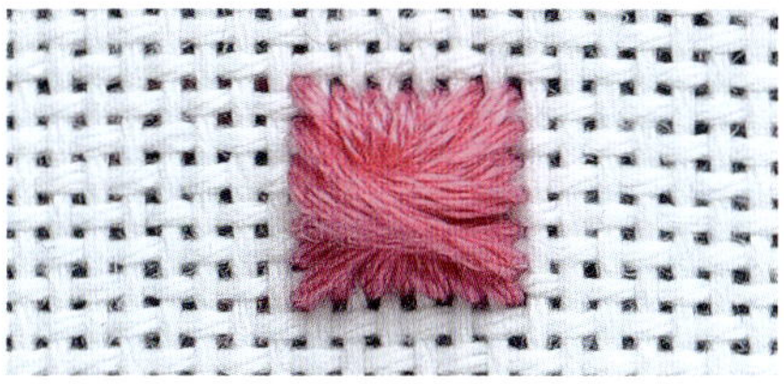

Dieser Stich sowie der halbe und der runde Rhodes-Stich folgen im Aufbau dem gleichen Prinzip. Die Stiche werden nacheinander immer über die Mitte der Form gelegt. Durch diese wiederholte Überlagerung der Fäden entsteht eine Erhöhung. Das gibt den Rhodes-Stichen ihr typisches Erscheinungsbild. Rhodes-Stiche sind beliebt als Füllstich auf Zählstoffen.

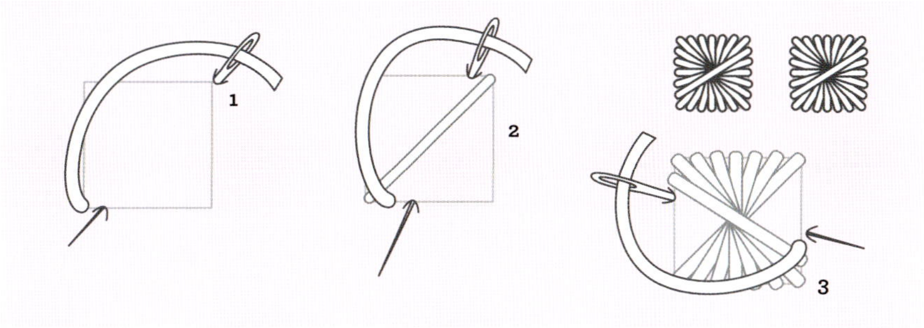

1 In der unteren linken Ecke ausstechen. Die Nadel oben rechts in die Ecke einstechen und knapp rechts neben dem ersten Ausstich auf der unteren Außenlinie wieder nach oben führen.

2 Knapp links neben dem ersten Stich auf der oberen Außenlinie die Nadel einstechen und knapp rechts des letzten Stichs unten wieder nach oben führen. Diese Stichbewegung sinngemäß solange fortführen, bis die Form komplett ausgefüllt ist.

HALBER RHODES-STICH

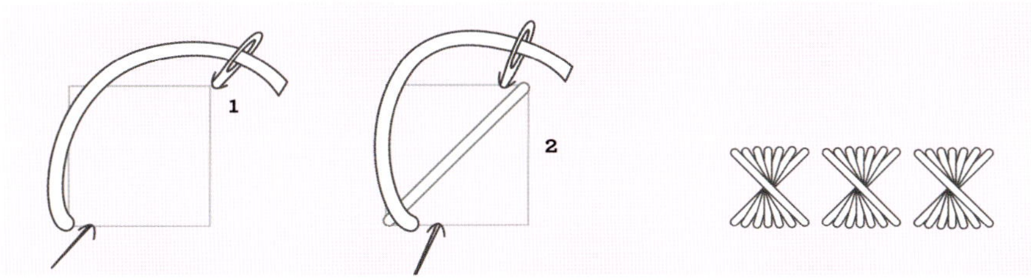

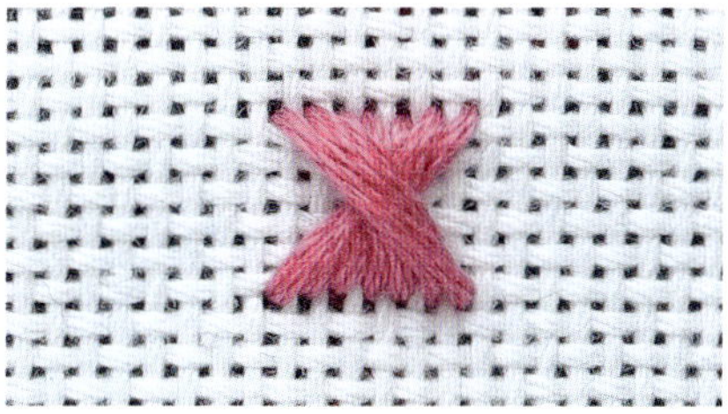

1+2 Beim halben Rhodes-Stich wird nur entlang der oberen und unteren Linie gestickt. Dabei entsteht eine Art Sanduhr. Genau wie der Rhodes-Stich, wird diese Variante gern für Füllmuster auf Zählstoffen genutzt. In der Buntstickerei kann er auch als Streumuster eingesetzt werden und, beispielsweise, eine Schleife darstellen.

RUNDER RHODES-STICH

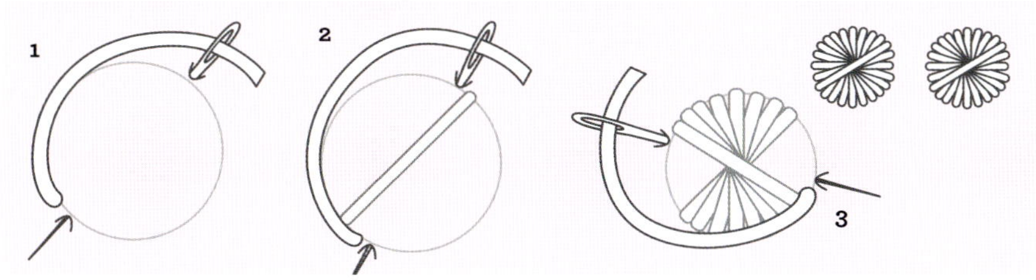

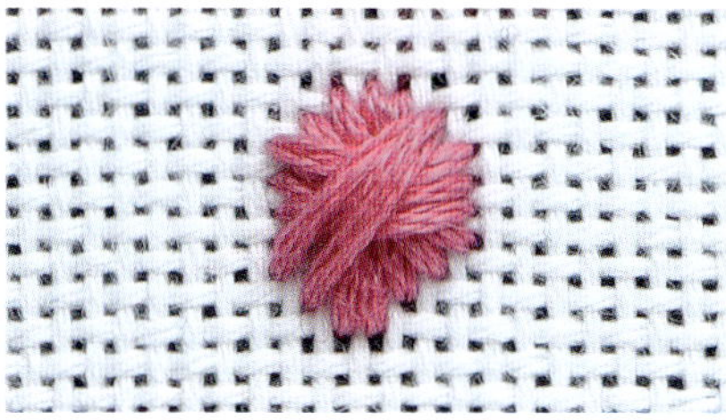

1–3 Beim runden Rhodes-Stich werden die Stiche im Kreis angeordnet. In dieser Form eignet sich der Stickstich gut als Streumuster oder Einzelstich, z. B. als Mitte für Blumen.

FÄCHERSTICH

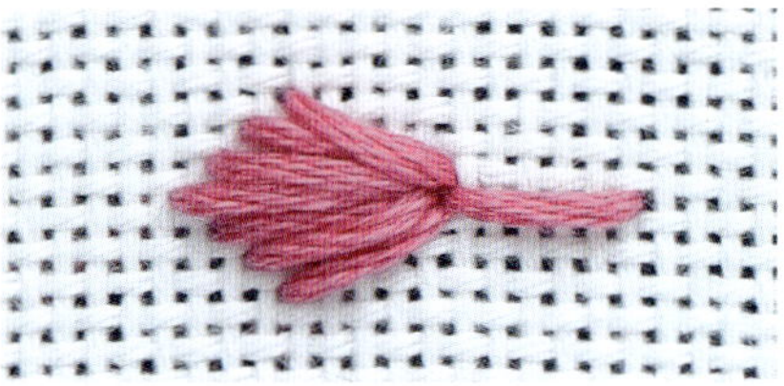

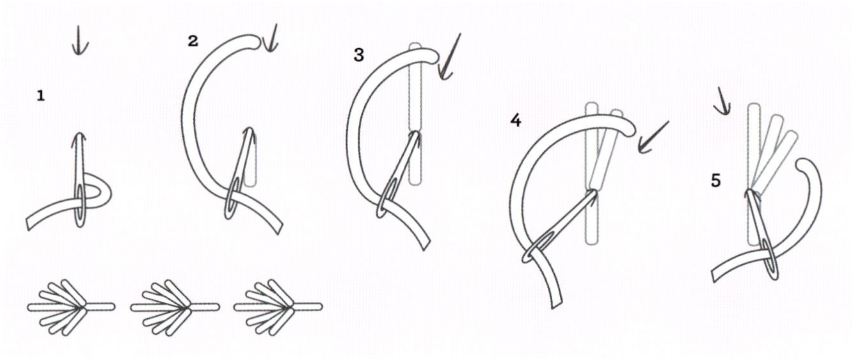

Der Fächerstich kann beliebig breit aufgefächert sein und sogar bis zu einem 90° Winkel geöffnet werden. Der Stich bringt viel Textur in die Stickerei, er ist als Zählstich gedacht.

1 Die Nadel oberhalb des Fadenanfangs in den Stoff einstechen und ein Stück weiter oben aus dem Stoff herausführen.

2 In das obere Ende des ersten Stichs stechen und schräg rechts, etwas nach unten versetzt neben dem oberen Fadenaustritt wieder nach oben führen.

3+4 Wieder in das obere Ende des ersten Stichs stechen und schräg rechts unter dem letzten Stich wieder nach oben führen.

5 Wieder in das obere Ende des ersten Stichs stechen und schräg links unter dem oberen Ende des mittleren Stichs wieder nach oben führen. Drei weitere Stiche nach links, sinngemäß gespiegelt zur rechten Seite, arbeiten.

GARBENSTICH

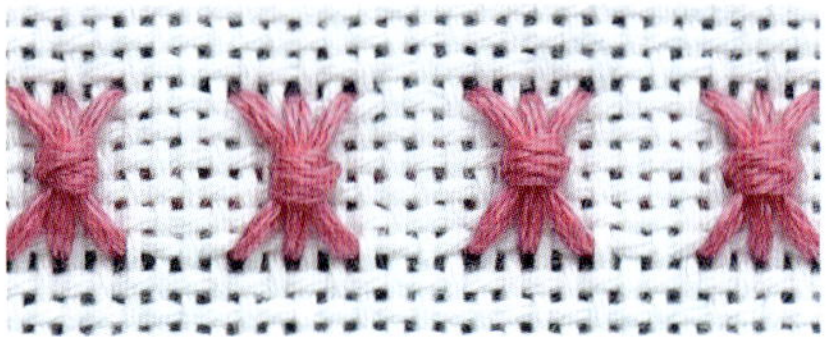

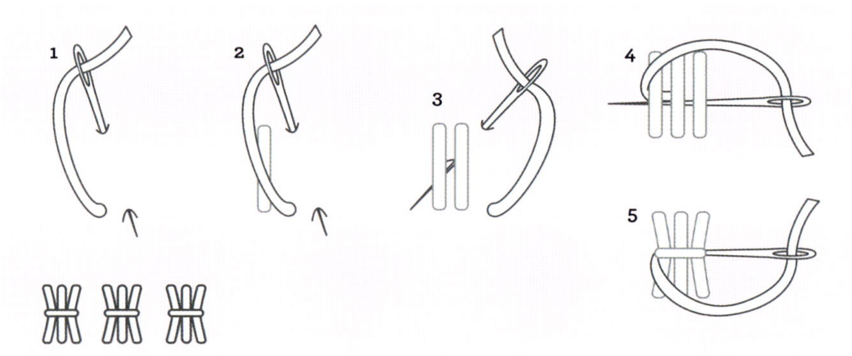

Der Garbenstich ähnelt einem zusammengerafften Bündel oder einer Schleife. Wie viele der folgenden Geradstiche ist er für Füllmuster auf Zählstoffen genauso geeignet wie als Einzelstich auf Webstoff.

1+2 Unten links ausstechen. Die Nadel oben senkrecht einstechen und etwas weiter rechts vom ersten Ausstich unten wieder aus dem Stoff herausführen. Diese Schritte noch einmal wiederholen.

3 Die Nadel ein Stück rechts vom letzten Stich oben in den Stoff einstechen und mittig unter dem zweiten Stich nach oben führen – dabei wird der Stich nicht durchstochen – und unter den Stichen nach links ziehen.

4 Die Nadel von rechts nach links unter den drei Stichen entlangführen. Dabei weder Stoff noch Faden durchstechen.

5 Den Faden festziehen, sodass sich die drei Stiche zusammenziehen. Die Nadel wieder dort einstechen, wo der Faden zuletzt unter dem mittleren Stich nach oben kam.

STRAHLENSTICH

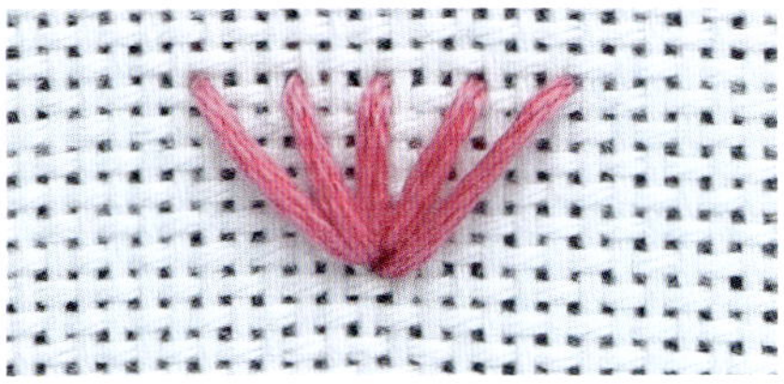

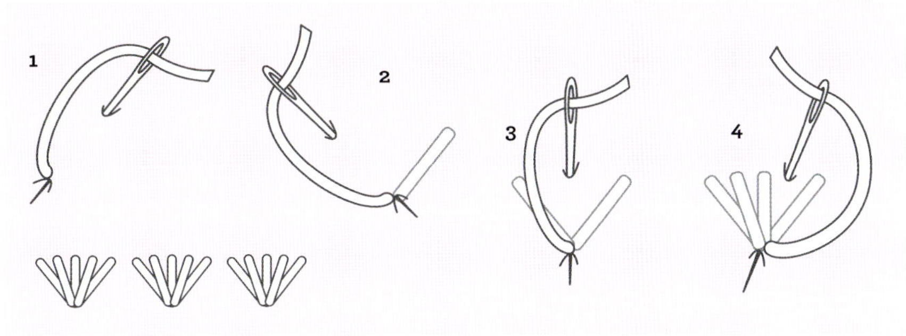

1 In der Mitte unten ausstechen. Die Nadel oben rechts einstechen und am Startpunkt des Stichs wieder nach oben führen.

2 Die Nadel oben links einstechen und in der Mitte unten wieder nach oben führen.

3 Die Nadel oben in der Mitte einstechen und in der Mitte unten wieder nach oben führen.

4 Auf diese Weise seitlich des mittleren Stiches je einen weiteren Stich setzen.

ZACKENSTICH

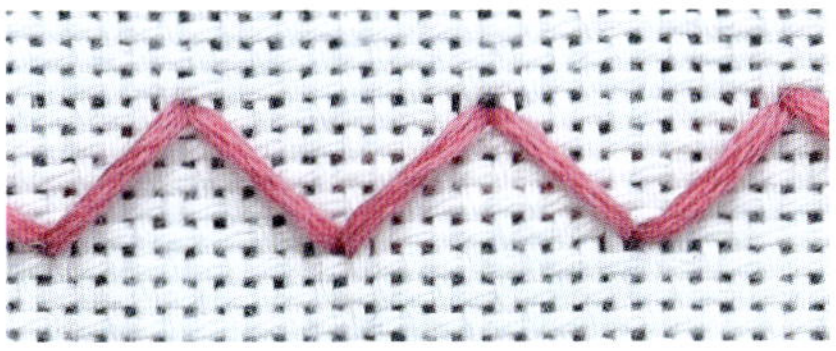

Der Zackenstich ist ein Füllstich, der sowohl auf Zähl- als auch auf gewöhnlichen Webstoffen gearbeitet werden kann. Die Zacken werden in gleichmäßigen Abständen locker gestickt.

1 In einem gedachten Dreieck oben links ausstechen. Die Nadel unten mittig einstechen und oben rechts wieder nach oben führen.

2 Die Nadel wieder unten mittig einstechen und oben rechts wieder nach oben führen. Diese beiden Schritte fortlaufend wiederholen.

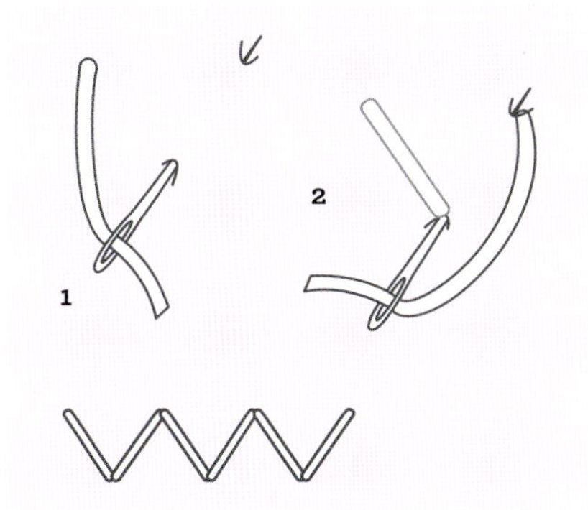

UMSCHLUNGENER ZACKENSTICH

Für diesen Stickstich wird der klassischen Zackenstich in einem zweiten Arbeitsschritt mit einem Faden umschlungen. So kann dieser Stickstich zweifarbig oder sogar mit zwei unterschiedlichen Stickgarnqualitäten gestickt werden.

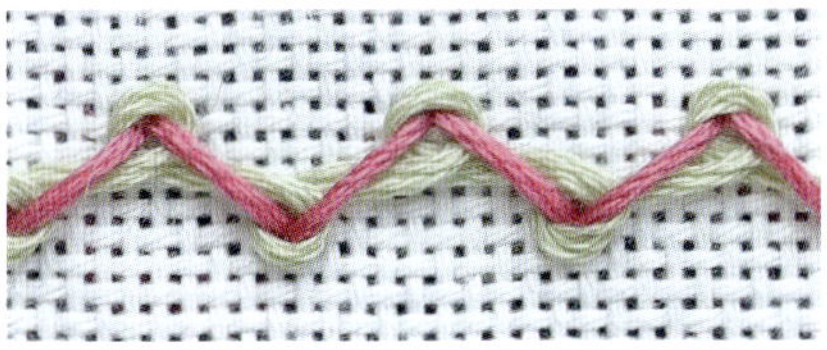

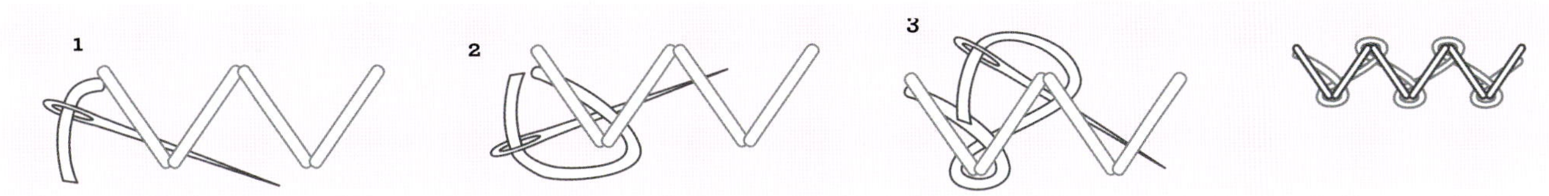

1 Eine Reihe Zackenstiche sticken. Im zweiten Arbeitsschritt den Faden für die Schlaufen am Anfang der Reihe oben links ausstechen. Die Nadel unter den zwei nächsten Stichen entlangführen. Dabei weder Stoff noch Faden durchstechen.

2 Die Nadel von links unter denselben Stichen und dem nächsten Stich (insgesamt drei Stiche) entlangführen. Dabei weder Stoff noch Faden durchstechen. Die Nadel liegt auch unter dem gerade gelegten Faden.

3 Die Nadel von oben links unter den nächsten drei Stichen entlangführen. So abwechselnd von unten und oben die Nadel durch die vorhandenen Zackenstiche führen, bis alle Zackenstiche umschlungen sind.

BÄUMCHENSTICH

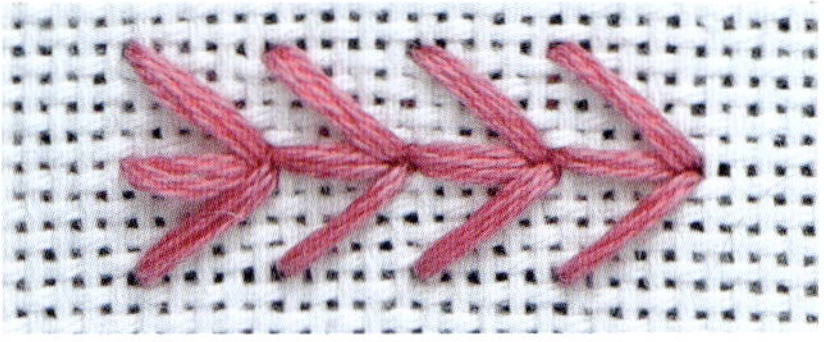

Der Bäumchenstich, auch Zweigstich genannt, ist ein einfach zu stickender und dennoch dekorativer Stickstich. Es entsteht eine Reihe Stiche, die Pfeilen oder Bäumchen ähnelt. Diese können als Umrandung oder Borten gearbeitet werden.

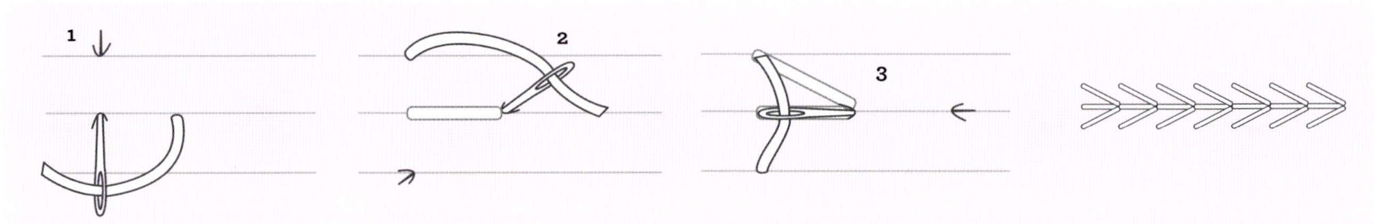

1 Auf der Mittellinie rechts ausstechen. Die Nadel etwas weiter links auf der Mittellinie einstechen und oben links wieder nach oben führen.

2 Die Nadel rechts beim mittleren Stich einstechen und unten links wieder nach oben führen.

3 Die Nadel rechts in den mittleren Stich einstechen und ein Stück weiter rechts auf der Mittellinie wieder nach oben führen.

BOURBONENSTICH

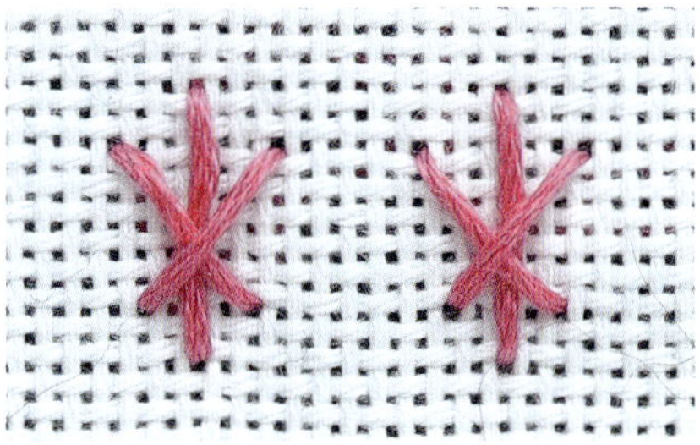

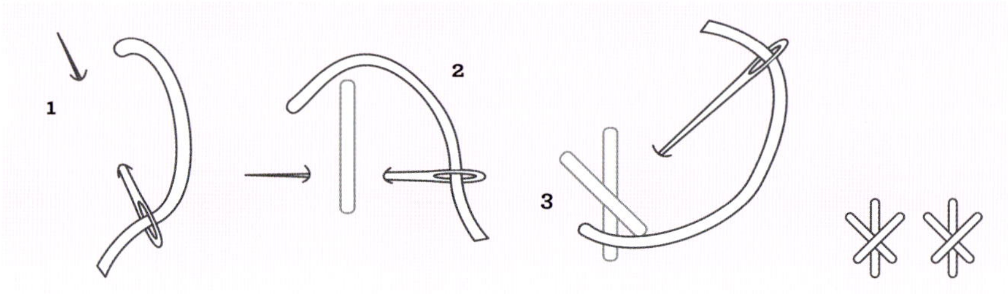

1 Oben in der Mitte ausstechen. Die Nadel senkrecht weiter unten einstechen und schräg links unter dem Anfangspunkt wieder nach oben führen.

2 Die Nadel neben dem Stich auf der rechten Seite weiter unten einstechen und horizontal links auf der anderen Seite des Stichs im exakt gleichen Abstand wieder nach oben führen.

3 Mit der Nadel oben rechts, auf derselben Höhe wie beim vorherigen schrägen Stich, in den Stoff einstechen.

BOSNISCHER STICH

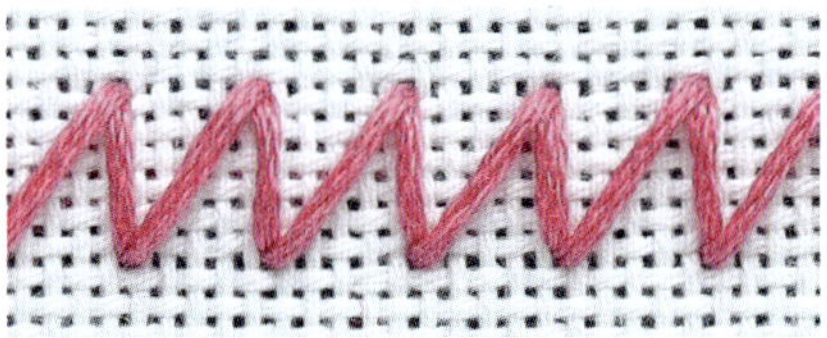

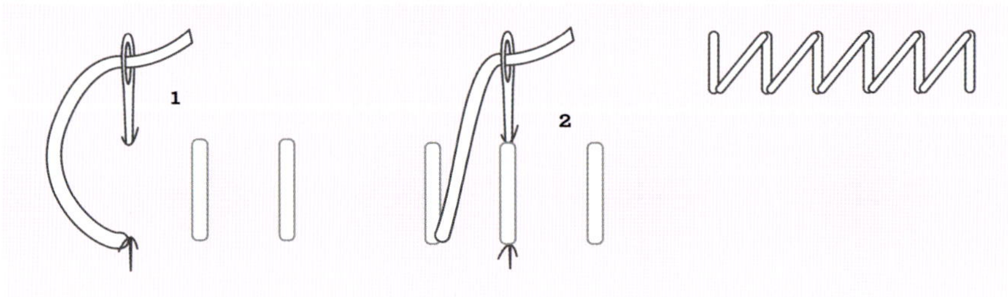

1 Zuerst wird die Hinreihe von rechts nach links gestickt. Dafür in gleichmäßigen Abständen Spannstiche von unten nach oben sticken. Ist die gewünschte Länge erreicht, den letzten Stich so sticken, dass die Nadel am unteren Fadenaustritt desselben Stichs wieder nach oben geführt wird.

2 In der Rückreihe die Nadel immer oben in den Anfang des nächsten Stiches stechen und am unteren Ende desselben Stichs wieder nach oben führen. Wiederholen, bis alle Stiche durch eine Schräge miteinander verbunden sind.

PARISER STICH

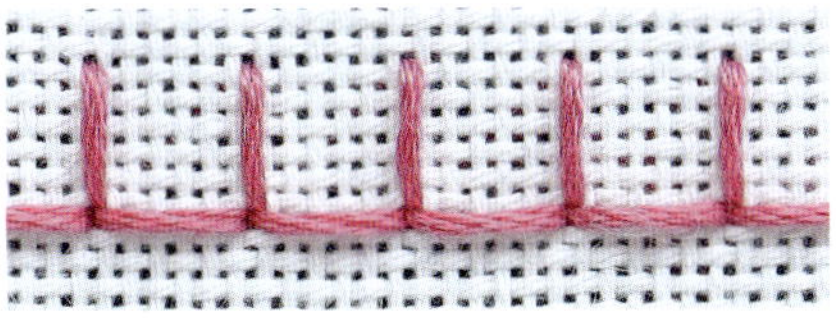

Beim Pariser Stich werden abwechselnd senkrechte und waagrechte Stiche gestickt.

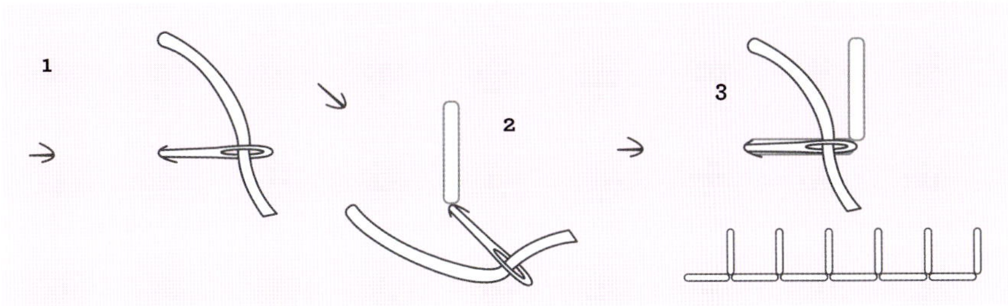

1 Die Nadel in einem gedachten Quadrat oben rechts ausstechen, senkrecht nach unten wieder einstechen und unten links nach oben führen.

2 Die Nadel unten rechts in den Stoff einstechen und oben links wieder nach oben führen.

3 Schritte 1+2 fortlaufend wiederholen.

DORNENSTICH

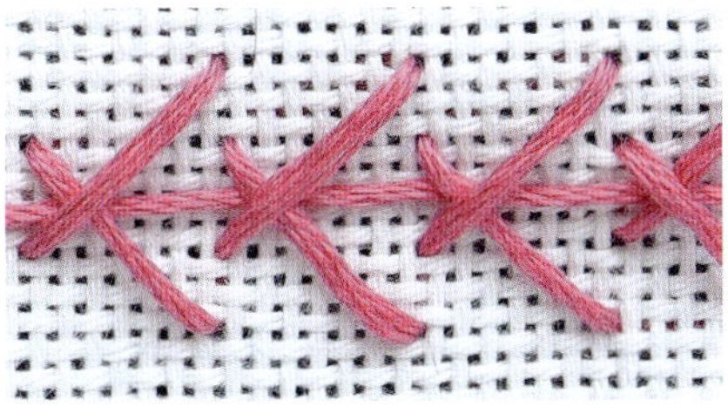

Der Dornenstich wird an einen langen Spannstich gestickt. Da dieser nur locker auf dem Stoff liegt, werden in der Regel nur gerade Linien und keine Wellenformen gearbeitet.

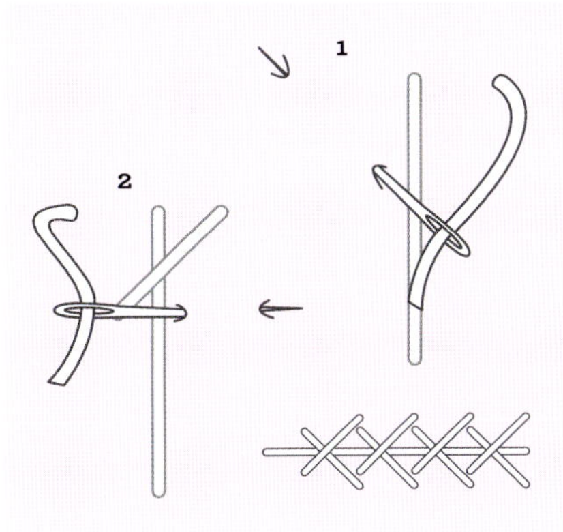

1 Einen langen Stich in der gewünschten Länge sticken. Den Faden dann oben rechts auf derselben Höhe ausstechen. Die Nadel weiter unten, links des Mittelstichs einstechen und oben links wieder nach oben führen.

2 Die Nadel unten, rechts des Mittelstichs einstechen und ein Stück weiter rechts wieder nach oben bringen. Ab jetzt immer einen Stich von rechts und links abwechselnd sticken.

RAUTENSTICH

Der Rautenstich wird von links nach rechts in einem gedachten Rechteck gestickt.

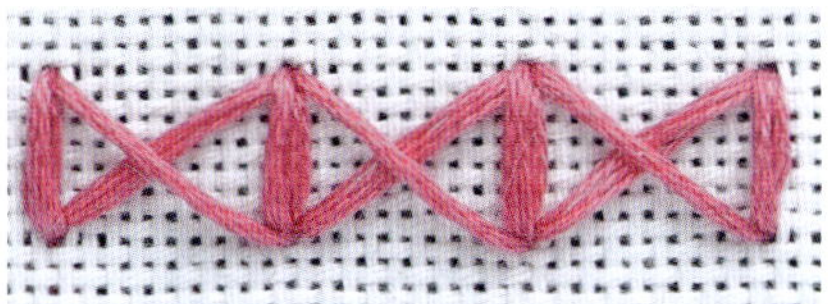

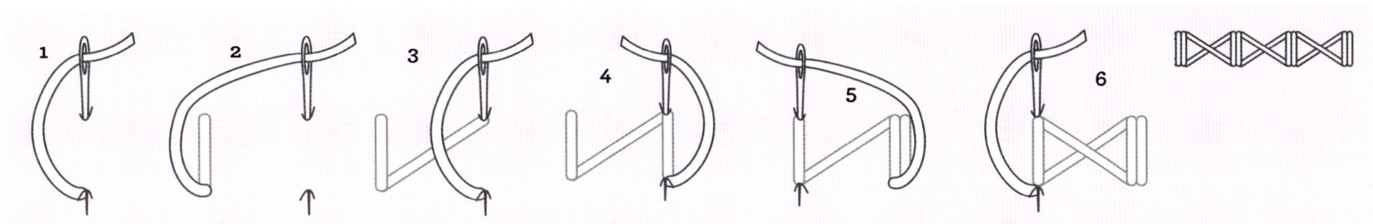

1 Die Nadel oben links einstechen und am Stichanfang unten links wieder aus dem Stoff herausführen.

2+3 Die Nadel oben rechts in den Stoff einstechen und unten rechts wieder aus dem Stoff herausführen. Diesen Schritt noch einmal wiederholen. Sollen mehrere Elemente gestickt werden, die Schritte wiederholen, bis die gewünschte Länge erreicht ist.

4 Die Nadel oben rechts in den Stoff einstechen und unten rechts wieder aus dem Stoff herausführen.

5+6 Die Nadel links oben in den Stoff einstechen und unten links wieder aus dem Stoff herausführen. Diesen Schritt einmal wiederholen.
Sollen mehrere Elemente gestickt werden, Schritte 5+6 wiederholen bis die gewünschte Länge erreicht ist.

FLECHTSTERN

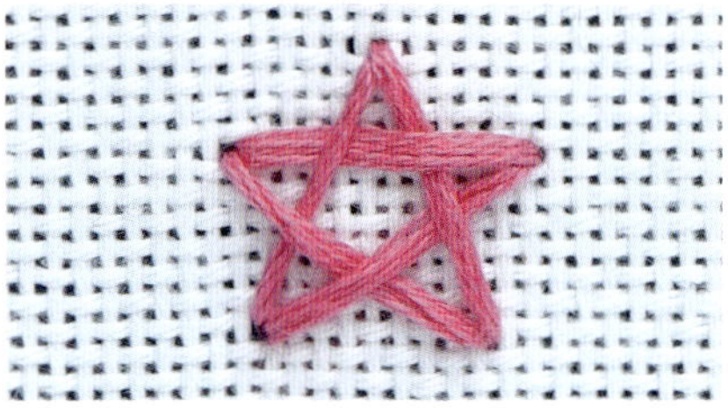

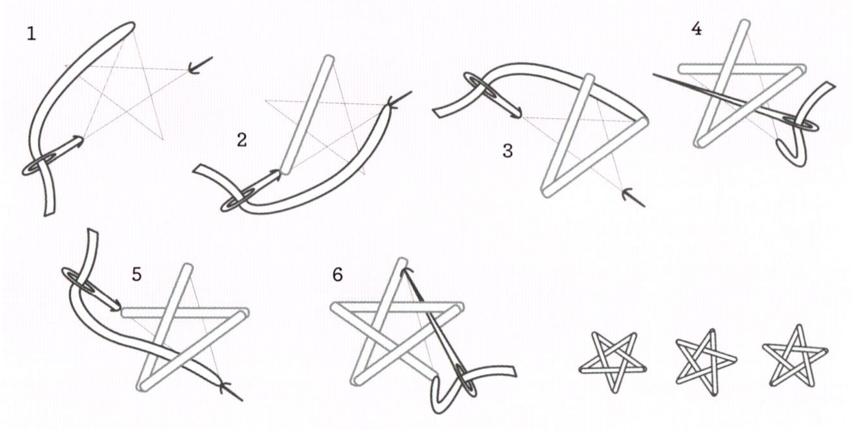

Der Flechtstern ist, wie auch das folgende Flechtkreuz, eine Sticktechnik für Einzelmotive. In der Regel werden sie für Streumuster benutzt.
Für den Flechtstern hilft es, sich die fünf Sternspitzen als Punkte zu markieren, um die Proportionen richtig hinzubekommen.

1+2 Oben in der Mitte an der Spitze ausstechen. Die Nadel unten links einstechen und oben rechts wieder nach oben führen. Diesen Schritt wiederholen.

3 Die Nadel unter dem ersten Stich entlangführen ohne den Stich oder den Stoff zu durchstechen. Dann in die Spitze oben links einstechen und unten rechts wieder herausführen.

4 Die Nadel unter dem zweiten Stich entlangführen ohne den Stich oder den Stoff zu durchstechen.

5 Die Nadel oben links in den Stoff stechen und unten rechts wieder nach oben führen.

6 Die Nadel über dem zweiten und unter dem dritten Stich entlangführen ohne den Stich oder den Stoff zu durchstechen. Dann in die Spitze oben in der Mitte einstechen.

FLECHTKREUZ

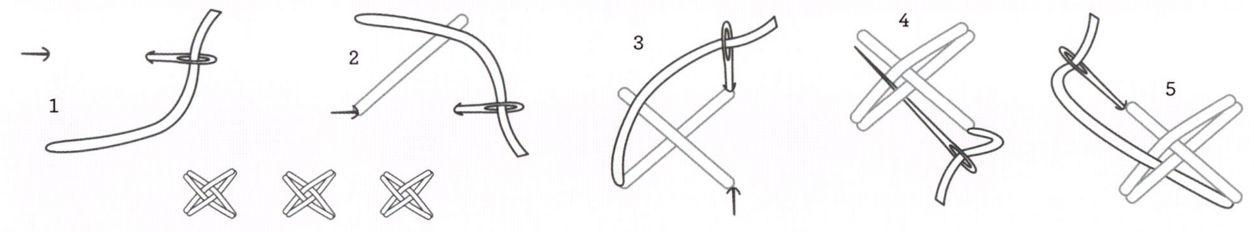

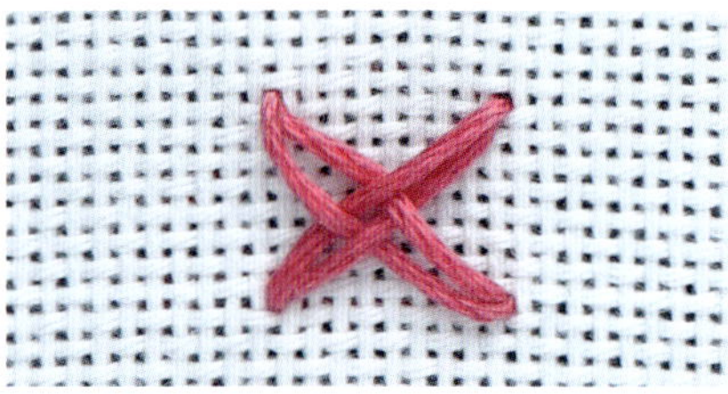

1 In einem gedachten Quadrat unten links ausstechen. Die Nadel oben rechts in den Stoff einstechen und oben links wieder nach oben führen.

2 Die Nadel unten rechts einstechen und unten links wieder nach oben führen.

3 Die Nadel oben rechts einstechen und unten rechts wieder nach oben führen.

4+5 Die Nadel nach oben links führen. Dabei unter den ersten und über den zweiten Stich gehen. Die Nadel oben links in den Endpunkt des zweiten Stiches stechen.

FEDERSTICH

DER FEDERSTICH, AUCH ALS (FISCH-)GRÄTEN- ODER BÄUMCHENSTICH GELÄUFIG, HAT EINE LANGE TRADITION IN DER STICKEREI BOTANISCHER MOTIVE. SEIN GEFIEDERTES AUSSEHEN IST PERFEKT FÜR ZWEIGE UND BLÄTTERWERK GEEIGNET. AUCH ALS DEKORATIVER BORTENSTICH, RUND UM SÄUME UND NÄHTE, MACHT ER EINE GUTE FIGUR. ZUM BEENDEN DES STICHS JEWEILS EINEN KURZEN FIXIERSTICH ÜBER DIE LETZTE FADENSCHLAUFE STICKEN. DER FEDERSTICH LÄSST SICH IN GESCHWUNGENEN LINIEN SEHR ANGENEHM, LEICHT UND FLOTT STICKEN. FEDERSTICHE WERDEN TRADITIONELL HÄUFIG FÜR SMOKARBEITEN GENUTZT.

FEDERSTICH

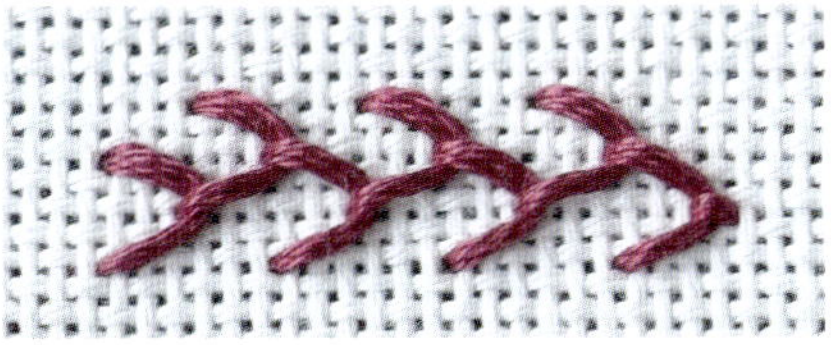

Der Federstich ist ein geschlaufter Stickstich, bei dem jede Schlaufe durch die nächste gehalten wird. Zieht man den Faden sehr straff, entsteht ein „V". Wenn die Fadenschlaufe etwas lockerer liegt, bildet sich dagegen ein „U".

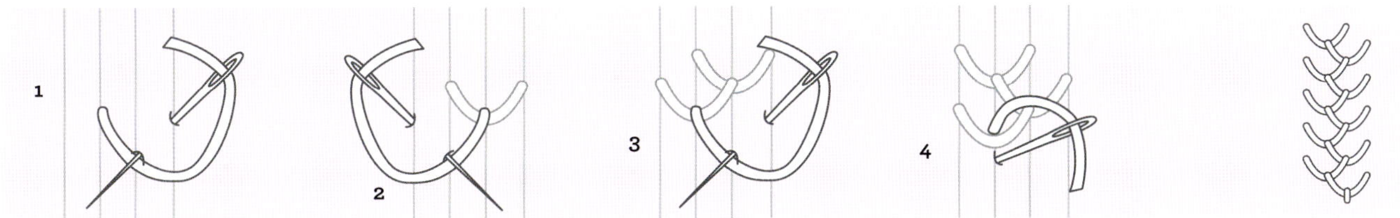

1 In der Mitte links oben ausstechen. Die Nadel rechts oben einstechen und schräg links darunter wieder nach oben führen. Dabei liegt der Faden unter der Nadelspitze.

2 Die Nadel auf der linken Seite auf derselben Höhe in den Stoff stechen und schräg rechts darunter wieder nach oben führen. Dabei liegt der Faden unter der Nadelspitze.

3 Diese Schritte fortlaufend wiederholen.

4 Zum Beenden des Stichs einen kurzen Fixierstich über die letzte Fadenschlaufe sticken.

GESCHLOSSENER FEDERSTICH

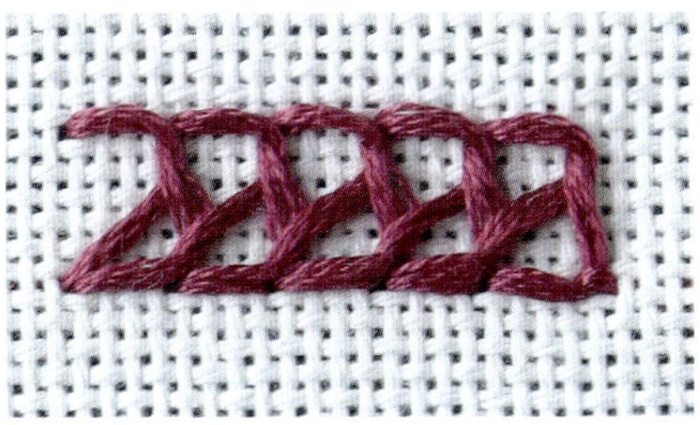

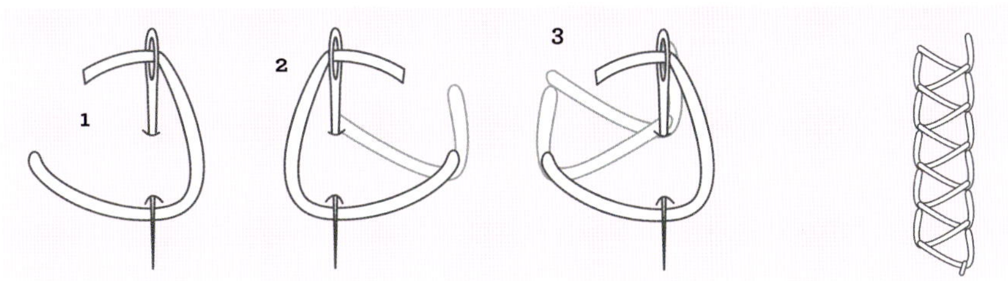

Beim geschlossenen Federstich werden die einzelnen Schlaufen so gestickt, dass es keine Zwischenräume gibt. Dadurch ergeben sich am Außenrand zwei durchgehende Linien.

1 Oben links ausstechen. Die Nadel etwas höher auf der rechten Seite einstechen und darunter wieder nach oben führen. Dabei liegt der Faden unter der Nadelspitze.

2+3 Die Nadel auf der linken Seite dort einstechen, wo der Stich begann und darunter wieder nach oben führen. Dabei liegt der Faden unter der Nadelspitze. Diese Schritte fortlaufend wiederholen.

EINSEITIGER FEDERSTICH

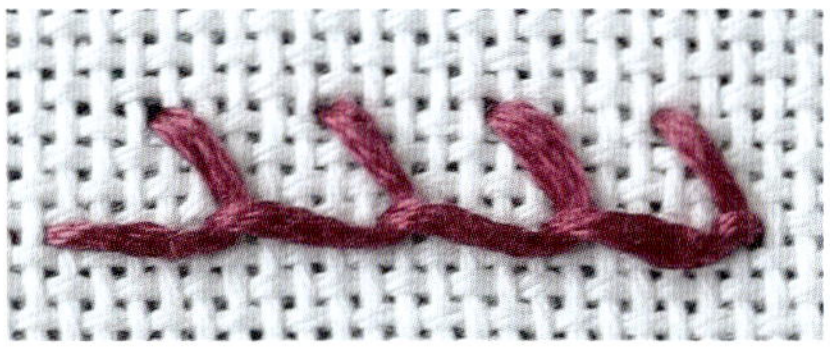

Der einseitige Federstich ähnelt dem Langettenstich. Anders als dieser, wird er aber schräg gestickt.

1 Oben links ausstechen. Die Nadel etwas tiefer auf der rechten Seite einstechen und auf der linken Seite etwas tiefer wieder nach oben führen. Dabei liegt der Faden unter der Nadelspitze und formt eine Schlaufe.

2 Schritt 1 fortlaufend wiederholen.

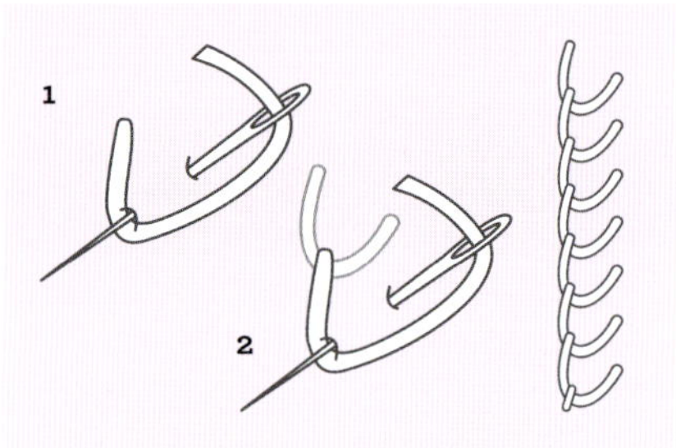

DOPPELTER FEDERSTICH

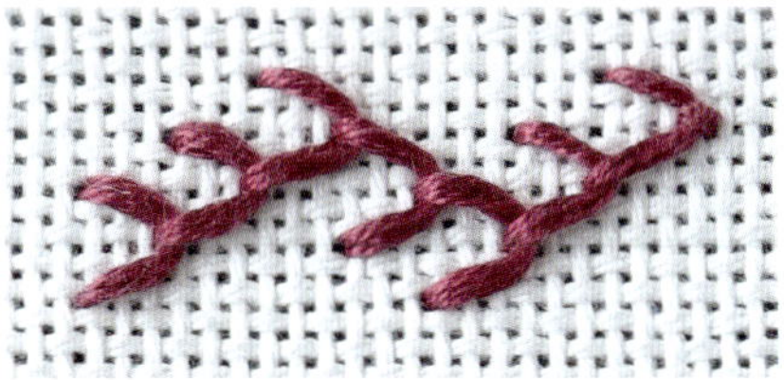

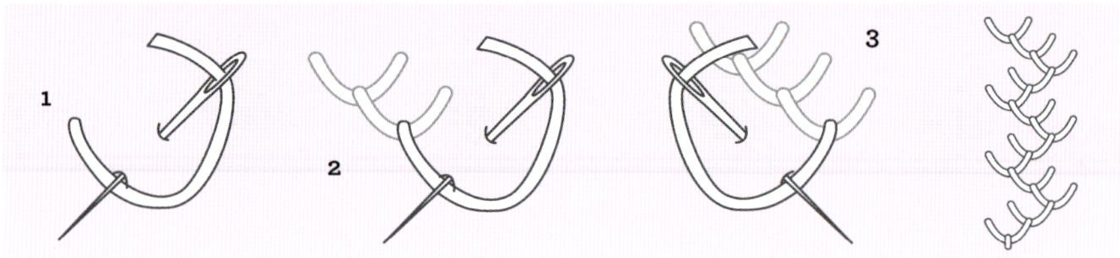

Für den doppelten Federstich, auch versetzter Fischgrätenstich genannt, werden mehrere Schlaufen erst in eine Richtung und dann die andere Richtung gestickt.

1 Links oben ausstechen. Die Nadel rechts oben einstechen und schräg links darunter wieder nach oben führen. Dabei liegt der Faden unter der Nadelspitze und formt eine Schlaufe.

2 Auf diese Weise zwei weitere Schlaufen sticken, wobei die Einstichstelle immer ein Stück weiter nach unten versetzt wird.

3 Dann die Nadel auf der linken Seite, auf gleicher Höhe des letzten Ausstichs, in den Stoff stechen und schräg rechts darunter wieder nach oben führen. Dabei liegt der Faden unter der Nadelspitze. Eine weitere Schlaufe auf diese Weise bilden; dann wieder die Richtung wechseln und zwei Schlaufen sticken.

PAARIGER FEDERSTICH

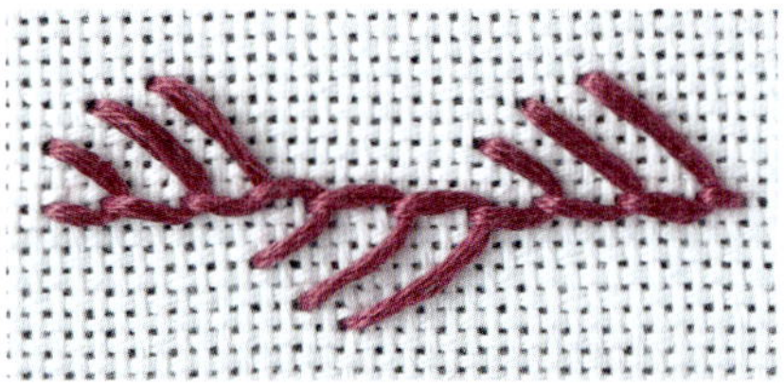

Eine ganz andere Form zeigt der paarige Federstich. Er lässt sich sehr gut für Farne und andere botanische Elemente benutzen.

1 Links oben ausstechen. Die Nadel rechts oben einstechen und senkrecht, etwas tiefer wieder nach oben führen. Dabei liegt der Faden unter der Nadelspitze und formt eine Schlaufe.

2+3 Die Nadel auf der linken Seite weiter links in den Stoff stechen und schräg darunter rechts wieder nach oben führen. Dabei liegt der Faden wieder unter der Nadelspitze. Dies noch einmal wiederholen.

4 Auf dieselbe Weise auf der anderen Seite drei weitere Schlaufen sticken. Stets im Wechsel wiederholen.

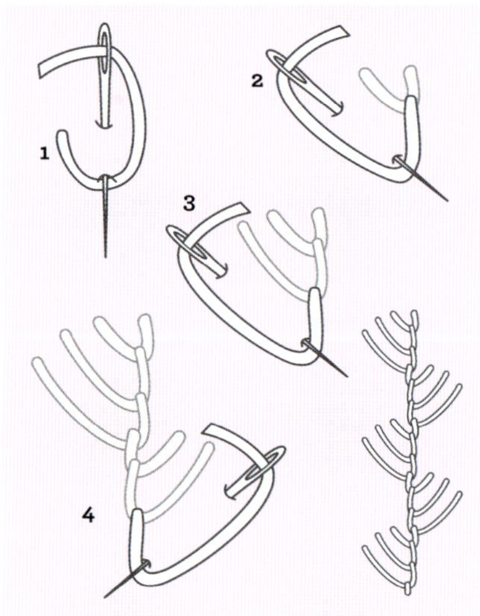

WELLEN-FEDERSTICH

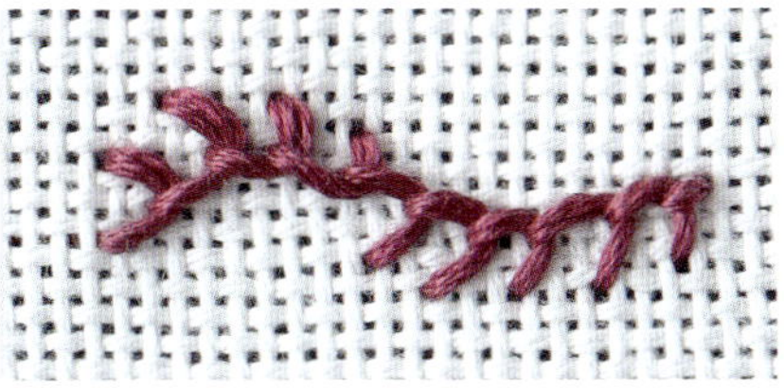

Der Wellen-Federstich wird wie der einseitige Federstich gestickt, aber die Seiten werden regelmäßig getauscht. Damit die typische Form entsteht, folgt man einer gedachten oder vorgezeichneten Wellenlinie.

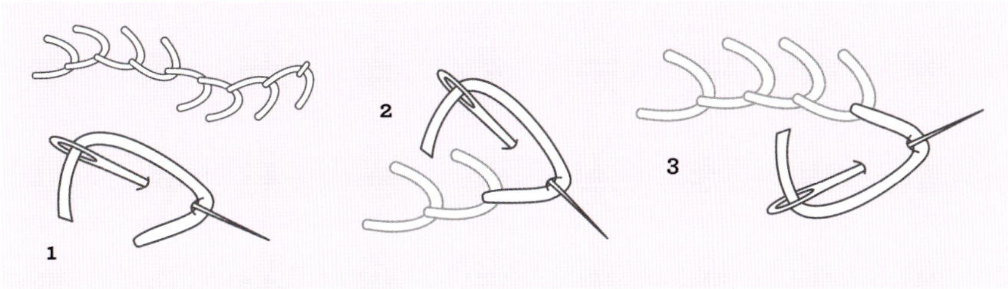

1+2 Eine Reihe einseitiger Federstiche sticken. Dabei der vorgezeichneten Wellenform folgen.

3 Ist der Wendepunkt der Welle erreicht, den Federstich gespiegelt arbeiten. Dafür ist es am einfachsten, die Stickarbeit um 180° zu drehen und wieder im klassischen einseitigen Federstich zu sticken.

KRETISCHER STICH

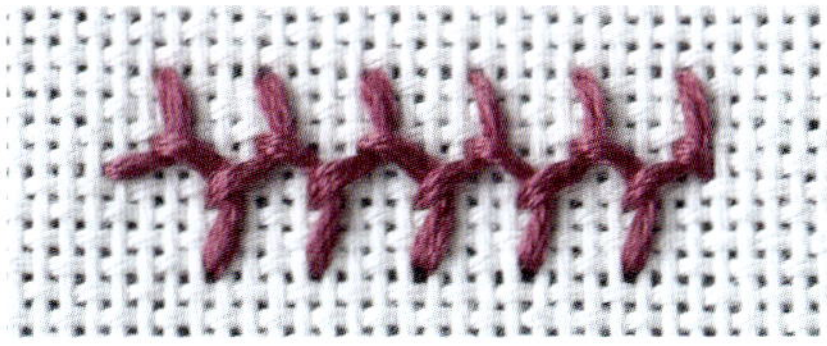

Der kretische Stich ist eine Variante des Federstichs, der viele Formen annehmen kann. Im Folgenden werden verschiedene Varianten gezeigt, doch lassen sich durch Ändern der Abstände und Winkel noch einige andere Effekte erzielen. Der kretische Stich kann als eine breite Linie oder Füllstich für kleinere Flächen genutzt werden. Für Blätterformen eignet er sich besonders gut.

1 Links oben ausstechen. Die Nadel etwas weiter unten auf der rechten Seite einstechen und auf gleicher Höhe, links davon wieder nach oben führen. Dabei liegt der Faden unter der Nadelspitze.

2 Die Nadel etwas weiter unten auf der linken Seite einstechen und auf gleicher Höhe, rechts davon wieder nach oben führen. Dabei liegt der Faden unter der Nadelspitze. Der Einstechpunkt ist nie exakt auf der Mittellinie, sondern leicht rechts davon.

3 Schritte 1+2 fortlaufend wiederholen.

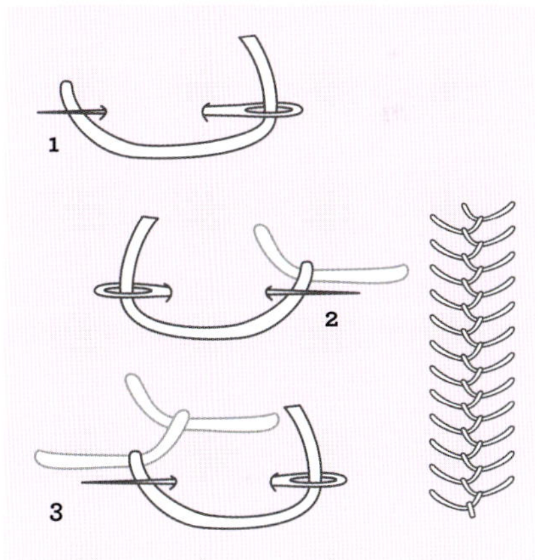

GESCHLOSSENER KRETISCHER STICH

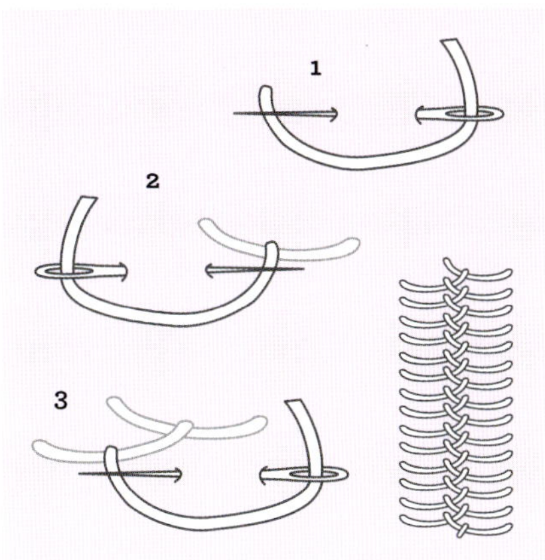

1 Links oben ausstechen. Die Nadel knapp darunter auf der rechten Seite einstechen und auf gleicher Höhe, links davon wieder nach oben führen. Dabei liegt der Faden unter der Nadelspitze.

2 Die Nadel knapp darunter auf der linken Seite einstechen und auf gleicher Höhe, rechts davon wieder nach oben führen. Dabei liegt der Faden unter der Nadelspitze. Die Austrittsstelle ist deutlich weiter von der Mittellinie entfernt als beim klassischen kretischen Stich.

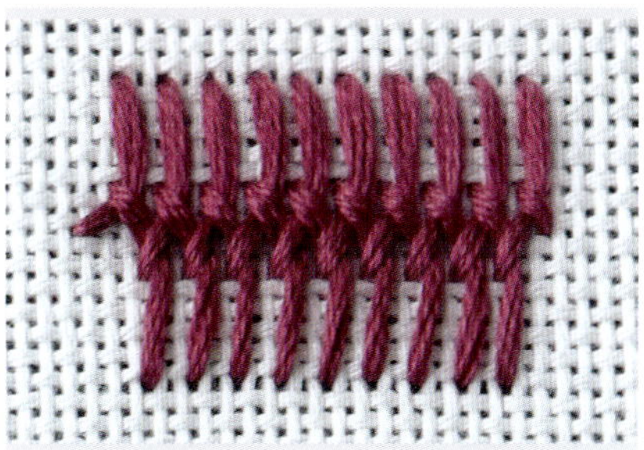

3 Schritte 1+2 fortlaufend wiederholen.

OFFENER KRETISCHER STICH

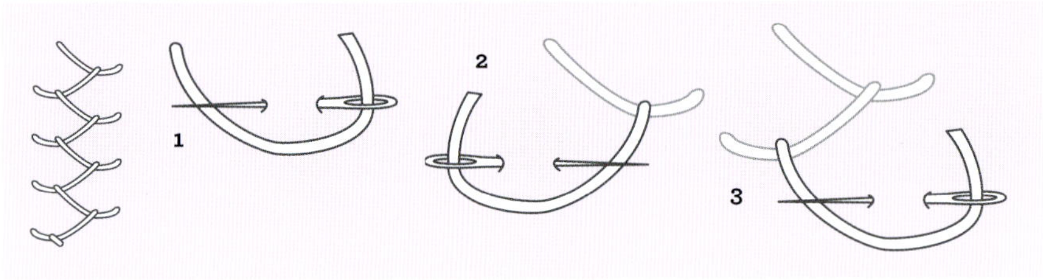

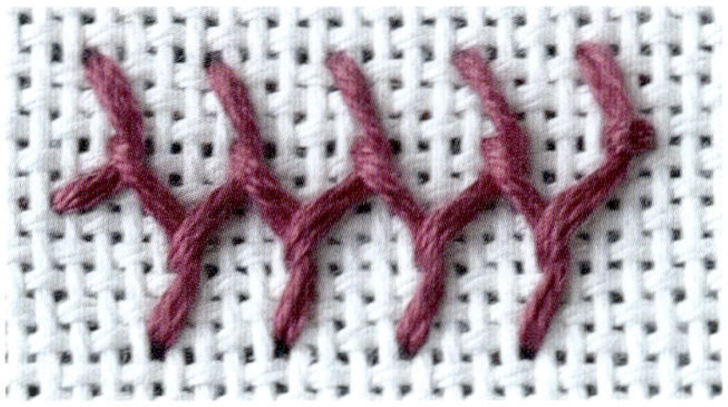

1 Links oben ausstechen. Die Nadel weiter unten auf der rechten Seite einstechen und auf gleicher Höhe, etwas weiter links davon wieder nach oben führen. Dabei liegt der Faden unter der Nadelspitze.

2 Die Nadel weiter unten auf der linken Seite einstechen und auf gleicher Höhe, leicht rechts davon wieder nach oben führen. Dabei liegt der Faden unter der Nadelspitze.

3 Schritte 1+2 fortlaufend wiederholen.

GEKNOTETER KRETISCHER STICH

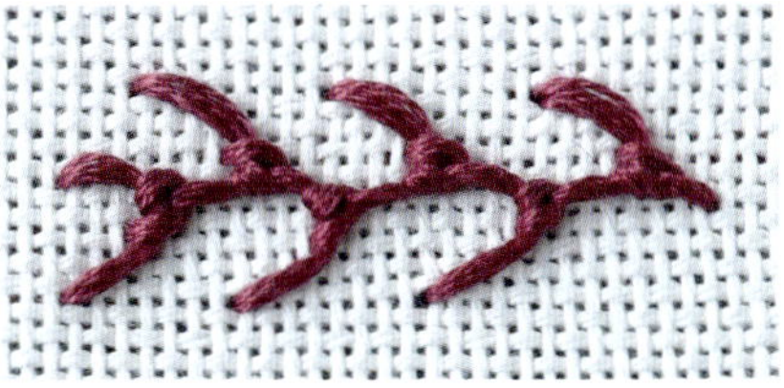

1 Rechts oben ausstechen. Die Nadel auf der linken Seite einstechen und schräg rechts davon wieder nach oben führen. Dabei liegt der Faden unter der Nadelspitze und bildet eine Schlaufe.

2 Die Nadel von links oben unter der vorher gestickten Schlaufe entlangführen. Dabei werden weder Stoff noch Fäden durchstochen. Der Faden liegt hier unter der Nadelspitze.

3 Die Nadel etwas weiter unten auf der rechten Seite einstechen und schräg links davon wieder nach oben führen. Dabei liegt der Faden unter der Nadelspitze und bildet eine Schlaufe.

4 Die Nadel von rechts oben unter der vorher gestickten Schlaufe entlangführen. Dabei werden weder Stoff noch Fäden durchstochen. Der Faden liegt hier unter der Nadelspitze.

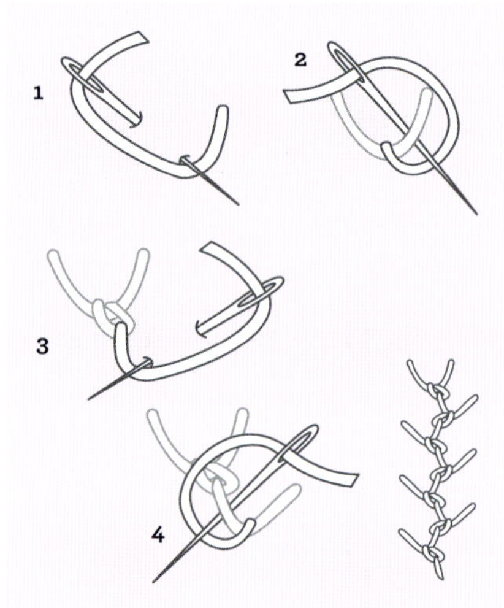

SCHOTTISCHER KRETISCHER STICH

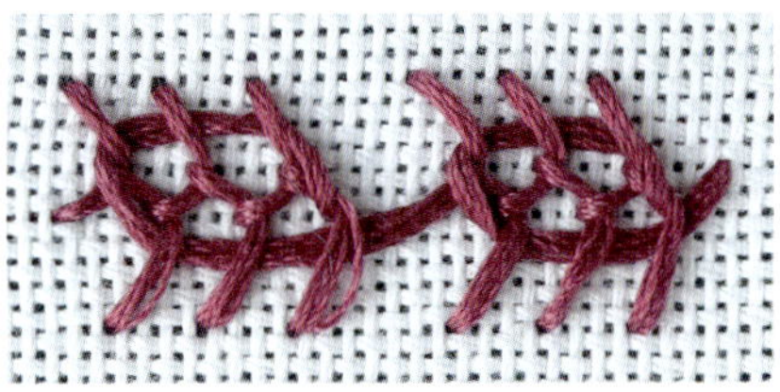

Der schottische kretische Stich ist eine umschlaufte Variante, die in Blöcken gestickt wird. Die Anzahl der Stiche pro Block kann variieren. In der Regel wird mit fünf oder sechs kretischen Stichen gearbeitet. Je dichter die Stiche gesetzt werden, desto füllender wird am Ende auch der Stickstich als Ganzes.

1 Einen Block aus sechs kretischen Stichen sticken, beginnend mit der Schlaufe auf der rechten Seite.

2 Die Nadel von unten auf der rechten Seite zwischen Stoff und Schlaufen hindurch nach oben führen. Dabei werden weder Stoff noch Fäden durchstochen.

3 Die Nadel von oben auf der linken Seite zwischen Stoff und Schlaufen hindurch nach unten führen. Dabei werden weder Stoff noch Fäden durchstochen.

4 Den nächsten Block, wie in Schritt 1–3 gezeigt, sticken.

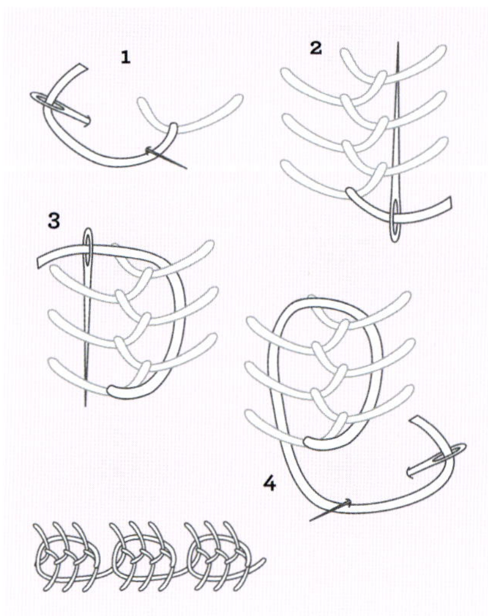

SPANISCHER GEKNOTETER FEDERSTICH

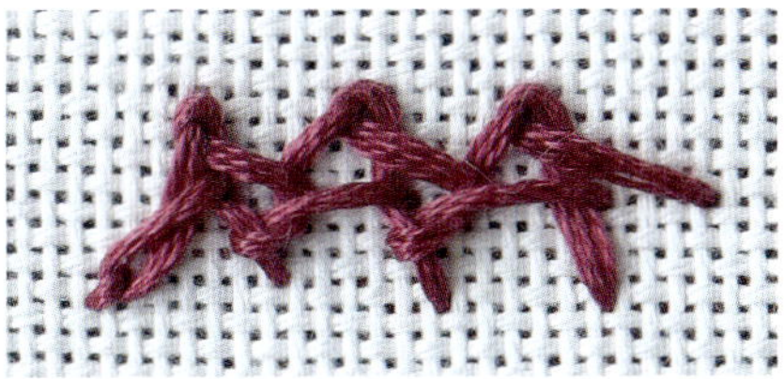

Dieser Stickstich ergibt eine durchgehend gefüllte Linie, die an ein geflochtenes Band erinnert. Der Stich wird von oben nach unten gestickt. Es hilft, sich dafür drei parallele Linien vorzustellen, um den Stich gleichmäßig arbeiten zu können.

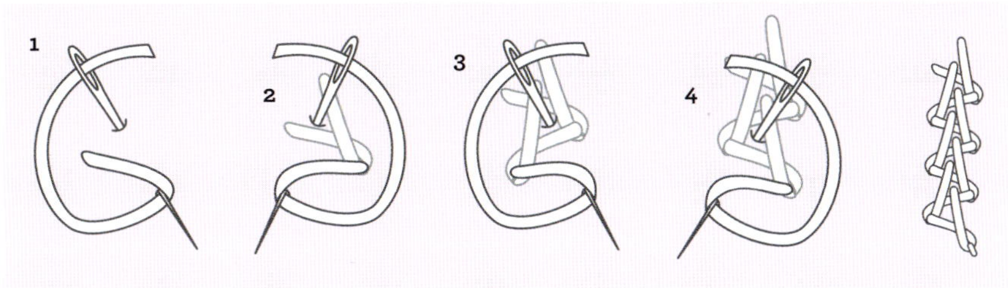

1 Oben links ausstechen. Die Nadel darüber in der Mitte einstechen und weiter unten rechts nach oben führen. Den Faden von oben, unter der Nadelspitze entlang, nach links legen.

2 Die Nadel zwischen den beiden entstandenen Stichen in den Stoff stechen und weiter unten auf der linken Seite nach oben führen. Den Faden von oben, unter der Nadelspitze entlang, nach rechts legen.

3+4 Schritte 1+2 wiederholen. Dabei immer die Nadel in der Lücke zwischen den beiden vorherigen Stichen in den Stoff stechen und den Faden über und unter die Nadel legen.

RÜCKGRATSTICH

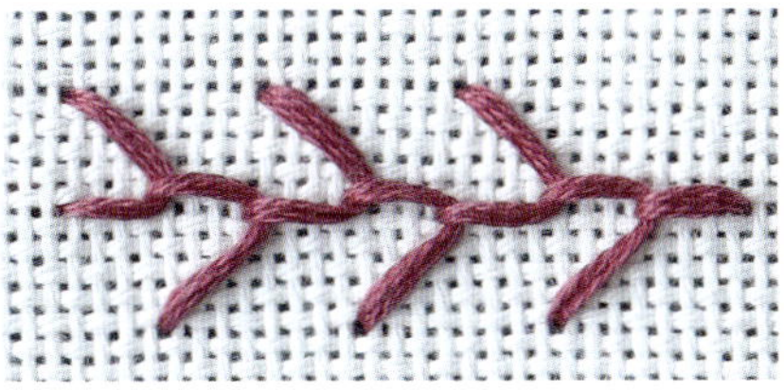

Bei diesem Federstich findet kein Versatz der einzelnen Schlaufen statt. Stattdessen werden alle mittig liegenden Einstiche entlang der Mittellinie gearbeitet. Dadurch entsteht eine sich hin und her wiegende Stichreihe mit seitlich ausladenden Stichen.

1 In der Mitte rechts oben ausstechen. Die Nadel links oben einstechen und in der Mitte darunter wieder nach oben führen. Dabei liegt der Faden unter der Nadelspitze.

2 Die Nadel auf der rechten Seite, auf gleicher Höhe, in den Stoff stechen und in der Mitte darunter wieder nach oben führen. Dabei liegt der Faden unter der Nadelspitze.

3 Schritte 1+2 fortlaufend wiederholen.

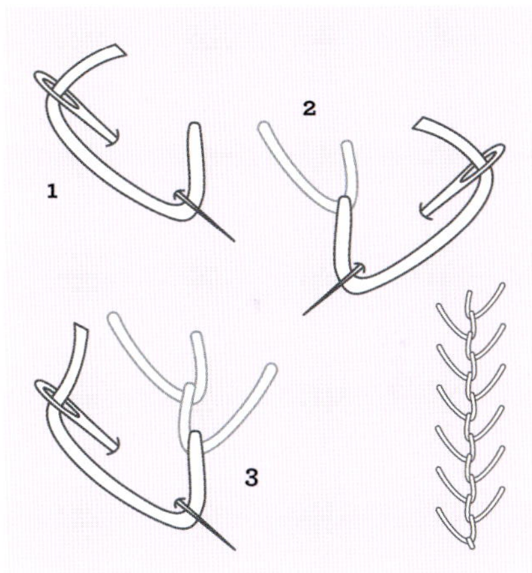

GEKNOTETER FEDERSTICH

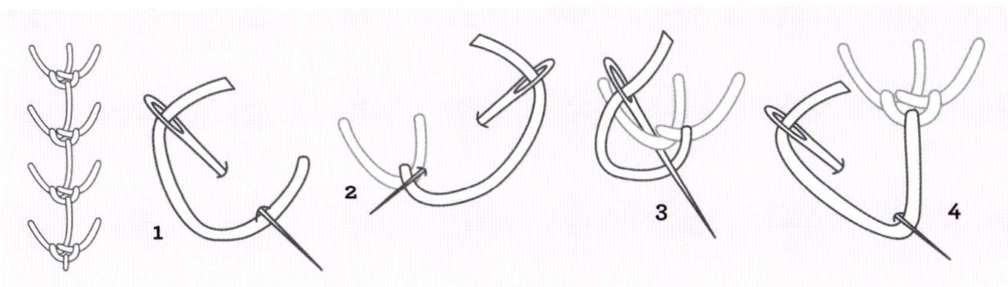

1 In der Mitte oben ausstechen. Die Nadel auf der linken Seite einstechen und weiter unten etwas links von der Mittellinie wieder nach oben führen. Dabei liegt der Faden unter der Nadelspitze.

2 Die Nadel auf der rechten Seite einstechen und weiter unten etwas rechts von der Mittellinie wieder nach oben führen. Dabei liegt der Faden unter der Nadelspitze.

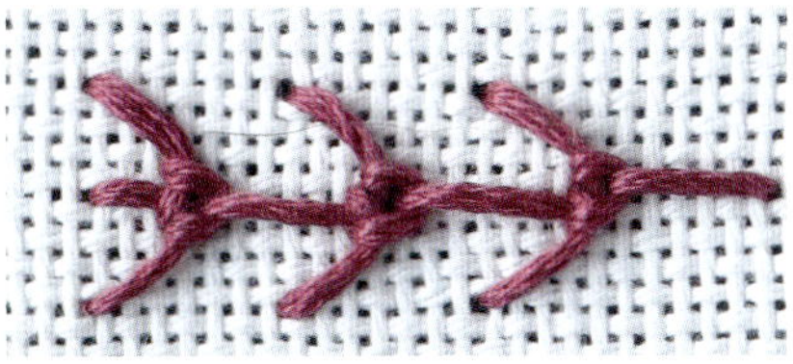

3 Die Nadel von links oben unter der ersten Schlaufe links entlangführen, dabei weder den Stoff noch die Fäden durchstechen. Der Faden liegt etwas rechts von der hier unter der Nadelspitze.

4 Schritte 1–3 fortlaufend wiederholen.

GEHÖHTES FEDERSTICHBAND

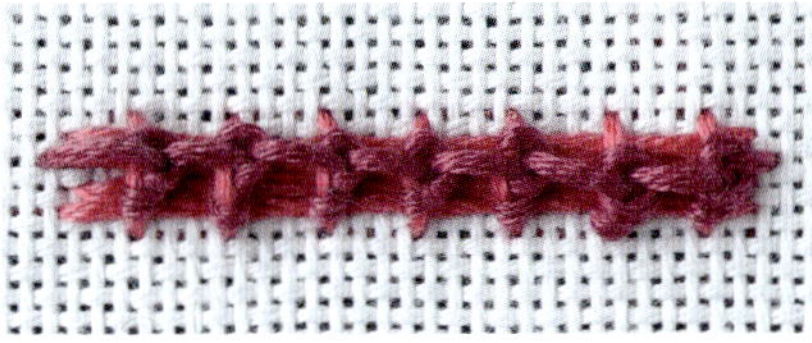

Wie für alle gehöhten Bänder wird auch für diesen Stickstich zuerst ein Unterbau an Stickstichen gearbeitet. Daran hangelt sich der Federstich dann entlang. Stickbänder wie dieses, werden hauptsächlich als gerade Linie für Borten gestickt.

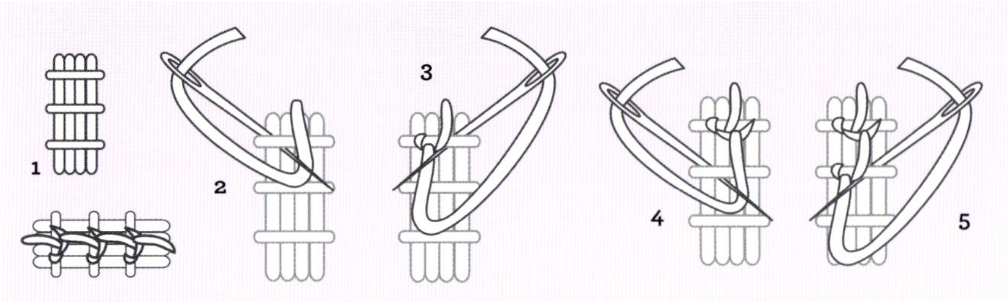

1 Drei bis vier lange gerade Plattstiche sticken. Darüber dann in gleichmäßigen Abständen kurze Spannstiche quer über die langen Stiche arbeiten.

2 Oben in der Mitte ausstechen. Die Nadel von links oben unter dem ersten Querstich entlangführen. Dabei werden weder Stoff noch Fäden durchstochen. Der Faden liegt hier unter der Nadelspitze.

3 Die Nadel von rechts oben unter dem ersten Querstich entlangführen. Der Faden liegt hier unter der Nadelspitze.

4+5 Schritte 2+3 wiederholen, bis alle Querstiche umstickt sind.

FLIEGENSTICH

DER FLIEGENSTICH GEHÖRT ZU DEN SCHLAUFENSTICHEN UND ÄHNELT SEHR DEM KETTENSTICH. HIER STEHT JEDOCH JEDER STICH FÜR SICH ALLEIN UND KANN DESHALB NEBENEINANDER, ÜBEREINANDER ODER AUCH EINZELN ALS STREUMUSTER ANGEORDNET WERDEN.

FLIEGENSTICH

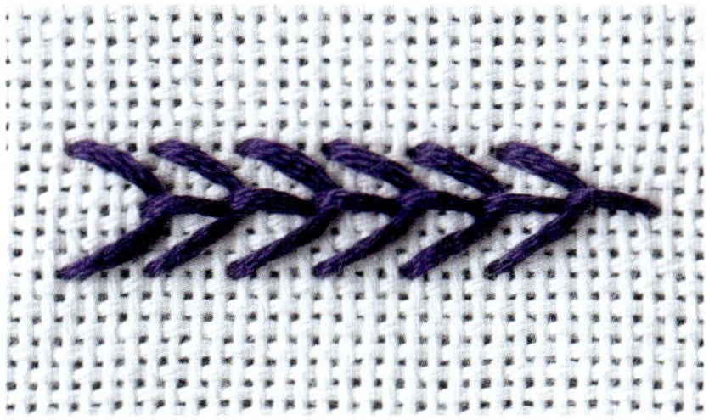

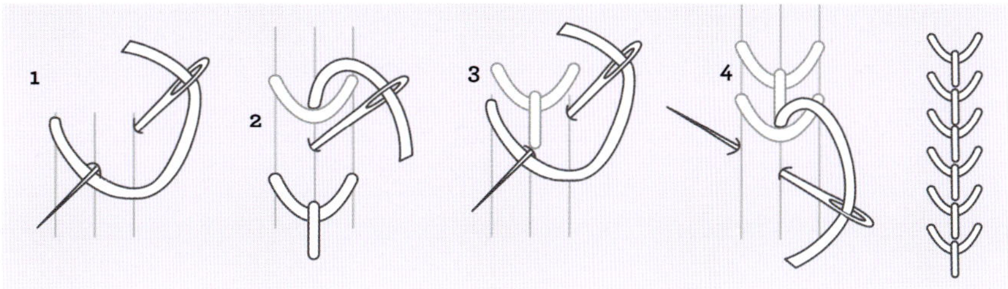

Der klassische Fliegenstich kann als einzelnstehender sowie als verbundener Stich gestickt werden. Ersterer lässt sich gut anwenden, um verschiedene Muster zu gestalten, wie z. B. im Kreis angeordnete Blütenblätter. Die verbundene Version folgt einer Markierungslinie und eignet sich für alle schmalen Flächen oder dickere Linien.

1 Den Faden oben links ausstechen. Die Nadel rechts oben einstechen und etwas weiter unten in der Mitte nach oben führen. Den Faden unter der Nadelspitze entlanglegen, sodass sich eine Schlaufe bildet. Die Nadel durchziehen.

2 Für den einzelnen Fliegenstich über die gebildete Schlaufe einen Fixierstich sticken.

3+4 Für den verbundenen Fliegenstich ebenfalls einen Stich über die Schlaufe sticken, die Nadel dann aber wieder nach links oben unterhalb des ersten Stichs führen.

TIPP: DAMIT DER WINKEL DER FLIEGENSTICHE GLEICHMÄSSIG BLEIBT, SOLLTE DER ABSTAND ZWISCHEN DEN SCHLAUFEN AUSSEN GENAUSO LANG SEIN WIE DIE STICHE ÜBER DIE SCHLAUFEN.

GEDREHTER FLIEGENSTICH

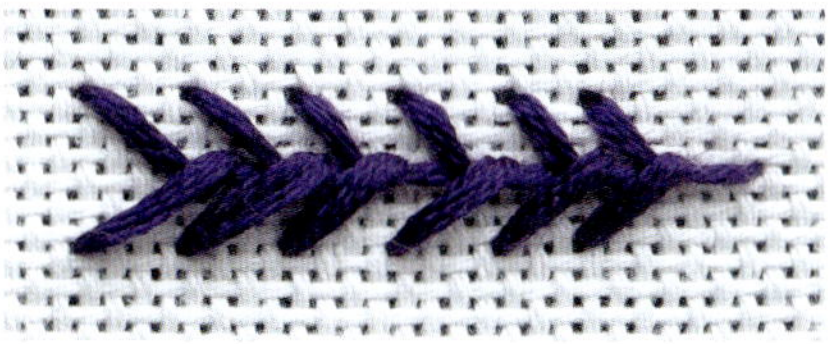

Als einzelner Stich oder in Gruppen angeordnet, erzeugt der gedrehte Fliegenstich eine interessante Textur.

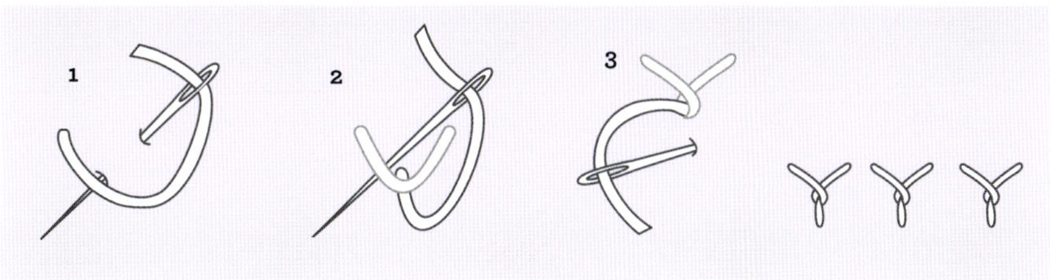

1 Den Faden oben links ausstechen. Die Nadel rechts oben einstechen und etwas weiter unten in der Mitte nach oben führen. Der Faden liegt oberhalb der Nadel. Die Nadel durchziehen, aber noch genug Spielraum für eine Schlaufe lassen.

2 Die Nadel von oben unter der Schlaufe entlangführen und den Faden jetzt festziehen.

3 Einen Fixierstich über die Schlaufe sticken.

UMWICKELTER FLIEGENSTICH

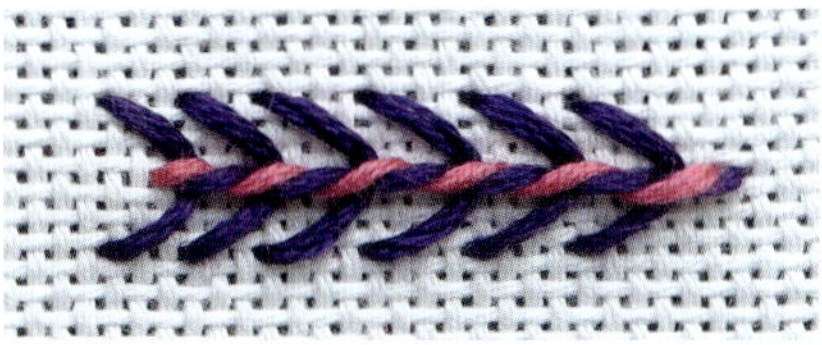

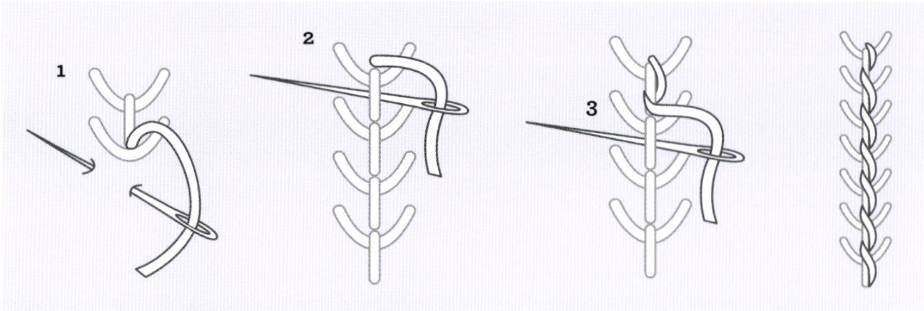

Eine zweifarbige Variante ist der umwickelte Fliegenstich. Hier werden die mittig liegenden Fixierstiche nachträglich mit einer Kontrastfarbe umstickt.

1 Verbundene Fliegenstiche sticken.

2+3 Die Farbe wechseln und oberhalb der mittig liegenden Stiche ausstechen. Dann die Nadel stets von derselben Seite aus fortlaufend unter den einzelnen Fixierstichen entlangführen. Dabei durchsticht die Nadel weder den Stoff noch die Fixierstiche. Am Ende die Nadel unterhalb des letzten Stichs einstechen.

GESCHLOSSENER FLIEGENSTICH

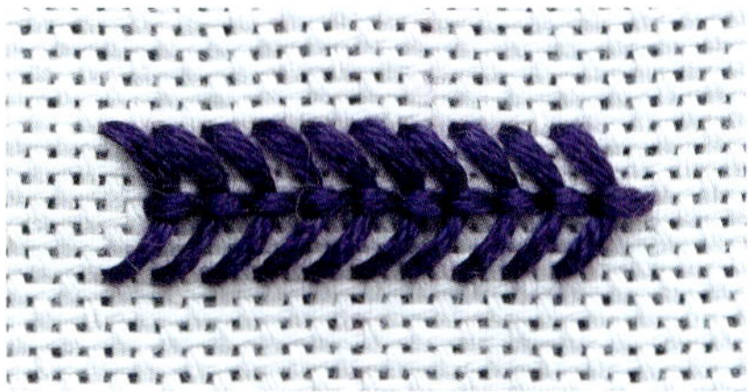

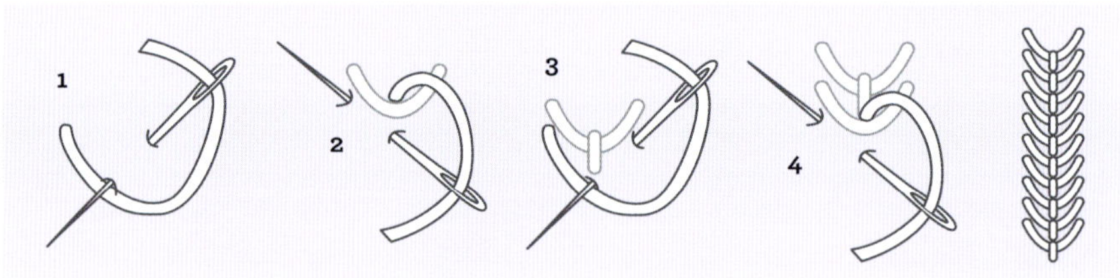

1–4 Der geschlossene Fliegenstich wird wie der verbundene Fliegenstich gestickt, dabei werden allerdings die Stiche in Schritt 2 so kurz gestickt, dass die Fäden dicht an dicht liegen und den Untergrund abdecken. So lässt sich der Fliegenstich durchaus als Flächenfüller nutzen, wie z. B. für Blätterformen.

DOPPELTER FLIEGENSTICH

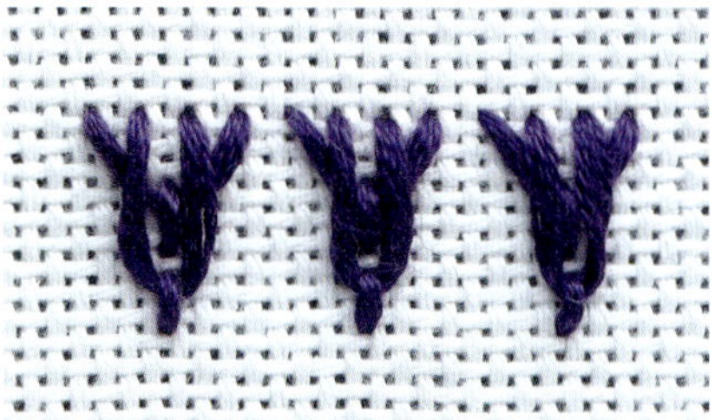

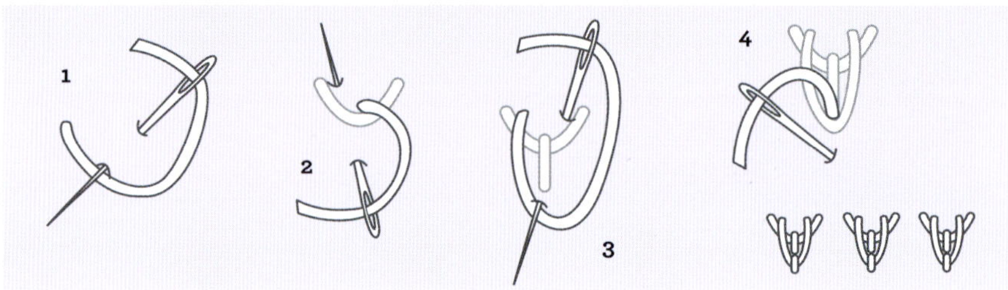

1–4 Für diesen Stickstich werden zwei Fliegenstiche übereinander gestickt, wodurch ein interessanter Einzelstich entsteht. Dabei ist der zweite Stich etwas langgezogener als der erste.

GESPIEGELTER FLIEGENSTICH

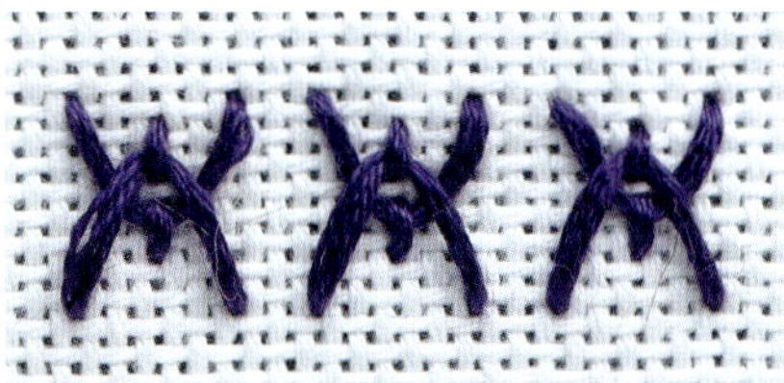

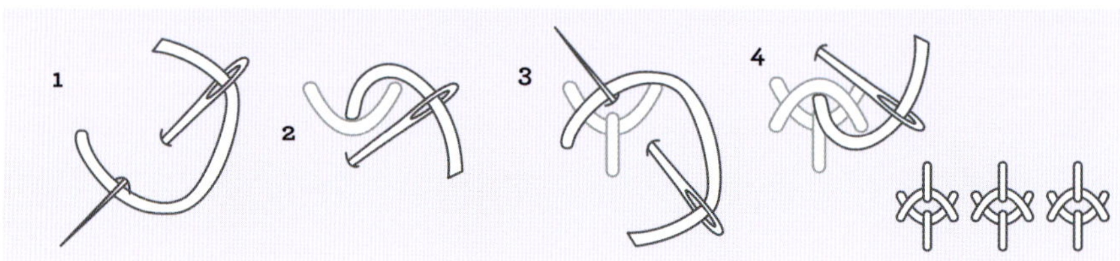

Dieser Fliegenstich besteht ebenfalls aus zwei übereinander gestickten Fliegenstichen. Hier wird der zweite jedoch horizontal gespiegelt gestickt.

GEKREUZTER FLIEGENSTICH

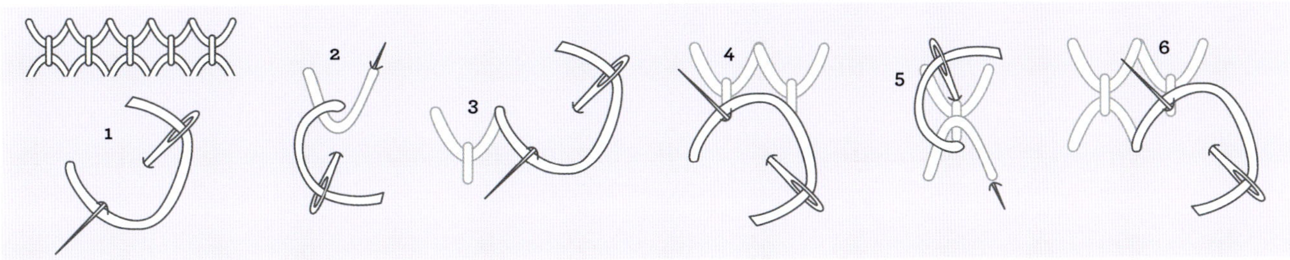

Dieser Fliegenstich ist als Füllstich geeignet. Hier werden immer zwei Reihen Fliegenstiche ineinander gestickt und diese dann, je nach Größe der Fläche, aneinandergesetzt.

1 Den Faden oben links ausstechen. Die Nadel rechts oben einstechen und etwas weiter unten in der Mitte nach oben führen. Den Faden unter der Nadelspitze entlanglegen, sodass sich eine Schlaufe bildet. Die Nadel durchziehen.

2 Einen Fixierstich über die Schlaufe sticken und die Nadel rechts oben wieder aus dem Stoff führen – dabei das rechte Einstichloch des ersten Fliegenstichbeinchens nutzen.

3 Auf diese Weise die gewünschte Strecke in der Breite mit Fliegenstichen füllen.

4 Dann erneut auf der linken Seite beginnen und horizontal gespiegelt arbeiten. Dafür den Faden links unten ausstechen, mit der Nadel rechts davon einstechen und in der Mitte wieder nach oben führen – hier wird dasselbe Loch wie beim Fixierstich der oberen Reihe benutzt. Den Faden unter der Nadelspitze entlanglegen, sodass sich eine Schlaufe bildet. Die Nadel durchziehen.

5 Einen Fixierstich über die Schlaufe sticken und die Nadel rechts unten wieder aus dem Stoff führen – dabei das Einstichloch des Stiches nutzen.

6 Schritte 4+5 bis zum Ende der darüberliegenden Reihe wiederholen.

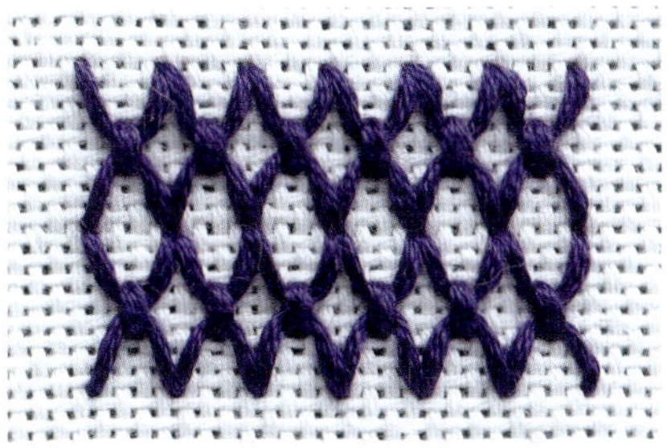

GEFLOCHTENER FLIEGENSTICH

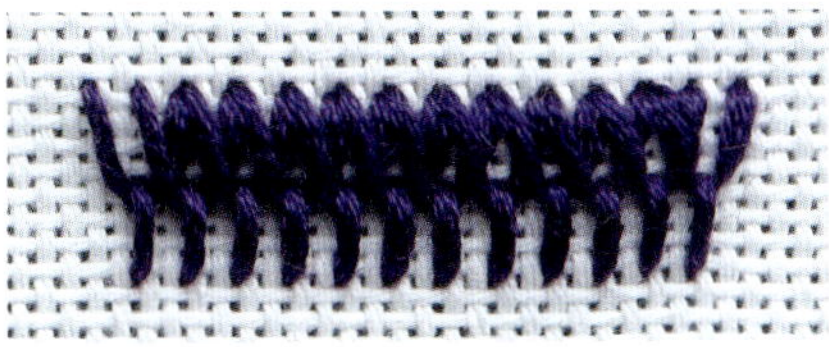

Der geflochtene Fliegenstich kann als Füll- oder Bortenstich genutzt werden. Durch die überlagerten Stiche wirkt das Stickbild wie geflochten.

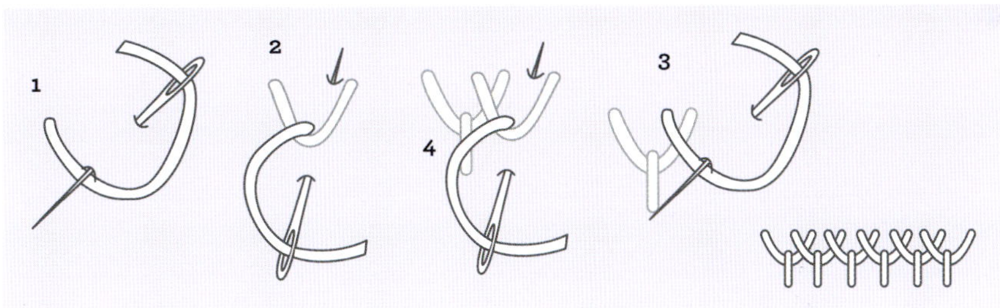

1 In einem gedachten Dreieck den Faden oben links ausstechen. Die Nadel rechts oben einstechen und etwas weiter unten in der Mitte nach oben führen. Den Faden unter der Nadelspitze entlanglegen, sodass sich eine Schlaufe bildet. Die Nadel durchziehen.

2 Einen Fixierstich über die Schlaufe sticken und die Nadel links oben neben dem rechten Fliegenstichbeinchen wieder aus dem Stoff führen.

3+4 Schritte 1+2 fortlaufend wiederholen.

KETTENSTICH

DIE GRÖSSTE GRUPPE DER STICKSTICHE SIND DIE KETTENSTICHE. ÜBER DIE JAHRHUNDERTE HABEN SICH HIER UNZÄHLIGE VARIANTEN HERAUSGEBILDET, DIE VIELSEITIG EINGESETZT WERDEN KÖNNEN. KETTENSTICHE ERZEUGEN EINE RELATIV DICKE LINIE UND VERBRAUCHEN VERGLEICHSWEISE WENIG FADEN AUF DER RÜCKSEITE. OB ALS AUFFÄLLIGE LINIE, EINZELELEMENT, IN REIHEN UND RUNDEN ODER ALS FLÄCHE GESTICKT – DER KETTENSTICH IST EIN ALLROUNDTALENT. BESONDERS IN DER BLUMENSTICKEREI FINDEN VIELE KETTENSTICHE ANWENDUNG, DOCH LASSEN SIE SICH PRINZIPIELL ÜBERALL VERWENDEN.

KETTENSTICH

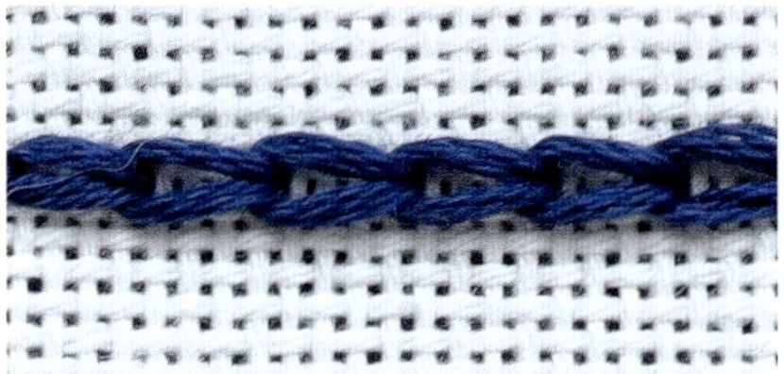

Der klassische Kettenstich besteht in seiner Urform aus Schlaufen, die wie Kettenglieder erscheinen. Wie alle Schlaufenstiche muss auch der Kettenstich durch die nächste Schlaufe oder einen kleinen Stich fixiert werden.

1 An gewünschter Stelle ausstechen. Die Nadel direkt an der Ausstichstelle oder ganz leicht daneben einstechen und etwas weiter senkrecht oben aus dem Stoff herausführen. Dabei den Faden von links nach rechts unter der Nadelspitze entlanglegen.

2 Für alle folgenden Stiche wiederholen, dabei wird die Nadel stets innerhalb der vorherigen Schlaufe in den Stoff gesteckt.

3 Einen kurzen Stich über die letzte Schlaufe sticken. Auf diese Weise werden die meisten Kettenstichvarianten beendet.

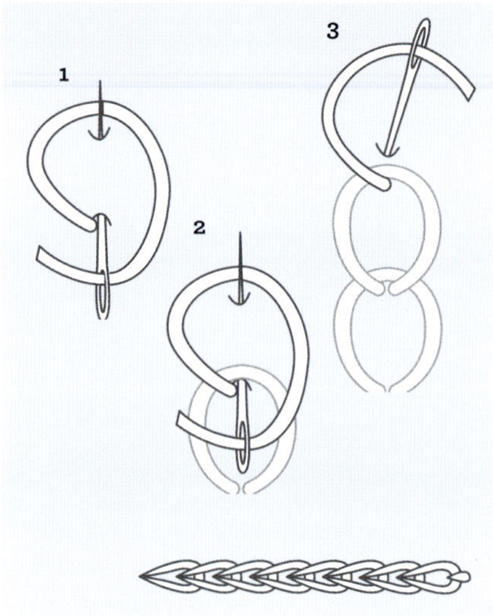

GESCHLOSSENER KETTENSTICH

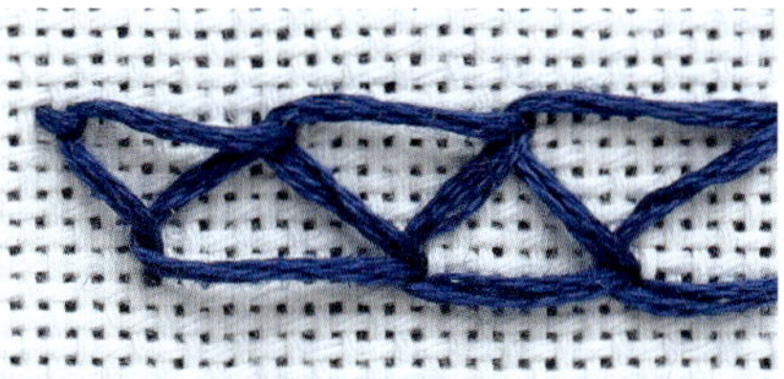

Der geschlossene Kettenstich wird auch doppelter Kettenstich genannt. Die Kettenstiche werden hier versetzt zueinander gestickt. Dabei entsteht eine offengliedrige, breite Linie.

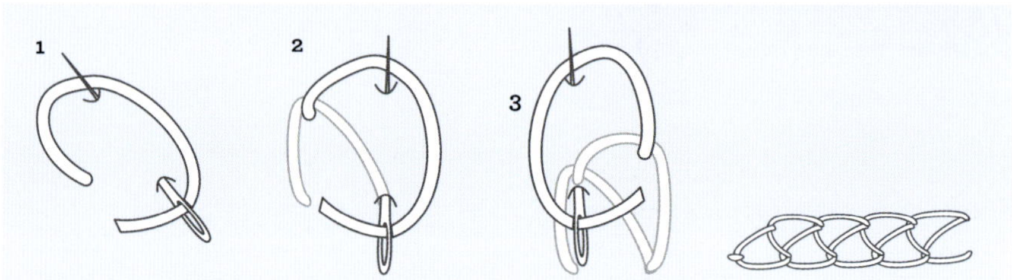

1 In einem gedachten Viereck unten links ausstechen. Die Nadel unten rechts einstechen und oben links wieder nach oben führen. Dabei den Faden von links nach rechts unter der Nadelspitze entlanglegen.

2 Die Nadel unten rechts in den Anfang des vorherigen Stichs einstechen und weiter oben wieder aus dem Stoff führen. Dabei den Faden von links nach rechts unter der Nadelspitze entlanglegen.

3 Innerhalb der ersten Schlaufe oben links einstechen und die Nadel weiter oben wieder aus dem Stoff führen. Dabei den Faden von rechts nach links unter der Nadelspitze entlanglegen. Schritte 2+3 fortlaufend wiederholen.

MARGERITENSTICH

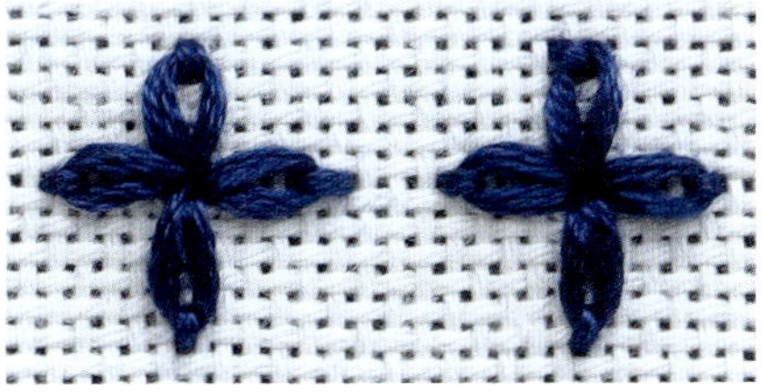

1+2 Der Margeritenstich ist ein einzeln gestickter Kettenstich. Traditionell wird er gerne kreisförmig zur Blüte angeordnet. Doch auch als Einzelstich kann er Verwendung finden.

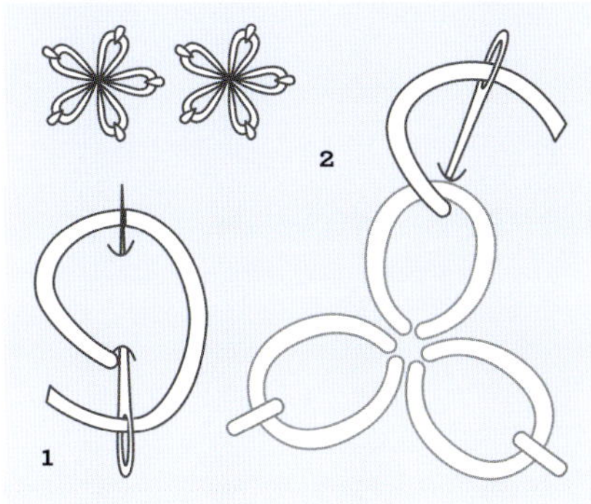

GESTIELTER MARGERITENSTICH

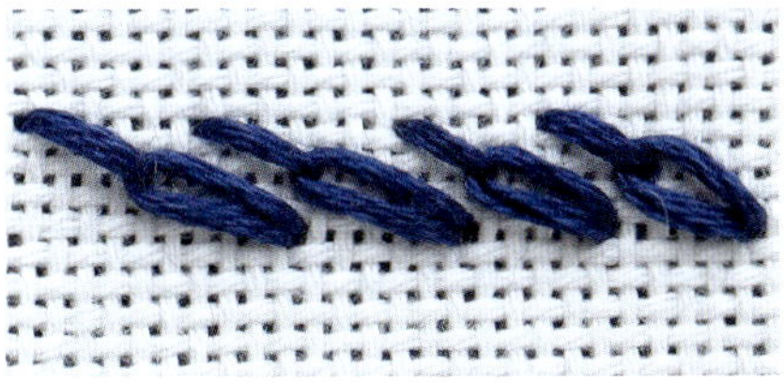

1–3 Für diesen Stich wird ein Margeritenstich mit einem verlängerten Fixierstich am Ende gestickt.

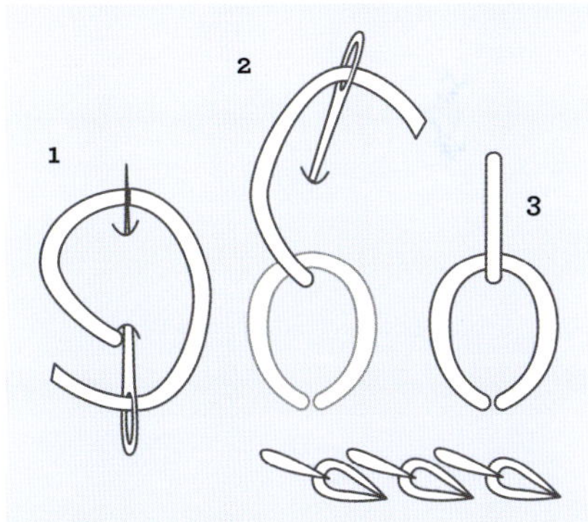

RÜCKWÄRTIGER KETTENSTICH

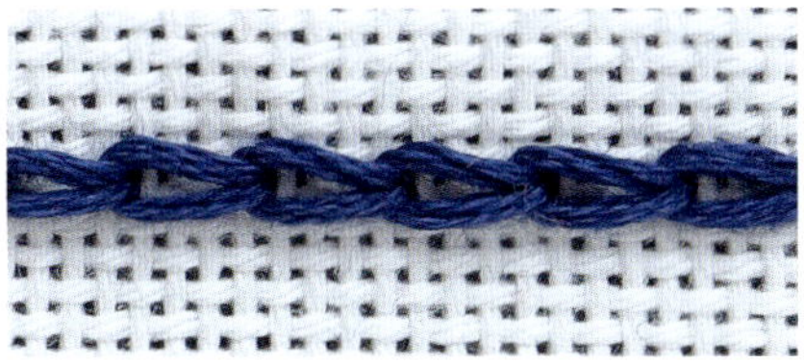

Wer Probleme mit dem klassischen Kettenstich hat, kommt vielleicht mit dieser Variante zurecht. Hier wird zuerst der Fixierstich gestickt und danach die Schlaufe durchgezogen. Dadurch ist dieser Kettenstich einfacher zu arbeiten und das lästige Umwickeln der Nadel fällt weg. Optisch ist er nicht vom klassischen Kettenstich zu unterscheiden.

1 An gewünschter Stelle ausstechen. Etwas weiter senkrecht nach unten die Nadel einstechen und noch weiter unten wieder nach oben führen.

2 Die Nadel unter dem entstandenen Stich entlangführen und die Schlaufe legen. Dabei weder Stoff noch Stich durchstechen.

3 Direkt neben dem Beginn der Schlaufe wieder in den Stoff einstechen und weiter unten wieder nach oben führen.

4 Ab jetzt wiederholen sich die Schritte. Die Nadel von rechts nach links unterhalb der letzten Schlaufe entlangführen. Dabei weder der Stoff noch Stich durchstechen.

5 Direkt neben dem Beginn der Schlaufe wieder in den Stoff einstechen und weiter unten wieder nach oben führen.

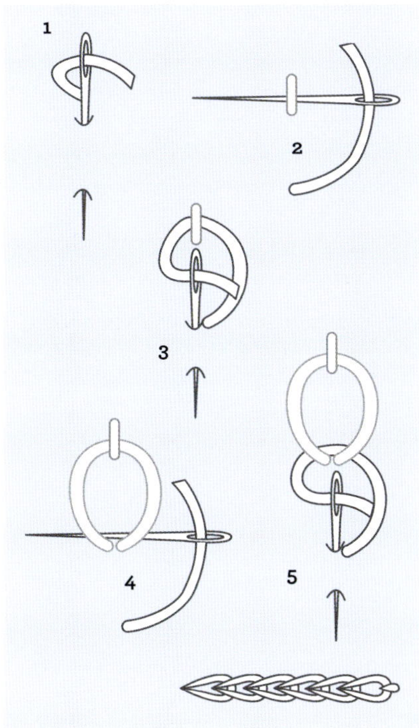

GEFIEDERTER KETTENSTICH

Beim gefiederten Kettenstich entsteht in der Mitte eine Zickzacklinie, die auf beiden Seiten von Kettenstichen umgeben ist. Dieser Stich ergibt eine sehr breite Linie, die sich gut für Bordüren und florale Elemente eignet.

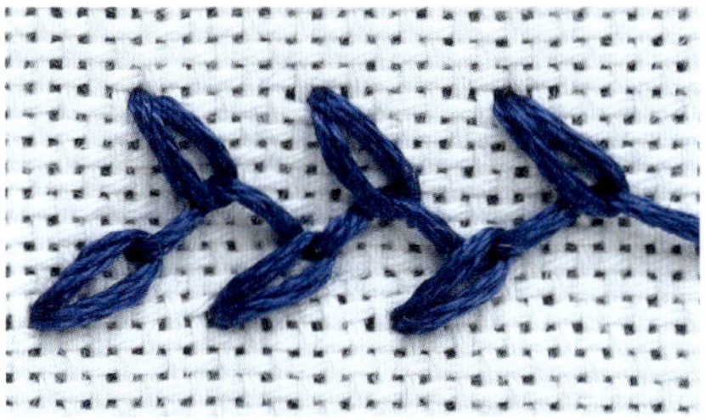

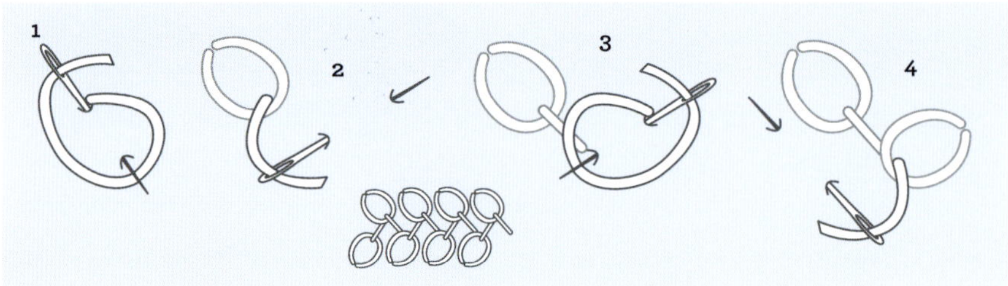

1 Oben links ausstechen. Die Nadel direkt neben der Ausstichstelle einstechen und schräg unten rechts davon wieder nach oben führen. Dabei den Faden von rechts nach links unter der Nadelspitze entlanglegen.

2 Schräg unten rechts davon die Nadel in den Stoff einstechen und schräg oben rechts wieder nach oben führen.

3 Die Nadel an derselben Stelle wieder einstechen und am Ende des letzten Stiches wieder nach oben führen. Dabei den Faden unter der Nadelspitze entlanglegen.

4 Die Nadel schräg unten links einstechen und weiter oben links wieder aus dem Stoff herausführen. Schritte 1–4 fortlaufend wiederholen.

OFFENER KETTENSTICH

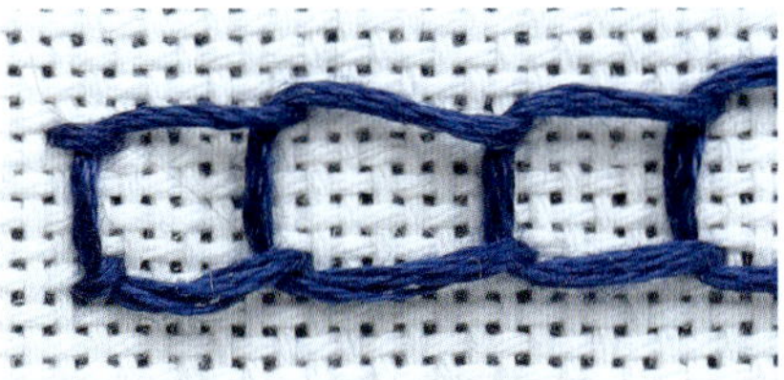

Bei dieser Kettenstich-Variante sind die Seiten der einzelnen Stiche weiter auseinander. Dadurch entsteht ein deutlich breiterer und offenerer Kettenstich als üblich.

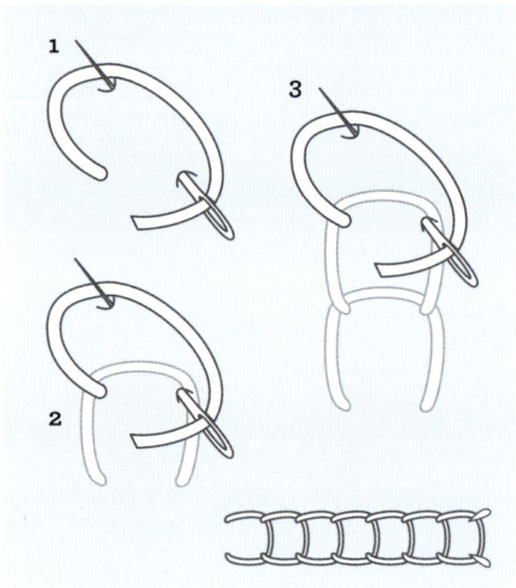

1 In einem gedachten Viereck unten links ausstechen. Die Nadel unten rechts einstechen und oben links wieder nach oben führen. Dabei den Faden von links nach rechts unter der Nadelspitze entlanglegen.

2+3 Innerhalb der entstandenen Schlaufe oben rechts einstechen und die Nadel links über der Schlaufe nach oben führen. Dabei den Faden von links nach rechts unter der Nadelspitze entlanglegen. Am Ende zum Fixieren an der Schlaufe oben links und oben rechts je einen kurzen Stich sticken.

GEDREHTER KETTENSTICH

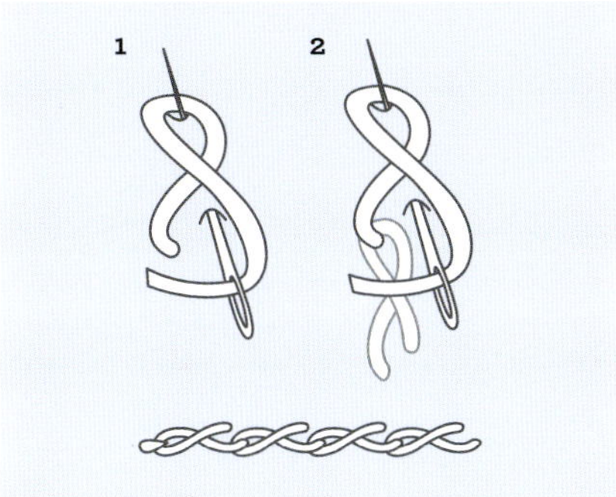

1 Unten links ausstechen. Die Nadel schräg rechts darüber in den Stoff einstechen und ein Stück weiter oben wieder aus dem Stoff herausführen. Dabei den Faden von rechts nach links unter der Nadelspitze entlanglegen.

2 Alle folgenden Schritte wie Schritt 1 sticken. Dabei die Nadel immer außerhalb des zuvor gestickten Stiches einstechen.

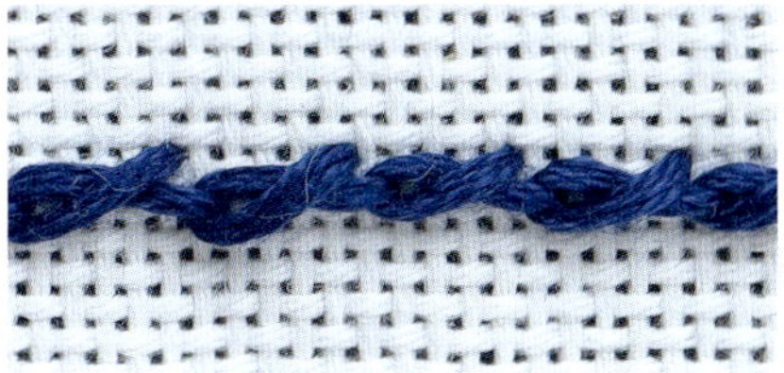

VERSETZTER GEDREHTER KETTENSTICH

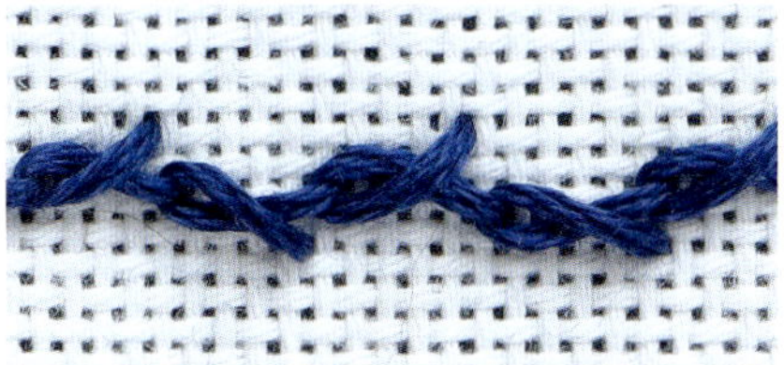

Beim versetzten gedrehten Kettenstich werden immer abwechselnd die Schlaufen zur rechten und linken Seite gedreht.

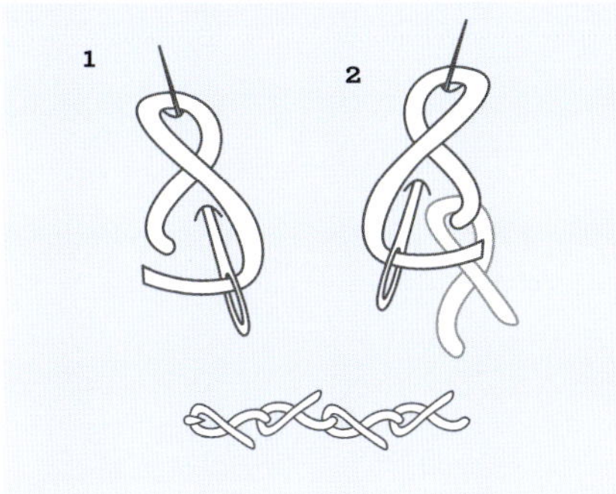

1 Unten links ausstechen. Die Nadel schräg rechts darüber in den Stoff einstechen und ein Stück weiter oben wieder aus dem Stoff herausführen. Dabei den Faden von rechts nach links unter der Nadelspitze entlanglegen.

2 Die Nadel schräg links über dem vorherigen Stich in den Stoff einstechen und ein Stück weiter oben wieder aus dem Stoff herausführen. Dabei den Faden von links nach rechts unter der Nadelspitze entlanglegen.

MAGISCHER KETTENSTICH

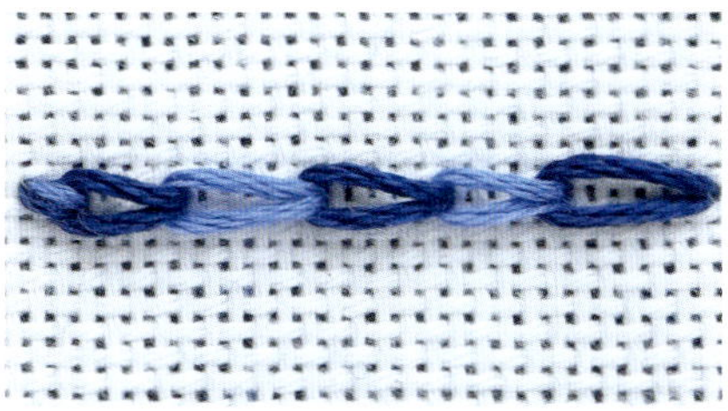

Bei dieser Kettenstichvariante werden zwei Fäden in unterschiedlichen Farben verwendet. Obwohl mit beiden Fäden gleichzeitig gearbeitet wird, kommt eine Linie mit Kettenstichen in abwechselnden Farben zustande.

1 An gewünschter Stelle ausstechen. Die Nadel genau in der Ausstichstelle einstechen und weiter oben wieder aus dem Stoff herausführen. Den Faden der ersten Farbe von links nach rechts unter der Nadelspitze entlanglegen. Die Nadel durchziehen. Dabei verschwindet der Faden der zweiten Farbe unter dem Stoff.

2 Die Nadel genau an der Ausstichstelle einstechen und weiter oben wieder aus dem Stoff herausführen. Den Faden der zweiten Farbe von links nach rechts

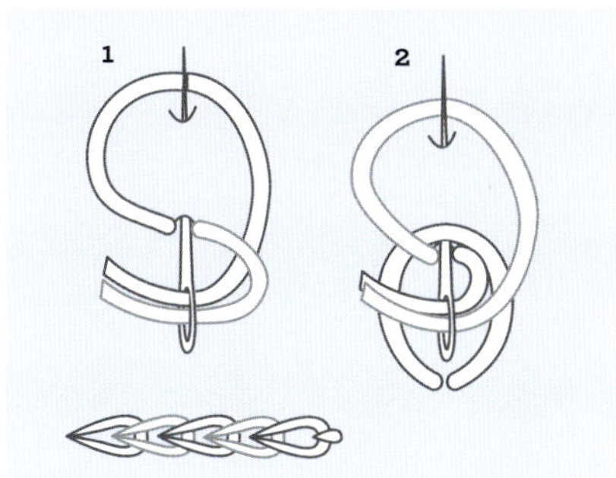

unter der Nadelspitze entlanglegen. Die Nadel durchziehen. Dabei verschwindet der Faden der ersten Farbe unter dem Stoff.

VERRIEGELTER KETTENSTICH

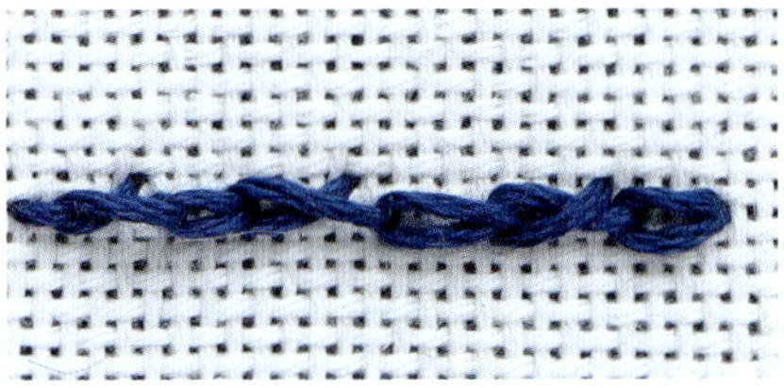

Beim verriegelten Kettenstich wechseln sich klassische und gedrehte Kettenstiche ab.

1 Einen klassischen Kettenstich sticken.

2 Die Nadel schräg rechts über dem vorherigen Stich in den Stoff einstechen und ein Stück weiter oben wieder aus dem Stoff herausführen. Dabei den Faden von rechts nach links unter der Nadelspitze entlanglegen.

3 Schritte 1+2 fortlaufend wiederholen.

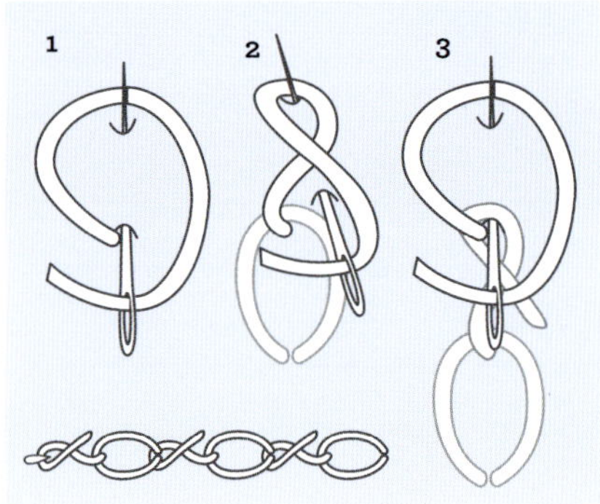

VERSETZTER VERRIEGELTER KETTENSTICH

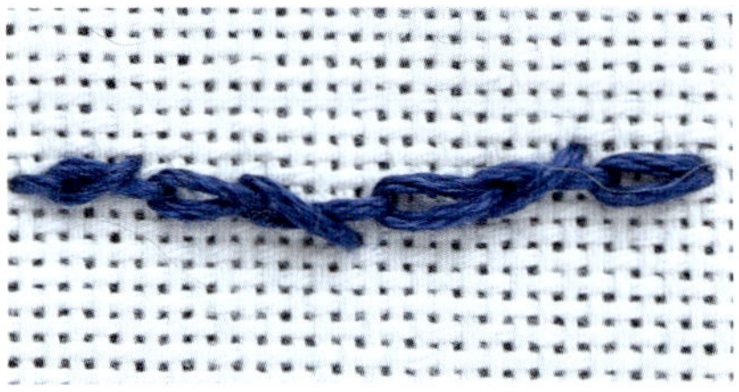

1+2 Wie auch beim verriegelten Kettenstich, wird hier ebenfalls mit klassischen und gedrehten Kettenstichen gearbeitet. Allerdings wird zusätzlich die Seiten der gedrehten Kettenstiche gewechselt.

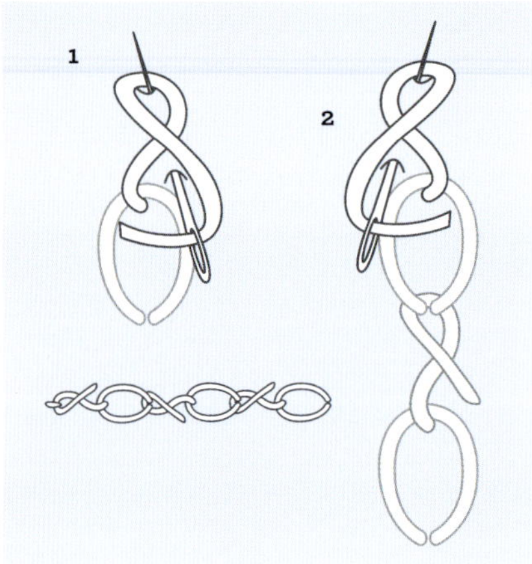

TULPENSTICH

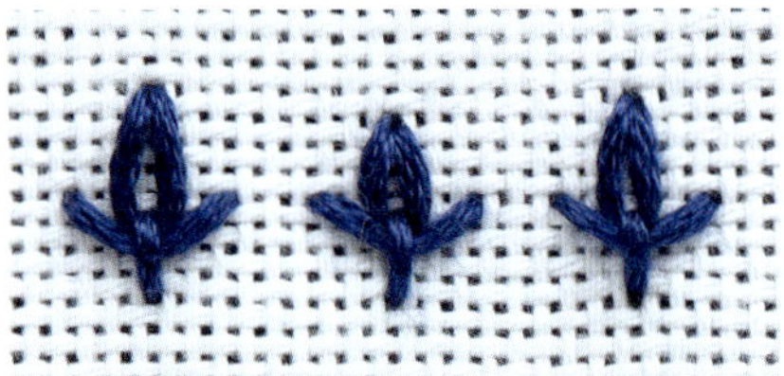

Der Tulpenstich ist ein einfacher Stickstich und gut geeignet, um kleine Blumen zu sticken. Diese können als Streumuster oder nebeneinander als Reihe gestickt werden.

1 An gewünschter Stelle ausstechen. Die Nadel an der Ausstichstelle wieder einstechen und senkrecht weiter unten aus dem Stoff herausführen.

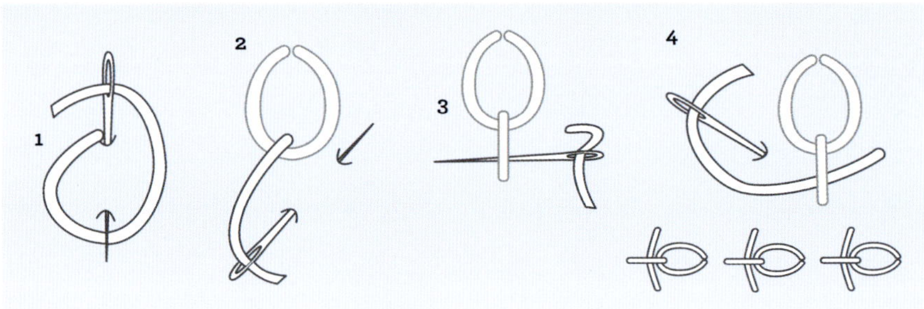

2 Die Nadel senkrecht etwas weiter unten einstechen und schräg oben rechts wieder nach oben führen.

3 Die Nadel unter dem entstandenen Stich entlangführen. Dabei weder Stoff noch Faden durchstechen.

4 Auf der linken Seite, spiegelbildlich zur Austrittstelle des Fadens, die Nadel wieder in den Stoff einstechen.

ANKERKETTENSTICH

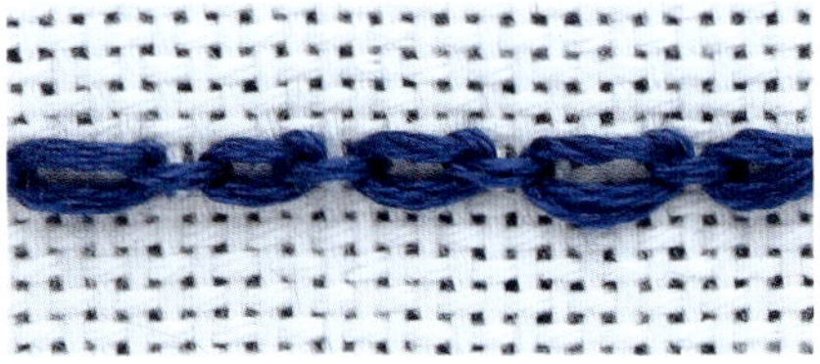

Beim Ankerkettenstich entsteht eine Kette aus ovalen Stichen, die durch gerade Stiche miteinander verbunden sind. Ideal für dekorative Umrandungen oder andere Linien.

1 Einen klassischen Kettenstich sticken.

2 Die Nadelspitze rechts neben dem Fadenaustritt unter der Schlaufe durchführen. Den Faden entgegen dem Uhrzeigersinn um die Nadelspitze legen.

3 Die Nadel etwas oberhalb des vorherigen Stiches einstechen und weiter oben aus dem Stoff herausführen. Schritte 2+3 fortlaufend wiederholen.

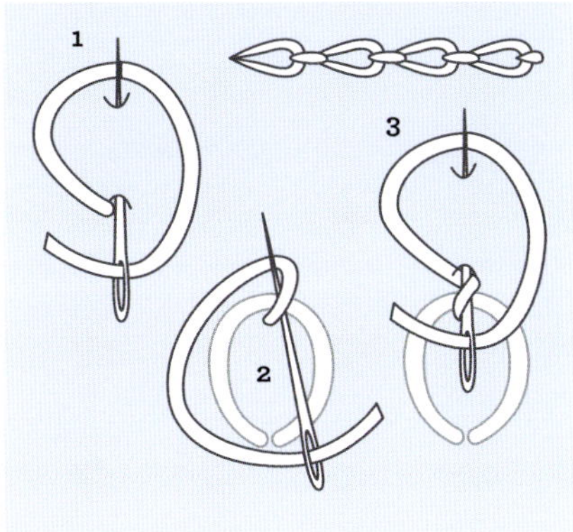

KORDELSTICH

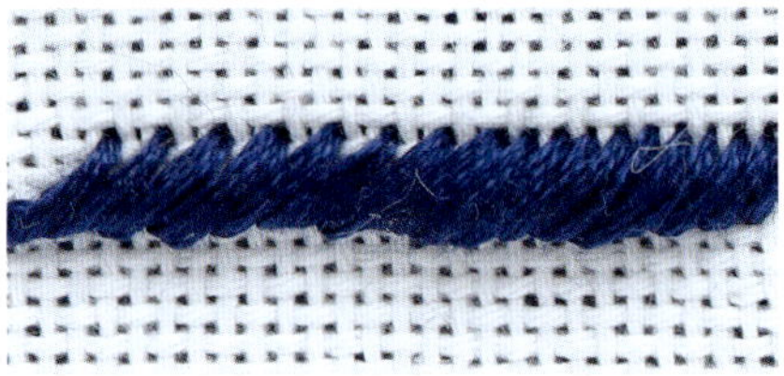

Dieser simple Stickstich erzeugt eine ausgefüllte, dicke Linie. Es wird dicht an dicht gestickt, um den Untergrund komplett abzudecken.

1 Unten links ausstechen. Die Nadel oben rechts einstechen und direkt links neben der Austrittstelle wieder herausführen. Den Faden dabei von rechts nach links über die Nadelspitze legen und dann wieder nach rechts darunter positionieren. Die Nadel durchziehen und den Faden dabei nach unten festziehen.

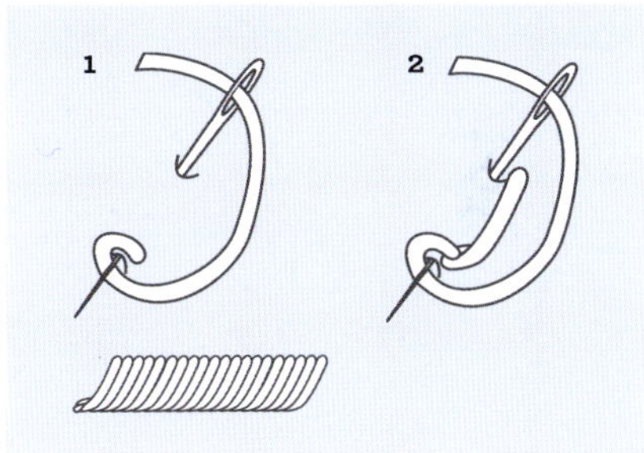

2 Wie in Schritt 1 beschrieben weitere Stiche sticken, die stets minimal weiter nach links versetzt werden.

UMSCHLUNGENER MARGERITENSTICH

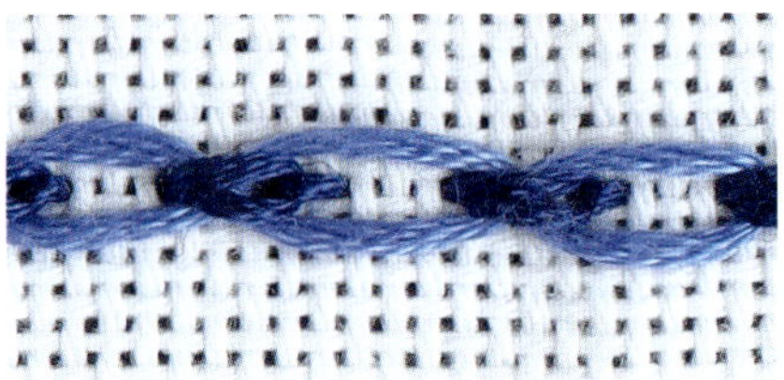

Dieser Stickstich kann zweifarbig, oder sogar mit Garnen unterschiedlicher Stärke gearbeitet werden. Für das Umschlingen der Stiche kann ein dickerer Faden, z. B. ein Effektgarn benutzt werden. Je nachdem wie groß die Abstände zwischen den Margeritenstichen sind, werden dabei die umschlungenen Fäden länglicher oder runder geformt.

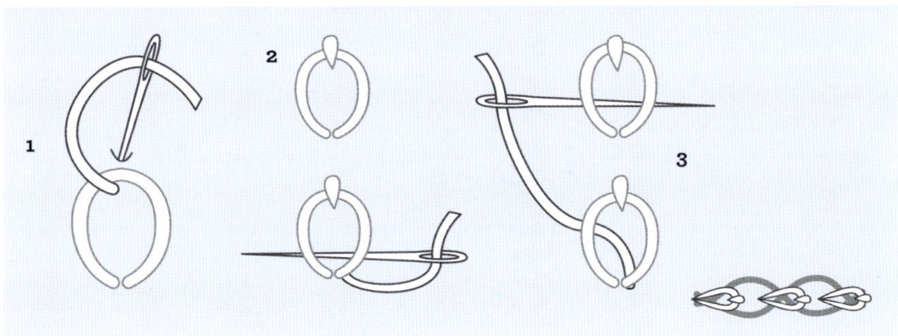

1 Eine Linie klassische Margeritenstiche übereinander sticken.

2 Am unteren Ende der ersten Fadenschlaufe ausstechen. Die Nadel von rechts nach links unterhalb des Margeritenstichs entlangführen. Dabei weder Stoff noch Faden durchstechen.

3 Die Nadel von links nach rechts unterhalb des nächsten Margeritenstichs entlangführen. Dabei weder Stoff noch Faden durchstechen. Ab jetzt immer abwechselnd von rechts und links wiederholen, bis alle Margeritenstiche umschlungen sind, dann in gleicher Weise gegenläufig zurück arbeiten.

DOPPELTER MARGERITENSTICH

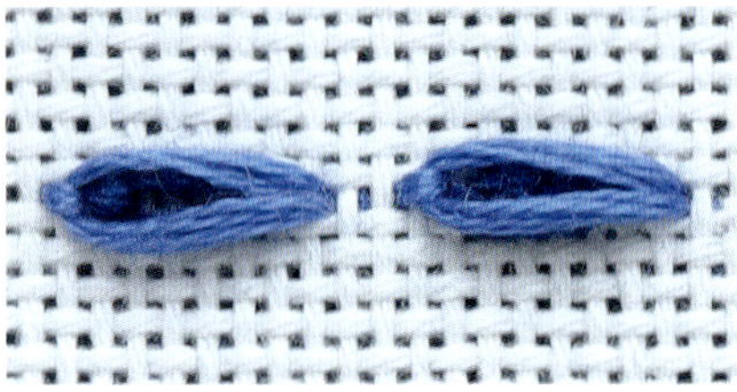

Dieser Stickstich kann ein- oder zweifarbig gestickt werden. Durch den zweiten Stich wird die Fläche innerhalb des Margeritenstichs ausgefüllt.

1+2 Einen klassischen Margeritenstich sticken.

3+4 Innerhalb des ersten Margeritenstichs einen weiteren, kleineren Margeritenstich sticken.

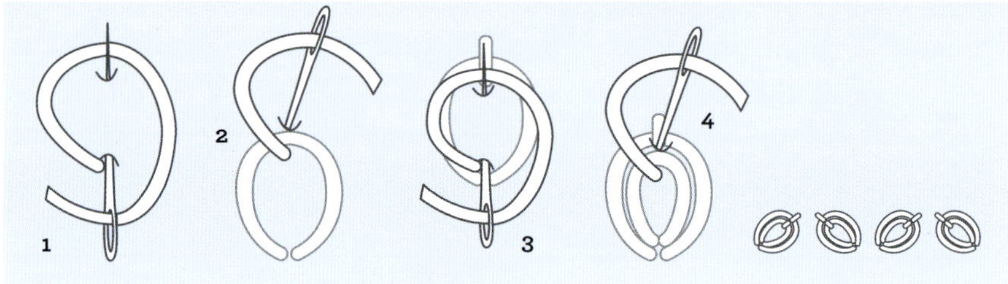

KNÖTCHEN-MARGERITENSTICH

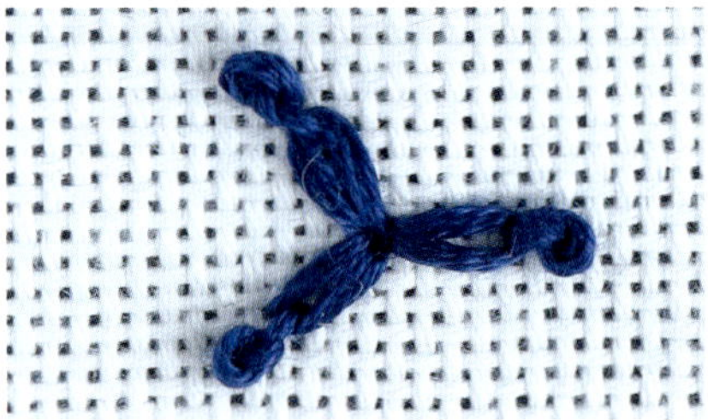

Diese geknotete Variante des Margeritenstichs ist gut für die Blumenstickerei geeignet und eine raffinierte Abwechslung zum klassischen Stich.

1 Einen klassischen Kettenstich sticken.

2 Die Nadel, wie beim Knötchenstich, mit dem Faden zweimal umwickeln. Beim Wickeln den Faden zuerst über die Nadel legen und dann weiterwickeln.

3 Die Nadel ein Stück oberhalb der Fadenschlaufe aus Schritt 1 einstechen. Dabei die Umwicklungen stets straff halten und langsam in Richtung Stoff ziehen. Die Nadel langsam durchziehen, bis sich der Knoten bildet.

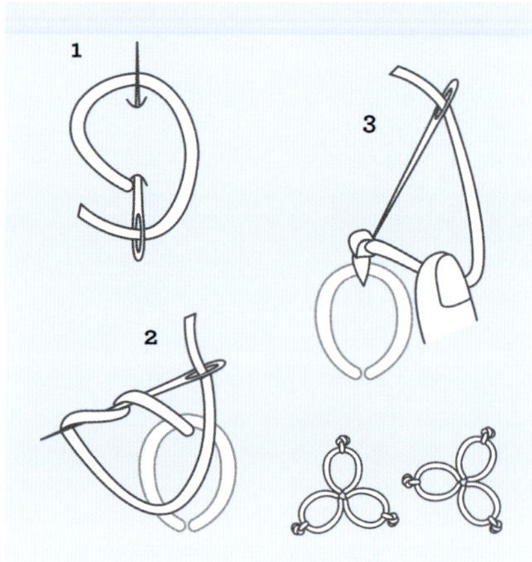

AUSTERNSTICH

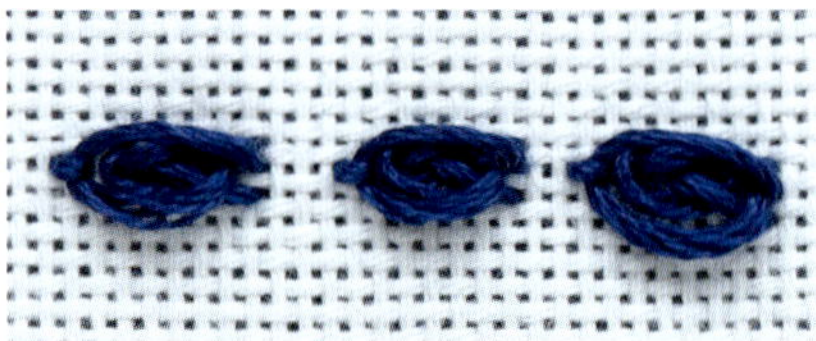

Der Austernstich ist ein Einzelstich. Durch die vielen Umschlaufungen hebt er sich gut vom Stoff ab und bedeckt ihn komplett. Durch die flächige, gefüllte Form ist er z. B. für Blütenblätter sehr gut geeignet.

1 An gewünschter Stelle ausstechen. Die Nadel direkt links neben der Ausstichstelle in den Stoff einstechen und senkrecht ein Stück weiter oben wieder aus dem Stoff herausführen. Dabei den Faden von links nach rechts um die Nadelspitze herum legen.

2 Die Nadel unter dem rechten Arm der Fadenschlaufe aus Schritt 1 entlangführen. Dabei weder Fäden noch Stoff durchstechen.

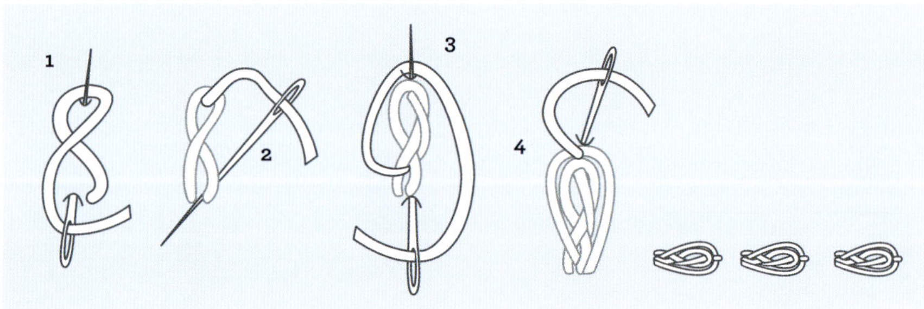

3 Die Nadel unten einstechen und am oberen Ende des Stichs wieder nach oben führen. Dabei den Faden von links nach rechts unter der Nadelspitze entlanglegen.

4 Einen kurzen Fixierstich über die entstandene Fadenschlaufe sticken.

BULLENKOPF

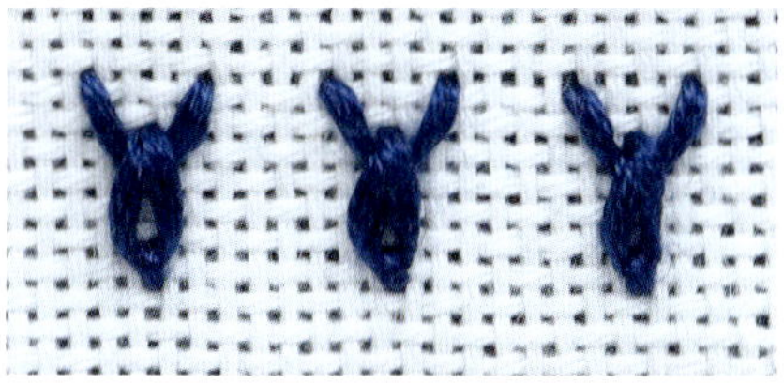

Dieser Stich hat seinen Namen aufgrund seiner Form, die einem Rinderkopf ähnelt. In der Regel wird er als Einzelelement genutzt.

1 In einem gedachten Dreieck oben links ausstechen. Die Nadel oben rechts einstechen und mittig unten wieder nach oben führen.

2 Die Nadel an der Austrittstelle des Fadens wieder einstechen und senkrecht weiter unten nach oben führen. Dabei den Faden von links nach rechts unter die Nadelspitze legen.

3 Einen kurzen Fixierstich über die entstandene Fadenschlaufe sticken.

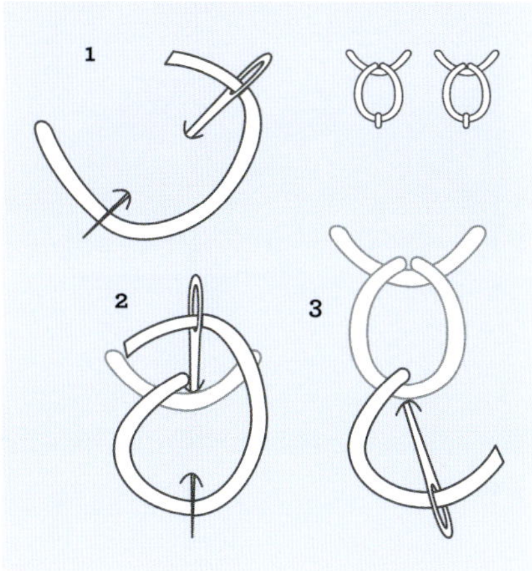

ÄHRENSTICH

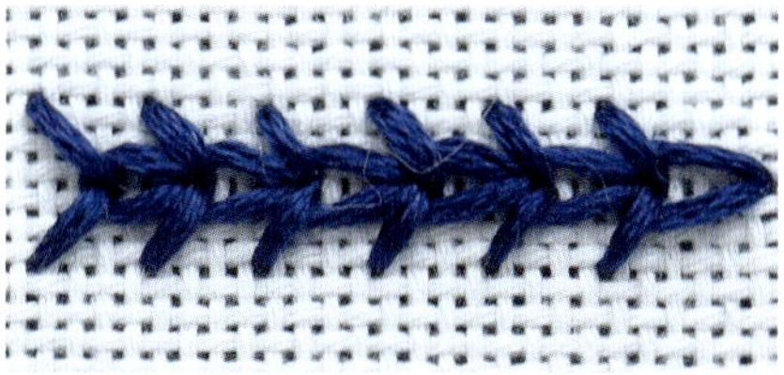

Dieser dekorative Stich kann als Einzelelement für Streumuster oder auch als Linie gestickt werden. Letzteres erzeugt eine dicke, komplexe Textur, ideal für Bordüren und Umrandungen.

1 In einem gedachten Dreieck oben links ausstechen. Die Nadel unten mittig einstechen und schräg oben rechts wieder nach oben führen.

2 Die Nadel unten mittig einstechen, dann senkrecht etwas weiter unten wieder nach oben führen.

3 Die Nadel von rechts unter den beiden ersten Stichen entlangführen. Dabei weder Stoff noch Fäden durchstechen.

4 Die Nadel an der Austrittstelle der Fadenschlaufe einstechen und schräg links oben davon wieder nach oben führen. Schritte 1–4 fortlaufend wiederholen.

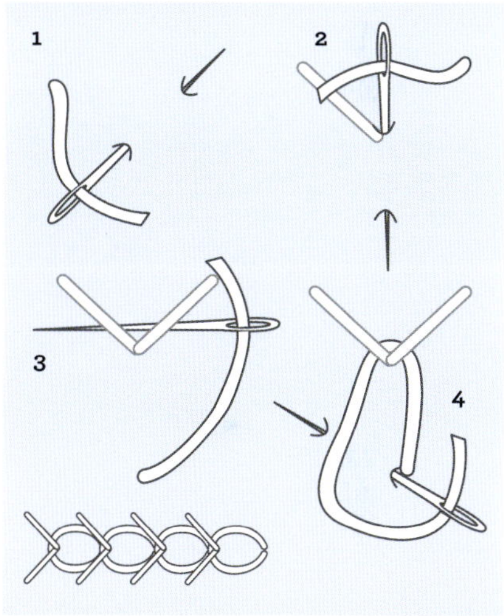

KRONENSTICH

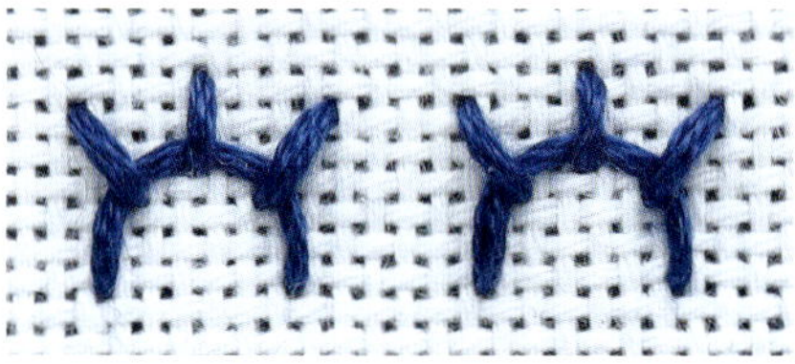

1 In einem gedachten Dreieck unten links ausstechen. Die Nadel unten rechts einstechen und oben mittig wieder herausführen. Dabei den Faden von links nach rechts unter die Nadelspitze legen.

2 Die Nadel mittig, ein Stück oberhalb der entstandenen Fadenschlaufe, einstechen und rechts unterhalb der Fadenschlaufe wieder nach oben führen.

3 Die Nadel rechts des vorherigen Stiches oberhalb der Fadenschlaufe einstechen und links unterhalb der Fadenschlaufe wieder nach oben führen.

4 Einen Stich nach oben links setzen.

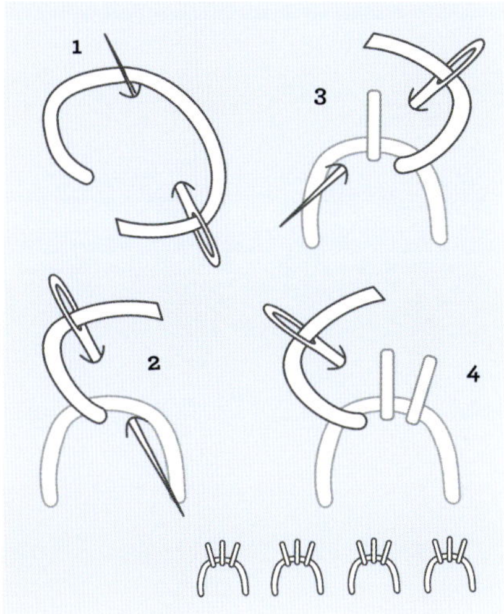

RUSSISCHER KETTENSTICH

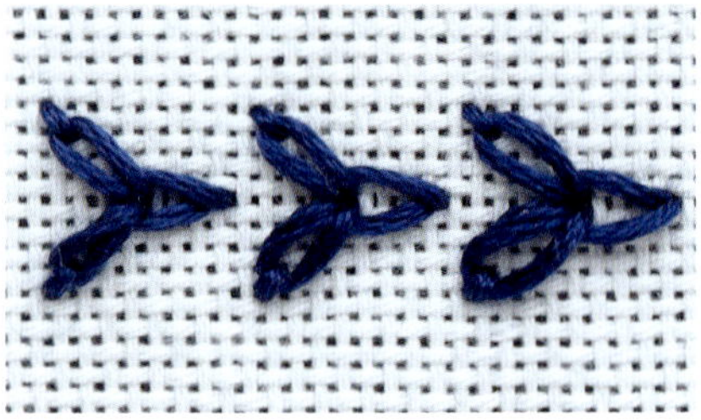

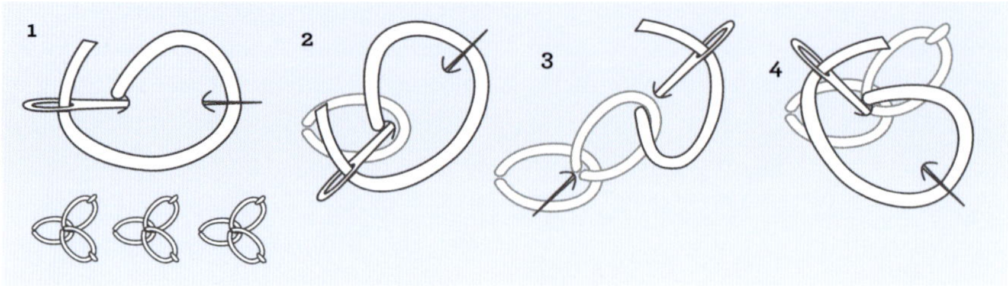

1 An gewünschter Stelle ausstechen. Die Nadel an der Ausstichstelle wieder einstechen und ein Stück weiter rechts nach oben führen. Dabei den Faden von oben nach unten unter die Nadelspitze legen.

2 Die Nadel am Austrittspunkt des Fadens innerhalb der Fadenschlaufen einstechen und ein Stück weiter rechts oben aus dem Stoff herausführen. Dabei den Faden von oben nach unten unter die Nadelspitze legen.

3 Die Fadenschlaufe mit einem kurzen Stich nach rechts oben fixieren.

4 In gleicher Weise einen weiteren Kettenstich spiegelverkehrt nach unten sticken.

UMWICKELTER KETTENSTICH

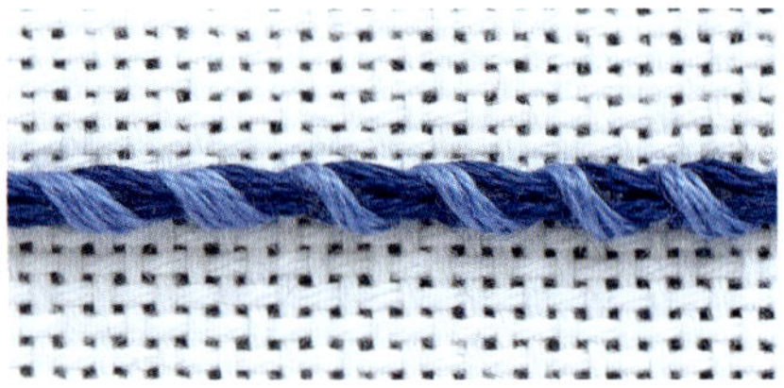

Dieser Stich kann in zwei Farben gestickt werden. Es entsteht eine dicke Linie, die spiralförmig umwickelt ist.

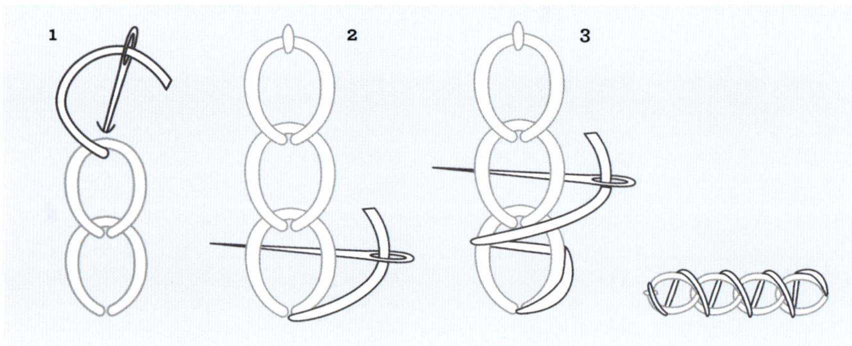

1 Eine Linie mit klassischen Kettenstichen sticken und beenden.

2+3 Am unteren Ende der Kettenstich-Linie ausstechen. Die Nadel immer von rechts nach links unter den Kettenstichen entlangführen. Dabei weder Stoff noch Faden durchstechen.

GEBUNDENER KETTENSTICH

Auch beim diesem Stich können zwei Farben verwendet werden. Der gebundene Kettenstich ist auch als Füllstich eine Option. In diesem Fall werden mehr als zwei Reihen Kettenstiche nebeneinander gestickt und dann immer die jeweils angrenzenden Kettenstichglieder miteinander durch die Wicklungen verbunden.

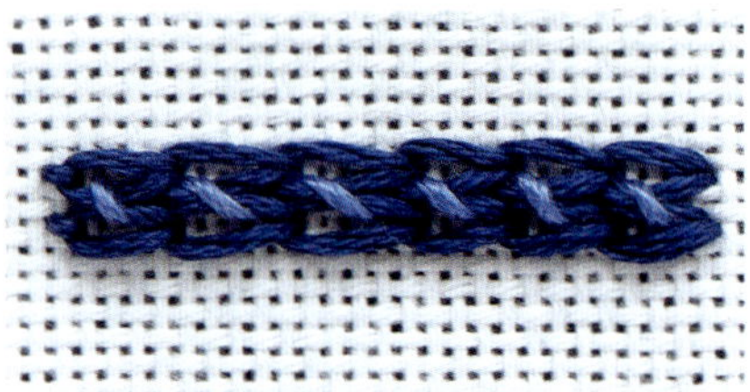

1 Zwei Reihen klassische Kettenstiche nebeneinander sticken.

2 Innerhalb des untersten linken Kettenstichs ausstechen. Die Nadel immer von rechts nach links unter den inneren Armen der beiden angrenzenden Kettenglieder entlangführen. Dabei weder Stoff noch Faden durchstechen. So fortlaufend nach oben gehen.

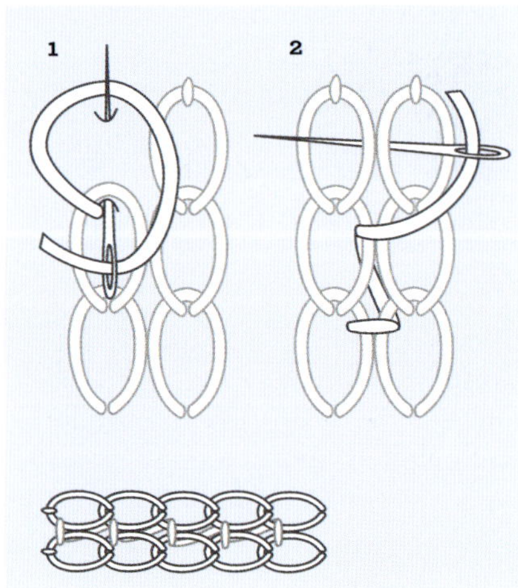

ROSETTENSTICH

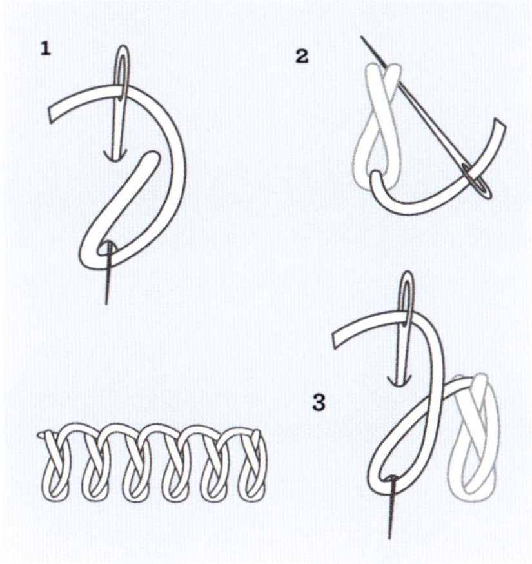

Dieser Stickstich sowie der Basque-Stich und der Girlandenstich sind ideal für dicke Umrandungen. Sie sehen ähnlich aus, haben aber unterschiedliche Umschlaufungen und decken den Untergrund unterschiedlich stark ab. Beim Rosettenstich den Faden nicht zu straff anziehen, um die Fadenschlaufen nicht zu verzerren.

1 Oben rechts ausstechen. Die Nadel etwas weiter links von der Austrittstelle auf gleicher Höhe einstechen und senkrecht weiter unten wieder nach oben führen. Den Faden dabei von links nach rechts unter die Nadelspitze legen.

2 Die Nadel oben unter dem rechten Arm der Fadenschlaufe entlangführen. Dabei weder Stoff noch Faden durchstechen.

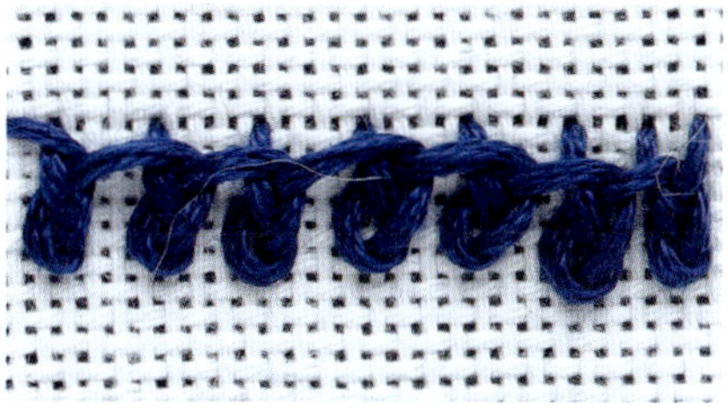

3 Schritte 1+2 fortlaufend wiederholen.

BASQUE-STICH

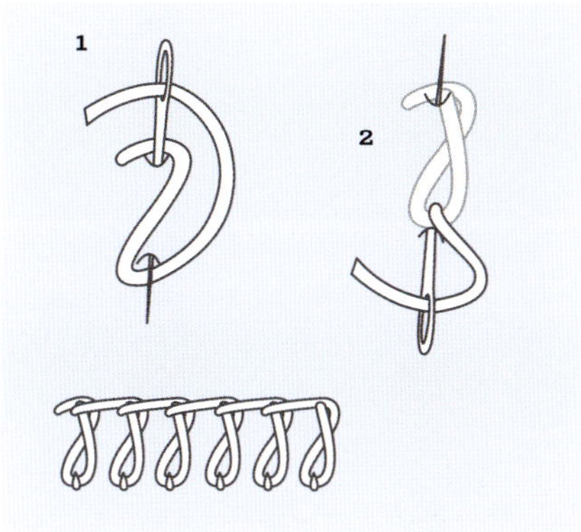

1 An gewünschter Stelle ausstechen. Die Nadel etwas weiter rechts von der Austrittstelle einstechen und senkrecht ein Stück weiter unten wieder nach oben führen. Dabei den Faden oben von links nach rechts um den Kopf der Nadel legen und unten von links nach rechts unter der Nadelspitze entlangführen.

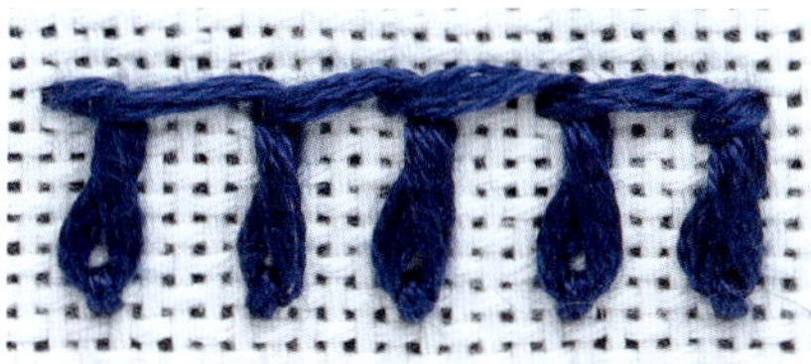

2 Die Nadel senkrecht, knapp unterhalb der Fadenschlaufe einstechen und oben unterhalb der Fadenschlaufe wieder nach oben führen. Diese beiden Schritte fortlaufend wiederholen.

GIRLANDENSTICH

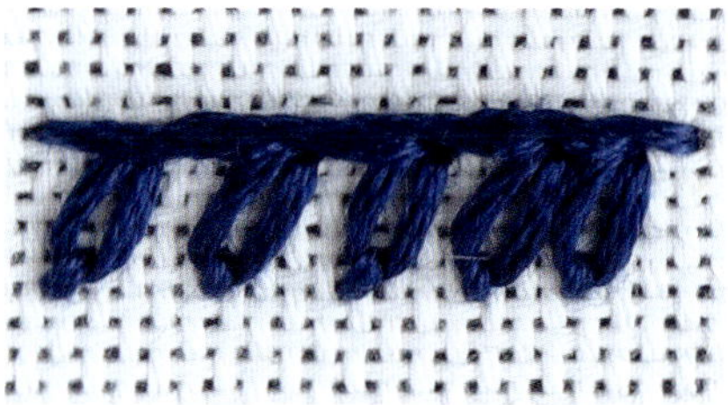

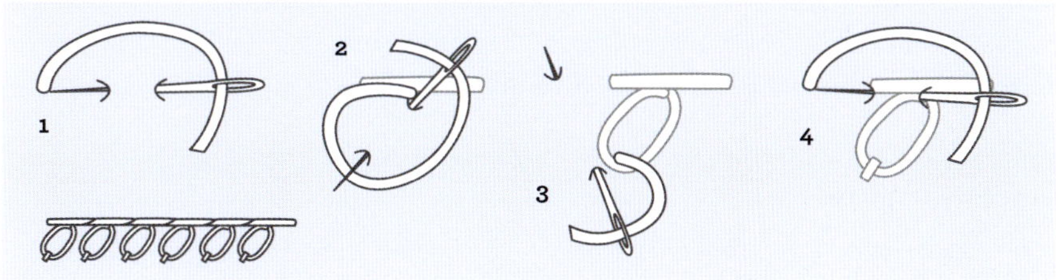

1 Auf einer gedachten Linie links ausstechen. Die Nadel ein Stück weiter rechts einstechen und auf halber Strecke dazwischen wieder nach oben führen.

2 Die Nadel an der Austrittstelle in den Stoff einstechen und schräg links unten davon wieder nach oben führen. Dabei den Faden von links nach rechts unter der Nadelspitze entlangführen und eine Schlaufe legen.

3 Die Nadel unterhalb der Fadenschlaufe in den Stoff einstechen und auf der gedachten Linie, etwas nach links versetzt, wieder nach oben führen.

4 Schritte 1–3 fortlaufend wiederholen.

DICKER KETTENSTICH

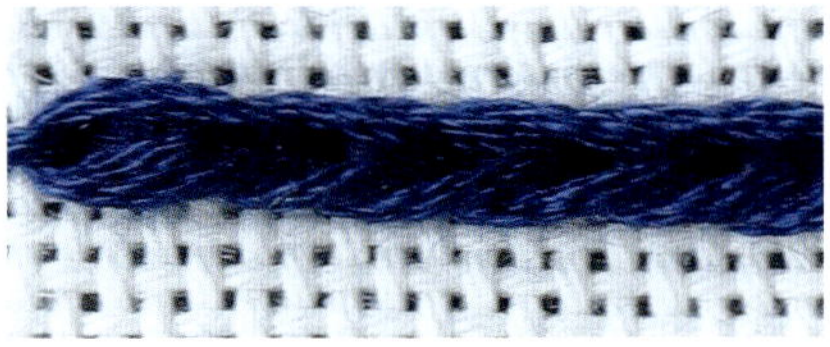

Der dicke Kettenstich und der ungarische Kettenstich sind deutlich kompaktere und breitere Versionen des klassischen Kettenstichs.
Sie eignen sich gut für alle dicken Linien, wie z. B. Schrift oder Umrisslinien.

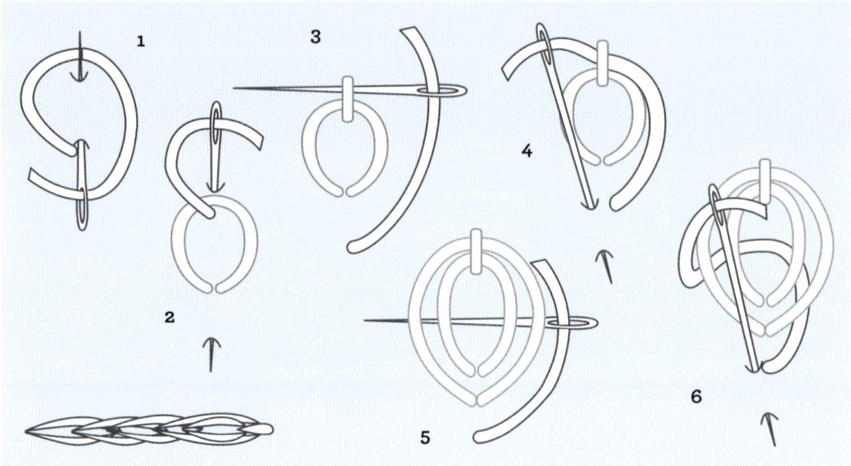

1 An gewünschter Stelle ausstechen. Die Nadel an der Austrittstelle wieder in den Stoff einstechen und senkrecht, weiter oben wieder nach oben führen. Dabei den Faden von links nach rechts unter der Nadelspitze entlangführen.

2 Die Nadel oberhalb der Fadenschlaufe in den Stoff einstechen und ein Stück unterhalb des Anfangs der Fadenschlaufe wieder nach oben führen.

3 Die Nadel von rechts nach links unter dem kurzen Fixierstich entlangführen. Dabei weder Stoff noch Faden durchstechen.

4 Die Nadel neben der Ausstichstelle der zweiten Fadenschlaufe einstechen und mittig, ein Stück weiter unten, nach oben führen.

5 Die Nadel unter beiden Fadenschlaufen entlangführen. Dabei weder Stoff noch Faden durchstechen.

6 Die Nadel an der Ausstichstelle der dritten Fadenschlaufe wieder in den Stoff stechen und mittig, etwas weiter unten, wieder nach oben führen. Schritte 5+6 fortlaufend wiederholen.

UNGARISCHER KETTENSTICH

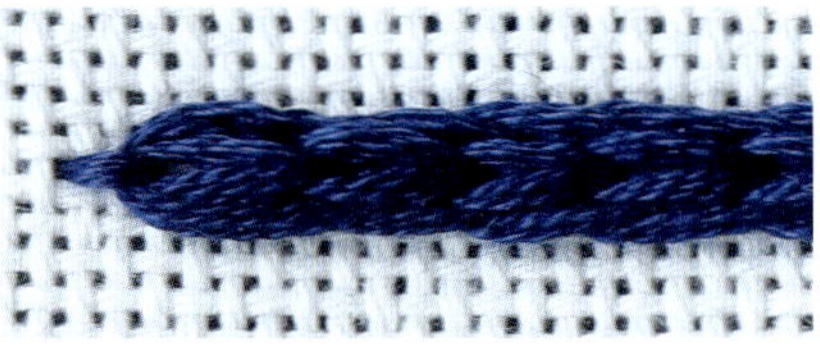

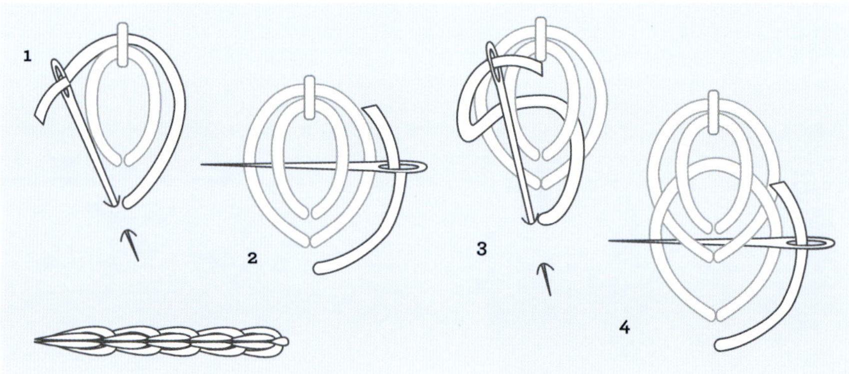

1 Die Schritte 1–4 des dicken Kettenstichs ausführen.

2 Die Nadel unter der inneren Fadenschlaufe hindurchführen. Dabei weder Stoff noch Faden durchstechen.

3 Die Nadel an der Austrittstelle der aktuellen Fadenschlaufe einstechen und mittig, weiter unten wieder nach oben führen. Die Fadenschlaufe noch nicht festziehen.

4 Die Nadel von rechts nach links unter der vorletzten Fadenschlaufe hindurchführen. Dabei weder Stoff noch Faden durchstechen. Dann die vorherige Fadenschlaufe festziehen. Ab jetzt die Schritte 3+4 wiederholen. Es wird also immer die vorletzte Schlaufe unterführt und eine neue Schlaufe gebildet.

ZICKZACK-KETTENSTICH

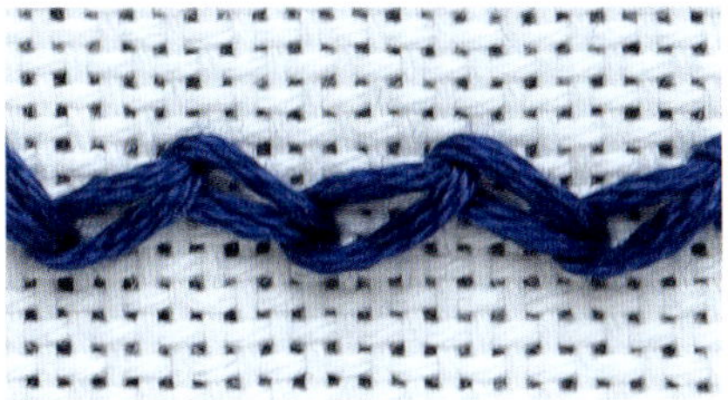

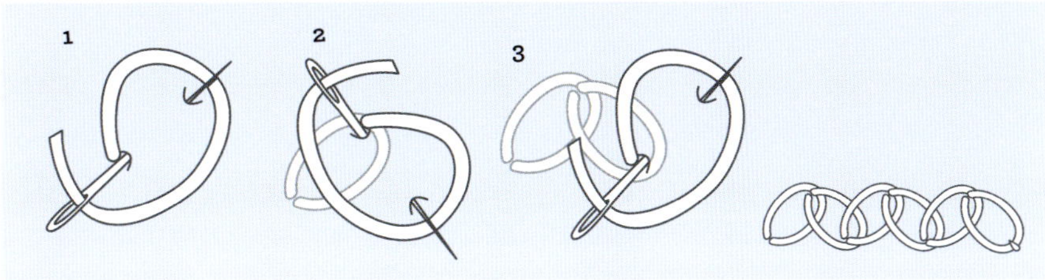

1–3 Bei dieser Kettenstichvariante werden klassische Kettenstiche abwechselnd nach schräg oben rechts und unten links gestickt. Es entsteht eine Zickzack-Linie, die für verschiedenste Strecken, Umrandungen und Bordüren genutzt werden kann.

GEKNOTETER ANKERKETTENSTICH

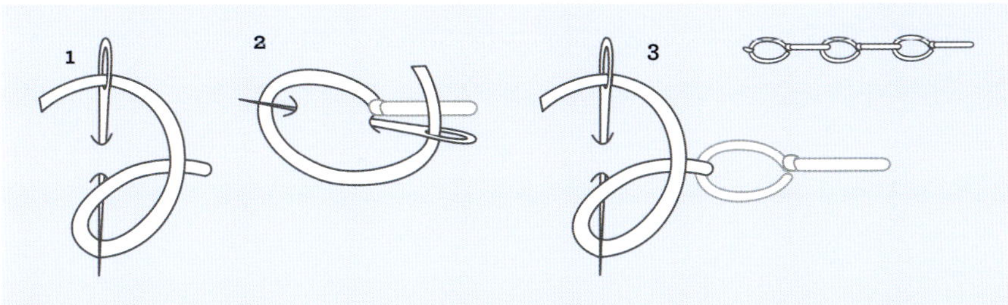

1 Auf einer gedachten Linie mittig rechts ausstechen. Die Nadel ein Stück weiter links, etwas oberhalb der Mitte einstechen und ein Stück darunter wieder aus dem Stoff herausführen. Den Faden dann von rechts nach links über die Nadelspitze legen und dann wieder nach rechts unter die Nadelspitze legen.

2 Etwas unterhalb der Mittellinie beim entstandenen Knoten einstechen und die Nadel etwas weiter links, oberhalb der Mitte wieder nach oben führen.

3 Schritte 1+2 fortlaufend wiederholen.

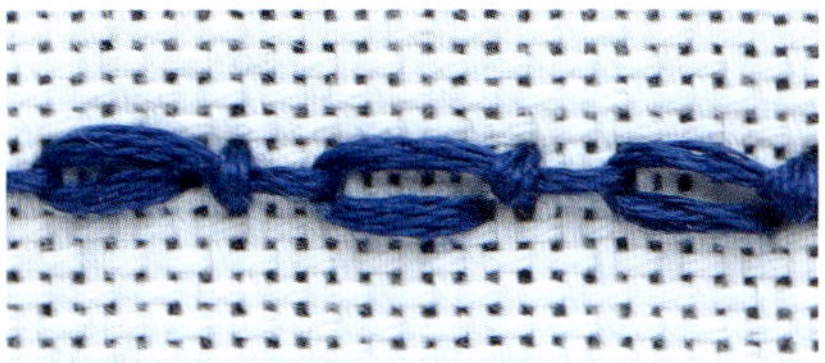

ZICKZACK-ANKERKETTENSTICH

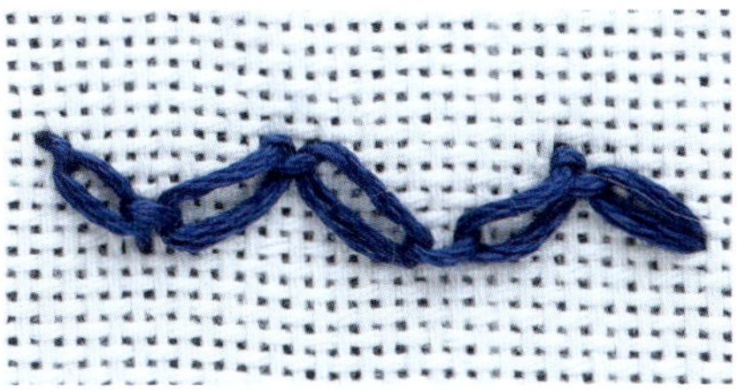

1 An gewünschter Stelle ausstechen. Die Nadel an der Ausstichstelle der Fadenschlaufe wieder einstechen und schräg oben rechts davon wieder nach oben führen. Den Faden dann von links nach rechts unter die Nadelspitze legen.

2 Die Nadel rechts des Fadenaustritts unter der Schlaufe entlangführen. Den Faden einmal von links nach rechts über und dann wieder nach links unter der Nadelspitze entlangführen.

3 Knapp oberhalb der vorherigen Fadenschlaufe die Nadel einstechen und schräg links oben wieder aus dem Stoff herausführen. Den Faden dann von links nach rechts unter die Nadelspitze legen. Ab jetzt die Nadelspitze nach jedem Kettenstich wie in Schritt 2 umwickeln und abwechselnd Anker-Kettenstiche nach schräg rechts und links arbeiten.

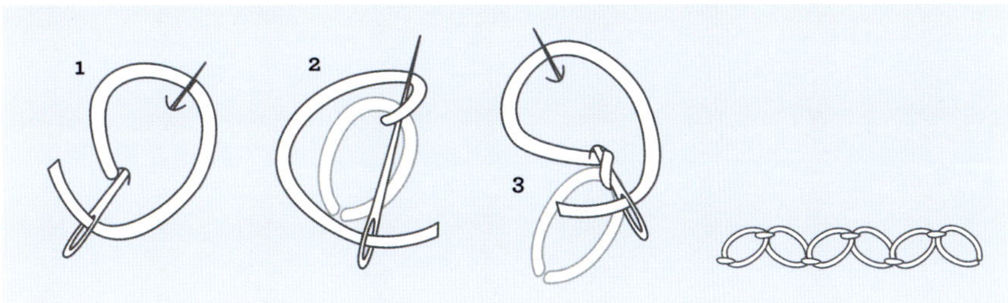

GEKNOTETER KETTENSTICH

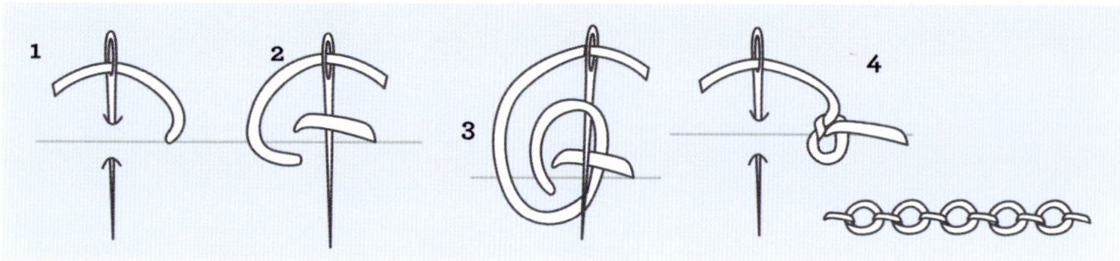

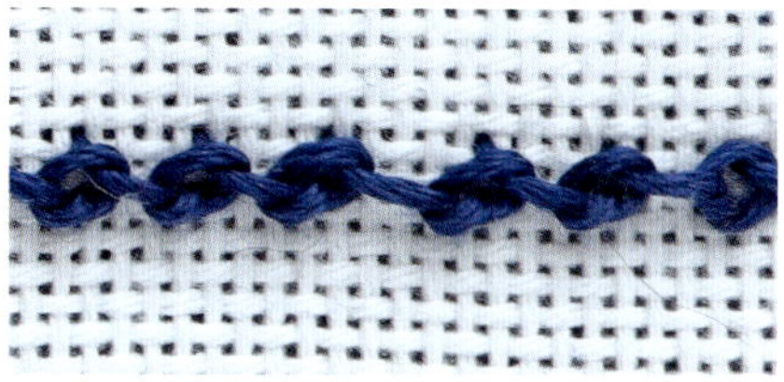

1 Auf einer gedachten Linie rechts ausstechen. Die Nadel etwas weiter links oberhalb der Mittellinie einstechen und unterhalb der Mitte wieder nach oben führen.

2 Die Nadel von oben unter dem entstandenen Stich entlangführen. Dabei weder Stoff noch Faden durchstechen.

3 Die Nadel von oben durch die entstandene Schlaufe führen.

4 Ein Stück weiter links wieder mit Schritt 1 beginnen.

SINGALESISCHER KETTENSTICH

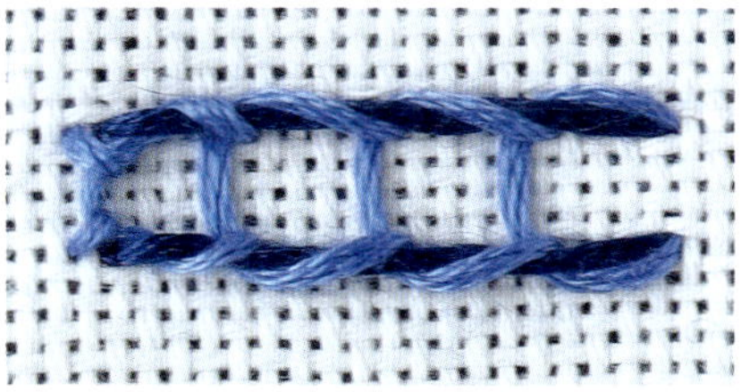

Dieser Stickstich wird für gerade Linien benutzt. Er kann in zwei Farben und relativ breit gearbeitet werden.

1 Zwei lange, parallel verlaufende Stiche sticken. Am unteren Ende rechts ausstechen. Die Nadel von rechts nach links unter den beiden geraden Stichen entlangführen.

2 Die Nadel unten links in den Stoff einstechen und weiter oben auf der Innenseite des rechten geraden Stichs wieder nach oben führen. Die Fadenschlaufe nur leicht anziehen.

3 Die Nadel von rechts nach links unter den beiden geraden Stichen entlangführen.

4 Die Nadel unten links auf der Innenseite des linken geraden Stichs in den Stoff einstechen und weiter oben auf der Innenseite des rechten geraden Stichs wieder nach oben führen. Dabei die vorherige Fadenschlaufe festziehen und die neue Fadenschlaufe nur leicht anziehen. Ab jetzt die Schritte 3+4 fortlaufend wiederholen. Zum Beenden die letzte Schlaufe rechts und links mit je einem kurzen Stich fixieren.

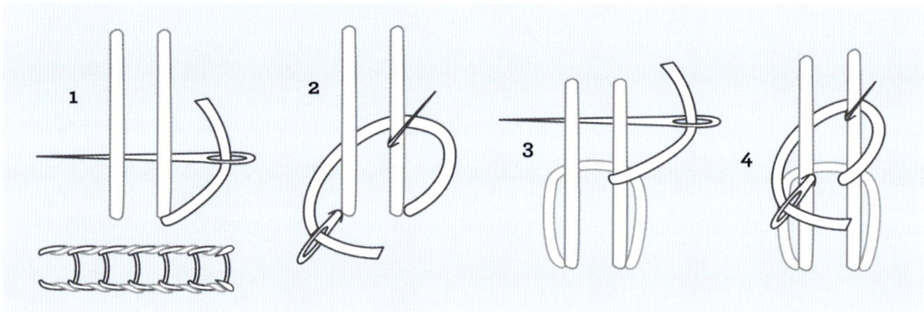

RÜCKGRAT-KETTENSTICH

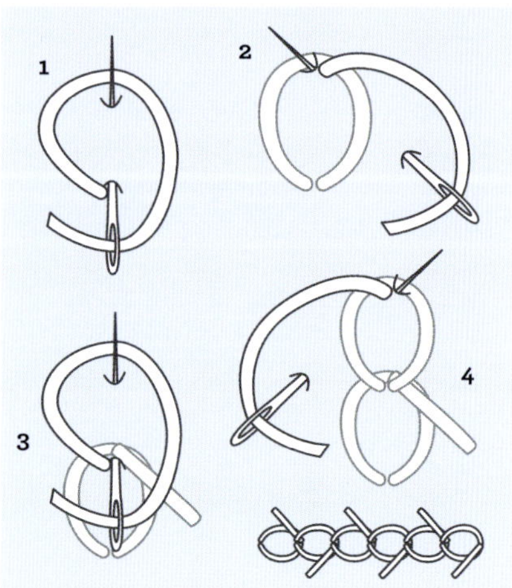

1 Die Fadenschlaufe eines klassischen Kettenstichs sticken.

2 Die Nadel schräg rechts unten in den Stoff einstechen und oben innerhalb der vorherigen Fadenschlaufe wieder nach oben führen.

3 In die Austrittstelle zurück stechen und senkrecht ein Stück weiter oben die Nadel wieder aus dem Stoff herausführen. Den Faden von links nach rechts unter die Nadelspitze legen.

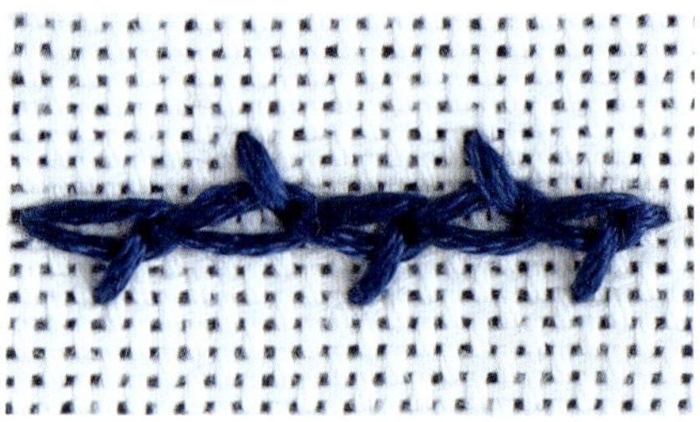

4 Die Nadel schräg links unten in den Stoff einstechen und oben innerhalb der vorherigen Fadenschlaufe wieder nach oben führen. Ab jetzt alle Schritte wiederholen.

SCHLEIFEN-KETTENSTICH

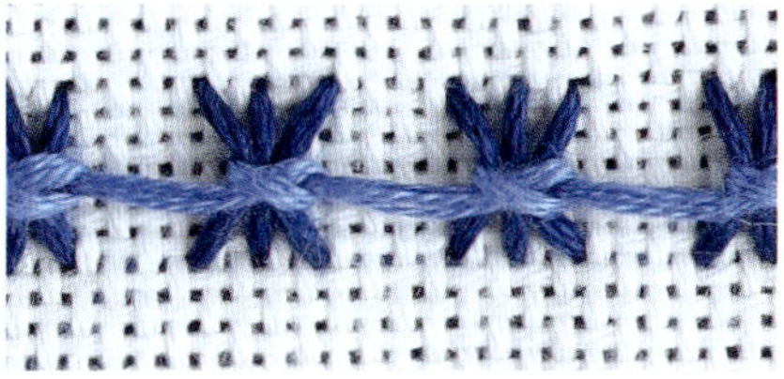

1 Gerade Spannstiche in Dreiergruppen nebeneinander anordnen. Es sollte immer etwas mehr Raum zwischen den Gruppen, als zwischen den einzelnen Stichen sein.

2 In der Mitte links ausstechen. Die Nadel unter den drei folgenden Stichen entlangführen. Dabei weder Stoff noch Fäden durchstechen. Den Faden von oben nach unten unter die Nadelspitze legen und die entstandene Schlaufe leicht anziehen.

3 Ab jetzt Schritt 2 fortlaufend wiederholen, bis alle Basisstiche überstickt sind.

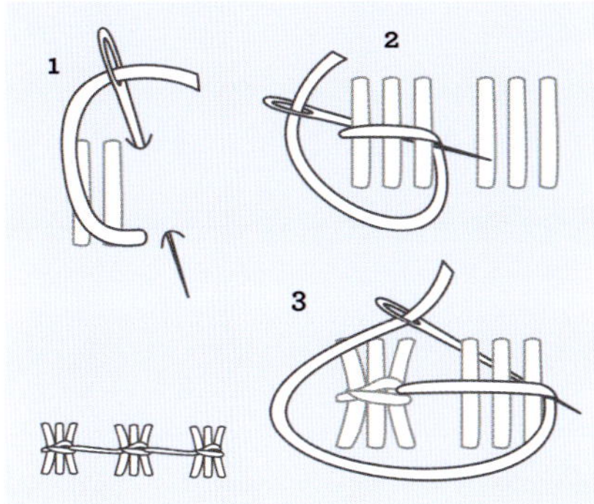

UMSCHLUNGENER KETTENSTICH

1 Eine Reihe im klassischen Kettenstich sticken.

2 Unten rechts ausstechen. Die Nadel von rechts nach links unter dem ersten Kettenstich hindurchführen. Dabei weder den Stoff noch die Fäden durchstechen.

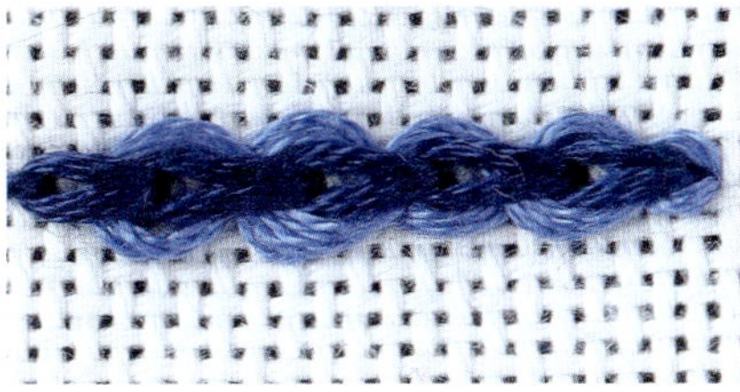

3 Die Nadel von links nach rechts unter dem nächsten Kettenstich hindurchführen. Dabei weder den Stoff noch die Fäden durchstechen. Ab jetzt abwechselnd von rechts und links die Kettenstiche unterführen. Beim letzten Kettenstich angekommen, wieder nach unten sticken und dabei gegenläufig arbeiten.

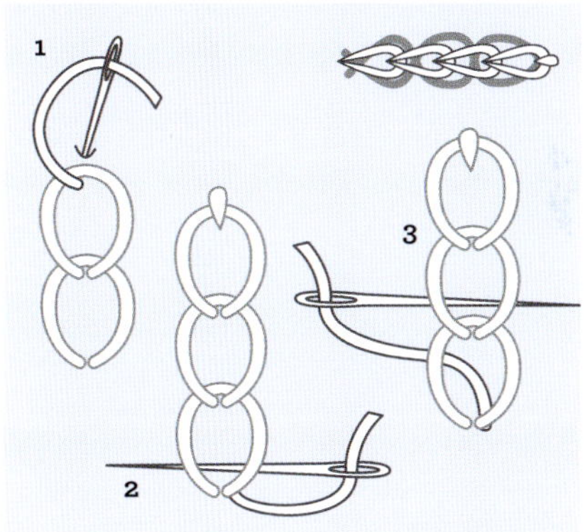

GEHÖHTES KETTENSTICHBAND

Dieser Stich erzeugt ein relativ breites Band. Es kann mit zwei Farben, sowohl geradlinig, als auch in großen Wellenlinien gearbeitet werden. Das Kettenstichband eignet sich gut für dicke Linien und Bordüren.

1 Als Basis parallel zueinander liegende Spannstiche sticken.

2 Am oberen Ende des ersten Stichs auf der linken Seite ausstechen. Die Nadel von rechts nach links unter dem ersten Basisstich entlangführen. Dabei weder Stoff noch Faden durchstechen.

3 Die Nadel von links nach rechts unter dem ersten Basisstich entlangführen. Dabei liegt die Nadel über dem aktiven Faden.

4+5 Schritte 3+4 wiederholen, bis alle Basisstiche überstickt sind.

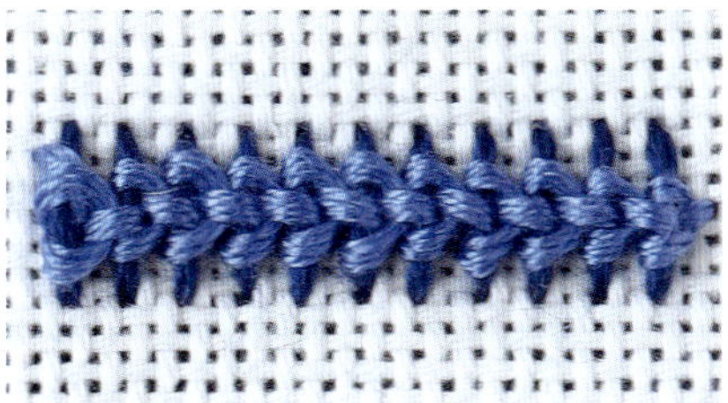

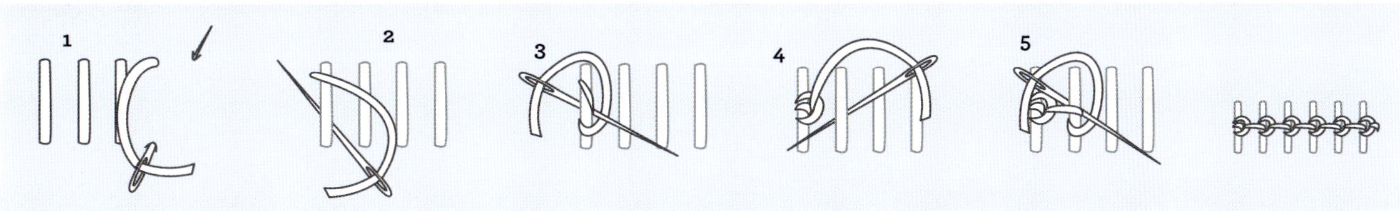

LANGETTEN-STICH

DER LANGETTENSTICH, AUCH FESTON- ODER SCHLINGSTICH GENANNT, HAT EINE LANGE TRADITION IN DER HANDNÄHEREI UND -STICKEREI. DURCH DIE ART UND WEISE WIE DER STICH GEFORMT IST, EIGNET ER SICH IDEAL ZUM VERSÄUBERN VON STOFFKANTEN. SO WEIST AUCH DER ENGLISCHE NAME »BLANKET STITCH« AUF SEINE VERWENDUNG HIN (BLANKET – ENGL. FÜR DECKE, LAKEN). JEDOCH AUCH KÜRZERE STOFFKANTEN, WIE Z.B. BEI KNOPFLÖCHERN, KÖNNEN MIT LANGETTENSTICHEN DICHT UMSTICKT WERDEN, UM DAS AUSFRANSEN DES STOFFES ZU VERHINDERN UND DER KANTE STABILITÄT ZU GEBEN. AUCH NEBEN DEM VERSÄUBERN KANN DER LANGETTENSTICH VIELFÄLTIG GENUTZT WERDEN. ALS OFFENER ODER DICHTER FÜLLSTICH, FÜR BORDÜREN UND AUCH ALS 3D-STICH FÜR ERHÖHTE MOTIVE.

LANGETTENSTICH

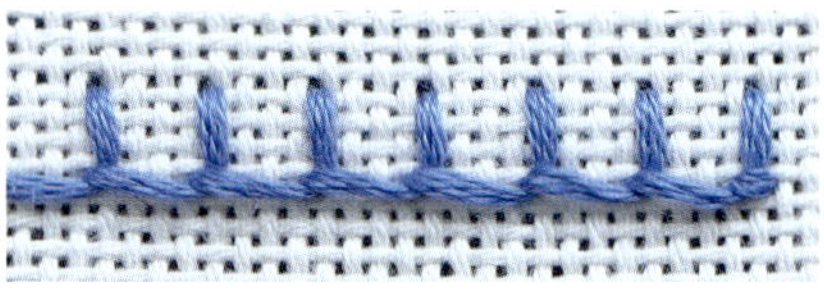

Der klassische Langettenstich dient als Basis für viele Abwandlungen. Man kann zudem die Länge des Stichs und den Abstand zwischen den Stichen leicht variieren, sodass der Langettenstich größer/kleiner und offener/dichter wird.

1 In einem gedachten Rechteck unten links ausstechen. Die Nadel oben rechts in den Stoff einstechen und unten rechts wieder nach oben führen. Den Faden von links nach rechts unter die Nadelspitze legen.

2 Schritt 1 fortlaufend wiederholen. Zum Beenden einen kurzen Stich über die letzte Schlaufe sticken.

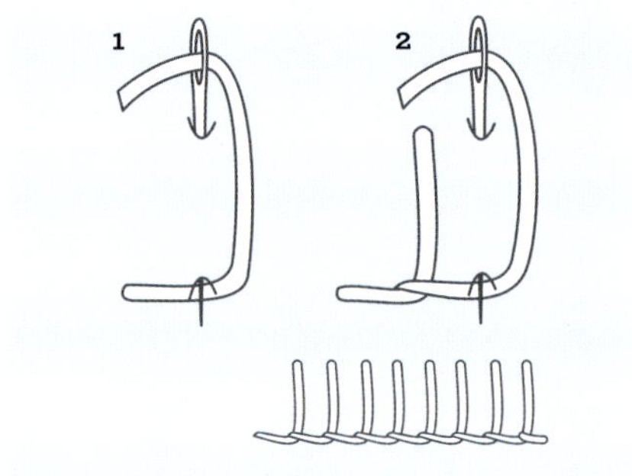

KNOPFLOCHSTICH

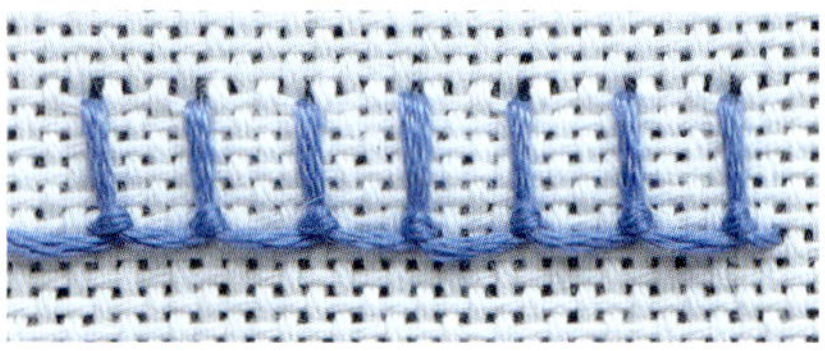

Dieser Stich wird gerne synonym zum klassischen Langettenstich genannt. Tatsächlich handelt es sich hier aber um einen anderen Stich, denn beim Sticken entsteht ein Knoten, der dicht an der geraden, durchgehenden Stichlinie sitzt. So wird der Knopflochstich sehr viel fester und haltbarer und daher, wie der Name schon sagt, gerne für Knopflöcher benutzt. Hierfür die Stiche dann so dicht setzen, dass kein Stoff mehr durchschaut.

1 In einem gedachten Rechteck unten links ausstechen. Die Nadel unten rechts in den Stoff einstechen und ein Stück weiter oben rechts wieder aus dem Stoff herausführen. Den Faden von links nach rechts unter dem Kopf der Nadel und von rechts nach links unter der Nadelspitze entlangführen.

2+3 Den Faden nach schräg unten rechts und dann nach unten ziehen. Dabei die in Schritt 1 entstandene Schlaufe zusammenziehen.

4 Schritte 1–3 fortlaufend wiederholen.

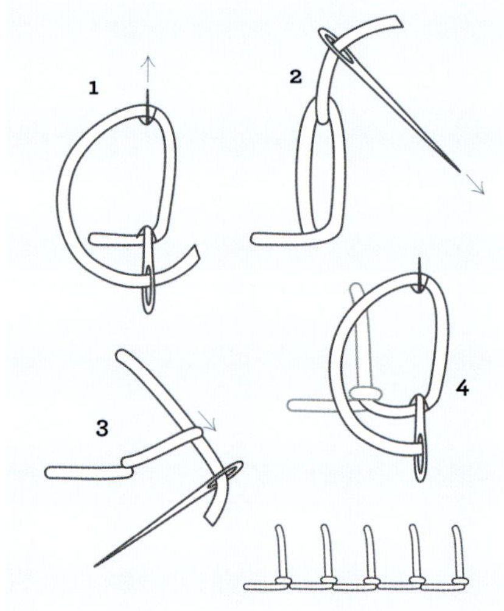

SCHNEIDER-KNOPFLOCHSTICH

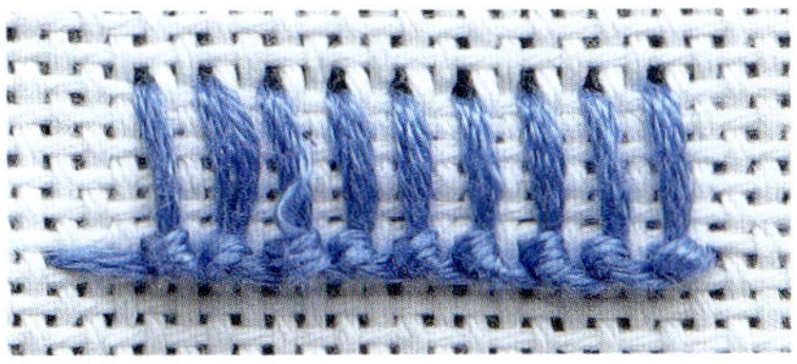

Es gibt viele unterschiedliche Varianten, wie im Schneiderhandwerk der Knopflochstich gestickt wird. Der Stich hier hat einen sehr festen Knoten am unteren Ende und eignet sich deshalb besonders gut für diesen speziellen Zweck. Die Schlaufe zu bilden braucht aber etwas Übung.

1 In einem gedachten Rechteck unten links ausstechen. Die Nadel oben rechts einstechen und unten wieder nach oben führen. Den Faden von links nach rechts unter der Nadelspitze entlanglegen. Die Nadel noch nicht durchziehen.

2 Mit den Fingern eine Schlaufe so drehen, dass der von unten kommende Faden oben liegt. Die Handbewegung ist dabei weg vom Körper drehend.

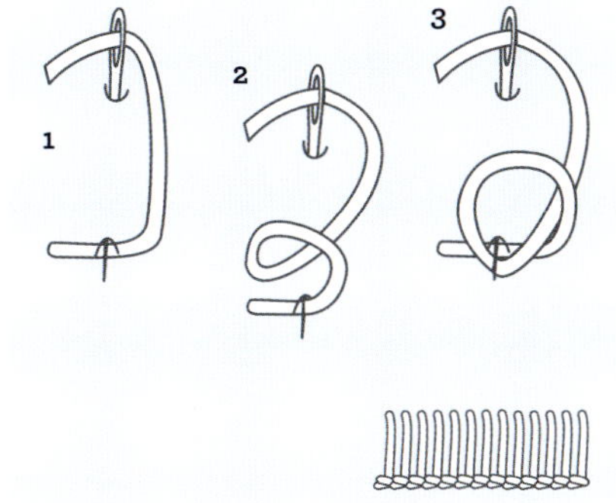

3 Die Schlaufe unter der Nadelspitze entlanglegen. Die Nadel nach unten durch und den Faden festziehen.

GESCHLOSSENER LANGETTENSTICH

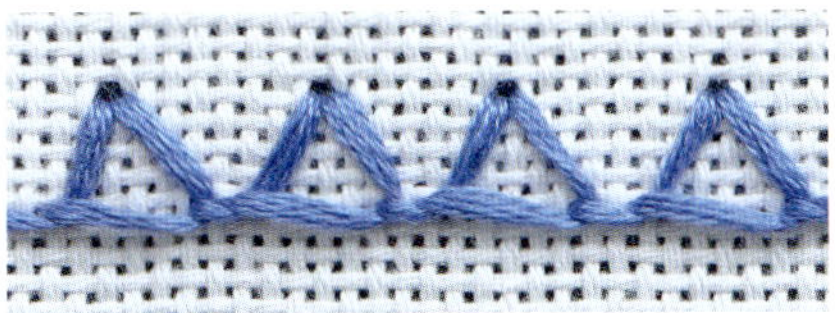

Der geschlossene und auch der gekreuzte Langettenstich sind besonders dekorativ für das Umsticken von Decken und Applikationen.

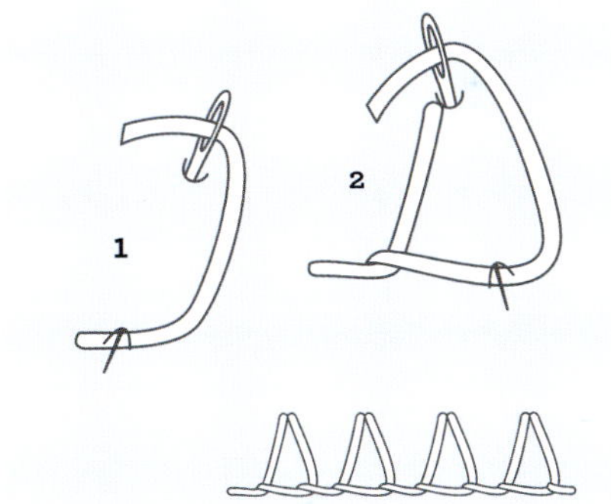

1 In einem gedachten Rechteck unten links ausstechen. Die Nadel oben rechts einstechen und unten leicht rechts neben der Austrittstelle wieder nach oben führen. Den Faden dabei von links nach rechts unter der Nadelspitze entlangführen.

2 Die Nadel oben, an der Einstichstelle des ersten Stichs, einstechen und schräg unten rechts wieder nach oben führen. Den Faden dabei von links nach rechts unter der Nadelspitze entlanglegen. Die beiden Schritte fortlaufend wiederholen.

GEKREUZTER LANGETTENSTICH

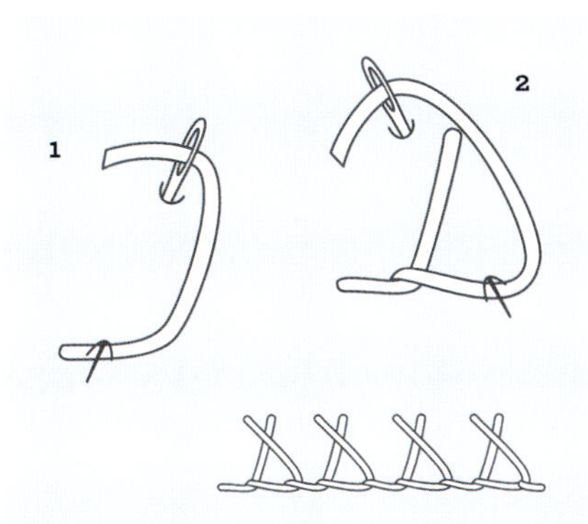

1 In einem gedachten Rechteck unten links ausstechen. Die Nadel oben rechts in den Stoff einstechen und unten leicht rechts neben der Austrittstelle wieder nach oben führen. Den Faden dabei von links nach rechts unter der Nadelspitze entlangführen.

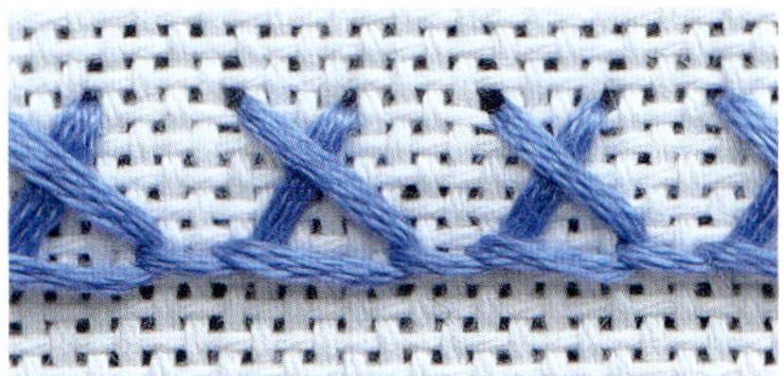

2 Die Nadel oben ein Stück weiter links vom Ende des ersten Stiches einstechen und unten rechts wieder nach oben führen. Den Faden dabei von links nach rechts unter der Nadelspitze entlanglegen. Beide Schritte fortlaufend wiederholen.

DOPPELTER LANGETTENSTICH

Der doppelte Langettenstich kann ein- oder zweifarbig gestickt werden.

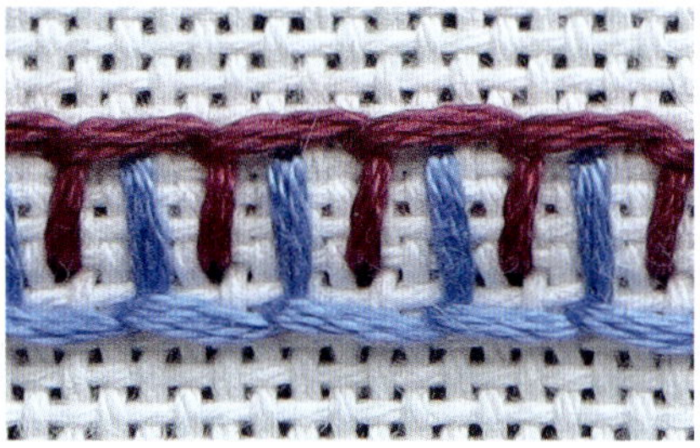

1+2 Zuerst eine Reihe im klassischen Langettenstich sticken. Dann die Arbeit um 180° drehen und eine weitere Reihe im klassischen Langettenstich sticken. Die zweite Reihe wird immer versetzt zur ersten gestickt, sodass die Stiche die Zwischenräume der ersten Reihe ausfüllen.

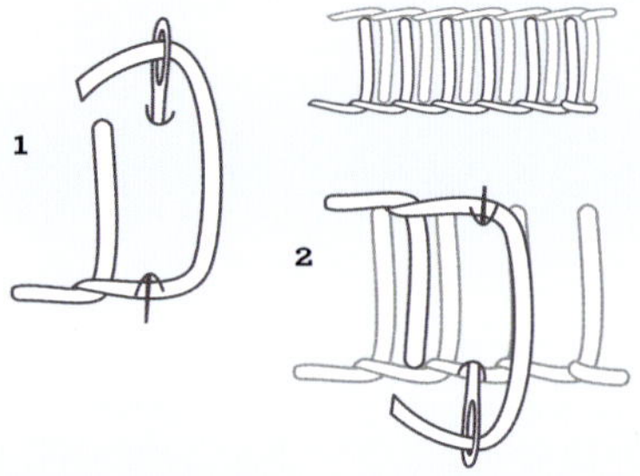

GESPIEGELTER LANGETTENSTICH

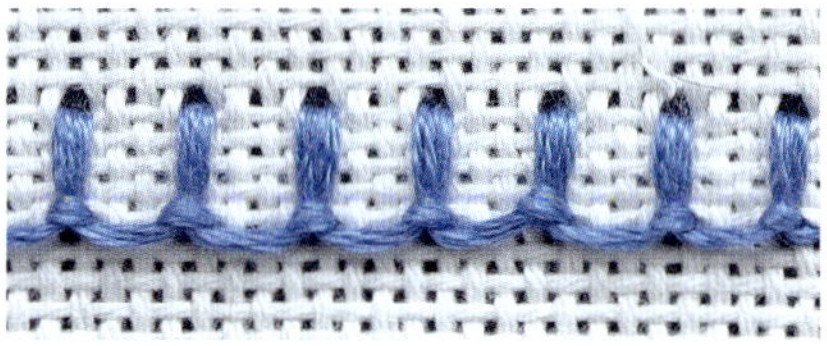

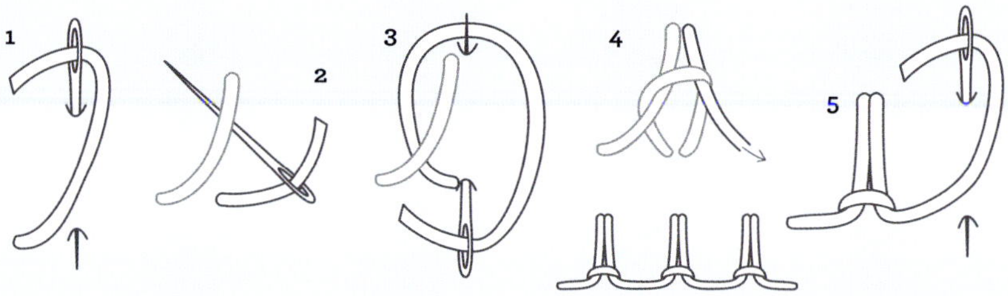

Beim gespiegelten Langettenstich entstehen Stichpaare, die durch eine Schlaufe zusammengehalten werden.

1 In einem gedachten Rechteck unten links ausstechen. Die Nadel oben rechts einstechen und unten links wieder nach oben führen.

2 Die Nadel von rechts nach links unter dem entstandenen Stich hindurchführen. Dabei werden weder Faden noch Stoff durchstochen.

3 Die Nadel unten in den Stoff einstechen und oben direkt neben dem vorherigen Stich nach oben führen. Den Faden von links nach rechts unter die Nadelspitze legen.

4 Den Faden nach unten anziehen, sodass sich die Schlaufe zuzieht.

5 Schritte 1–4 fortlaufend wiederholen.

UMSCHLUNGENER LANGETTENSTICH

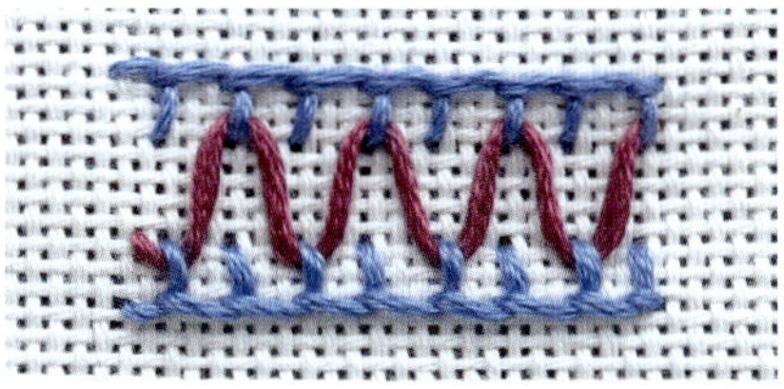

Der umschlungene Langettenstich ist ein sehr breiter Bordürenstich. Er kann in bis zu vier Farben gestickt werden. Es gibt die Möglichkeit, die Stiche einmal zu umschlingen, wie hier gezeigt, oder noch eine Schlingen-Rückreihe, versetzt zur ersten, zu sticken. Dabei entstehen dann zwei Wellenlinien in der Mitte.

1 Zwei Reihen, spiegelbildlich zu einander, im klassischen Langettenstich arbeiten.

2 Links oben an der unteren Langettenstichreihe ausstechen. Die Nadel von links nach rechts unter dem ersten Stich der unteren Reihe und dem zweiten Stich der oberen Reihe entlangführen. Dabei weder Stoff noch Faden durchstechen.

3 Entlang der beiden Langettenstichreihen, wie in Schritt 2 beschrieben, die Nadel unter den Stichen entlangführen, dabei wird von jeder Reihe immer jeder zweite Stich genutzt.

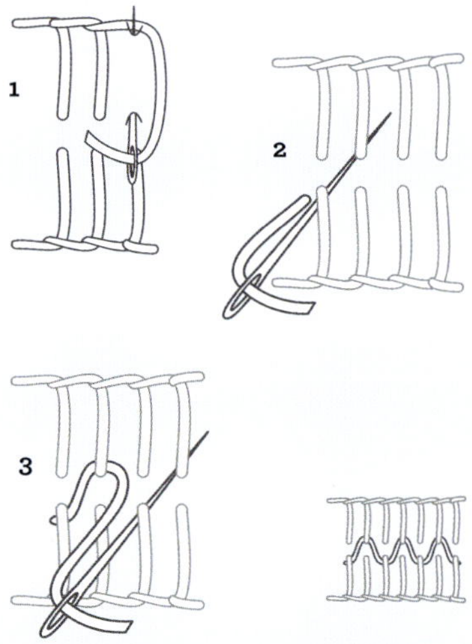

ZACKEN-LANGETTENSTICH

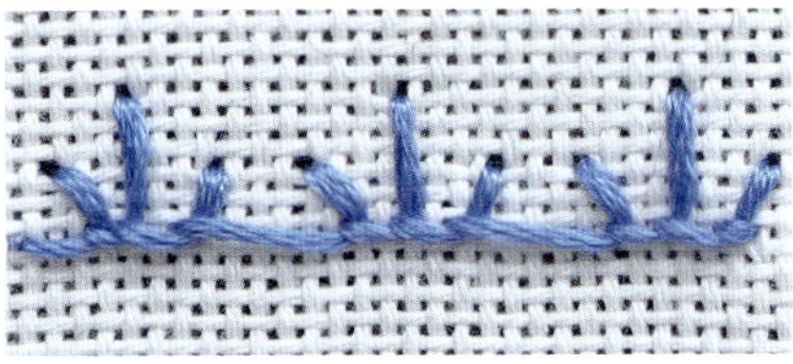

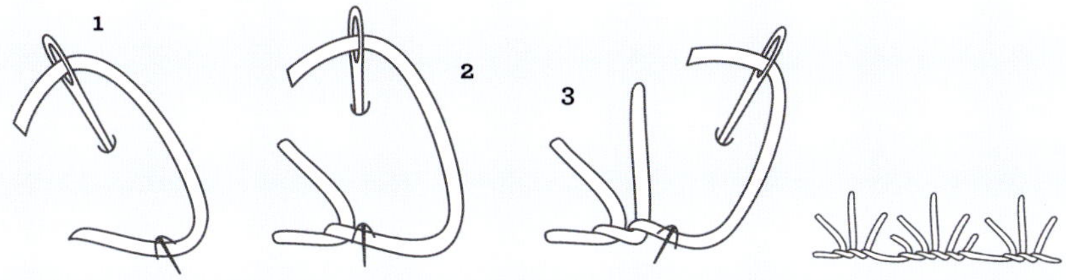

Dieser Stickstich kann mit drei, fünf oder sieben Zacken gestickt werden. Wichtig ist, dass in der Mitte der längste Stich ist und zu beiden Seiten die Stiche kürzer werden.

1 Auf einer gedachten Linie unten links ausstechen. Die Nadel oben rechts einstechen und auf der Linie, etwas weiter rechts, nach oben führen. Den Faden dabei von links nach rechts unter der Nadelspitze entlanglegen.

2 Ein Stück weiter oben in den Stoff einstechen und die Nadel auf der Linie, etwas weiter rechts, wieder nach oben führen. Den Faden dabei von links nach rechts unter der Nadelspitze entlanglegen.

3 Die Nadel oben rechts in den Stoff einstechen und schräg unten links wieder nach oben führen. Den Faden dabei von links nach rechts unter der Nadelspitze entlanglegen.

BARBSTICH

Der Abstand der beiden Reihen kann so nah beieinander sein wie hier gezeigt oder etwas weiter entfernt. Der Barbstich kann mit mehreren Farben gestickt werden.

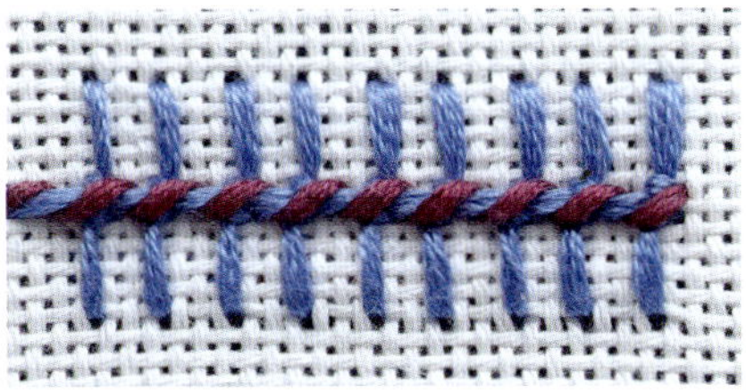

1 Eine Reihe im klassischen Langettenstich sticken.

2 Das Stickstück um 180° drehen und eine weitere Reihe spiegelgleich zur ersten Reihe sticken.

3 Links, oberhalb der mittleren Stege ausstechen. Spiralförmig, immer von unten nach oben, die Nadel an den beiden horizontalen Stegen in der Mitte entlangführen. Dabei werden weder Stoff noch Faden durchstochen.

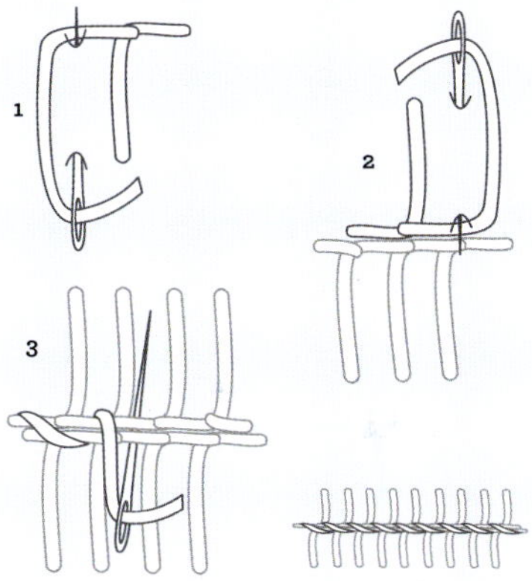

GEKNOTETER LANGETTENSTICH

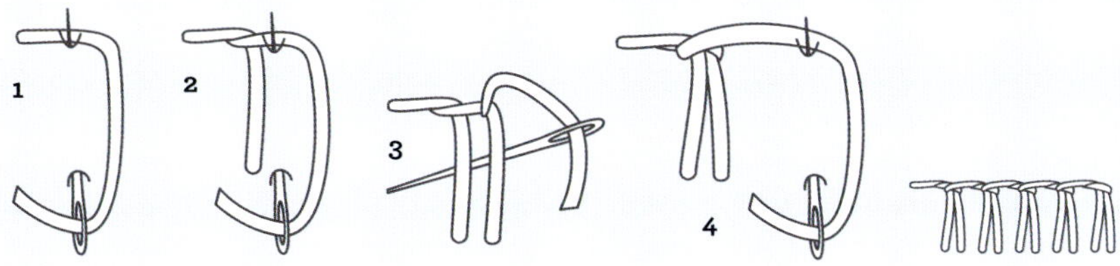

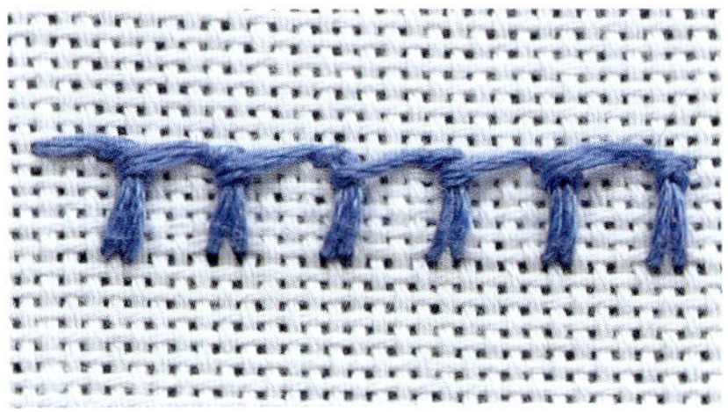

1 Oben links ausstechen. Die Nadel unten rechts einstechen und senkrecht weiter oben wieder aus dem Stoff herausführen. Den Faden dabei von links nach rechts unter der Nadelspitze entlanglegen.

2 Auf dieselbe Weise einen weiteren Langettenstich direkt neben dem ersten sticken.

3 Die Nadel von rechts nach links unter den beiden senkrechten Stegen entlangführen. Dabei weder Stoff noch Fäden durchstechen.

4 Schritte 1–3 fortlaufend wiederholen.

UMWICKELTER LANGETTENSTICH

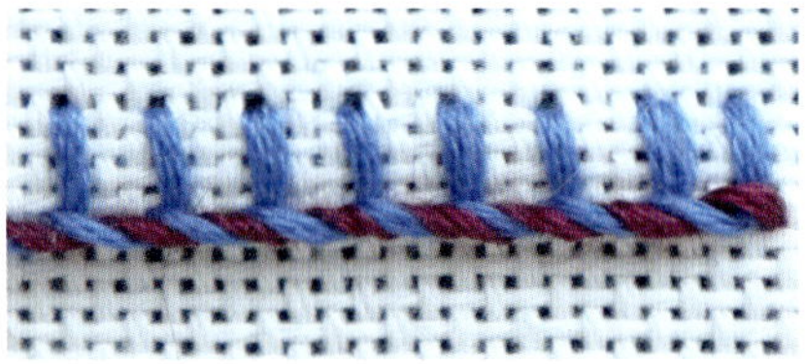

1 Eine Reihe im klassischen Langettenstich sticken.

2 Unten links am Anfang der Langettenstichreihe ausstechen. Die Nadel immer von unten nach oben unter den waagerechten Stegen entlangführen. Am Ende der Reihe neben dem letzten horizontalen Steg einstechen.

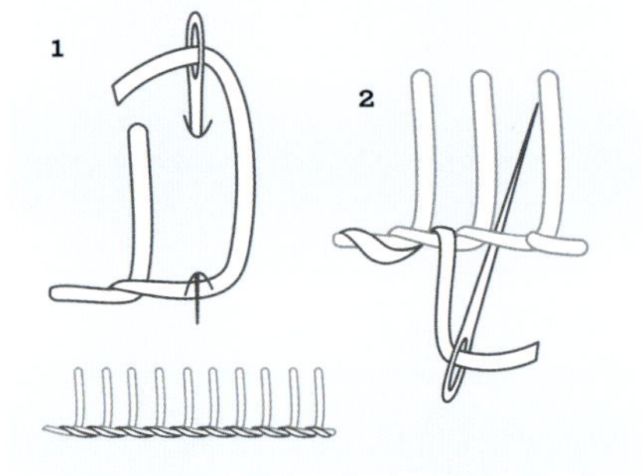

WAGENRAD

Das Wagenrad ist eine einfache Möglichkeit runde Formen auszusticken. Je nachdem wie dicht die Fäden gesetzt sind, kann die Fläche komplett ausgefüllt oder offen gestaltet werden. Die äußeren Stiche neigen dazu, sich gerade zu ziehen. Deshalb ist es wichtig, die Schlaufe immer nach außen hin festzuziehen und wenn möglich die Stiche eher dichter aneinanderzusetzen.

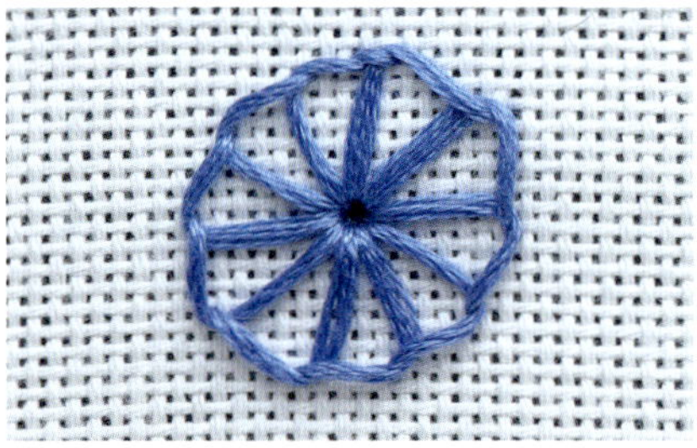

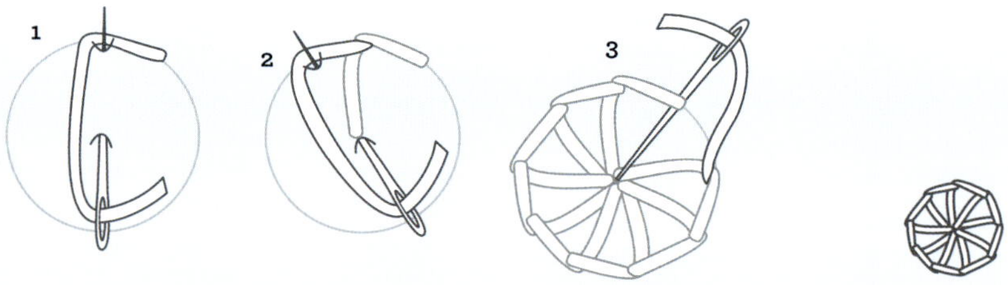

1 Auf der äußeren Kreislinie ausstechen. Die Nadel in der Mitte einstechen und ein Stück weiter links auf der Kreislinie nach oben führen. Den Faden dabei von rechts nach links unter der Nadelspitze entlanglegen.

2 Weitere Stiche wie in Schritt 1 beschrieben sticken. Dabei schrittweise der Kreislinie folgen.

3 Zum Beenden die Nadel unter dem ersten Stich entlangführen, dabei weder Stoff noch Faden durchstechen, dann die Nadel in der Mitte einstechen.

SONNENRAD

Das Sonnenrad wird, ähnlich wie das Wagenrad, im Kreis gestickt. Hier sind allerdings die zusammenhängenden Stiche nicht außen, sondern innen angeordnet. Wichtig ist es, die Stiche gleichmäßig zu verteilen. Es hilft, sich einige Hilfslinien einzuzeichnen. Als Motivstich eignet sich das Sonnenrad gut für Blume, Stern oder Sonne. Der Kreis in der Mitte kann optional kleiner oder größer angelegt werden.

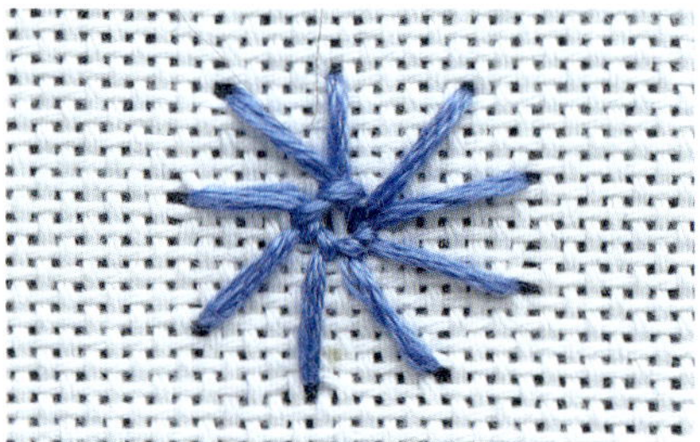

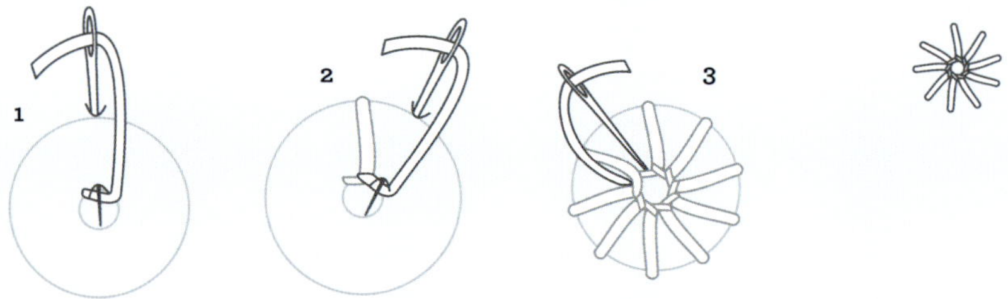

1 Auf der inneren Kreislinie ausstechen. Die Nadel etwas weiter rechts auf der äußeren Kreislinie einstechen und neben der vorherigen Austrittstelle am inneren Kreis wieder nach oben führen. Dabei den Faden von links nach rechts unter der Nadelspitze entlanglegen.

2 Schritt 1 wiederholen, bis der Kreis gefüllt ist.

3 Zum Beenden die Nadel im inneren Kreis einstechen, um die letzte Schlaufe zu sichern.

DOPPELTES WAGENRAD

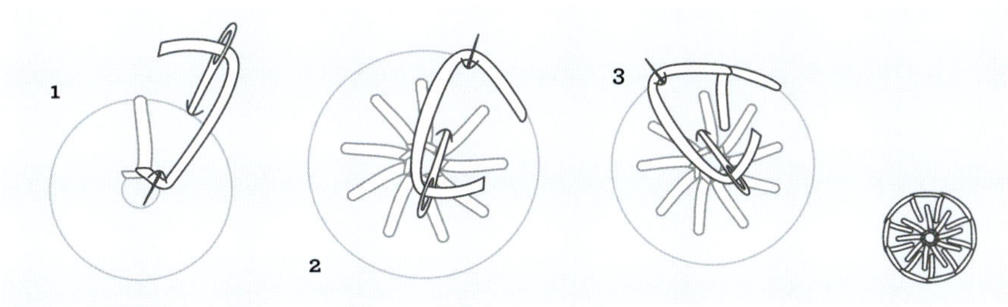

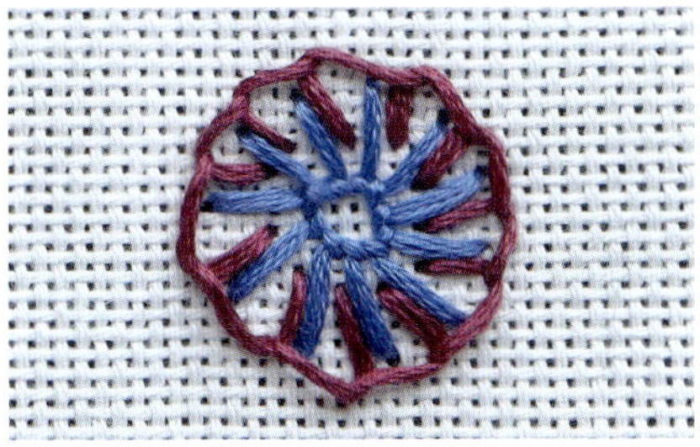

1–3 Für diesen Stich wird zuerst ein Sonnenrad gestickt und darum herum ein Wagenrad. Die Stiche des Wagenrads werden in die Lücken zwischen den Stichen des Sonnenrads gestickt.

WAGENRAD-SCHALE

Für diesen 3D-Stich wird zuerst ein klassisches Wagenrad gestickt und dieses an der Außenkante umschlauft. Es können nacheinander beliebig viele Runden geschlauft werden. Soll der Außenrand der Schlaufen flach liegen, müssen in jeder Runde gleichmäßig verteilt zusätzliche Schlaufen eingefügt werden um den Kreisumfang zu vergrößern. Stickt man immer dieselbe Anzahl Schlaufen, entsteht eine Art Zylinder, der nach oben vom Stoff absteht.

1 Ein klassisches Wagenrad sticken, dabei die Stiche eher dichter beieinander setzen.

2 An der Außenkante des Wagenrads ausstechen. Die Nadel von oben nach unten unter dem ersten Langettenstich hindurchführen. Den Faden von links nach rechts unter der Nadelspitze entlanglegen.

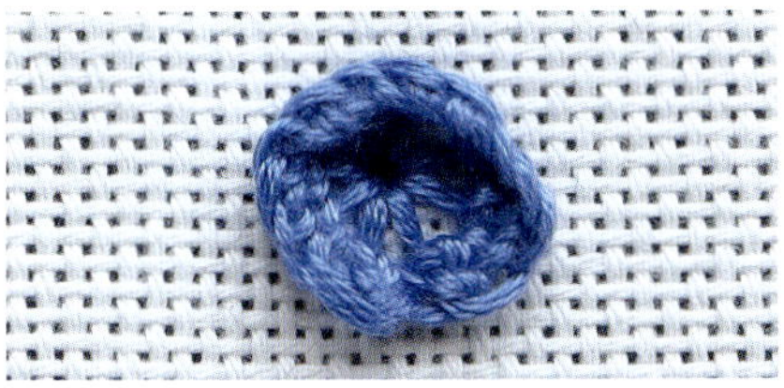

3 Weitere Schlaufen, wie in Schritt 2 beschrieben, sticken. Dabei entgegen dem Uhrzeigersinn um das komplette Wagenrad sticken. Je nach Größe der einzelnen Langettenstiche kann es sein, dass mehr als eine Schlaufe pro Steg gebildet werden muss. Optional können in dieser Weise mehrere Runden gestickt werden. Am Ende der letzten Runde die Nadel auf der Rückseite der Schlaufen entlang und in den Stoff stechen.

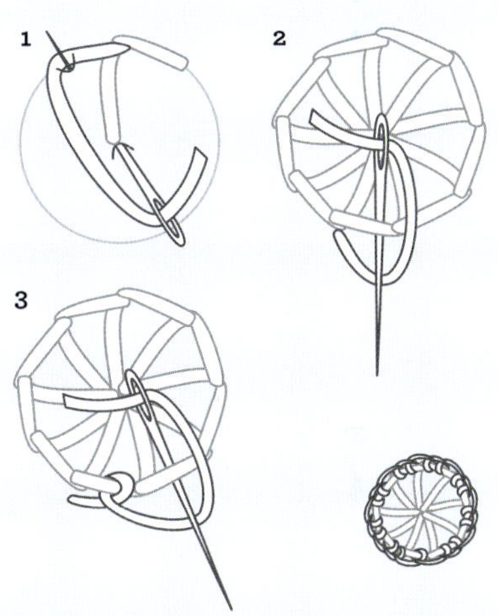

EINFACHER STEG

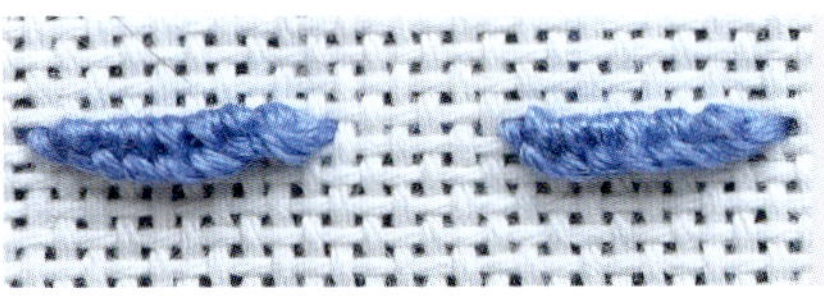

Der einfache Steg kann als Einzelelement gestickt werden oder auch über freigelegte Fäden im Stoff, wie bei der Hohlsaumstickerei. Es entsteht dabei ein Steg, der lediglich an beiden Enden Verbindung zum Stoff hat.

1 Zuerst einen oder mehrere lange Stiche an derselben Stelle von links nach rechts sticken. Je mehr Stiche, desto dicker wird der Steg später.

2 An der linken Seite des Stichs ausstechen. Die Nadel von oben nach unten unter dem gestickten Stich entlangführen. Dabei weder Stoff noch Faden durchstechen. Den Faden von links nach rechts unter der Nadelspitze entlangführen.

3 Schritt 2 wiederholen, bis der komplette Stich abgedeckt ist. Zum Beenden, die Nadel am Ende des Stichs in den Stoff stechen.

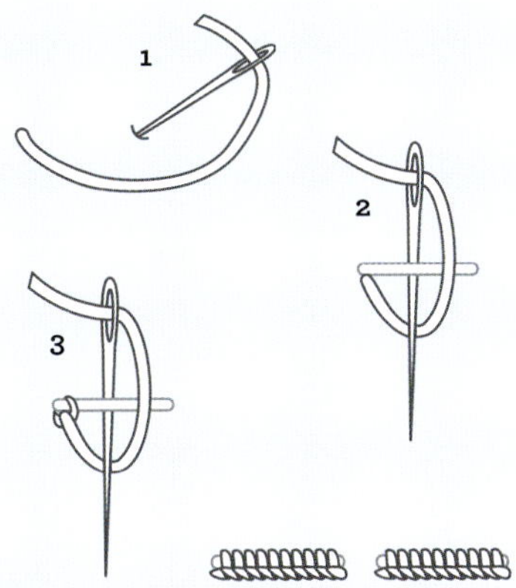

GESCHLAUFTER LANGETTENSTICH

Der geschlaufte Langettenstich ist ein Füllstich, der über dem Stoff „schwebt“. Die netzartige Fläche ist an den Seiten und oben befestigt, die Mitte allerdings liegt komplett lose auf. Er eignet sich gut für 3D-Stickerei, da darunterliegende Wattierungen oder Stickstiche mit einer Art Netz überzogen werden können. Je dichter der Stich gestickt wird, desto deckender wird das Netz.

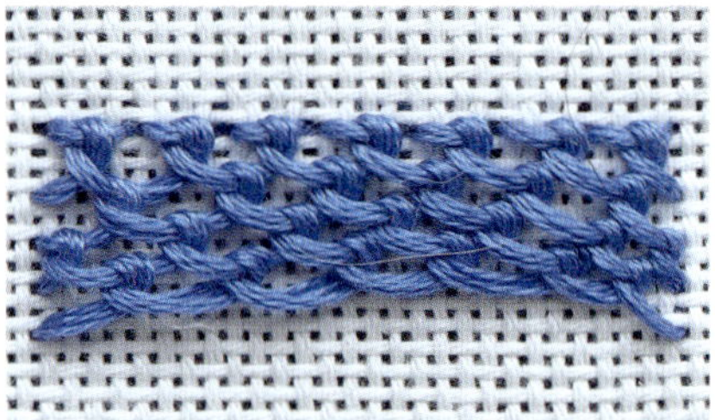

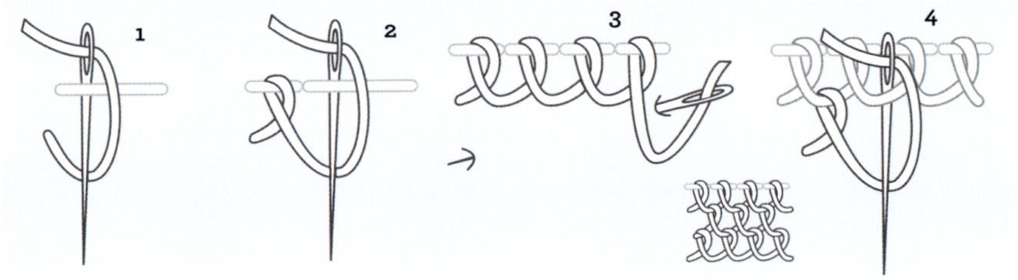

1 Eine Reihe im Rückstich sticken. Diese Rückstiche eher kurz halten. Unten links unter der Rückstichreihe ausstechen. Die Nadel von oben nach unten unter dem ersten Rückstich entlangführen. Dabei den Faden von links nach rechts unter der Nadelspitze entlanglegen.

2 Weitere Schlaufen auf diese Art entlang der folgenden Rückstiche sticken.

3 Am Ende der Reihe, unterhalb der Rückstichlinie, in den Stoff einstechen. Je nach Länge der Reihe, den Faden entweder hier beenden und auf der linken Seite wieder neu anfangen oder die Nadel etwas weiter unten unter der ersten Schlaufenreihe links wieder nach oben führen.

4 Weitere Schlaufenreihen sticken, bis die gewünschte Fläche bedeckt ist. Dabei die Nadel immer von oben unter die vorherigen Schlaufen führen. Nach mehreren Reihen beginnen die Schlaufen damit sich zu wölben, vor allem, wenn die Fläche breiter ist. Daher am Schluss die untere Reihe mit kurzen Stichen am Stoff befestigen und so das Netz „spannen“.

CEYLONSTICH

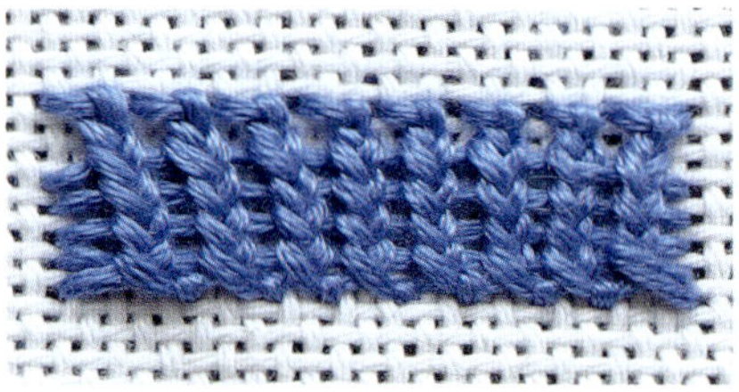

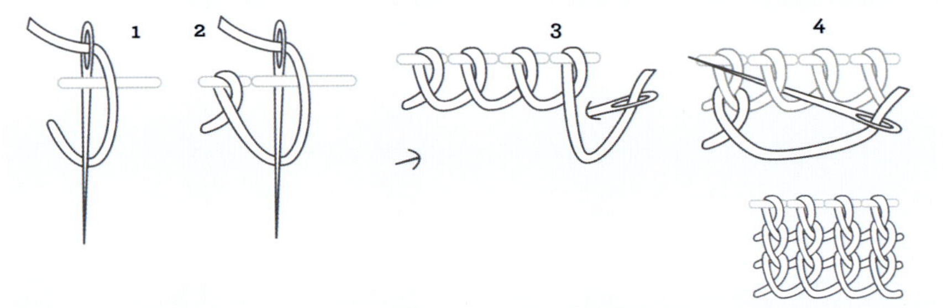

Wie auch beim geschlauften Langettenstich entsteht hier ein „frei schwebendes“ Konstrukt. Der Aufbau ist ähnlich, doch werden die Schlaufen anders gesetzt. Auf diese Weise entsteht ein Gebilde, das wie gestrickt aussieht.

1 Eine Reihe im Rückstich sticken, diese Rückstiche eher kurz halten. Unten links unter der Rückstichreihe ausstechen. Die Nadel von oben nach unten unter dem ersten Rückstich entlangführen. Dabei den Faden von links nach rechts unter der Nadelspitze entlanglegen.

2 Weitere Schlaufen auf diese Art entlang der folgenden Rückstiche sticken.

3 Am Ende der Reihe unterhalb der Rückstichlinie in den Stoff einstechen. Je nach Länge der Reihe, den Faden entweder hier beenden und auf der linken Seite wieder neu anfangen oder die Nadel etwas weiter unten unter der ersten Schlaufenreihe links wieder nach oben führen.

4 Weitere Schlaufenreihen sticken, bis die gewünschte Fläche bedeckt ist. Dabei die Nadel immer von rechts nach links unter die darüber liegende Schlaufe führen. Dabei weder Stoff noch Fäden durchstechen. Nach mehreren Reihen beginnen die Schlaufen damit sich zu wölben, vor allem, wenn die Fläche breiter ist. Daher am Schluss die untere Reihe mit kurzen Stichen am Stoff befestigen und so das Netz „spannen“.

BERWICK-STICH

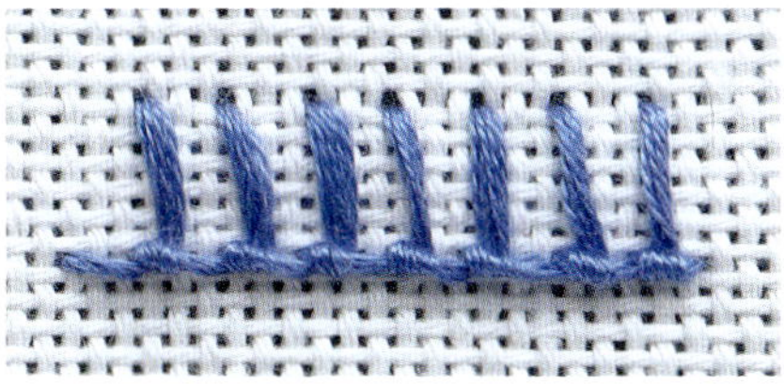

Berwick-Stich, Antwerpen-Kantenstich und Knötchen-Langettenstich sind Kantenstiche, die Stoffkanten dekorativ versäubern.

1 Links unten beginnen. Die Nadel oben rechts in den Stoff einstechen und weiter unten rechts wieder aus dem Stoff herausführen. Den Faden von links nach rechts um die Nadelspitze legen, sodass eine Umwicklung auf der Nadel liegt.

2 Nach rechts gehend fortlaufend wiederholen.

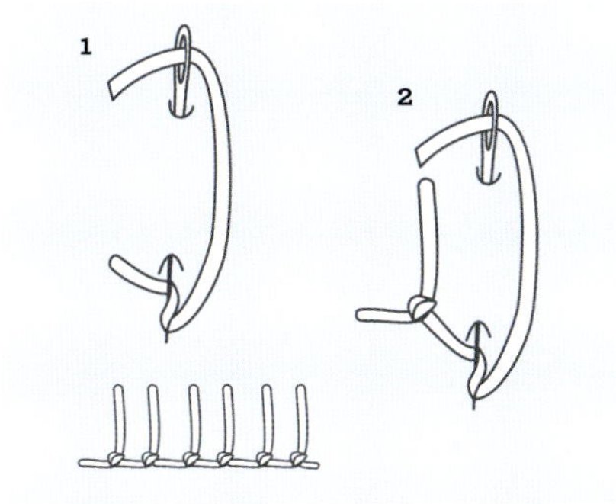

ANTWERPEN-KANTENSTICH

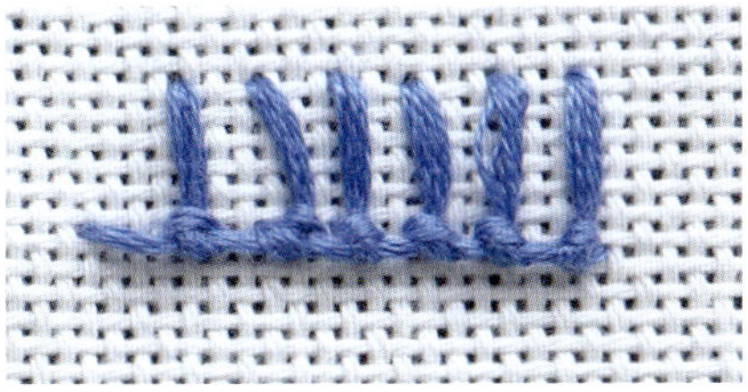

1 Links unten beginnen. Die Nadel oben rechts in den Stoff einstechen und senkrecht nach unten wieder aus dem Stoff herausführen.

2 Die Nadel unter die beiden Fäden des vorherigen Stiches von links oben nach rechts unten führen. Den Faden von links nach rechts unter der Nadelspitze entlanglegen und die entstandene Schlaufe zuziehen.

3 Schritte 1+2 fortlaufend wiederholen.

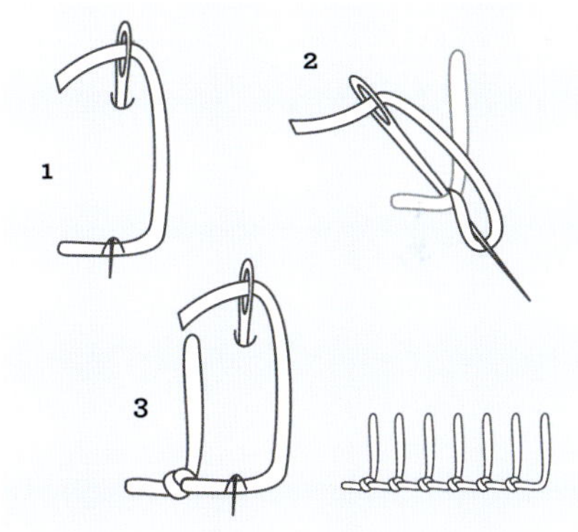

KNÖTCHEN-LANGETTENSTICH

Bei diesem Stickstich entsteht ein Knötchen am Ende jedes Langettenstichs. Wenn man den Dreh raus hat, ist die Schlaufe ganz einfach zu legen. Den Stich vor dem Durchziehen schon festziehen, damit die Fäden nicht locker werden. Darauf achten, dass der Knoten beim Durchziehen nicht durch den Stoff gezogen wird.

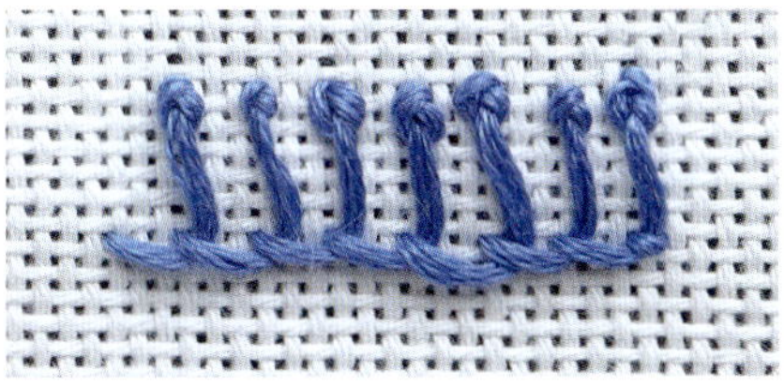

1 Unten links beginnen. Mit den Fingern eine Schlaufe so legen, dass der von unten kommende Faden oben liegt. Die Handbewegung ist dabei vom Körper wegdrehend. Dann erst die Nadel innerhalb der Schlaufe oben rechts einstechen und senkrecht unten wieder ausstechen. Der Faden liegt unten unter der Nadelspitze. Die Knötchenfäden anziehen, dann erst die Nadel durchziehen.

2 Nach rechts gehend fortlaufend wiederholen.

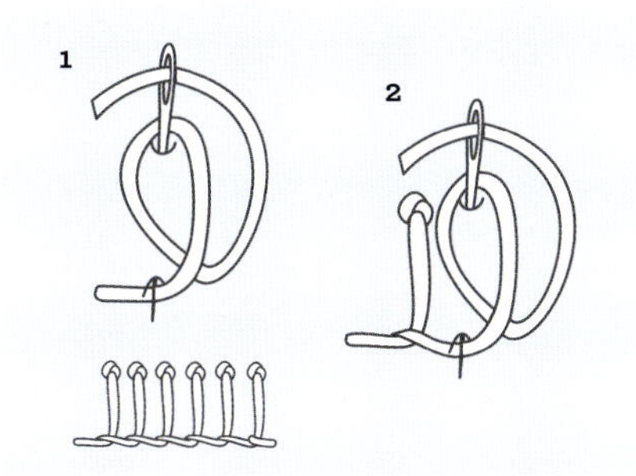

LANGETTENFÜLLSTICH

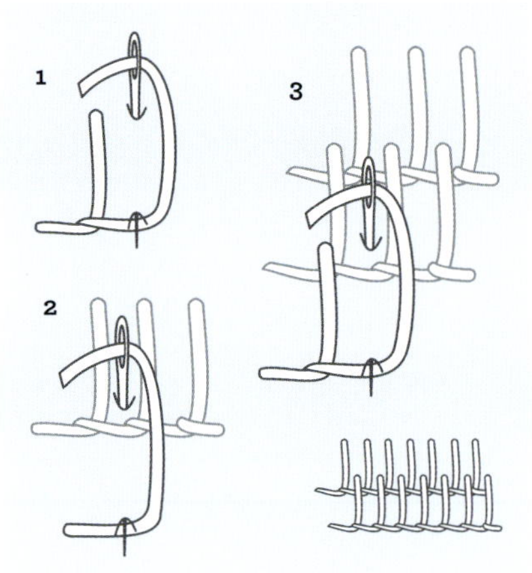

Der Langettenfüllstich ist für sehr große Flächen geeignet. Je nachdem wie dicht die Stiche gesetzt werden, kann der Stoff komplett abgedeckt oder offen überstickt werden.

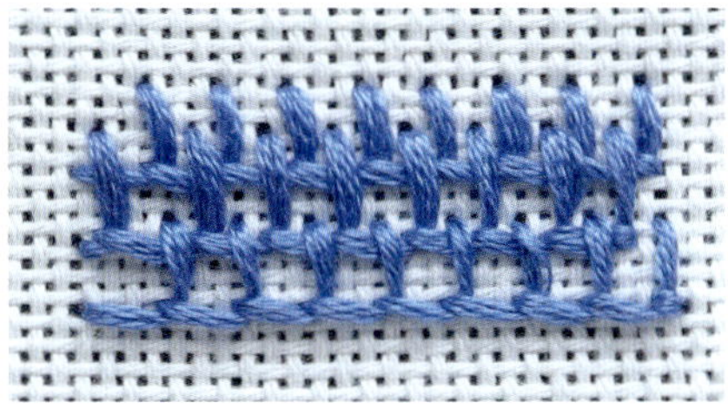

1 Eine Reihe im klassischen Langettenstich sticken.

2+3 Weitere Reihen Langettenstiche unterhalb der vorherigen arbeiten. Dabei wird versetzt gestickt, sodass der obere Teil der neuen Reihe innerhalb der Lücken der vorherigen Reihe liegt.

WABEN-LANGETTENFÜLLSTICH

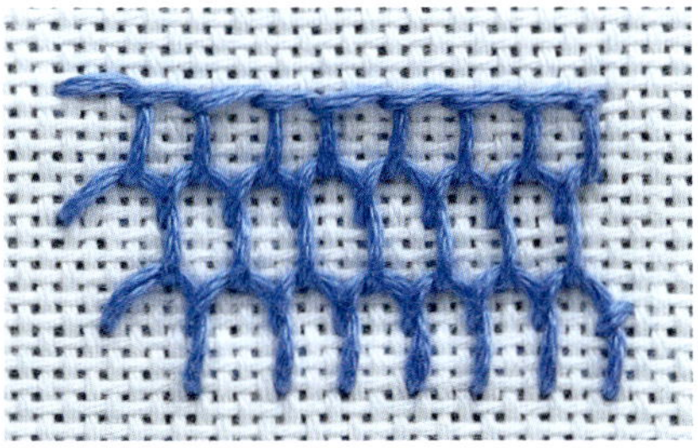

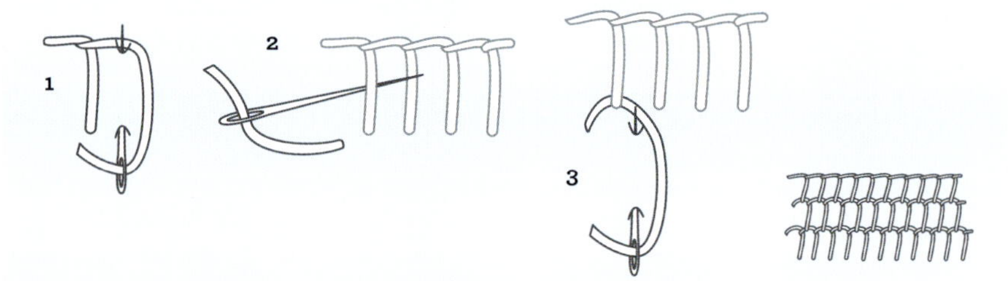

Ähnlich wie mit dem Langettenfüllstich kann auch mit diesem Stickstich eine Fläche gefüllt werden. Er bildet ein interessantes Wabenmuster und bietet sich damit eher für eine offene Flächengestaltung an.

1 Eine Reihe im klassischen Langettenstich sticken.

2 Unten links, ein Stück unterhalb der ersten Reihe, ausstechen. Die Nadel unter dem ersten Stich von links nach rechts entlangführen. Dabei weder Stoff noch Faden durchstechen.

3 Ein Stück weiter unten rechts die Nadel einstechen und senkrecht, auf der Höhe der Ausstichstelle dieses Stichs, wieder nach oben führen. Dabei den Faden von links nach rechts unter der Nadelspitze entlanglegen. Schritte 2+3 wiederholen, bis das Ende der Reihe erreicht ist. Dann den Faden in den Stoff einstechen um die letzte Schlaufe zu sichern und ein Stück weiter unten auf der linken Seite die nächste Reihe beginnen.

KREUZSTICH

DER KREUZSTICH IST EINER DER BELIEBTESTEN STICKSTICHE. IN DER REGEL WIRD DIESER STICKSTICH VERWENDET, UM FLÄCHENFÜLLENDE MUSTER ZU STICKEN. WEITERHIN IST DER KREUZSTICH EIN GUTER EINSTIEG IN DIE WELT DER ZÄHLSTICHE. ALS STICKGRUND WIRD GERNE EIN ZÄHLSTOFF BENUTZT, DER IN EXAKTEN QUADRATEN GEWEBT IST UND OFT DEUTLICH SICHTBARE LÖCHER AUSWEIST. DANK DIESER LÖCHER KÖNNEN LEICHT DETAILLIERTE MUSTER GESTICKT WERDEN, DA DIE EINZELNEN KREUZSTICHE EXAKT ABZUZÄHLEN SIND.

KREUZSTICH

Der klassische Kreuzstich wird in zwei Arbeitsgängen ausgeführt: Der erste schräge Stich erfolgt von links nach rechts (= Grundstich) und der zweite schräge Stich von rechts nach links (= Deckstich). Ein wichtiger Punkt bei einer Kreuzstichfläche ist, dass der Deckstich immer in die gleiche Richtung zeigt. Das ist besonders zu beachten, wenn der Stoff zum besseren Arbeiten gedreht wird – dann müssen die Arbeitsgänge vertauscht werden. Wird darauf nicht geachtet, brechen die Fäden das Licht anders und es entsteht optisch keine einheitliche Fläche.
Ein Kreuzstich wird in einem gedachten Quadrat gestickt, dabei orientiert man sich an den vorhandenen Gewebekreuzen des Stoffes.

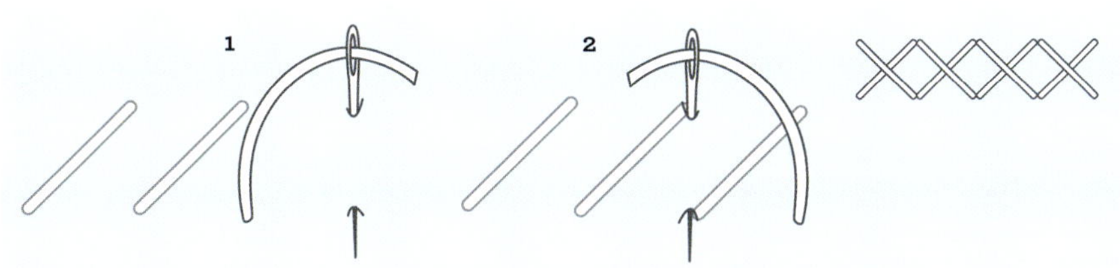

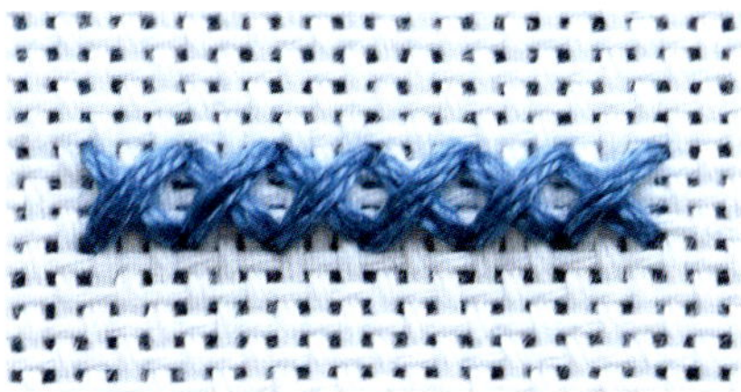

1 Für den ersten Teil des Kreuzstichs in der Hinreihe im gedachten Quadrat den Faden unten links ausstechen und mit der Nadel oben rechts einstechen. Dann die Nadel vertikal nach unten führen und im gedachten Quadrat unten rechts wieder ausstechen. Für die ganze Reihe wiederholen, die folgenden Schrägstiche sind alle parallel zum ersten und ebenso hoch wie dieser.

2 Auf der Rückreihe die gleiche Bewegung gegenläufig ausführen. Dabei immer in die Aus- und Einstichstellen der Hinreihe arbeiten.

GERADER KREUZSTICH

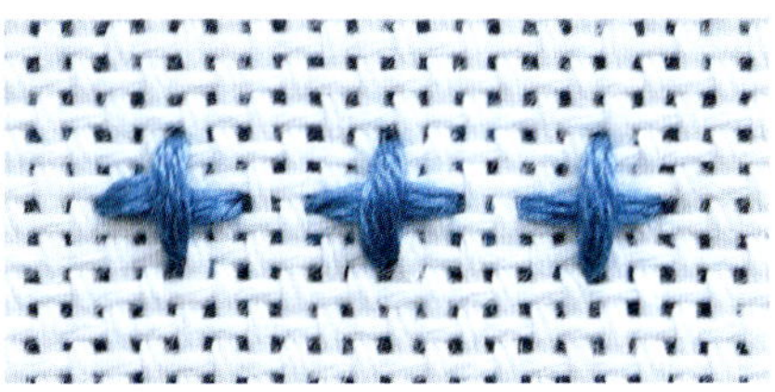

Der gerade Kreuzstich wird ebenfalls in zwei Arbeitsgängen ausgeführt, jedoch mit waagerechten und senkrechten Stichen.

1 Im gedachten Quadrat mittig links ausstechen und mit der Nadel auf gleicher Höhe mittig rechts einstechen. Dann die Nadel oberhalb der Mitte dieser zwei Punkte wieder nach oben führen.

2 Die Nadel senkrecht nach unten führen und im selben Abstand zur Mitte unten einstechen. Das entstandene Kreuz sollte mittig im gedachten Quadrat liegen.

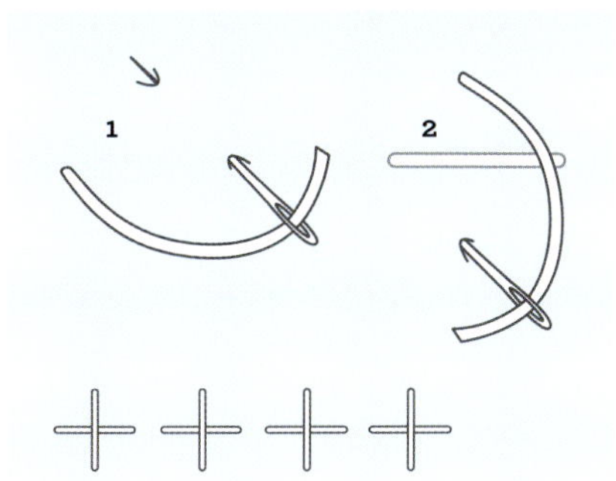

DOPPELTER KREUZSTICH

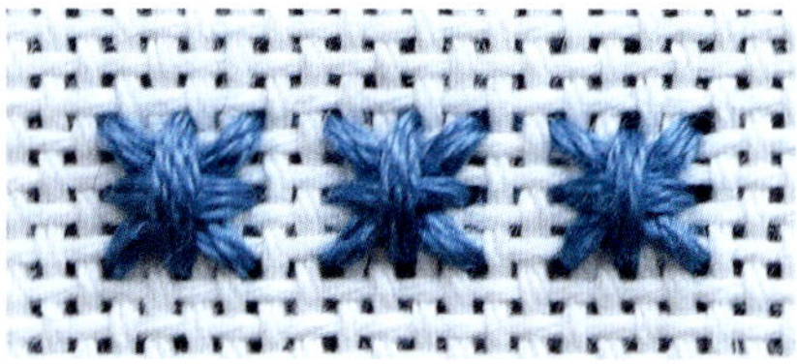

Dieser Stickstich wird auch Smyrna-Stich oder Diamantstich genannt.

1–4 Der doppelte Kreuzstich besteht aus einem klassischen Kreuzstich, über den ein gerader Kreuzstich gestickt wird. Dadurch entsteht ein sehr dicht abdeckender Stich, der im Vergleich zum klassischen Kreuzstich auch relativ groß gestickt werden kann, da die doppelte Mitte eine gute Verfestigung des Stichs bringt.

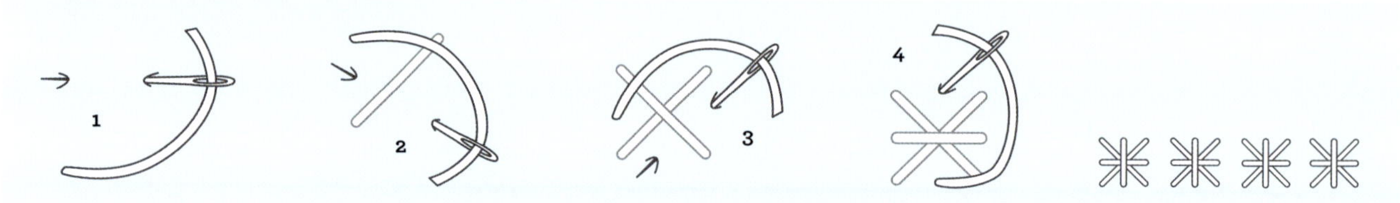

STERNSTICH

Ähnlich dem doppelten Kreuzstich besteht der Sternstich aus zwei übereinander gestickten Kreuzen. Hier sind die Stiche jedoch unterschiedlich groß. Das untere Kreuz sollte dabei deutlich größer sein.

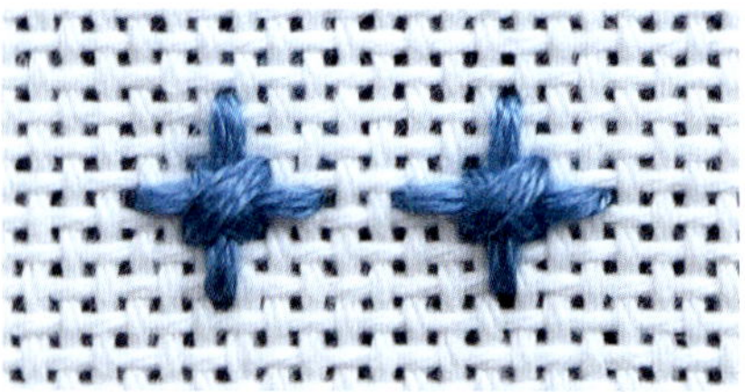

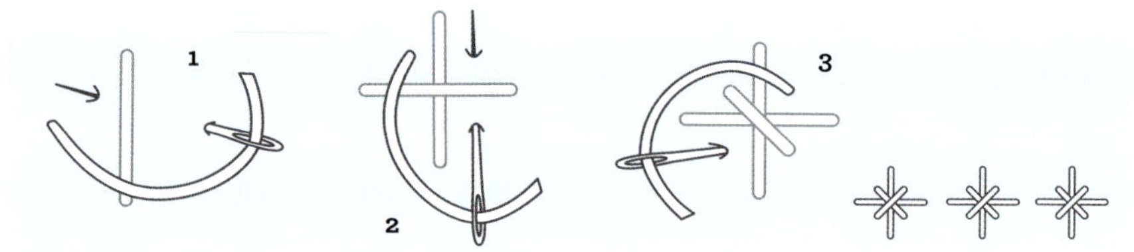

1 Einen großen geraden Kreuzstich sticken. Nach dem waagerechten Stich die Nadel im Bereich links schräg oben wieder ausstechen.

2 Die Nadel schräg unten rechts in den Stoff stechen und senkrecht oben rechts wieder nach oben führen.

3 Die Nadel schräg unten links wieder in den Stoff stechen.

CHINESISCHER KREUZSTICH

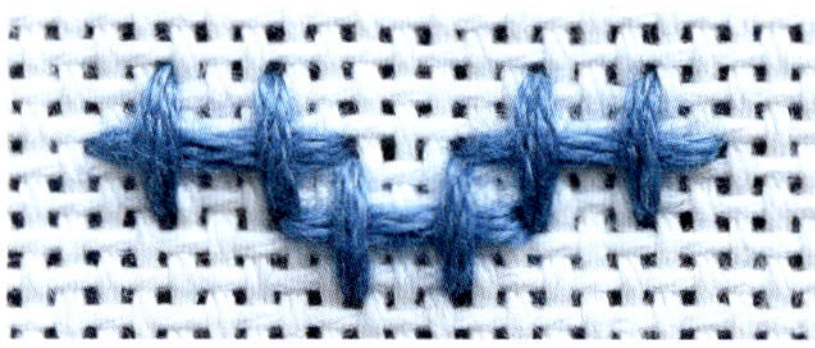

Dieser Stickstich erzeugt ein interessantes Muster. Hier wird eine horizontale Linie mit zwei vertikalen Stichen überstickt. Die entstehenden Doppelkreuze werden dann versetzt zueinander angeordnet.

1 Einen horizontalen Stich in doppelter Stichlänge von links nach rechts sticken. Die Nadel beim zweiten Drittel der Strecke unten links wieder nach oben führen.

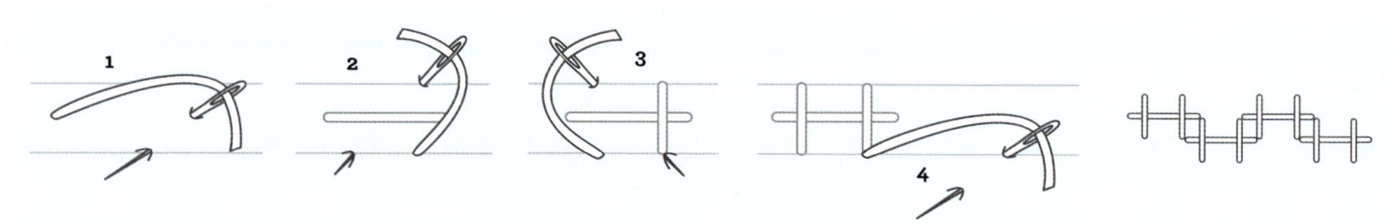

2 Einen vertikalen Stich nach oben sticken und die Nadel beim ersten Drittel unten links wieder nach oben führen.

3 Einen vertikalen Stich nach oben sticken und die Nadel am unteren Ende des rechten vertikalen Stichs wieder nach oben führen.

4 Der nächste Chinesische Kreuzstich beginnt wieder mit Schritt 1, jedoch um eine halbe Stichhöhe versetzt.

REISSTICH

Dieser Stickstich ist für flächendeckende Muster gedacht. Er kann in zwei Farben und auch mit unterschiedlichen Fadenstärken gestickt werden. Dabei wird das große, untere Kreuz mit dickerem und das kleinere mit dünnerem Garn gestickt. Er kann auch in Reihen gestickt werden, dann zuerst die großen Kreuze und danach die kleineren arbeiten.

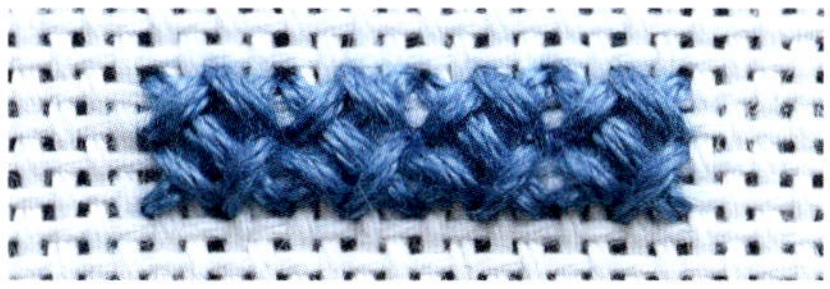

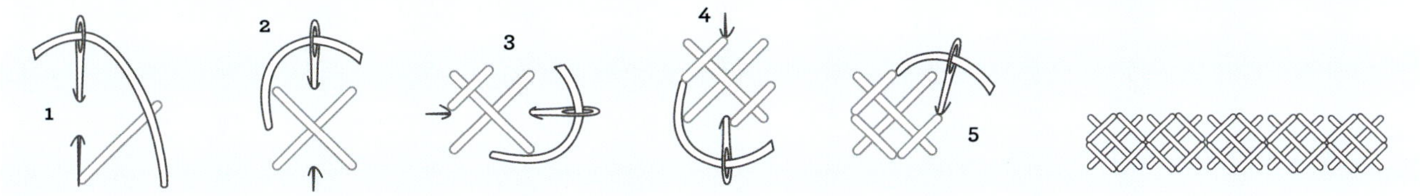

1 Einen klassischen Kreuzstich sticken. Am Ende die Nadel im gedachten Quadrat mittig links wieder nach oben führen.

2–5 Alle vier Enden des Kreuzes mit kurzen Stichen übersticken. Dabei immer mittig entlang der Außenkante einstechen.

GEFANGENER KREUZSTICH

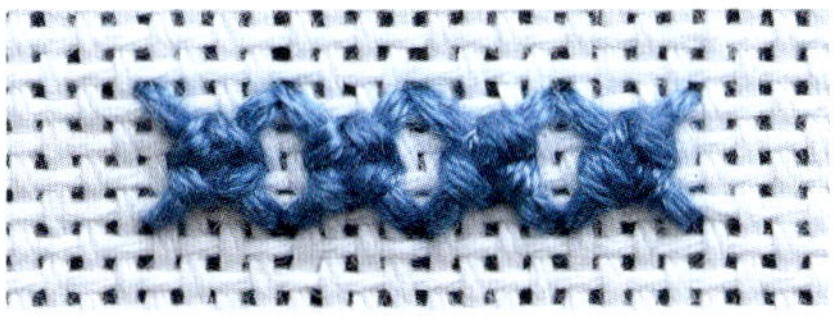

Der gefangene Kreuzstich wird ähnlich dem Reisstich gestickt. Hier wird jedoch die zweite Lage an Stichen näher an den Kreuzmittelpunkt gearbeitet, dadurch entsteht ein offeneres Muster.

1 Einen klassischen Kreuzstich sticken. Dabei die Nadel mittig links wieder nach oben führen.

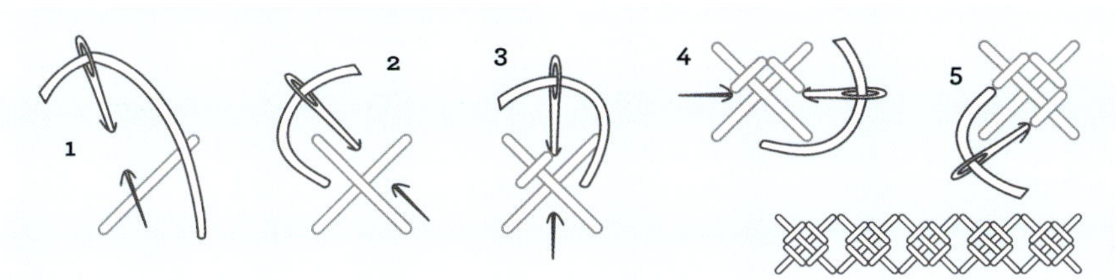

2–5 Alle vier Enden des Kreuzes mit kurzen Stichen übersticken. Diese werden nahe der Mitte des Kreuzes so gestickt, dass die einzelnen Stiche aneinandertreffen.

GITTER-KREUZSTICH

Für diesen Stickstich werden lange Spannstiche in gitterförmiger Anordnung angelegt und die Fadenkreuze anschließend mit kleinen Kreuzstichen überstickt. Diese Sticktechnik wurde in der Jakobiner Stickerei als Füllstich benutzt und oft in zwei Farben gearbeitet.

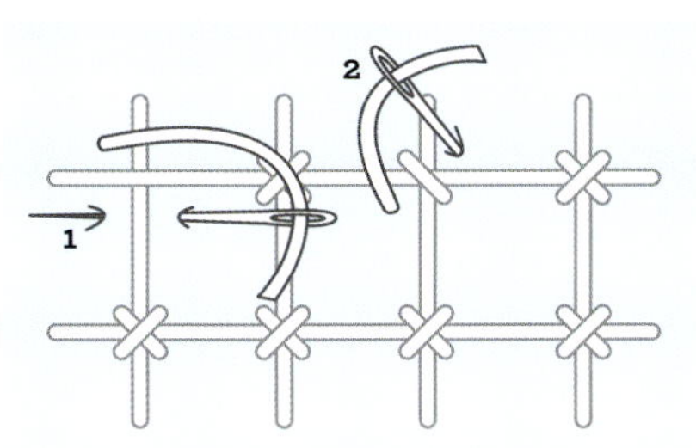

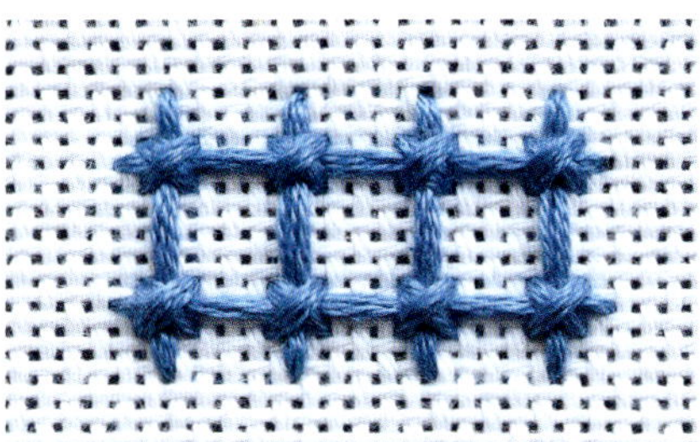

1+2 Ein Gitter aus langen Stichen in gleichmäßigen Abständen sticken. Dann in Reihen oder Spalten einzelne klassische Kreuzstiche über die entstandenen Fadenkreuze sticken.

UMSCHLAUFTER KREUZSTICH

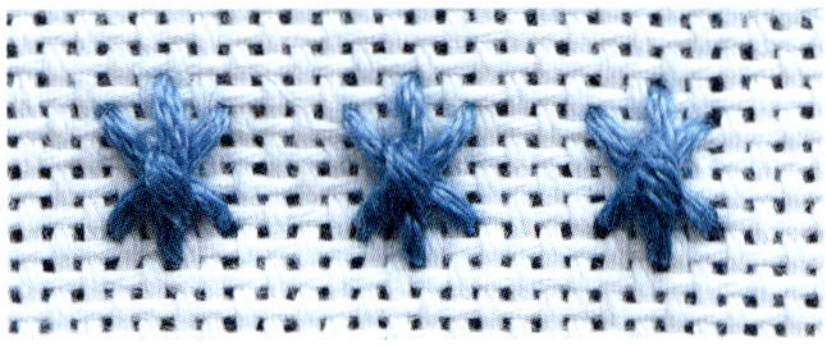

Als verteilt gesetzte Stiche ergeben umschlaufte Kreuzstiche ein schönes, dekoratives Streumuster. Sie können aber auch als Einzelstich eingesetzt werden.

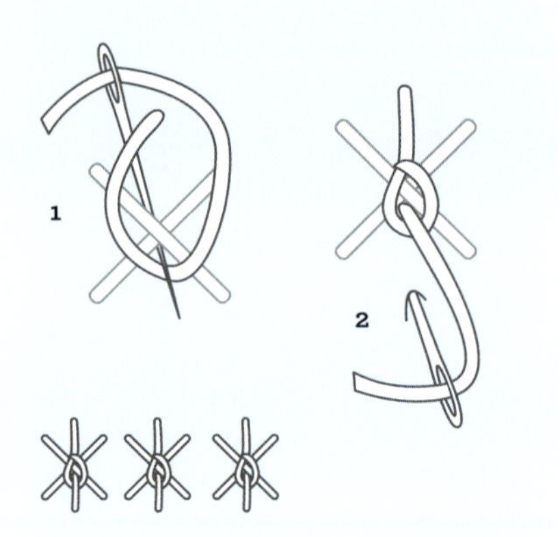

1 Einen klassischen Kreuzstich sticken. Die Nadel dann mittig über dem Kreuzstich nach oben führen. Die Nadel unter das gestickte Kreuz führen, dabei weder Fäden noch Stoff durchstechen. Dann den Faden von links nach rechts unter der Nadelspitze entlanglegen.

2 Die Nadel durchziehen. Den Faden dabei nicht zu fest anziehen, da die Schlaufe sonst sehr klein wird. Die Nadel dann mittig unterhalb des Kreuzstichs wieder in den Stoff einstechen.

UMWICKELTER KREUZSTICH

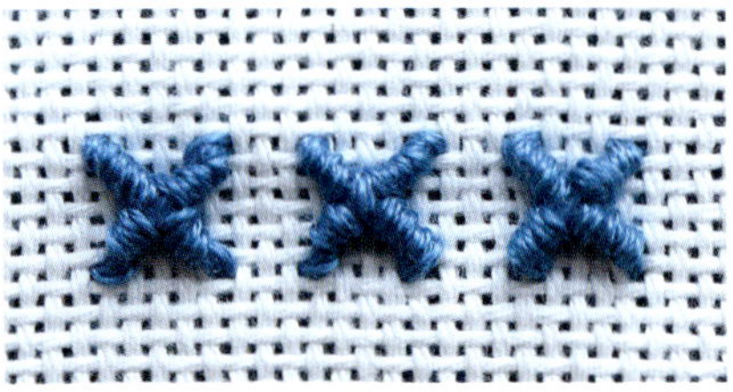

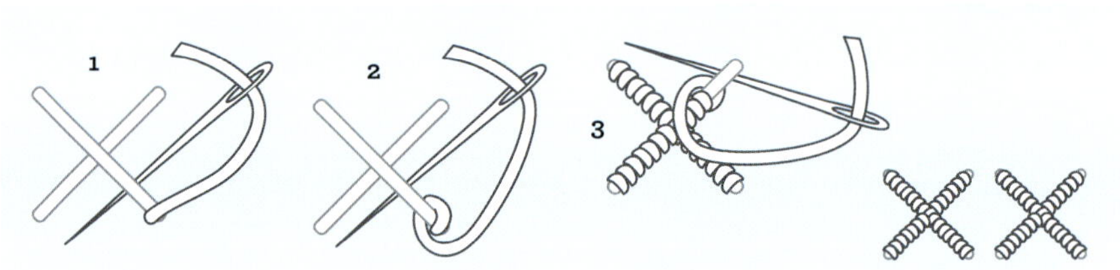

Wie der umschlaufte Kreuzstich, ist auch der umwickelte Kreuzstich als Streumuster oder dekorativer Einzelstich gut geeignet.

1+2 Einen klassischen Kreuzstich sticken. Die Nadel unten rechts wieder nach oben führen. Dann immer von oben rechts kommend die Nadel unter den vorhandenen Stich legen. Den kompletten Deckstich von unten rechts nach ganz oben links umwickeln.

3 Die Nadel dann nach unten links zur nächsten Diagonale führen und diese ebenfalls umwickeln. Dabei die Nadel immer von unten rechts unter dem Stich entlang ziehen.

POINT À LA MINUTE

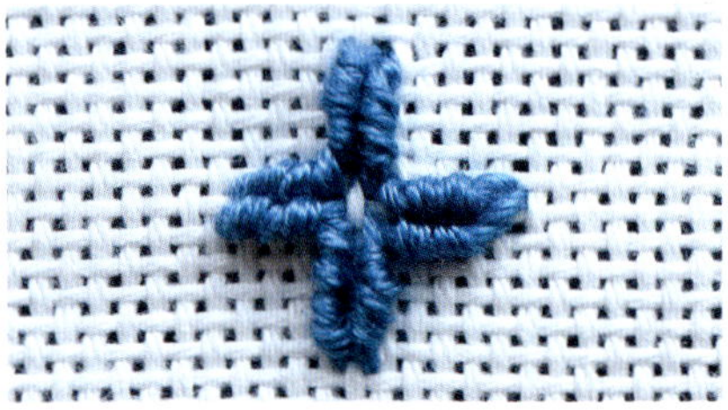

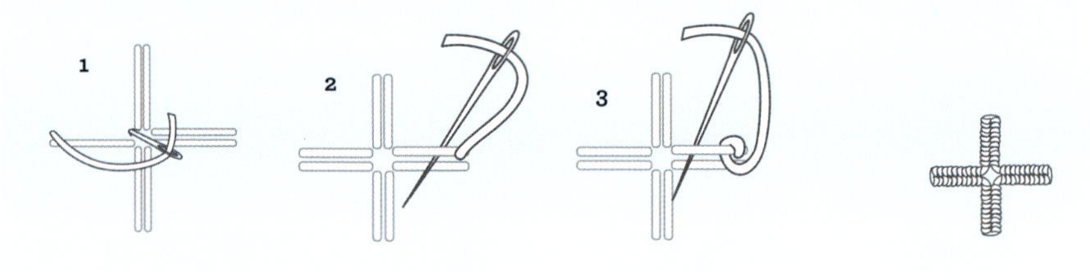

Dieser große Kreuzstich wird ähnlich dem umwickelten Kreuzstich gearbeitet. Hier werden jedoch zwei Stiche nebeneinander und nicht überkreuzt gestickt. Das Umwickeln der Stiche findet in einer Art Runde statt, bei der von Stich zu Stich gearbeitet wird.

1 Mit Spannstichen ein großes Kreuz sticken, bei dem jeder Schenkel aus zwei langen, parallel liegenden Stichen besteht.

2+3 An einem Schenkel des Kreuzes, außen beginnend, die Nadel immer von derselben Seite aus unter dem oberen Spannstich entlangführen und diesen fortgehend umwickeln. Am Ende des Stichs angelangt, die Arbeit, wenn möglich um 90° drehen und den folgenden Spannstich auf diese Weise umwickeln. So mit allen Spannstichen verfahren.

WIENER FLECHTSTICH

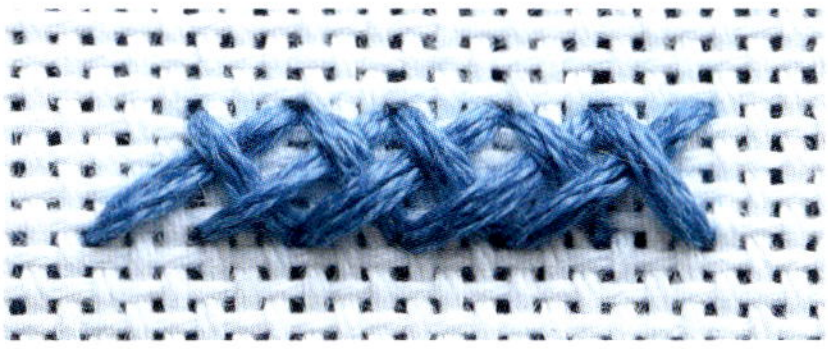

Der Wiener Flechtstich, auch langarmiger Kreuzstich genannt, wird in einem Arbeitsgang in Reihen gearbeitet. Er weicht von der Norm ab, da Grund- und Deckstich kein Quadrat bilden, sondern in Breite und Höhe unterschiedlich sind. Er eignet sich für Bordüren, aber auch als Füllstich.

1 Für den Grundstich mit dem Faden unten links ausstechen. Die Nadel schräg oben rechts in den Stoff einstechen und senkrecht unten rechts wieder nach oben führen.

2 Für den Deckstich die Nadel auf halber Strecke zurück oben mittig in den Stoff einstechen und senkrecht unten mittig wieder nach oben führen.

3 Schritte 1+2 fortlaufend wiederholen.

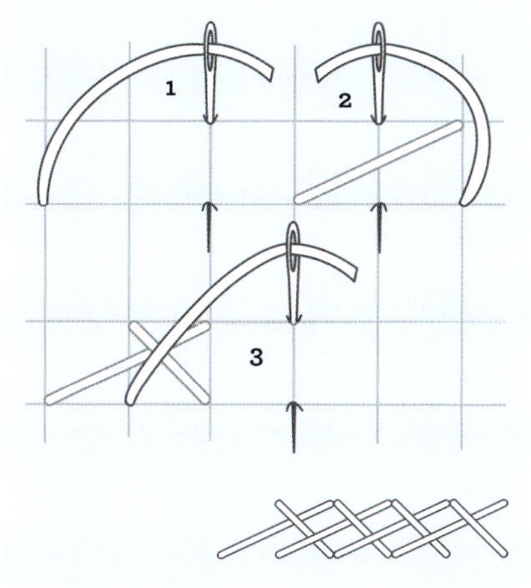

WENDBARER KREUZSTICH

Der wendbare Kreuzstich sieht auf der Vorderseite wie ein klassischer Kreuzstich aus, jedoch zeigt er auf der Rückseite ein Karomuster. Er ist also nicht als Alternative zum klassischen Kreuzstich gedacht, sondern für Fälle, wo die Rückseite des Stoffes auch attraktiv aussehen soll. So macht er sich zum Beispiel bei Handtüchern gut, bei denen man beide Seiten sieht. Der wendbare Kreuzstich wird von oben nach unten gestickt.

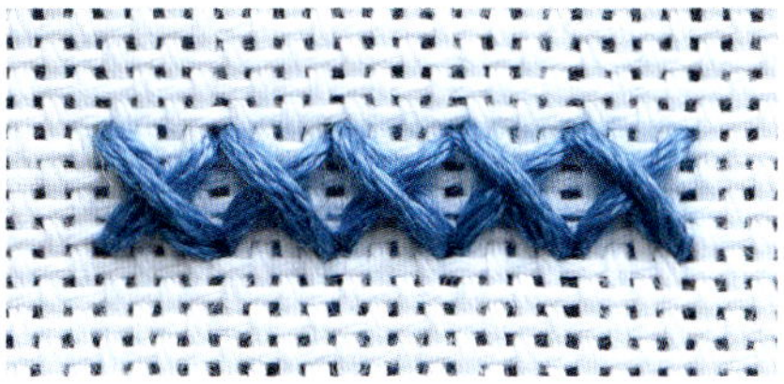

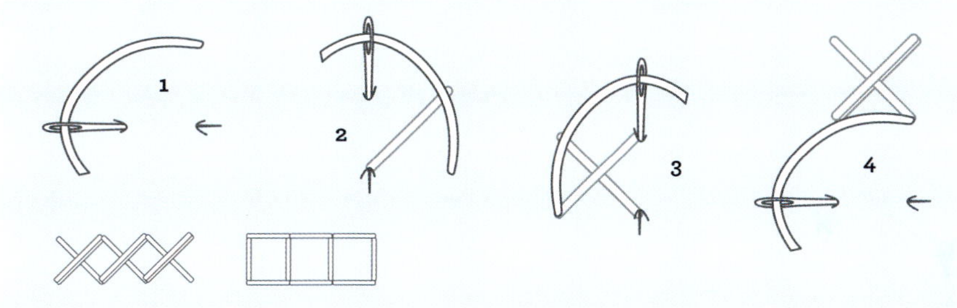

1 Der Stich beginnt im gedachten Quadrat oben rechts. Die Nadel unten links einstechen und unten rechts wieder nach oben führen.

2 Die Nadel oben links einstechen und unten links wieder nach oben führen.

3 Den vorhandenen ersten Stich übersticken. Dafür die Nadel oben rechts einstechen, dann aber unten rechts wieder nach oben führen.

4 Schritte 1–3 wiederholen. Es bildet sich ein Karomuster auf der Rückseite. Beim ersten Stich fehlt eine Kante, alle weiteren Stiche sollten aber vier Kanten haben.

HEXENSTICH

DER HEXENSTICH IST EIN GEKREUZTER STICH, DER GERN FÜR BREITE BORDÜREN GENUTZT WIRD. DA DIESER STICKSTICH FAST DEN KOMPLETTEN FADENANTEIL AUF DER VORDERSEITE NUTZT, IST ER EINE SEHR FADENSPARENDE METHODE UM FLÄCHEN ZU FÜLLEN. IN DER HANDNÄHEREI FINDET ER IN FORM DER KREUZNAHT ANWENDUNG UM SÄUME ZU FIXIEREN.
EINIGE HEXENSTICHE FOLGEN KOMPLEXEN STICHANORDNUNGEN, BEI DENEN ZÄHLSTOFFE VON VORTEIL SIND. DOCH LASSEN SICH DIE MEISTEN VARIANTEN DES HEXENSTICHS AUCH FREI HAND STICKEN, INDEM ZWEI PARALLELE LINIEN VORGEZEICHNET WERDEN. FÜR DAS UMSCHLAUFEN DER HEXENSTICHE EMPFIEHLT ES SICH, EINE NADEL OHNE SPITZE ZU BENUTZEN.

HEXENSTICH

Der klassische Hexenstich ist die Grundform einiger der folgenden Stichvarianten. Er kann in die Breite oder Länge gezogen werden, indem die Abstände zwischen den Stichen horizontal oder vertikal vergrößert werden. So ergeben sich interessante Effekte.

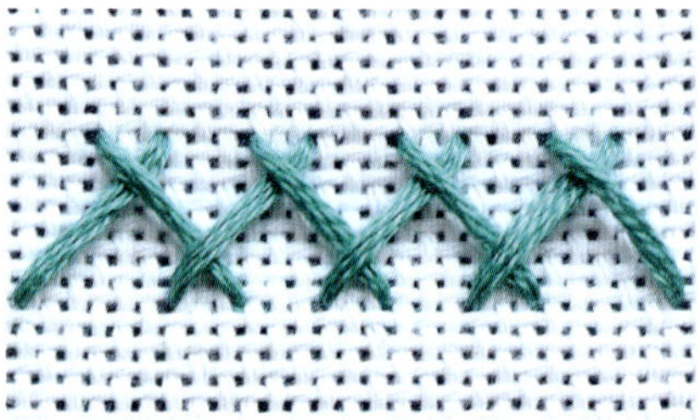

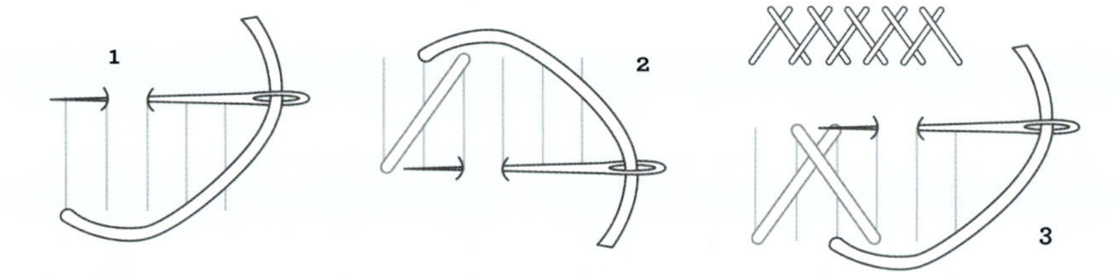

1 Unten links ausstechen. Die Nadel oben rechts einstechen und ein Stück weiter links, auf gleicher Höhe, aus dem Stoff herausführen.

2 Die Nadel ein Stück weiter rechts auf der unteren Linie einstechen und links davon, auf gleicher Höhe, wieder nach oben führen.

3 Schritte 1+2 fortlaufend wiederholen.

GEKNOTETER HEXENSTICH

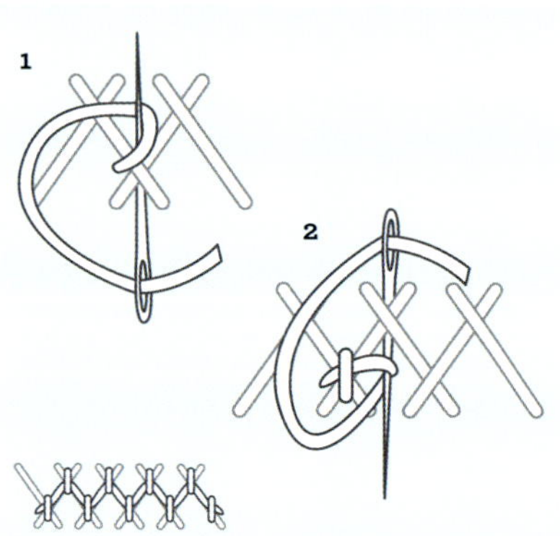

1 Eine Reihe klassische Hexenstiche sticken. Links neben dem ersten unteren Kreuz ausstechen. Die Nadel von unten unter dem Kreuz entlangführen. Den Faden von links nach rechts über die Nadelspitze legen und dann unter der Nadelspitze wieder nach links ziehen. Weder Stoff noch Faden durchstechen.

2 Die Nadel von oben unter dem nächsten oberen Kreuz entlangführen. Den Faden von links nach rechts über die Nadelspitze legen und dann unter der Nadelspitze wieder nach links ziehen. Weder Stoff noch Faden durchstechen. Schritte 1+2 wiederholen, bis alle Hexenstiche umschlungen sind.

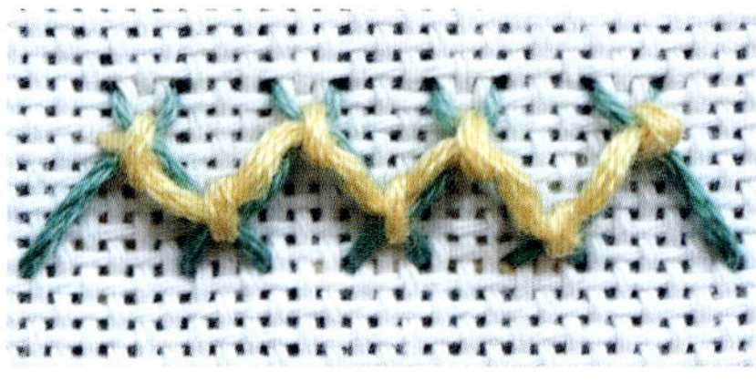

UMSCHLUNGENER HEXENSTICH

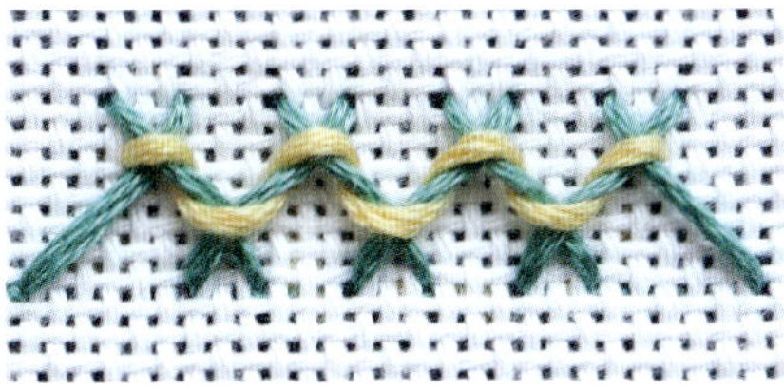

Bei diesem und einigen der folgenden Stiche kann eine zweite Farbe genutzt werden, um die Struktur hervorzuheben.

1 Eine Reihe klassische Hexenstiche sticken. Rechts oben ausstechen und die Nadel von oben unter dem zweiten Stich von rechts entlangführen. Weder Stoff noch Faden durchstechen.

2 Die Nadel von unten unter dem nächsten Stich entlangführen. Weder Stoff noch Faden durchstechen. Schritte 1+2 wiederholen, bis alle Hexenstiche umschlungen sind.

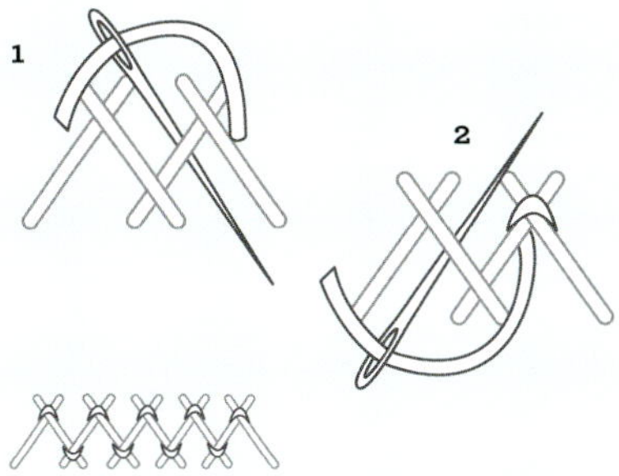

NACHGESTEPPTER HEXENSTICH

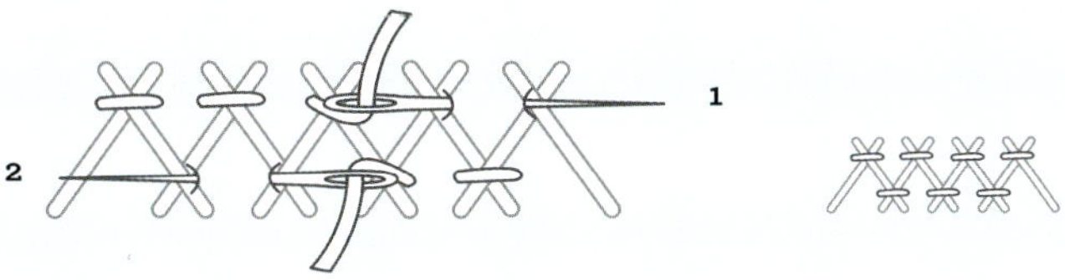

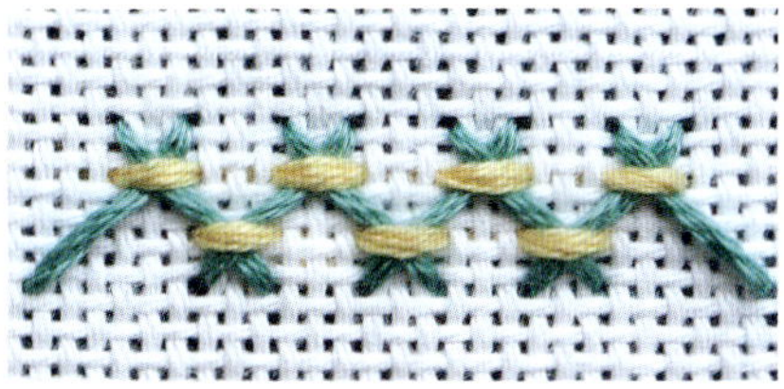

1+2 Eine Reihe klassische Hexenstiche sticken. Oben links ausstechen. Zuerst eine Reihe Vorstiche über die oberen Kreuze sticken. Am Ende der Reihe die Nadel in den Stoff einstechen, rechts neben dem unteren ersten Kreuz ausstechen und zurück eine weitere Reihe Vorstiche über die unteren Kreuze sticken.

DOPPELLAGIGER HEXENSTICH

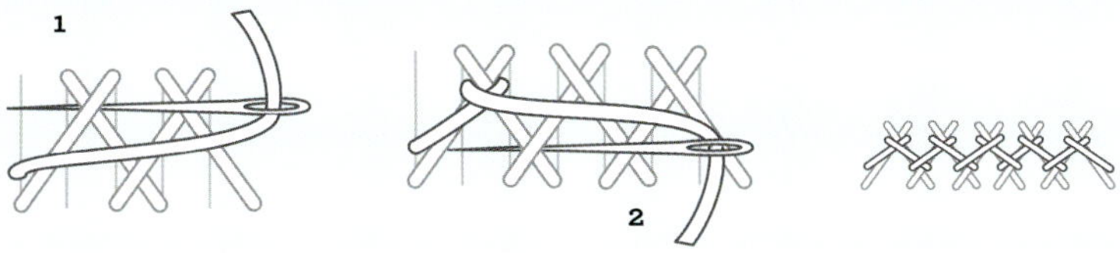

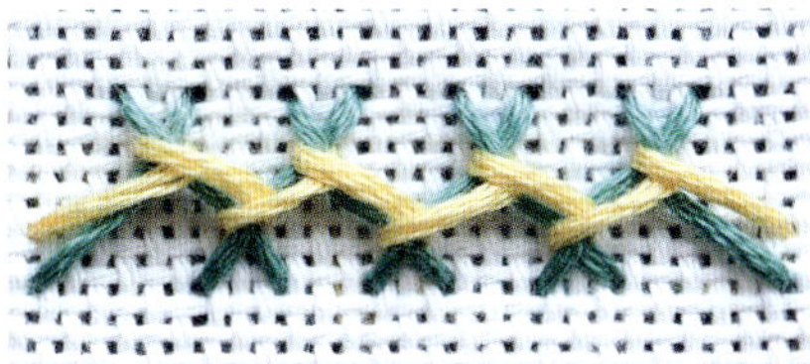

1 Eine Reihe klassische Hexenstiche sticken. Unten links über dem ersten Hexenstich ausstechen. Die Nadel unter dem ersten oberen Kreuz von rechts nach links entlangführen. Weder Stoff noch Faden durchstechen.

2 Die Nadel unter dem ersten unteren Kreuz von rechts nach links entlangführen. Weder Stoff noch Faden durchstechen. Ab jetzt die Kreuze immer abwechselnd oben und unten umschlaufen.

ZWEIFACHER HEXENSTICH

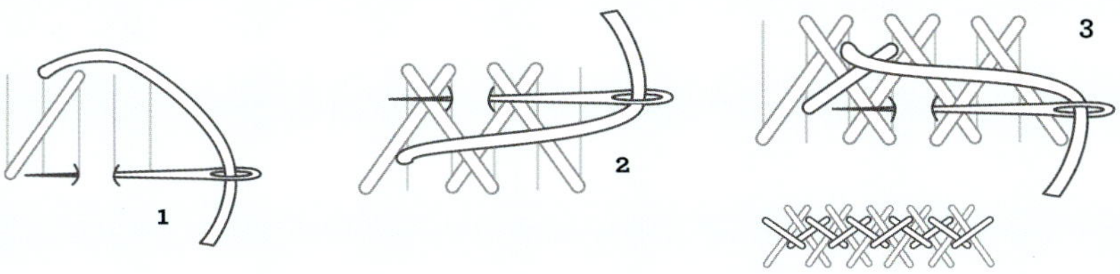

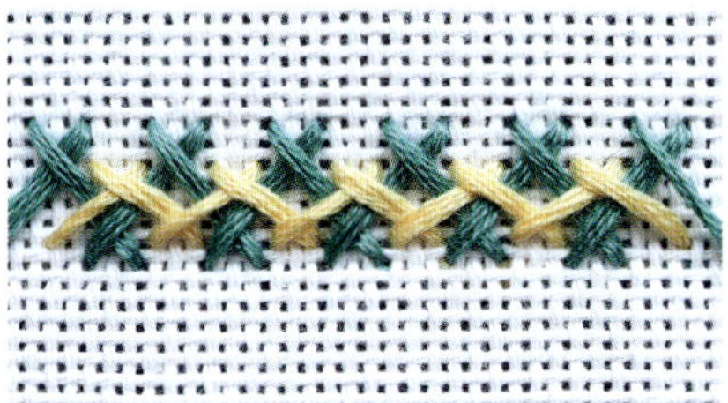

1 Eine Reihe klassische Hexenstiche sticken.

2+3 Eine zweite Reihe klassische Hexenstiche innerhalb der Lücken der ersten Reihe sticken. Dabei unten links beginnen und das erste Kreuz nach oben rechts sticken. Wiederholen, bis die Reihe gefüllt ist.

DOPPELTER HEXENSTICH

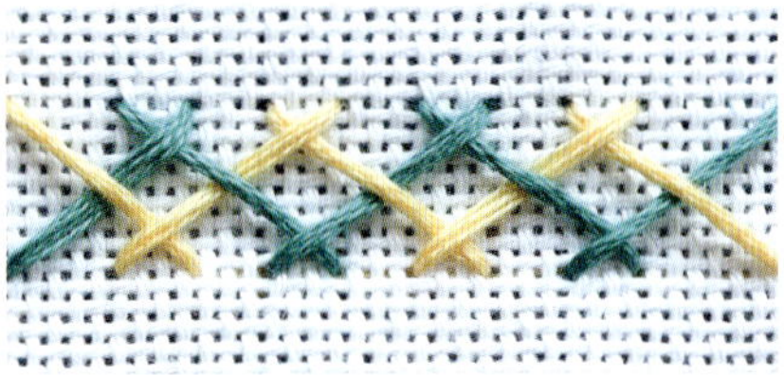

Der doppelte Hexenstich wird in zwei Arbeitsschritten gestickt. Hier ist besonders zu beachten, dass nicht einfach nur zwei Reihen Hexenstiche übereinander gestickt, sondern diese miteinander verflochten werden. Er ist auch Basis für weitere, sehr aufwendig umschlungene Stichvarianten und muss dafür dann sehr exakt gestickt werden. Wird das nicht beachtet, funktionieren die Umschlaufungen nicht richtig und die Fäden rutschen durch.

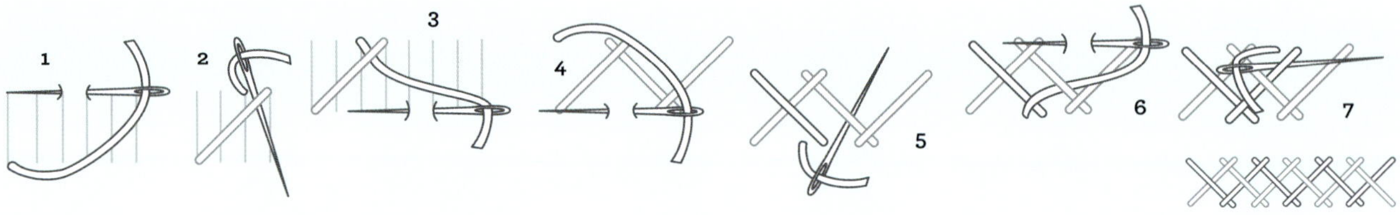

1 Unten links ausstechen. Die Nadel oben rechts in den Stoff einstechen und ein Stück weiter links, auf gleicher Höhe, wieder nach oben führen.

2 WICHTIG: Die Nadel von oben unter dem entstandenen Stich entlangführen. Weder Stoff noch Faden durchstechen.

3 Die Nadel weiter rechts unten in den Stoff einstechen und etwas weiter links, auf gleicher Höhe, nach oben führen. Auf diese Weise die komplette Reihe sticken. Dabei immer den von oben kommenden Stich (Schritt 2) unter dem vorherigen Stich entlangführen.

4 Die zweite Reihe oben links beginnen. Spiegelgleich zur ersten Reihe arbeiten. Die Nadel unten rechts im Zwischenraum des ersten Kreuzes einstechen und weiter links wieder nach oben führen.

5 WICHTIG: Die Nadel von unten unter dem rechts liegenden Stich der ersten Reihe entlangführen. Weder Stoff noch Faden durchstechen.

6 Die Nadel oben rechts im Zwischenraum des nächsten Kreuzes einstechen und weiter links wieder nach oben führen.

7 WICHTIG: Die Nadel von oben unter dem entstandenen Stich entlangführen. Weder Stoff noch Faden durchstechen. Schritte 4–7 bis zum Ende der Reihe wiederholen.

DOPPELT UMSCHLUNGENER HEXENSTICH

Der doppelt umschlungene Hexenstich wird auf der Basis des doppelten Hexenstichs gearbeitet.

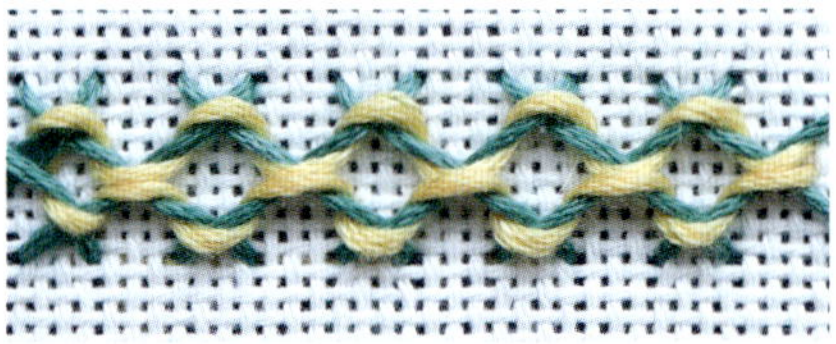

1 Eine Reihe im doppelten Hexenstich sticken. Rechts neben dem ersten inneren Kreuz ausstechen. Die Nadel von unten rechts unter dem links darüber liegenden Stich entlangführen.

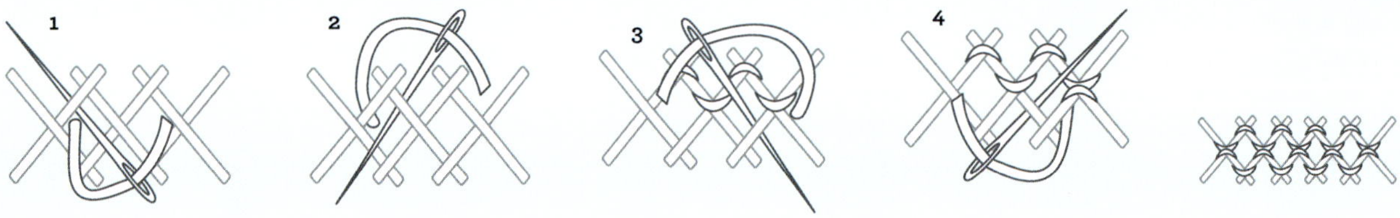

2 Die Nadel von oben unter dem rechten Stich des oberen Kreuzes entlangführen. Schritte 1+2 wiederholen, bis das Ende der Reihe erreicht ist. In den Stoff einstechen und ein kurzes Stück darunter wieder nach oben führen.

3 Die Nadel von oben unter dem linken Teil des ersten inneren Kreuzes führen.

4 Die Nadel von unten unter dem rechten Teil des unteren Kreuzes entlangführen. Schritte 3+4 wiederholen, bis der Anfang der Reihe erreicht ist.

DOPPELT UMSCHLAUFTER HEXENSTICH

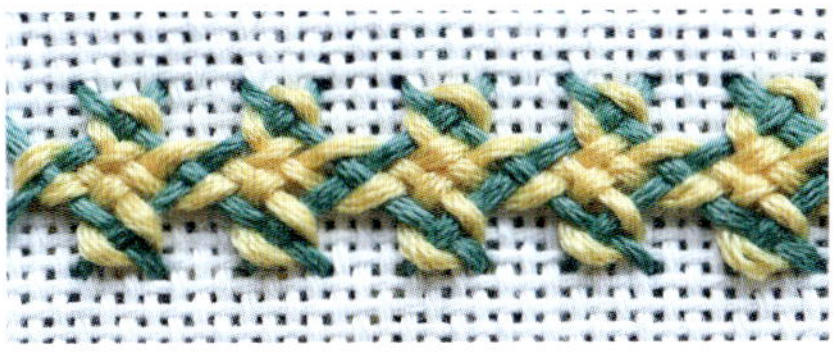

Auch dieser Stickstich wird auf der Basis des doppelten Hexenstichs gearbeitet. Er bildet ein komplexes Wickelmuster um die darunterliegenden Stiche. Die Hexenstiche sollten daher eher größer gewählt werden, da sonst nicht genug Platz ist, um die Nadel auf und ab zu weben.
Hier ist besonders wichtig, dass der doppelte Hexenstich exakt gestickt ist, da sonst die Fäden nicht so halten wie erforderlich.

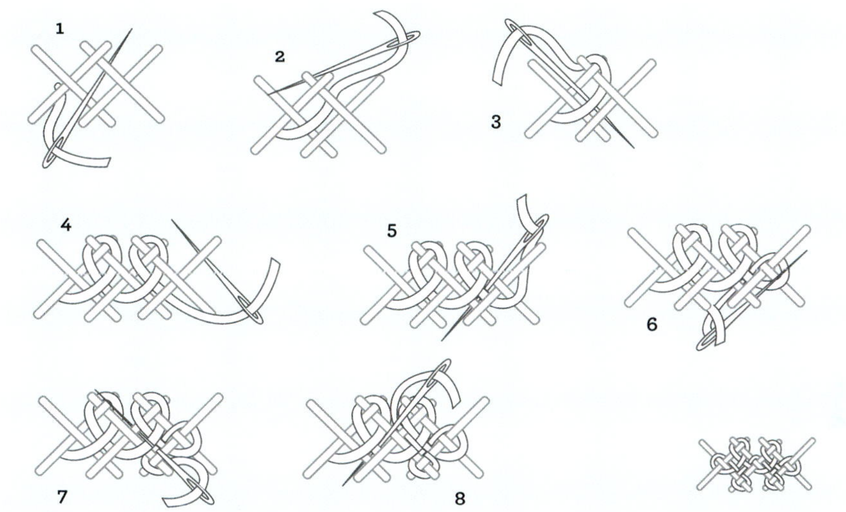

1 Eine Reihe im doppelten Hexenstich sticken. Bei allen folgenden Schritten weder den Stoff noch den Faden durchstechen. Links des ersten Kreuzes ausstechen. Die Nadel von unten unter dem zweiten von schräg oben links kommenden Stich entlangführen.

2 Die Nadel von oben unter dem linken Teil des oberen Kreuzes entlangführen.

3 Die Nadel von schräg oben links über den ersten und unter den nächsten zwei Fäden entlangführen. Schritte 1+2 wiederholen, bis das Ende der Reihe erreicht ist.

4 Zum Wenden die Nadel von unten rechts unter dem letzten oberen Stich entlangführen.

5 Die Nadel von schräg oben rechts über den ersten und unter den nächsten zwei Stichen entlangführen.

6 Die Nadel von unten links unter dem rechten Teil des unteren Kreuzes entlangführen.

7 Die Nadel von schräg unten rechts abwechselnd über und unter die nächsten vier Stiche weben.

8 Von schräg oben rechts die Nadel über den ersten und unter den zwei folgenden Stichen entlangführen. Schritte 6–8 wiederholen bis die Reihe komplett umschlauft ist. Am Ende in die Ausstichstelle des Schlaufenbeginns sticken, um die Umschlaufung zu schließen.

GESPIEGELTER HALBER HEXENSTICH

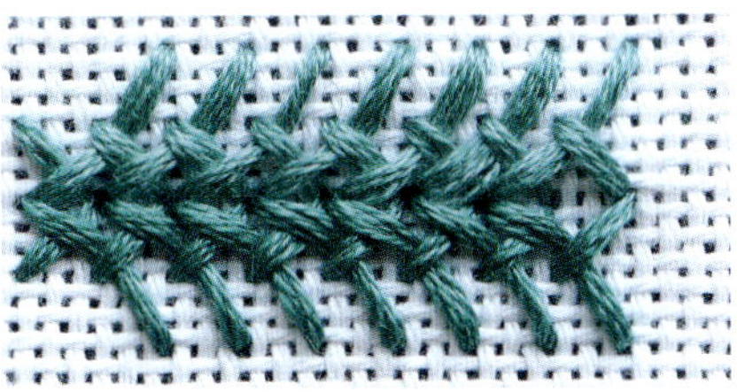

1 Mittig links ausstechen. Die Nadel unten rechts einstechen und weiter links wieder nach oben führen.

2 Die Nadel weiter rechts oben in den Stoff einstechen und schräg links darunter wieder nach oben führen.

3 Schritte 1+2 wiederholen, bis die gewünschte Länge erreicht ist.

4 Auf der unteren Ebene mittig links beginnen. Die Nadel oben rechts einstechen und weiter links wieder nach oben führen.

5 Die Nadel weiter rechts unten in den Stoff einstechen und schräg links darüber wieder nach oben führen.

6 Schritte 5+6 bis zum Ende der Reihe wiederholen. Dabei die Ein- und Ausstichstellen der Stiche der oberen Reihe nutzen.

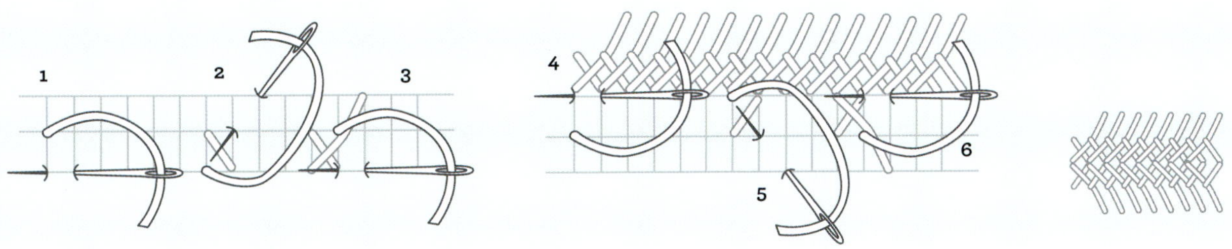

GEDREHTER HEXENSTICH

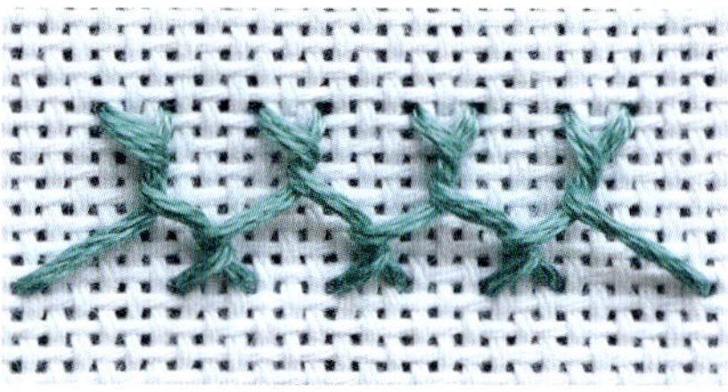

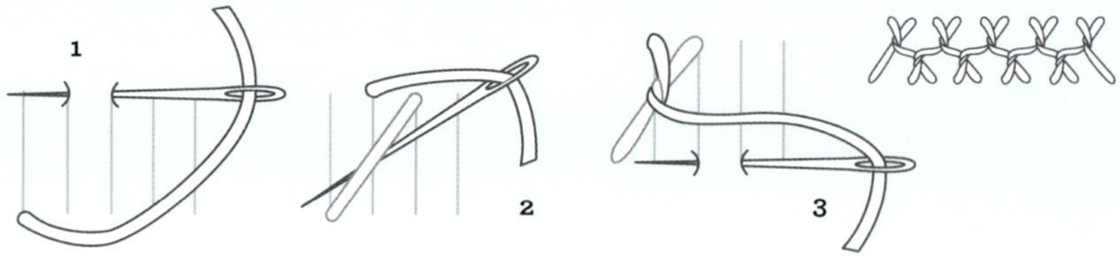

Der gedrehte Hexenstich und der Bretonstich sind einfache Optionen, um den Hexenstich etwas interessanter zu gestalten. Außerdem bewirkt die Drehung in der Mitte, dass der Stich etwas robuster ist.

1 Unten links ausstechen. Die Nadel oben rechts in den Stoff einstechen und ein Stück weiter links, auf gleicher Höhe, nach oben führen.

2 Die Nadel von rechts nach links unter dem entstandenen Stich entlangführen. Dabei weder Stoff noch Faden durchstechen.

3 Die Nadel unten rechts in den Stoff einstechen und etwas weiter links, auf gleicher Höhe, nach oben führen. Dann wie in Schritt 2 die Nadel unter dem entstandenen Stich entlangführen, dabei weder Stoff noch Faden durchstechen. Schritte 1–3 fortlaufend wiederholen.

BRETONSTICH

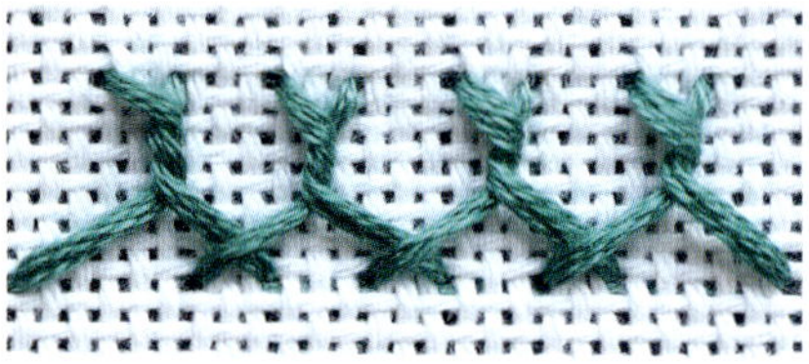

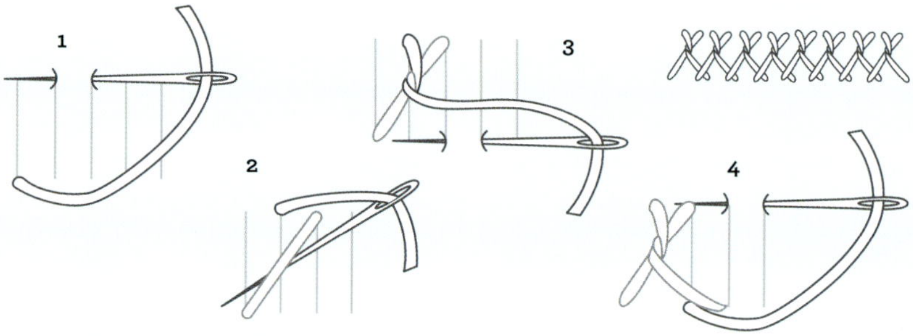

Der Bretonstich wird ähnlich wie der gedrehte Hexenstich gearbeitet. Hier wird allerdings nur das obere Kreuz verdreht.

1 Unten links ausstechen. Die Nadel oben rechts in den Stoff einstechen und ein Stück weiter links, auf gleicher Höhe, nach oben führen.

2 Die Nadel von rechts nach links unter dem entstandenen Stich entlangführen. Dabei weder Stoff noch Faden durchstechen.

3 Die Nadel unten rechts in den Stoff einstechen und etwas weiter links, auf gleicher Höhe, nach oben führen. Schritte 1–3 fortlaufend wiederholen.

GESCHLOSSENER HEXENSTICH

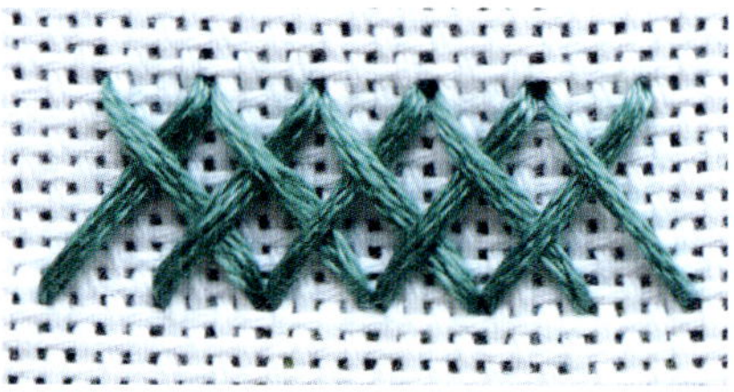

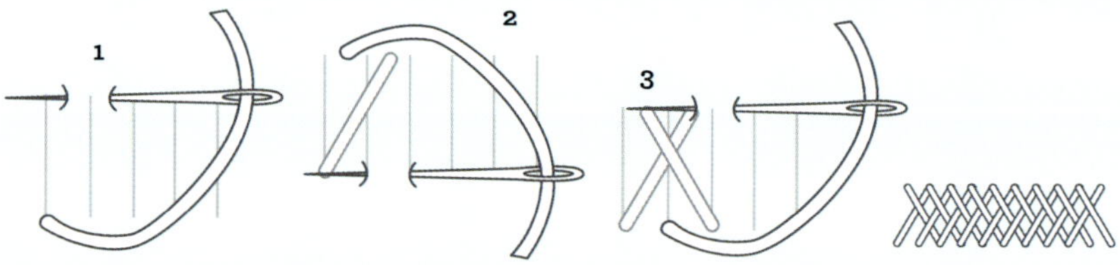

1 Unten links ausstechen. Die Nadel oben rechts in den Stoff einstechen und etwas weiter links, auf gleicher Höhe, wieder nach oben führen.

2 Die Nadel weiter rechts, unten in den Stoff einstechen und auf der unteren Linie, mittig zwischen den beiden sich kreuzenden Stichen nach oben führen.

3 Die Nadel oben, etwas weiter rechts, in den Stoff einstechen und am Endpunkt des Stiches auf der oberen Linie wieder nach oben führen. Schritte 2+3 wiederholen bis die gewünschte Länge erreicht ist. Dabei die Ein- und Ausstichstellen der vorherigen Stiche nutzen.

OTOMI-HEXENSTICH

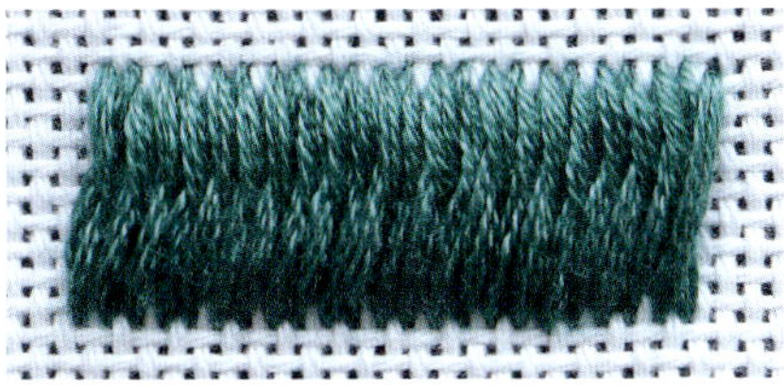

Dieser Stickstich ist ein sehr dicht gestickter, geschlossener Hexenstich. Er wird, z. B. in lateinamerikanischen Ländern, verwendet um großflächige Muster und Motive auszufüllen. Da die Fäden nahezu komplett auf der Vorderseite liegen, ist er sehr fadensparend. Für das Ausfüllen von großen Flächen wird die Fläche zunächst in Reihen unterteilt und dann Reihe für Reihe gestickt.

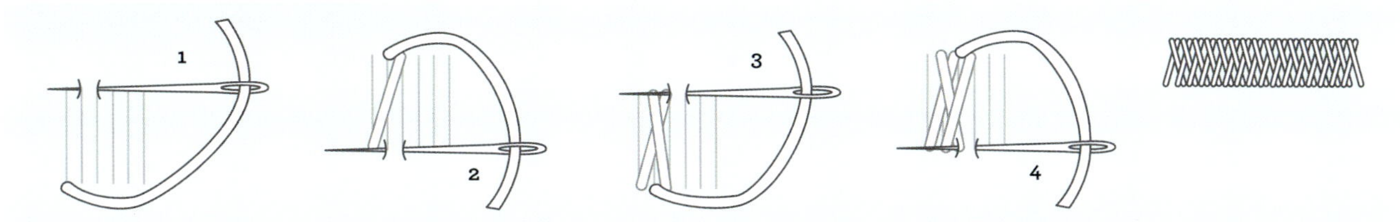

1 Unten links ausstechen. Die Nadel oben rechts in den Stoff einstechen und ein Stück weiter links, auf gleicher Höhe, nach oben führen.

2 Die Nadel unten rechts in den Stoff einführen und ein Stück weiter links, auf gleicher Höhe, wieder nach oben führen.

3+4 Ab jetzt immer abwechselnd oben und unten ein Stück weiter rechts einstechen und im vorherigen Stich wieder nach oben kommen.

VANDYKESTICH

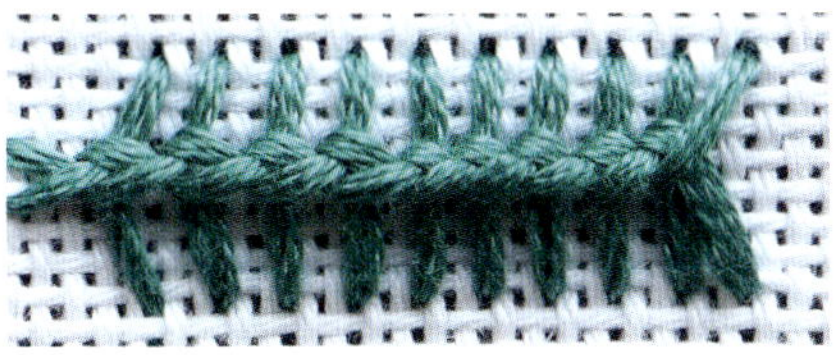

Dieser Stickstich ähnelt dem Grätenstich. Hier werden allerdings die Fäden in der Mitte nicht im Stoff verankert, sondern um das vorherige Kreuz geschlungen. Das ergibt eine Art geflochtenen, breiten Stich.

1 Unten links ausstechen. Die Nadel oben weiter rechts in den Stoff einstechen und ein Stück links davon, auf gleicher Höhe, wieder nach oben führen.

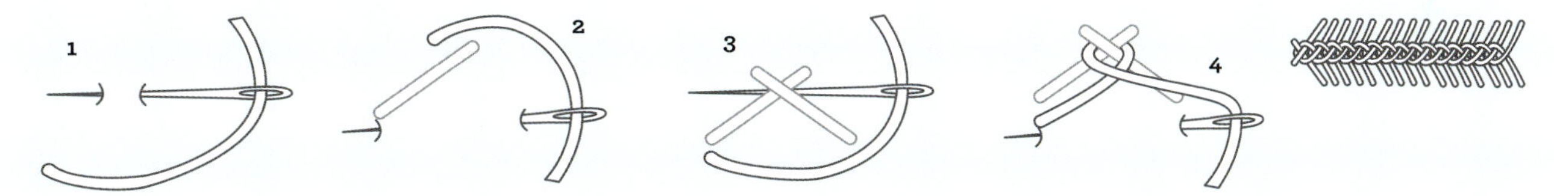

2 Die Nadel dann unten rechts in den Stoff stechen und ein Stück weiter unten links nach oben führen.

3 Die Nadel von rechts unter dem entstandenen Kreuz entlangführen. Dabei weder Stoff noch Faden durchstechen.

4 Die Nadel unten rechts in den Stoff stechen und ein Stück weiter unten links nach oben führen. Schritte 3+4 fortlaufend wiederholen.

GEHÖHTER UMSCHLUNGENER HEXENSTICH

Dieser Hexenstich ist ein sehr aufwendiger Stich. Er ergibt eine gehöhte Form, die in unterschiedlichen Farben gestickt werden kann.

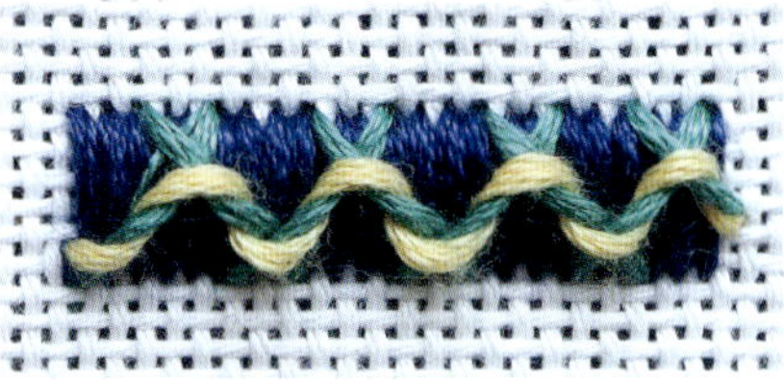

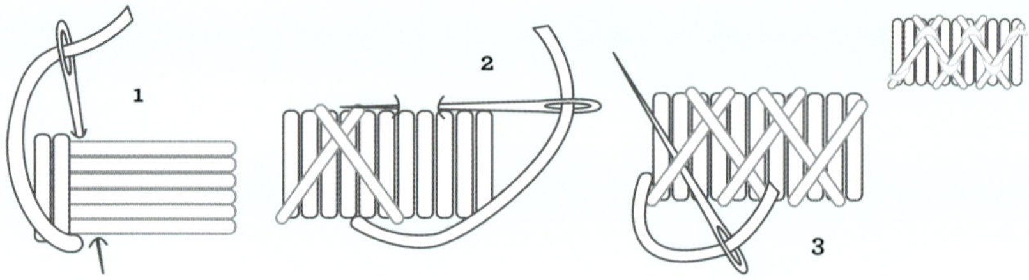

1 Einige Spannstiche parallel zueinander in der gewünschten Länge sticken. Dann diese Stiche mit Plattstichen übersticken.

2 Klassische Hexenstiche über die Plattstiche sticken.

3 Die Hexenstiche umwickeln wie beim umschlungenen Hexenstich.

VIKTORIANISCHER TUFTSTICH

Bei dieser Technik wird eine Art „Plüsch" erzeugt. Dazu werden viele Lagen klassische Hexenstiche übereinander gestickt. Diese können dieselbe oder unterschiedliche Farben haben, wie z. B. Abstufungen derselben Farbe. Wird der innerste Hexenstich sehr kurz gestickt, wird die Lücke in der Mitte nicht so sichtbar. Diese Sticktechnik funktioniert am besten mit filzenden Materialien, wie Wollgarnen. Hier verhaken sich die Fäden besser ineinander und fallen auch nach dem Aufschneiden nicht so schnell heraus.

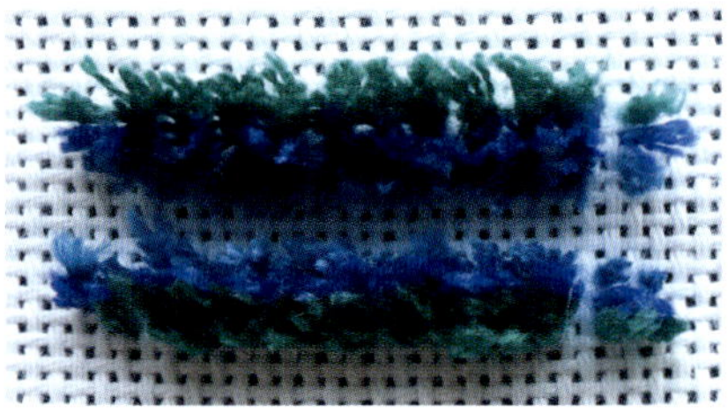

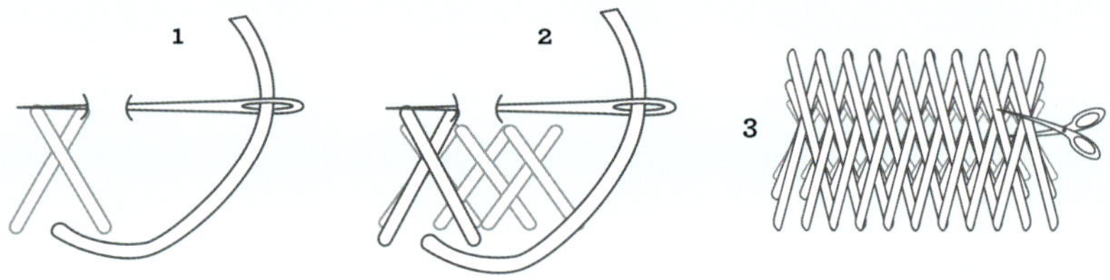

1 Eine Reihe im klassischen Hexenstich sticken.

2 Nacheinander weitere Reihen klassische Hexenstiche über die darunterliegenden Reihen sticken. Dabei die Stichhöhe stetig vergrößern – die Breite soll unverändert bleiben.

3 Mit einer spitzen Schere die Fäden entlang der Mittellinie vorsichtig aufschneiden. Achtung! Dabei den Stoff nicht erfassen, hier kann es hilfreich sein, vorher mit einer dickeren Nadel den Weg zu ebnen, sodass man beim Schneiden eine Führung hat. Nach dem Aufschneiden die Fäden gleich lang schneiden und ein wenig aufplüschen.
Um ganz sicher zu gehen, dass der Stoff nicht zerschnitten wird, kann man auch vor dem Sticken einen schmalen Pappstreifen in der Längsmitte auflegen und diesen dann, wie beschrieben, mit den Hexenstichen übersticken. Die Schere dann beim Aufschneiden über die Pappe führen.

GRÄTENSTICH

GRÄTENSTICHE SIND AUS DER FLORALEN STICKEREI NICHT WEGZUDENKEN. OB AUSGEFÜLLT ODER OFFEN – MIT DEM GRÄTENSTICH LASSEN SICH BLÜTENBLÄTTER UND ALLE MÖGLICHEN BLATTFORMEN WUNDERBAR AUSSCHMÜCKEN. DOCH AUCH AUSSERHALB DER FLORALEN MUSTER KANN DER GRÄTENSTICH GLÄNZEN. ALS BREITE LINIE GESTICKT, IST ER FÜR DICKE SCHRIFTZÜGE ODER BÄNDER EIN ECHTER HINGUCKER.

GRÄTENSTICH

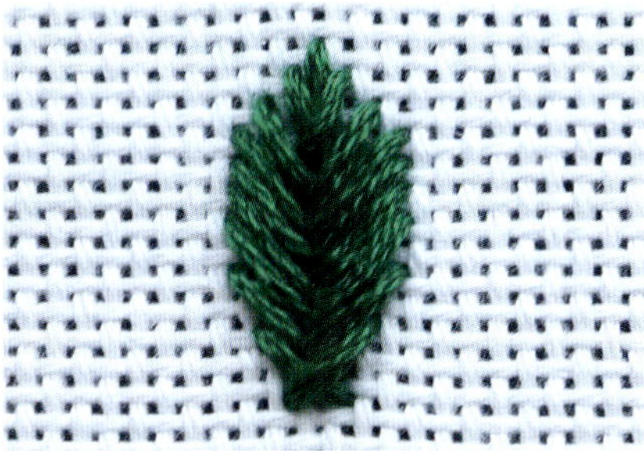

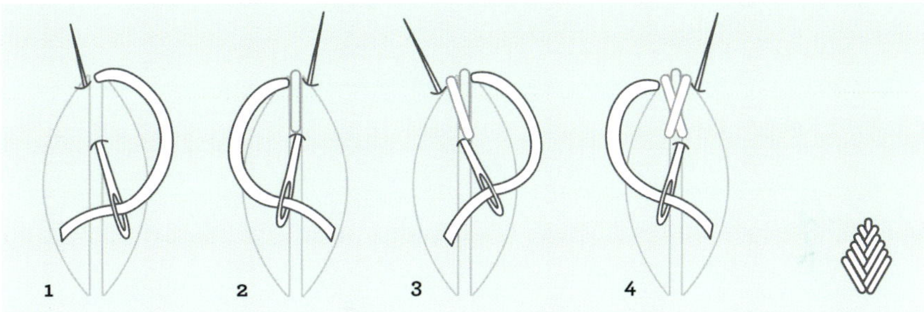

Da der Grätenstich und seine Varianten gerne für Blätter genutzt werden, sind einige der folgenden Stiche mit gebogenen Außenkanten gezeigt. Hier kann es hilfreich sein, sich die Form vorzuzeichnen. Jedoch können alle Grätenstiche ebenso gut mit geraden Außenlinien gestickt werden, wie z. B. beim Flachstich zu sehen ist.

1 Oben in der Mitte ausstechen. Die Nadel weiter unten, mittig in den Stoff einstechen und oben links neben dem Startpunkt wieder nach oben führen.

2 Die Nadel etwas weiter unten, leicht rechts von der Mitte, in den Stoff einstechen und oben rechts neben dem Startpunkt wieder nach oben führen.

3 Die Nadel etwas links von der Mitte, auf gleicher Höhe wie zuvor, in den Stoff einstechen und oben links neben dem Startpunkt wieder nach oben führen.

4 Nach diesem Prinzip immer abwechselnd Stiche nach rechts und links sticken und dabei Stück für Stück nach unten gehen, bis die Form ausgefüllt ist.

FLACHSTICH

Der Flachstich wird ähnlich wie der Grätenstich gestickt. Der Unterschied ist, dass der Abstand zwischen den Einstichstellen in der Mitte deutlich weiter auseinanderliegt. Dadurch entsteht ein flacheres Stichbild.

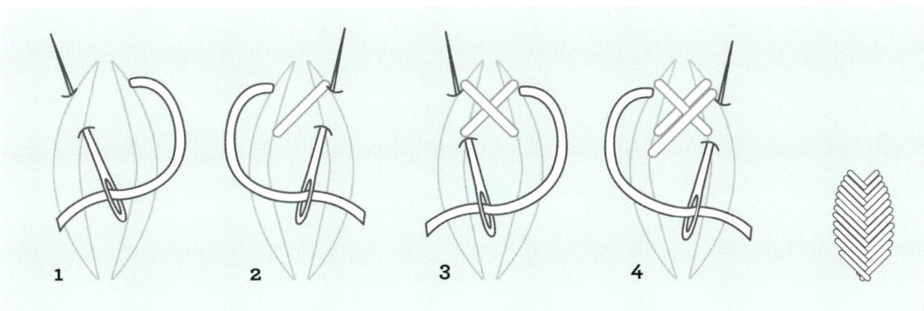

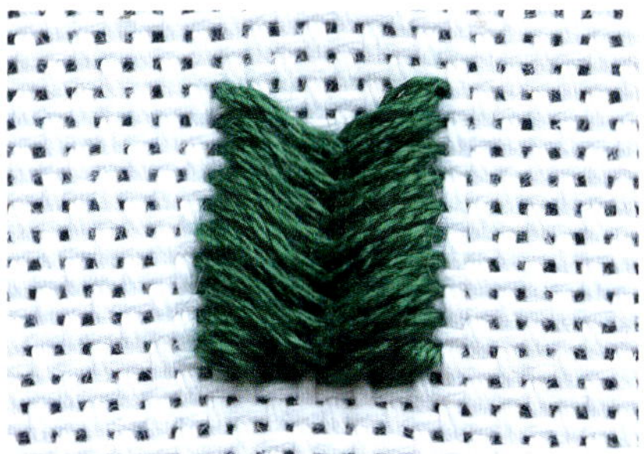

1 Oben rechts ausstechen. Die Nadel weiter unten links von der Mitte in den Stoff einstechen und oben links auf der Außenlinie wieder nach oben führen.

2 Die Nadel weiter unten rechts von der Mitte, auf gleicher Höhe wie zuvor, in den Stoff einstechen und oben rechts unterhalb des Startpunkts wieder nach oben führen.

3+4 Nach diesem Prinzip immer abwechselnd Stiche nach rechts und links sticken und dabei Stück für Stück nach unten gehen, bis die Form ausgefüllt ist.

GEHÖHTER GRÄTENSTICH

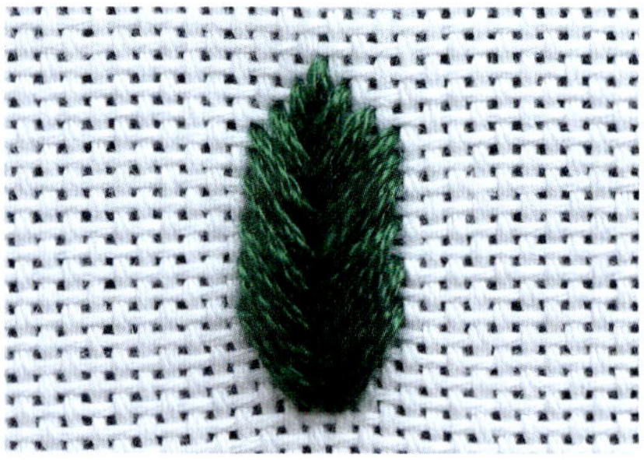

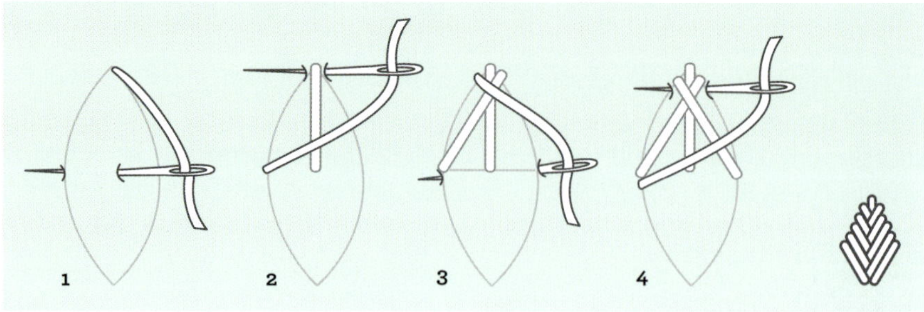

Für den gehöhten Grätenstich werden die Stiche nicht, wie sonst üblich, mittig angesetzt, sondern immer auf den Außenlinien. Dadurch entsteht eine Art Polsterung, aufgrund der Fülle an Fäden unter den sichtbaren Stichen. Dieser Stickstich ist immer dort sinnvoll, wo etwas mehr Volumen und Höhe erwünscht ist.

1 Oben in der Mitte ausstechen. Die Nadel senkrecht weiter unten auf der Mittellinie in den Stoff einstechen und horizontal nach links wieder nach oben führen.

2 Die Nadel oben rechts neben dem Startpunkt in den Stoff einstechen und horizontal, ein Stück weiter links neben dem Startpunkt wieder nach oben führen.

3 Die Nadel unten rechts, auf gleicher Höhe wie zuvor, auf der Außenlinie in den Stoff einstechen und links etwas unterhalb des vorherigen Stichs wieder nach oben führen.

4 Nach diesem Prinzip immer abwechselnd Stiche nach rechts und links sticken und dabei Stück für Stück nach unten gehen, bis die Form ausgefüllt ist.

GEKREUZTER GRÄTENSTICH

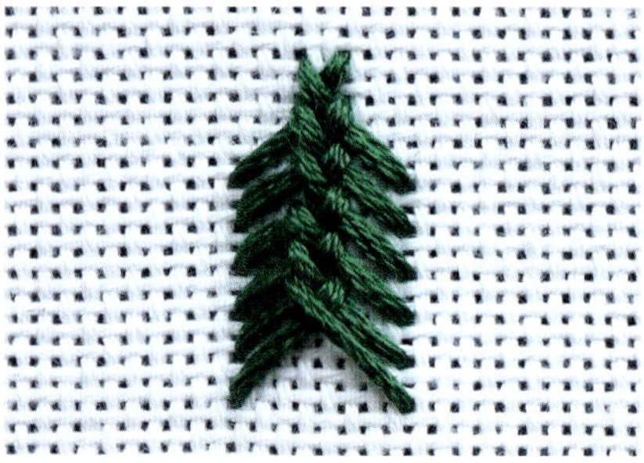

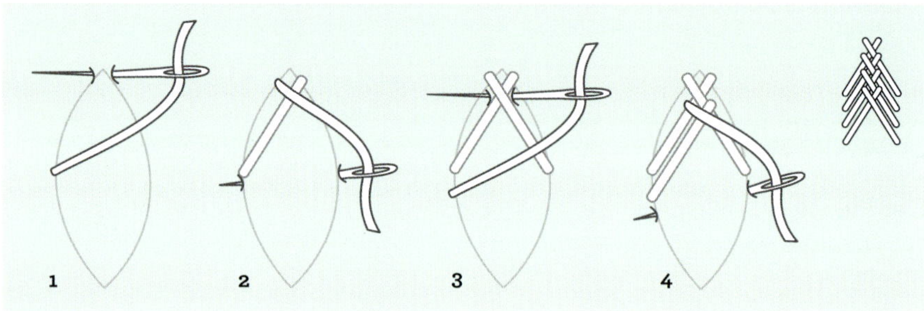

Beim gekreuzten Grätenstich liegen, anders als beim klassischen Grätenstich, die überkreuzten Teile oben. Dadurch entsteht ein Füllstich mit einem, wie geflochten wirkenden, Band obenauf.

1 Links auf der Außenlinie ausstechen. Die Nadel oben rechts einstechen und horizontal, ein Stück weiter links, wieder nach oben führen.

2 Die Nadel auf der Außenlinie rechts, auf gleicher Höhe, in den Stoff einstechen und leicht unterhalb des ersten Stichs wieder nach oben führen.

3 Die Nadel leicht unterhalb, auf der rechten Seite des letzten Stichs, einstechen. Dann auf der anderen Seite des Kreuzes, auf gleicher Höhe, leicht unterhalb des letzten Stichs nach oben führen.

4 Die Nadel auf der Außenlinie rechts, etwas weiter unten, in den Stoff einstechen und leicht unterhalb des letzten Stichs auf der Außenlinie links wieder nach oben führen. Schritte 3+4 wiederholen, bis die Fläche ausgefüllt ist.

OFFENER GRÄTENSTICH

Dieser Stickstich wird auch kretischer Grätenstich genannt. Die Abstände zwischen den Stichen werden hier vergrößert. Dadurch entsteht ein offeneres Erscheinungsbild, wie z. B. bei Blattadern.

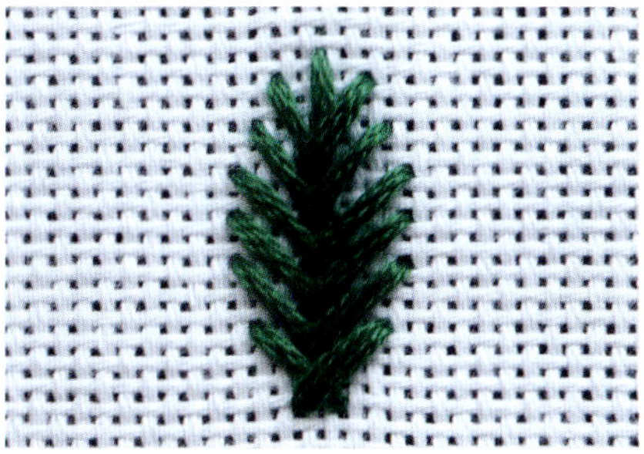

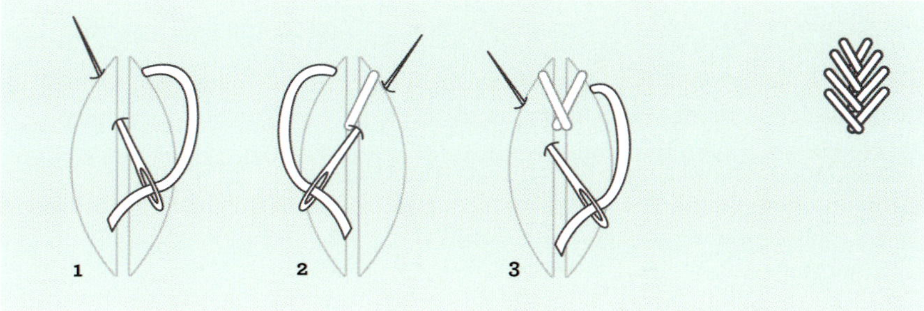

1 Oben rechts ausstechen. Die Nadel weiter unten, links von der Mitte, in den Stoff einstechen und oben links auf der Außenlinie wieder nach oben führen.

2 Die Nadel weiter unten, leicht rechts von der Mitte, in den Stoff einstechen und oben rechts neben dem Startpunkt wieder nach oben führen.

3 Nach diesem Prinzip immer abwechselnd Stiche nach rechts und links sticken und dabei Stück für Stück nach unten gehen, bis die Form ausgefüllt ist.

FLECHTSTICH

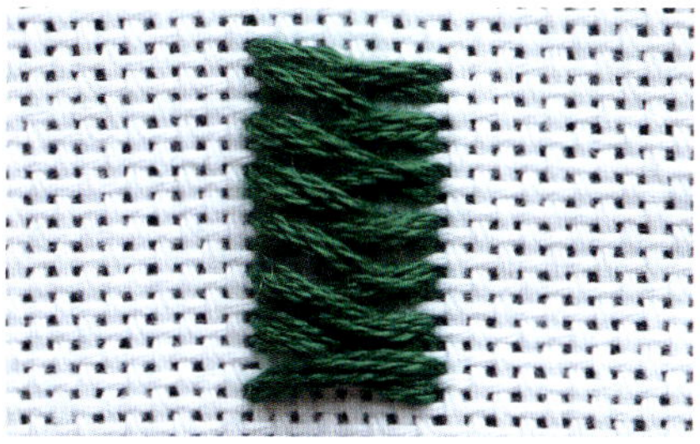

Der Flechtstich macht sich sehr schön als dicke Borte. Das Flechtmuster kommt so gut zur Geltung.

1 Oben links ausstechen. Die Nadel weiter unten rechts in den Stoff einstechen und auf der linken Seite unterhalb der Ausstichstelle wieder nach oben führen.

2 Rechts, auf halber Höhe zum ersten Stich, die Nadel einstechen und auf der linken Seite zwischen den beiden Stichen wieder nach oben führen.

3 Die Nadel rechts, etwas unterhalb des letzten Stichs, in den Stoff einstechen und auf der anderen Seite unterhalb des letzten Stichs wieder nach oben führen.

4+5 Die Nadel in den vorletzten Stich auf der rechten Seite stechen. Auf der linken Seite beim letzten Stich wieder nach oben führen. Fortlaufend so weiter sticken, dabei immer die vorher gestickten Stichlöcher nutzen.

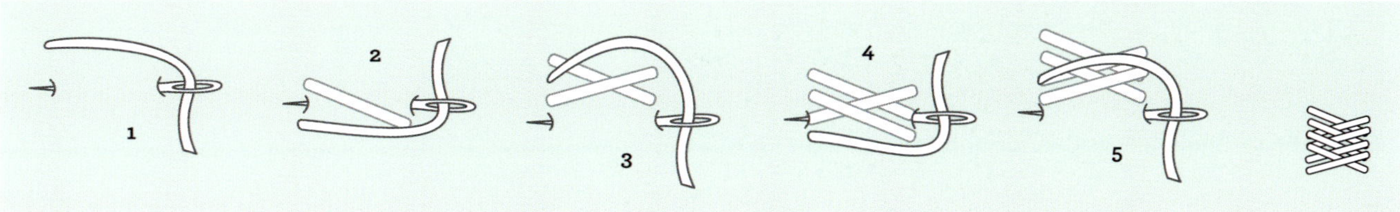

KNOTENSTICH

KNOTENSTICHE ENTSTEHEN DURCH – TEILWEISE KOMPLEXE – WICKLUNGEN DES FADENS UM NADEL ODER STICHE. DABEI ENTSTEHEN VOM STOFF ABSTEHENDE ODER KUNSTVOLL VERFLOCHTENE FADENSTRUKTUREN. KNOTEN BENUTZT MAN GERNE FREI VERTEILT ALS EINZELELEMENTE FÜR STREUMUSTER ODER DICHT ANEINANDER FÜR EINE VOLUMINÖSE TEXTUR. MANCHE KNOTENSTICHE SIND AUCH FÜR AUSDRUCKSSTARKE LINIENSTICHE GEEIGNET.
OFT SIND KNOTENSTICHE BEIM ERSTEN AUSPROBIEREN ETWAS SCHWIERIGER NACHZUSTICKEN – JEDOCH, WENN MAN DEN DREH ERST EINMAL RAUS HAT, SIND SIE EINE BEREICHERUNG FÜR JEDES STICKPROJEKT.

TIPP: BEI DEN ERSTEN FÜNF, DER HIER VORGESTELLTEN KNOTENSTICH-VARIANTEN, MUSS DIE NADEL DURCH EINIGE FADEN-WICKLUNGEN HINDURCHGEZOGEN WERDEN. DABEI HILFT ES, EINE EHER LANGE, DÜNNE NADEL MIT EINEM SCHMALEN ÖHR ZU BENUTZEN. DANN GLEITET DIE NADEL BESSER DURCH DIE WICKLUNGEN. AUCH IST ES RATSAM, DIE WICKLUNGEN ZWAR STRAFF, ABER NICHT ZU FEST ZU MACHEN, DANN DIE NADEL LANGSAM DURCHZIEHEN, UM EVENTUELLE VERHEDDERUNGEN IM FADEN ZU VERMEIDEN.

KNÖTCHENSTICH

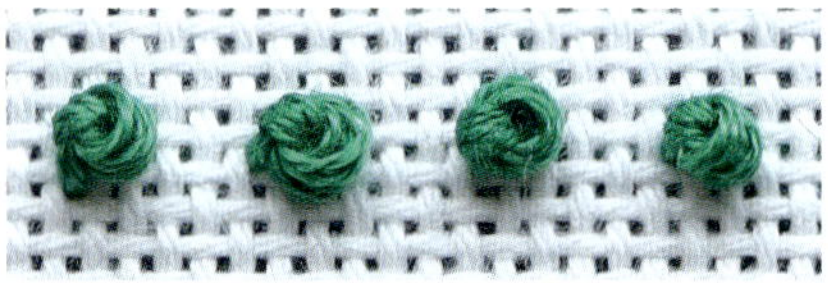

Der Knötchenstich ist einer der bekanntesten Knotenstiche. Es entsteht ein deutlich vom Stoff abstehender Knoten.

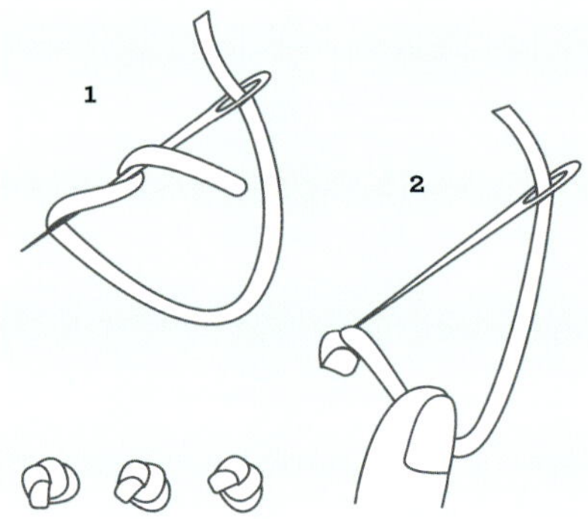

1 Unten rechts ausstechen. Den Faden zuerst über die Nadel legen und dann 1–3-mal um die Nadel wickeln.

2 Mit der linken Hand den Faden nach rechts ziehen, sodass die Umwicklungen auf der Nadel zusammengehalten werden. Dann die Nadel direkt neben der Ausstichstelle des Fadens in den Stoff einstechen und durchziehen. Dabei den Faden weiterhin mit der linken Hand straff halten, damit die Wicklungen nah an der Nadel bleiben und keine Wellen bilden.

STEMPELSTICH

Der Stempelstich ist die verlängerte Version des Knötchenstichs. Hier wird mit dem Knoten ein Stück hinter der Ausstichstelle eingestochen. Die Form ähnelt einem Stempel oder Pollenfaden bei Blüten, weshalb er gerne dafür genutzt wird und so seinen Namen erhielt.

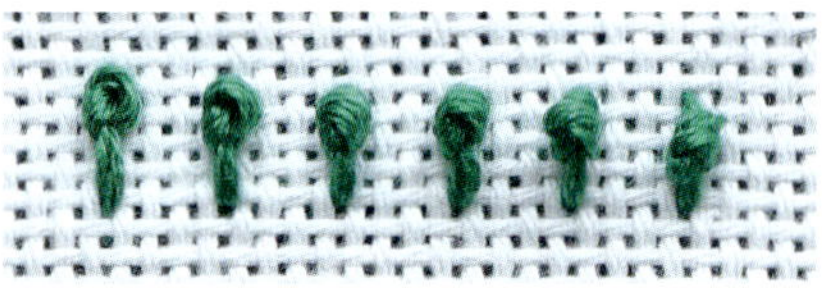

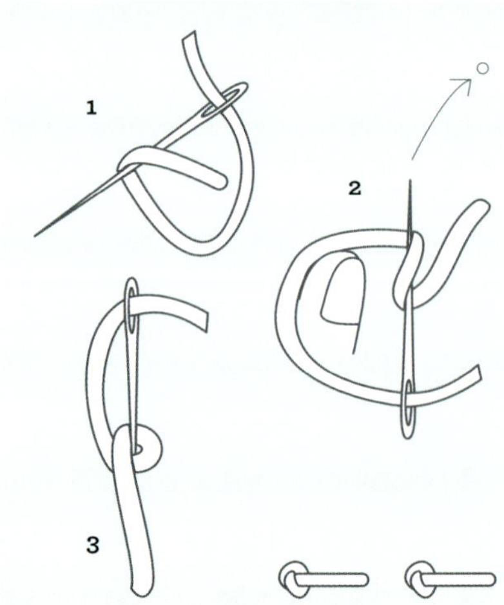

1 Unten rechts ausstechen. Den Faden zuerst über die Nadel legen und dann 1–3-mal um die Nadel wickeln.

2+3 Mit der linken Hand den Faden nach rechts ziehen, sodass die Umwicklungen auf der Nadel zusammengehalten werden. Dann die Nadel ein Stück weiter oben in den Stoff einstechen und durchziehen. Dabei den Faden weiterhin mit der linken Hand straff halten, damit die Wicklungen nah an der Nadel bleiben und keine Wellen bilden.

KOLONIALKNOTEN

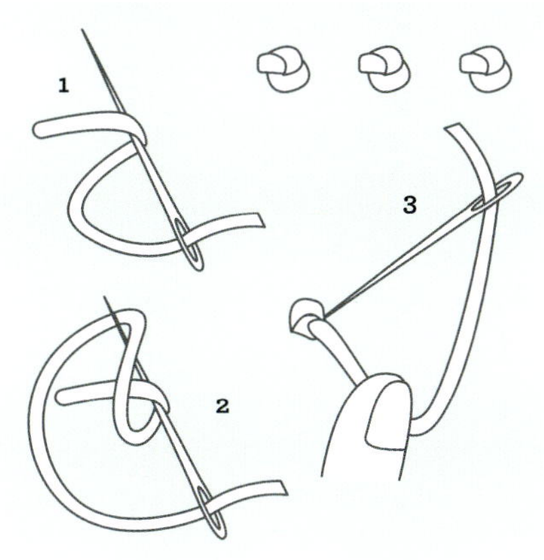

Dieser Knotenstich wird immer mit zwei Wicklungen gestickt, die achtförmig um die Nadel geschlungen werden. Er liegt etwas flacher auf dem Stoff als der Knötchenstich und ist auch eine gute Alternative, falls dieser nicht gelingen will.

1 Links ausstechen. Den Faden locker auf den Stoff legen. Dann die Nadel von links nach rechts gegen den Faden führen, sodass der obere Teil des Fadens über der Nadel liegt und der untere Teil darunter.

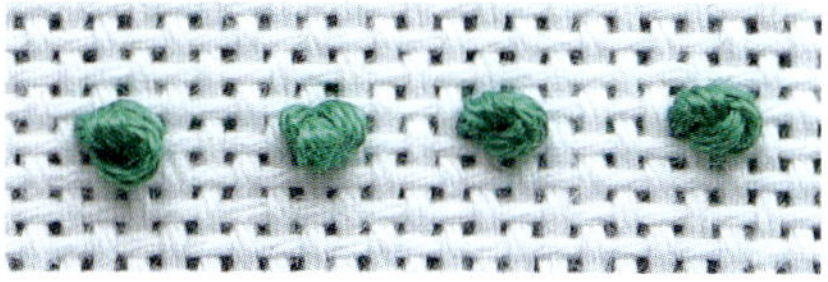

2 Den Faden von rechts nach links unter die Nadelspitze legen. Es entsteht eine 8.

3 Den Faden mit der linken Hand straff halten. Die Nadel direkt neben dem Ausgangspunkt in den Stoff stechen und langsam durchziehen.

PEKING-KNOTEN

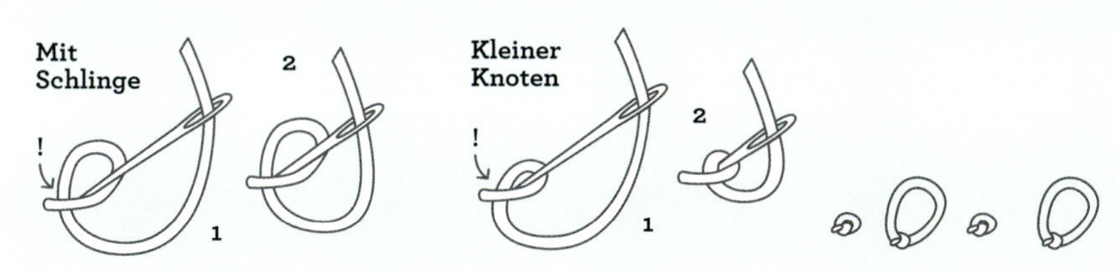

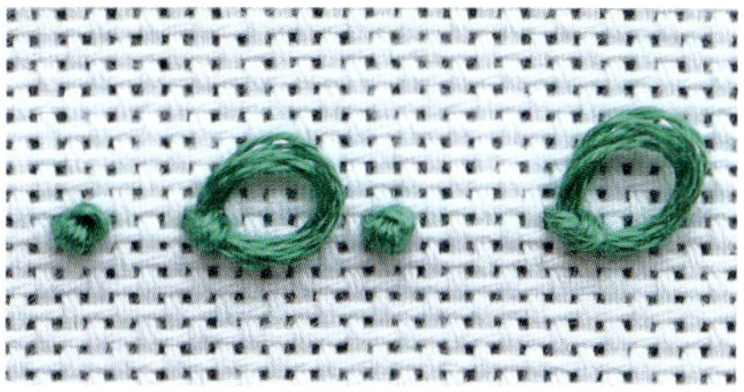

Dieser Stickstich hat zwei Varianten. Er kann als Knoten oder als Schlinge gestickt werden. Bei der Variante mit der Schlinge ist es wichtig, dass die Schlaufe immer wie gewünscht geformt wird, bevor der Faden durchgezogen wird. Es ist nachträglich nur schwer möglich, das zu ändern.

1 Unten links ausstechen. Den Faden so greifen, dass der Zeigefinger unten liegt und der Daumen oben. Dann die Hand zum Körper hin drehen, sodass eine Fadenschlaufe entsteht. Die Nadel direkt neben der Ausstichstelle in den Stoff einstechen. Dabei muss die Nadel innerhalb der Schlaufe sein.

2 Für den kleinen Knoten jetzt den Faden festziehen, sodass er eng an der Nadel anliegt. Für die Schlinge die Schlaufe so groß legen, wie die Schlinge gewünscht wird, dann die Schlinge festhalten und die Nadel durchziehen.

WICKELSTICH

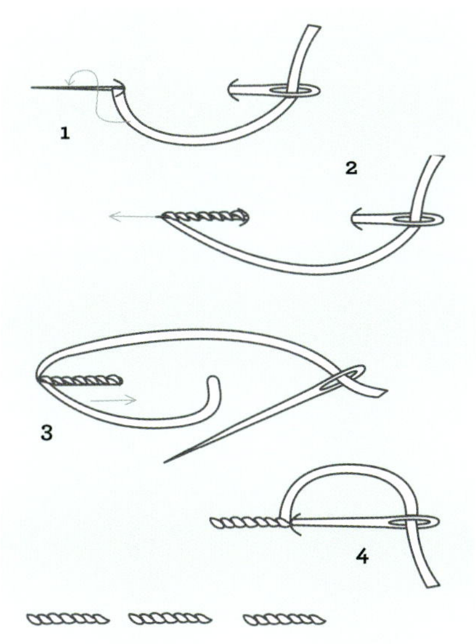

Der Wickelstich kann in der Länge variabel gestickt werden. Die Anzahl der Wicklungen hängt davon ab, wie lang die abzudeckende Strecke ist. Beim Wickeln muss man also ungefähr abschätzen, ob die umwickelte Strecke auf der Nadel in etwa so lang ist wie die abzudeckende.

1 An gewünschter Stelle ausstechen. Ein Stück weiter rechts in den Stoff einstechen und an der Ausstichstelle des Fadens die Nadel wieder aus dem Stoff herausführen. Dann den Faden zuerst über die Nadelspitze legen und diese fortlaufend mehrmals umwickeln.

2 Die Nadel nach links durch die Wicklungen hindurchziehen.

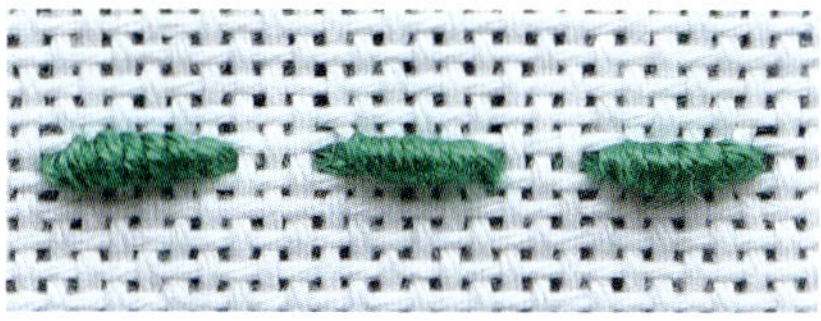

Dabei mit der linken Hand den Faden straff halten, damit die Wicklungen nah beieinanderbleiben.

3 Den Faden aus den Wicklungen langsam nach rechts ziehen und so diese in Position legen. Der untere Faden sollte dabei komplett verschwinden. Es hilft, die Wicklungen mit der linken Hand zu führen, sodass sie sich nicht verdrehen.

4 Die Nadel am rechten Ende des Stichs einstechen.

SCHNECKENSTICH

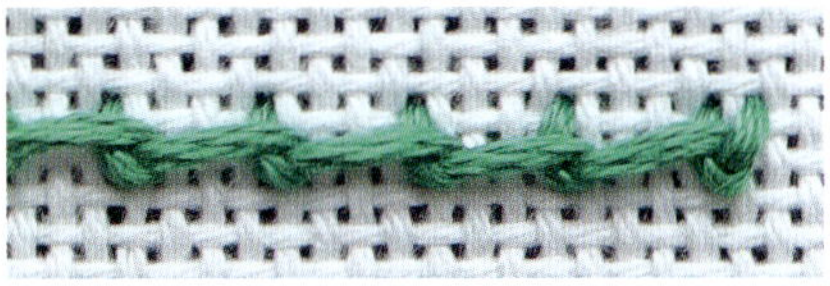

Für diesen Stich ist etwas Fingerspitzengefühl nötig. Die entstehende Schlaufe neigt dazu sich zu verformen, deshalb muss jeder Stich nach oben rechts hin festgezogen werden, bevor der nächste Stich erfolgt.

1 Oben links ausstechen. Die Nadel etwas weiter rechts in den Stoff einstechen und ein Stück senkrecht darunter nach oben führen. Den Faden von links nach rechts hinter den Nadelkopf legen und dann von rechts nach links unter die Nadelspitze. Die Nadel durchziehen.

2 Schritt 1 fortlaufend wiederholen, dabei stets ein Stück nach rechts gehen.

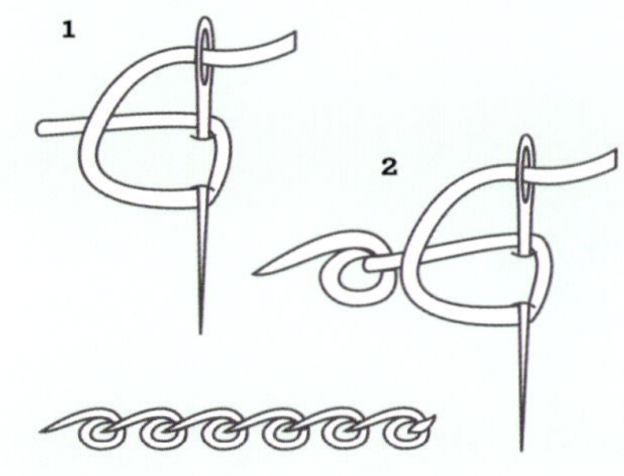

PERLSTICH

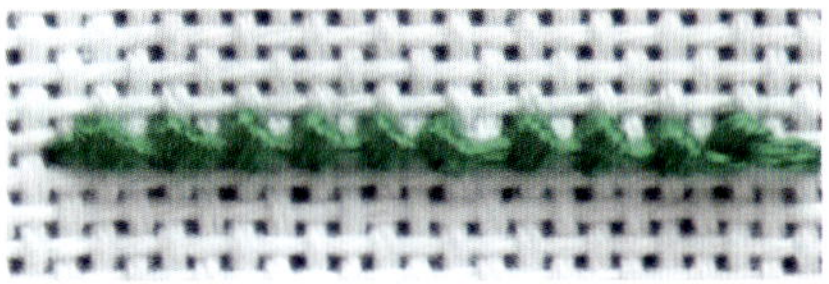

Der Perlstich ist ein wunderbarer Stickstich für kräftige Linien. Dicht aneinander gestickt, ergibt sich eine Art Perlenkette, die besonders mit dicken Garnen gut zur Geltung kommt.

1 Unten rechts ausstechen. Die Nadel etwas weiter oben links einstechen und senkrecht darunter wieder nach oben führen.

2 Die Nadel von rechts nach links unter dem entstandenen Stich entlangführen. Dabei weder Stoff noch Faden durchstechen.

3+4 Schritte 1+2 fortlaufend wiederholen.

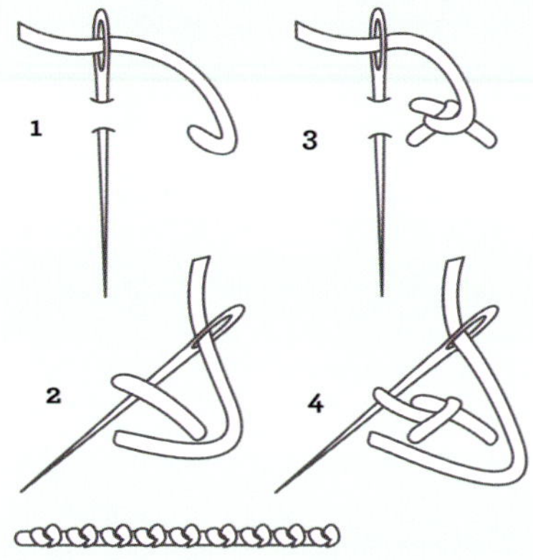

LEITERSTICH

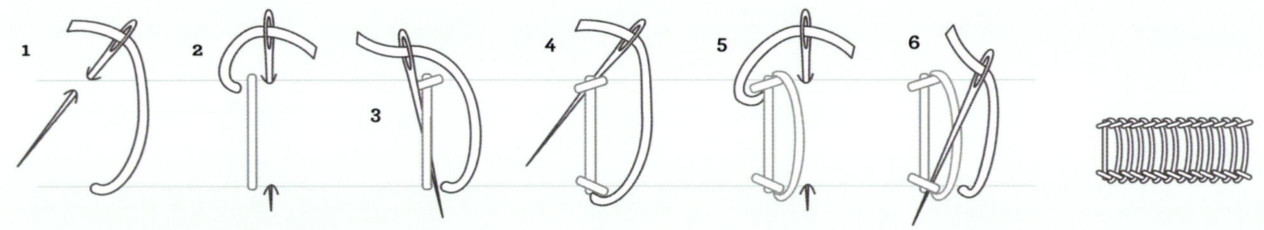

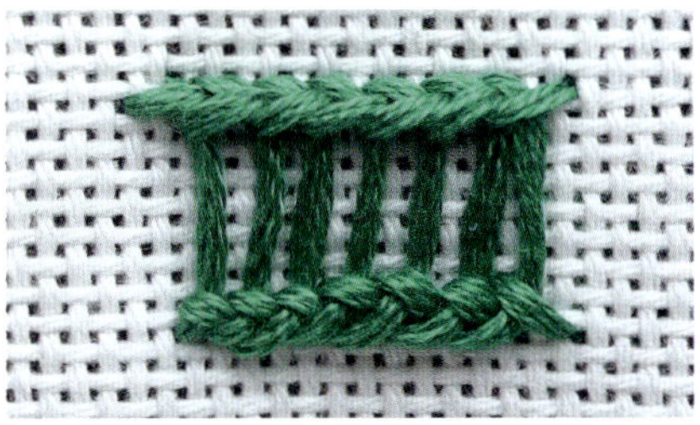

Mit dem Leiterstich entsteht eine dicke Bordüre. Je nachdem wie weit auseinander die Linien sind, umso deutlicher sieht man die Fäden in der Mitte.

1 Unten rechts ausstechen. Die Nadel weiter links oben in den Stoff einstechen und knapp weiter unten links herausführen.

2 Die Nadel knapp neben dem oberen Ende des entstandenen Stichs auf der rechten Seite einstechen und auf der unteren Linie wieder nach oben führen.

3 Die Nadel unter dem ersten Stich von links nach rechts entlangführen. Weder Stoff noch Faden durchstechen.

4 Die Nadel zwischen den oberen beiden Stichen darunter entlangführen. Weder Stoff noch Faden durchstechen.

5 Die Nadel weiter rechts auf der oberen Linie einstechen und auf der unteren Linie wieder nach oben führen.

6 Die Nadel zwischen den oberen unteren Stichen darunter entlangführen. Weder Stoff noch Faden durchstechen. Schritte 4–6 fortlaufend wiederholen.

BASQUE-KNOTEN

Der Basque-Knoten ist auch unter dem Begriff Basque-Stich geläufig.

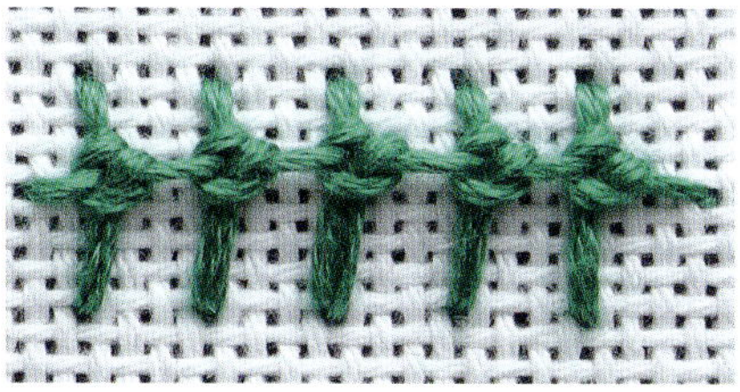

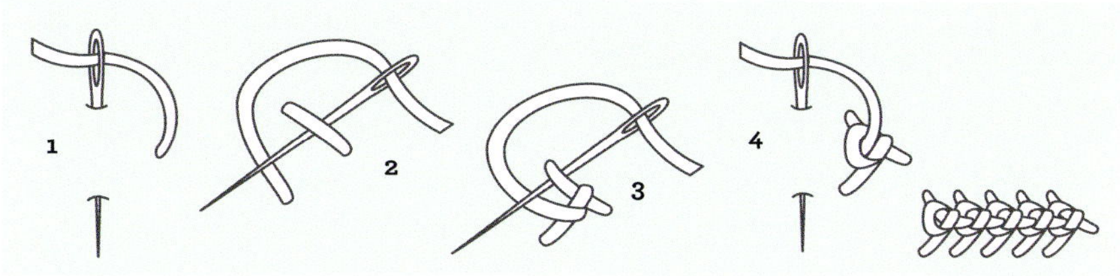

1 Mittig rechts ausstechen. Die Nadel oben links einstechen und ein Stück weiter senkrecht unten nach oben führen.

2 Die Nadel von rechts nach links, unter dem ersten Stich hindurchführen. Der Faden liegt dabei unter der Nadelspitze. Weder Stoff noch Faden durchstechen.

3 Die Nadel von rechts nach links, oberhalb der vorherigen Schlaufe, unter dem ersten Stich hindurchführen. Der Faden liegt dabei unter der Nadelspitze. Weder Stoff noch Faden durchstechen.

4 Schritte 1–3 fortlaufend wiederholen.

SORBELLOSTICH

Der Sorbellostich und der dänische Knotenstich werden als Einzelelement oder als Muster in Reihe oder Fläche gestickt. Durch das Festziehen der Schlaufen werden die darunterliegenden Stiche in Position gezogen.

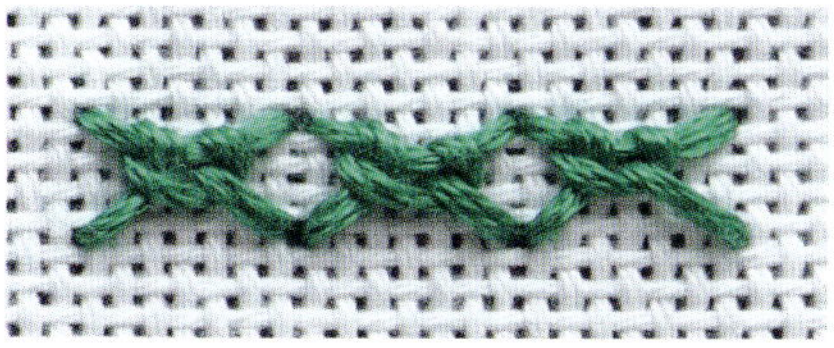

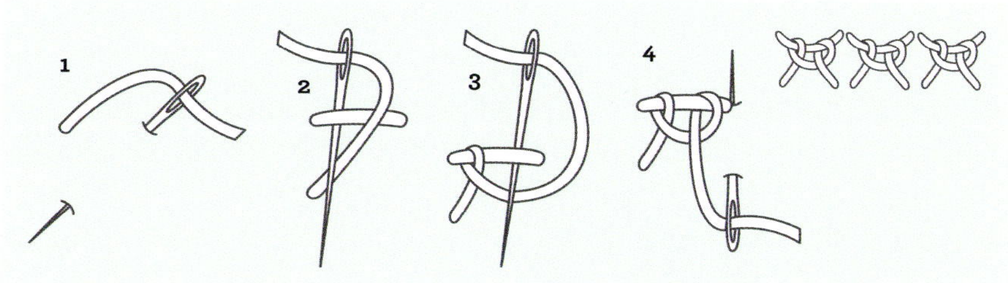

1 Bei einem gedachten Viereck oben links ausstechen. Die Nadel oben rechts in den Stoff einstechen und unten links wieder nach oben führen.

2+3 Die Nadel von oben unter dem entstandenen Stich entlangführen. Dabei liegt der Faden unter der Nadelspitze. In gleicher Weise noch eine zweite Schlaufe bilden. Weder Stoff noch Faden durchstechen.

4 Die Nadel unten rechts in den Stoff einstechen und oben rechts wieder nach oben führen.

DÄNISCHER KNOTENSTICH

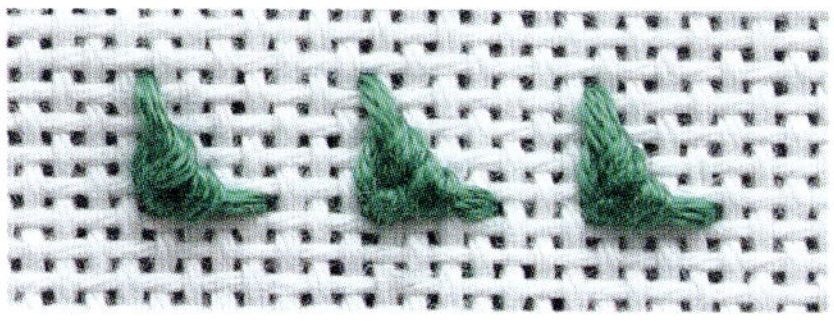

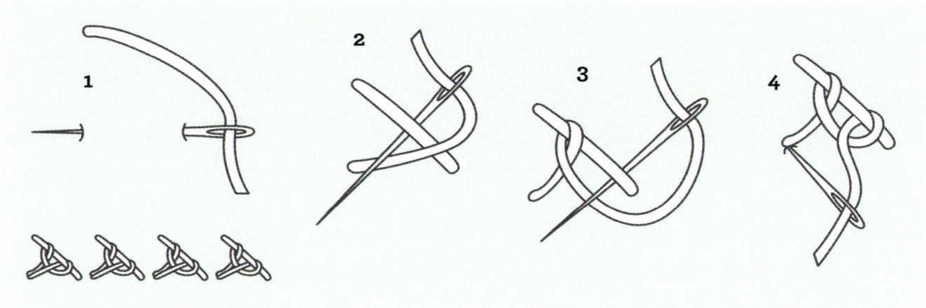

1 Bei einem gedachten Quadrat oben links ausstechen. Die Nadel unten rechts einstechen und unten links wieder nach oben führen.

2+3 Die Nadel von rechts nach links unter dem entstandenen Stich entlangführen. Dabei liegt der Faden unter der Nadelspitze. In gleicher Weise noch eine zweite Schlaufe bilden. Weder Stoff noch Faden durchstechen.

4 Die Nadel unten links in den Anfang der Schlaufen einstechen.

PALESTRINASTICH

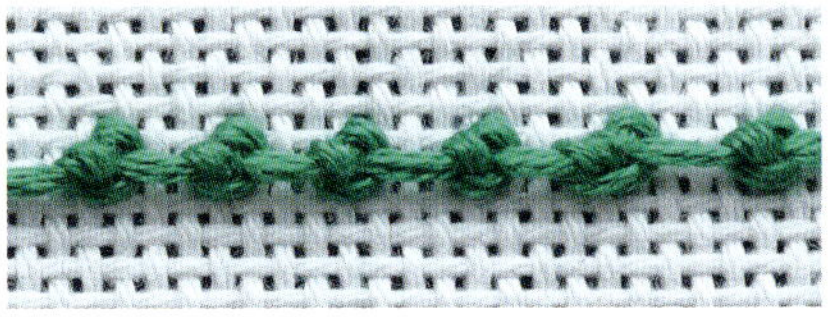

Ähnlich wie der Perlstich ergibt der Palestrinastich, auch Makrameestich genannt, eine geknotete Kette. Dieser Stich hat mehrere Varianten, die alle ähnliche Anwendungsbereiche haben.

1 Unten links ausstechen. Die Nadel etwas weiter oben rechts in den Stoff einstechen und senkrecht darunter wieder nach oben führen.

2 Die Nadel von oben unter dem entstandenen Stich entlangführen.

3 Die Nadel von oben nach unten, oberhalb der ersten Schlaufe, unter dem ersten Stich entlangführen. Dabei liegt der Faden unter der Nadelspitze. Weder Stoff noch Faden durchstechen. Schritte 1–3 fortlaufend wiederholen.

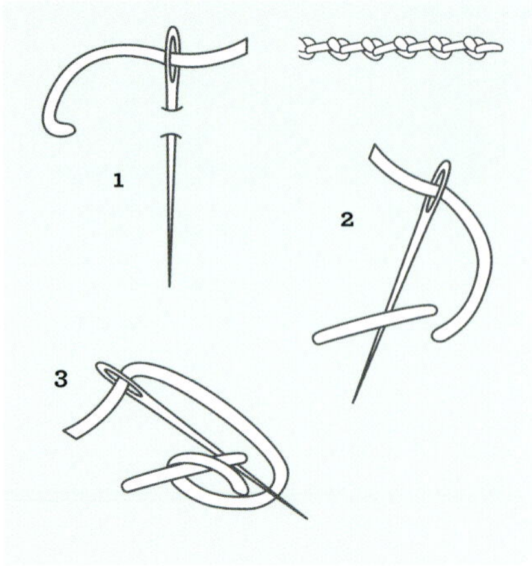

RÜCKWÄRTIGER PALESTRINASTICH

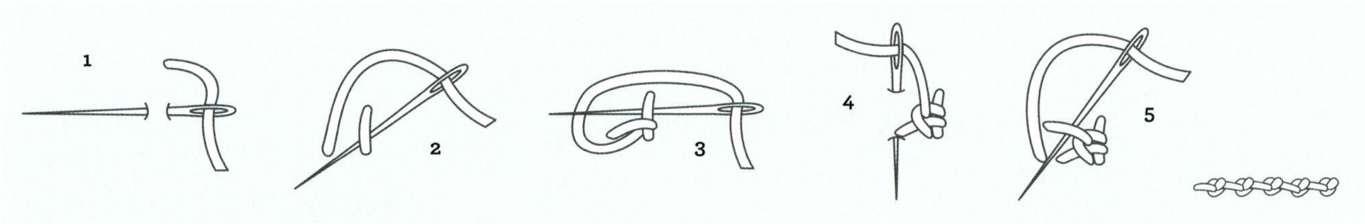

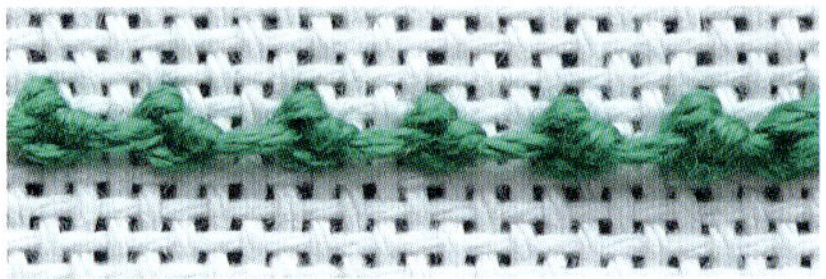

1 Oben rechts ausstechen. Die Nadel senkrecht etwas weiter unten in den Stoff einstechen und waagerecht ein Stück weiter links nach oben führen.

2 Die Nadel von rechts nach links unter dem entstandenen Stich entlangführen. Weder Stoff noch Faden durchstechen.

3 Die Nadel von rechts nach links oberhalb der ersten Schlaufe unter dem ersten Stich entlangführen. Dabei liegt der Faden unter der Nadelspitze. Weder Stoff noch Faden durchstechen.

4 Die Nadel ein Stück weiter oben links in den Stoff einstechen und senkrecht darunter wieder aus dem Stoff herausführen.

5 Die Nadel von rechts nach links unter dem entstandenen Stich entlangführen. Weder Stoff noch Faden durchstechen. Schritte 3–5 fortlaufend wiederholen.

DREIFACHER PALESTRINASTICH

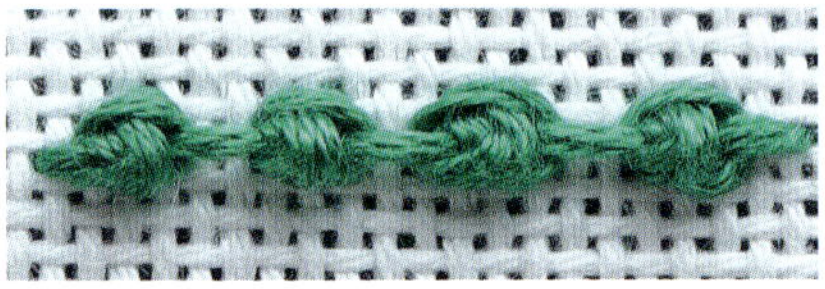

1 Einen klassischen Palestrinastich sticken. Die Nadel auf der linken Seite des Knotens unterhalb des Stichs entlangführen. Weder Stoff noch Faden durchstechen.

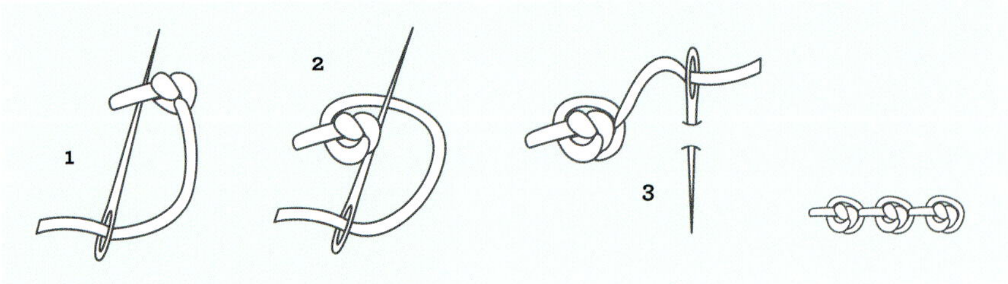

2 Die Nadel unter dem kleinen Stich unten rechts unter dem Knoten entlangführen. Dabei liegt der Faden unter der Nadelspitze.

3 Schritte 1+2 fortlaufend wiederholen.

KORALLENSTICH

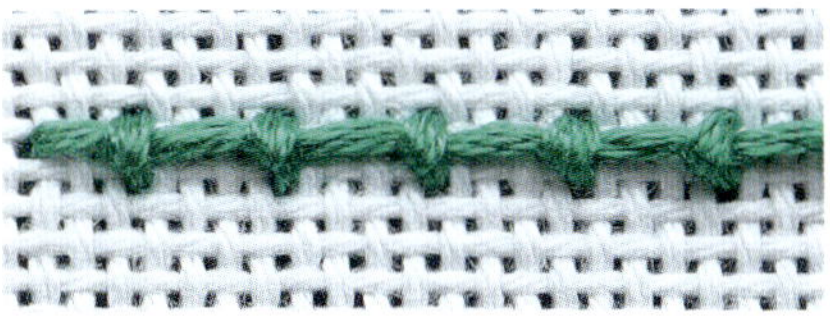

Beim Korallenstich entsteht eine Linie, die durch vereinzelte Knötchen unterbrochen wird. Er findet gerne Anwendung bei der Darstellung von Zweigen oder allgemein als Linienstich.

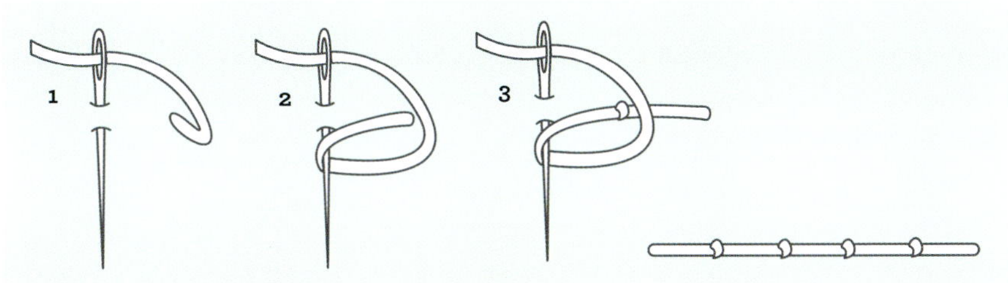

1 Auf einer gedachten Linie rechts ausstechen. Die Nadel etwas weiter links, knapp oberhalb der gedachten Linie einstechen und senkrecht knapp darunter wieder nach oben führen.

2 Den Faden von rechts nach links über die Nadelspitze legen und dann wieder nach rechts unter der Nadelspitze entlangführen. Faden anziehen.

3 Schritte 1+2 fortlaufend wiederholen.

ZICKZACK-KORALLENSTICH

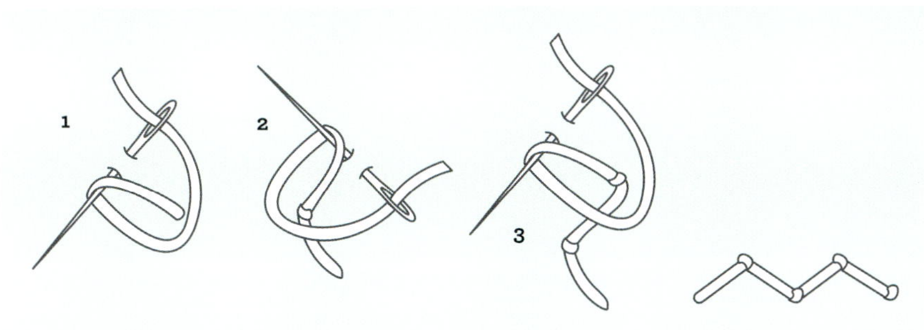

1 Unten rechts ausstechen. Die Nadel schräg oben links in den Stoff einstechen und ein Stück weiter unten links aus dem Stoff herausführen. Den Faden von rechts nach links über die Nadelspitze legen und darunter entlangführen.

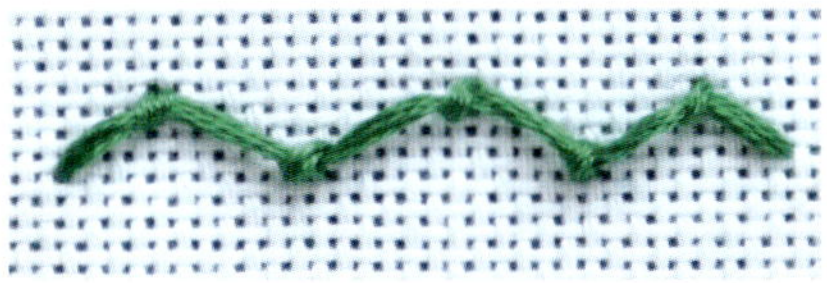

2 Die Nadel schräg oben rechts in den Stoff einstechen und ein Stück weiter oben links aus dem Stoff herausführen. Den Faden von links nach rechts über die Nadelspitze legen und darunter entlangführen.

3 Schritte 1+2 fortlaufend wiederholen.

TAUSENDFÜSSLERSTICH

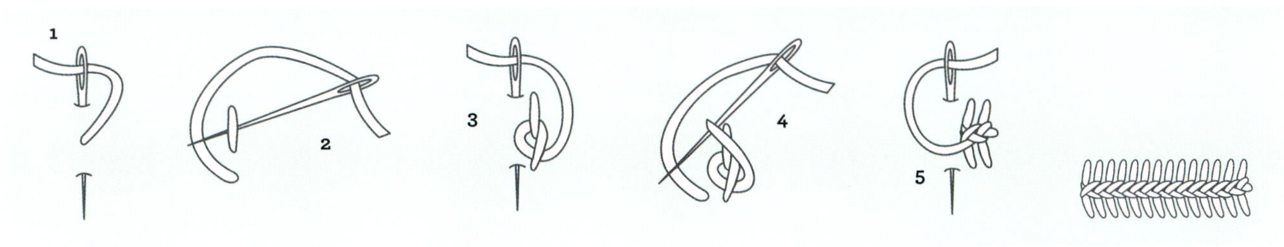

1 Mittig ausstechen. Die Nadel senkrecht oberhalb der Ausstichstelle einstechen und senkrecht unterhalb wieder nach oben führen.

2 Die Nadel von rechts nach links unter dem entstandenen Stich entlangführen. Der Faden liegt dabei unter der Nadelspitze. Weder Stoff noch Faden durchstechen.

3 Die Nadel ein Stück weiter links oben einstechen und unten wieder nach oben führen.

4 Die Nadel von rechts nach links unter dem entstandenen Stich entlangführen. Der Faden liegt dabei unter der Nadelspitze. Weder Stoff noch Faden durchstechen.

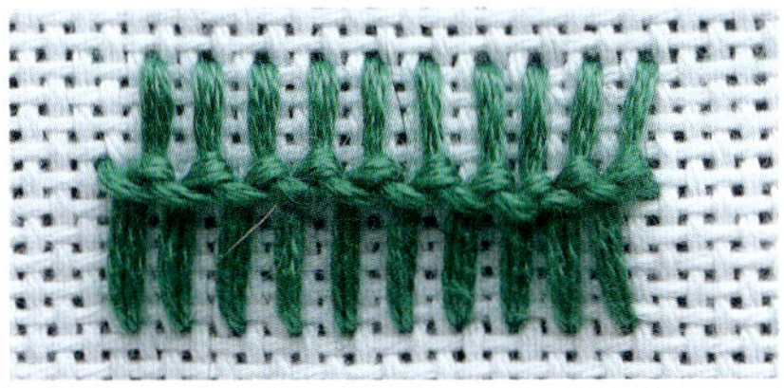

5 Schritte 3+4 fortlaufend wiederholen.

RINGSTICH

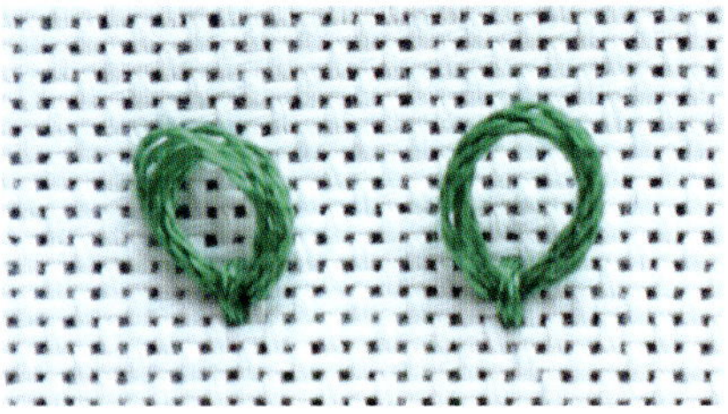

Der Ringstich bietet die Möglichkeit, frei liegende Schlaufen zu sticken. Er wird gerne für 3D-Elemente verwendet.

1 An gewünschter Stelle ausstechen. Die Nadel knapp rechts neben der Ausstichstelle einstechen und durchziehen. Die dabei entstehende Fadenschlaufe festhalten, damit sie nicht komplett durchrutscht.

2 Die Nadel mittig, knapp oberhalb der Ein- und Ausstichstellen wieder nach oben führen.

3 Knapp unter den Ein- und Ausstichstellen in den Stoff einstechen und den kleinen Stich festziehen. Dabei weiterhin die Fadenschlaufe festhalten bis der kleine Stich zugezogen ist.

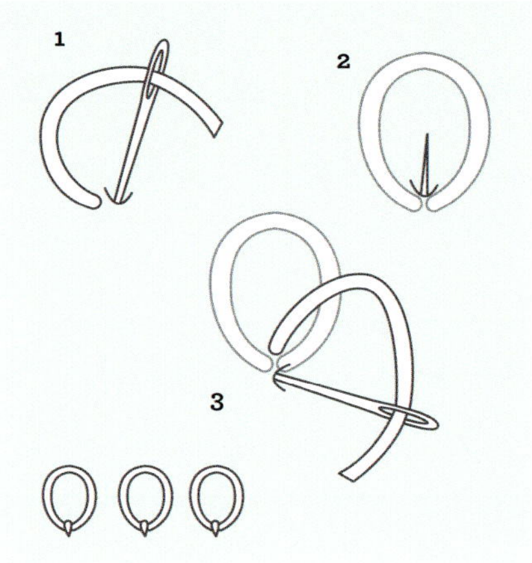

WEBSTICH

WEBSTICHE SIND EINE MISCHUNG AUS WEBEN UND STICKEN. BEI DIESER STICHFORM WIRD NUR EIN TEIL DER FÄDEN MIT DEM DARUNTERLIEGENDEN STOFF VERBUNDEN. DER GROSSTEIL DER FÄDEN LIEGT LOSE AUF DEM STOFF AUF UND BEKOMMT HALT DURCH DAS VERWEBEN MIT DEN ZUVOR GESPANNTEN FÄDEN. DADURCH KÖNNEN BEI WEBSTICHEN AUCH MATERIALIEN BENUTZT WERDEN, DIE ANSONSTEN SCHWER DURCH DEN STOFF ZU ZIEHEN, ODER ALLGEMEIN SCHWIERIGER ZU VERARBEITEN SIND. SO KÖNNEN ZUM BEISPIEL METALLICGARNE, FLAUSCHIGES STRICKGARN ODER AUCH NATURMATERIALIEN, WIE BAST, ZUM STICKEN GENUTZT WERDEN.

WEBSTICH

Die Grundlage der Webstiche ist eine Webart, welche der Leinwandbindung der Tuchweberei entspricht: Dabei gehen horizontale Schussfäden abwechselnd über und unter vertikal aufgespannten Kettfäden hindurch. In Webtechnik lassen sich verschiedenste Muster erzielen, z. B. auch dadurch, dass mit zwei Farben gearbeitet wird.

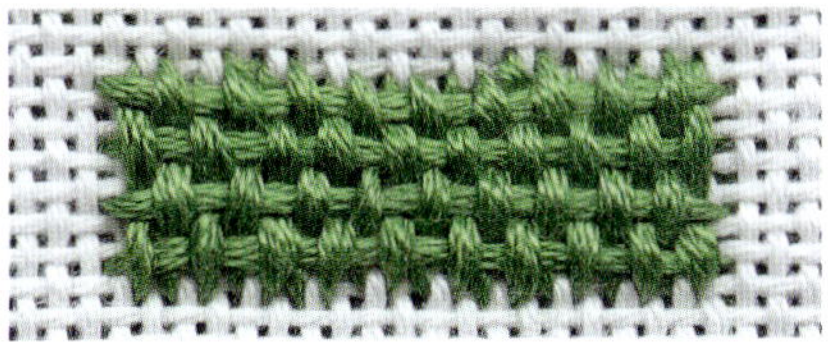

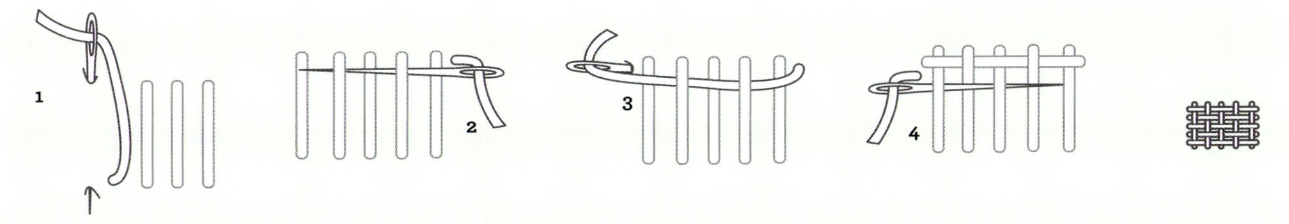

1 Mehrere senkrechte Stiche parallel zueinander sticken. Der Abstand der Fäden zueinander sollte nicht mehr als eine Fadenbreite betragen.

2 Auf einer Seite am oberen Rand die Nadel nach oben bringen. Abwechselnd die Nadel über und unter die vorhandenen Stiche bis zur anderen Seite entlangführen.

3 Die Nadel auf der anderen Seite, auf gleicher Höhe mit der vorherigen Ausstichstelle, wieder in den Stoff einstechen.

4 Knapp unterhalb wieder ausstechen, dann in Rückrichtung, versetzt zur vorherigen Reihe, die Nadel nun dort über den Faden legen, wo der Faden zuvor unter den Stich geführt wurde und umgekehrt. Schritte 2–4 fortlaufend wiederholen.

WEB-KREIS

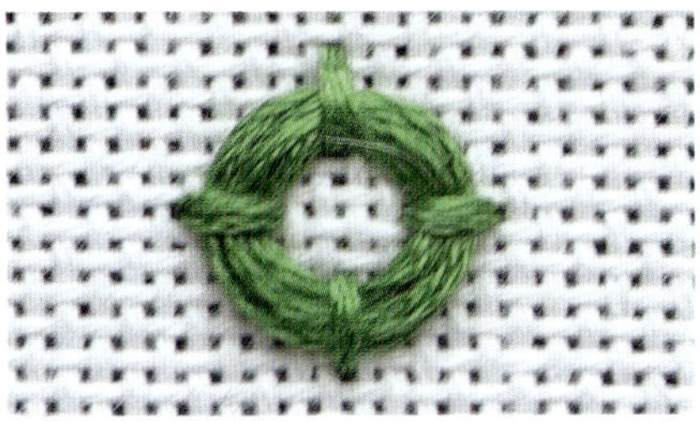

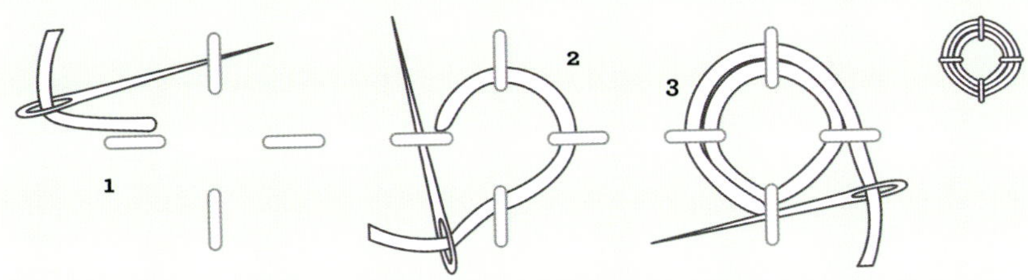

Der Web-Kreis lässt sich ähnlich wie das Web-Oval nutzen. Garne mit Farbverlauf führen hierbei zu interessanten Ergebnissen.

1 Als Basis vier einzelne Stiche, vertikal und horizontal im gleichen Abstand zueinander, sticken. Die Nadel unter dem linken Stich nach oben bringen und unter dem oberen Stich entlang ziehen.

2+3 Die Nadel in Kreisrichtung fortlaufend so mehrmals unter den Basis-Stichen entlangführen. Am Schluss die Nadel am linken Basis-Stich wieder in den Stoff einstechen.

WEB-TRELLIS

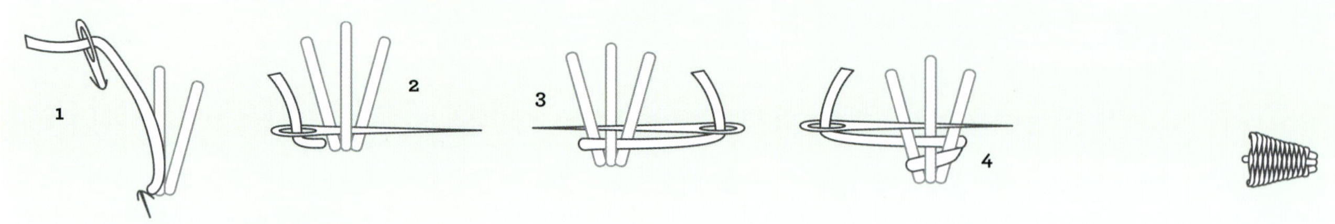

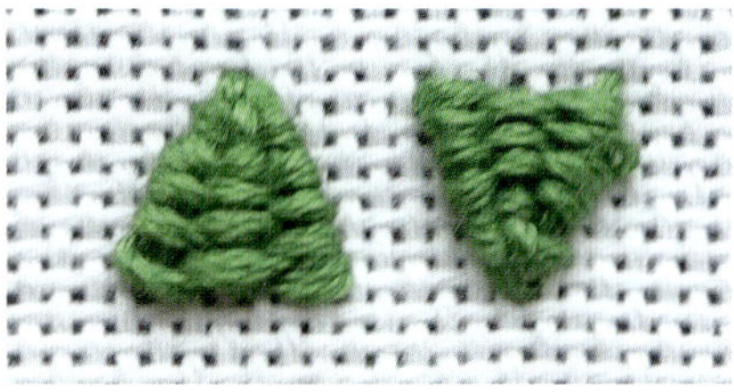

1–4 Fächerförmig drei gerade Stiche als Basis sticken. Mit der Nadel am unteren Ende wieder nach oben kommen.Mit der Nadel nun in hin- und hergehenden Reihen abwechselnd über und unter die vorhandenen drei Stiche weben. Dabei jede Reihe versetzt zur vorherigen Reihe weben. Der Faden bleibt auf der Oberseite des Stoffes. Am oberen Rand der Form, knapp seitlich zu den Basis-Stichen, wieder in den Stoff einstechen.

WEB-OVAL

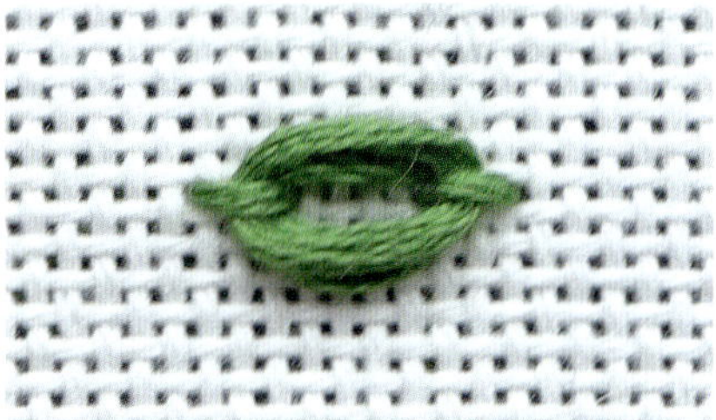

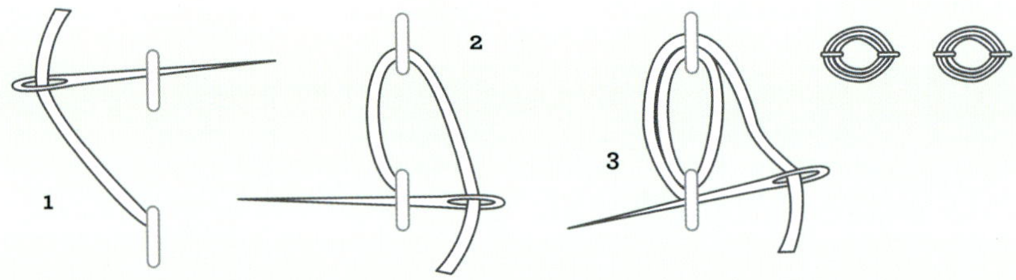

Mit diesem Stickstich lassen sich ovale Formen wie Blütenblätter, Buchstaben und geometrische Muster ganz einfach sticken. Das Web-Oval kann ein- oder zweifarbig gestickt werden.

1 Als Basis zwei einzelne Stiche mit etwas Abstand übereinander sticken. Die Nadel unter dem unteren Stich nach oben bringen und unter dem oberen Stich entlang ziehen.

2–3 Die Nadel so mehrmals im Kreis unter den Basis-Stichen entlangführen. Am Schluss die Nadel am unteren Basis-Stich wieder in den Stoff einstechen.

RÜCKSTICH-SPINNE

Ähnlich der Web-Rose findet auch die Rückstich-Spinne sehr gerne Anwendung bei Blumenmotiven. Hier werden allerdings die Fäden um jeden Basis-Stich geschlungen, dadurch entsteht ein interessantes Muster. Bei der Rückstich-Spinne kann außerdem eine beliebige Anzahl an Basis-Stichen gesetzt werden.

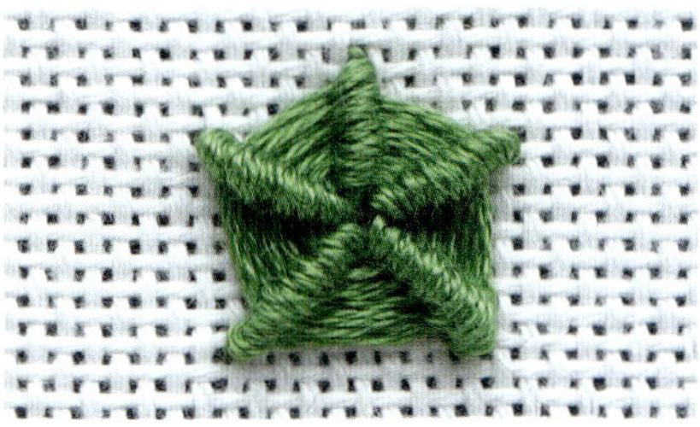

1 Für die Basis von einem Mittelpunkt aus fünf Stiche gleichmäßig verteilt im Kreis anordnen.

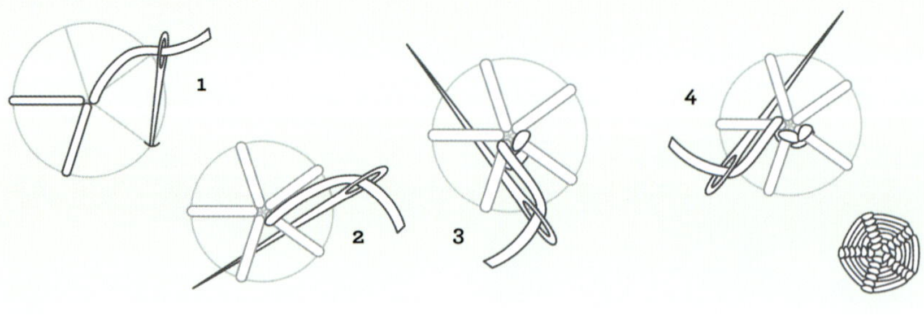

2 Die Nadel mittig nach oben führen. Dann die Nadel zurück und unter die nächsten beiden Basis-Stiche führen. Der erste Basis-Stich wird also mit dem Faden umschlungen und der nächste unterführt.

3+4 Die Nadel immer unter dem vorherigen und dem nächsten Basis-Stich entlangführen. Zuletzt mit der Nadel unter den gewebten Fäden in den Stoff einstechen.

WEB-BALKEN

Der Web-Balken kann als lange oder kurze Linie gestickt werden. Ursprünglich findet er in der Hohlstickerei Anwendung, um freigelegte Fäden im Stoff zu festigen. Doch auch als Stickstich auf glattem Stickgrund bringt er seine schöne Textur ein.

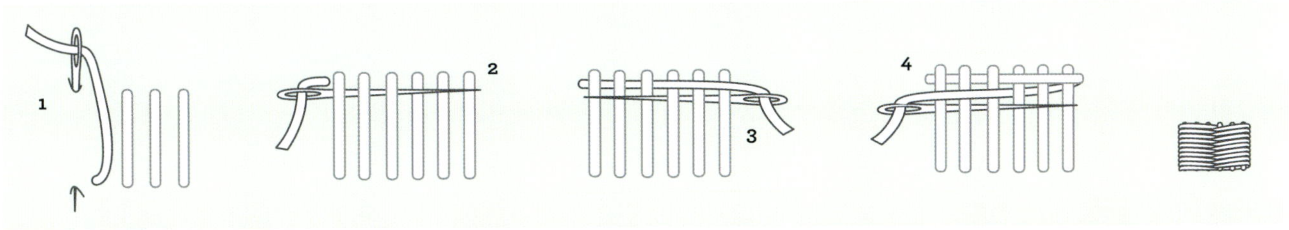

1 Für die Basis sechs gerade Stiche sticken. Auf einer Seite am oberen Rand die Nadel nach oben bringen.

2 Die Nadel unter die ersten drei und über die letzten drei Basis-Stiche führen. Der Faden bleibt auf der Oberseite des Stoffes.

3 Dann in Rückrichtung, versetzt zur vorherigen Reihe, ebenso weben.

4 Schritte 2+3 fortlaufend wiederholen. Am oberen Rand der Form, knapp seitlich zu den Basis-Stichen, wieder in den Stoff einstechen.

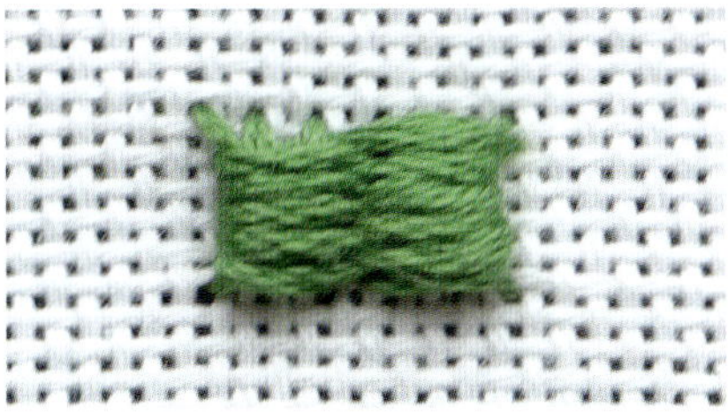

WEB-PIKOT

Das Web-Pikot bildet ein Dreieck, bei dem die Spitze nicht mit dem Stoff verbunden ist. Das macht diesen Stich besonders interessant für Blumenstickerei und andere Projekte, bei denen etwas mehr Volumen gefragt ist. Für diesen Stich braucht man eine zusätzliche Nadel, am besten eine Stecknadel. Diese wird als Ankerpunkt benötigt, um die Fäden zu halten.

1 Die Stecknadel mit dem Kopf nach oben in den Stoff stecken. Die Nadel unten links neben der Stecknadel ausstechen. Den Faden von links hinter den Kopf der Stecknadel legen. Dann mit der Nadel unten rechts von der Stecknadel in den Stoff einstechen und bei der Stecknadel wieder nach oben führen.

2 Den Faden von links hinter den Kopf der Stecknadel legen.

3+4 Mit der Nadel nun abwechselnd über und unter die vorhandenen drei Stiche weben. Dabei jede Reihe versetzt zur vorherigen Reihe weben. Der Faden bleibt auf der Oberseite des Stoffes. Ganz zum Schluss mit der Nadel unten seitlich zu den Basis-Stichen in den Stoff einstechen.

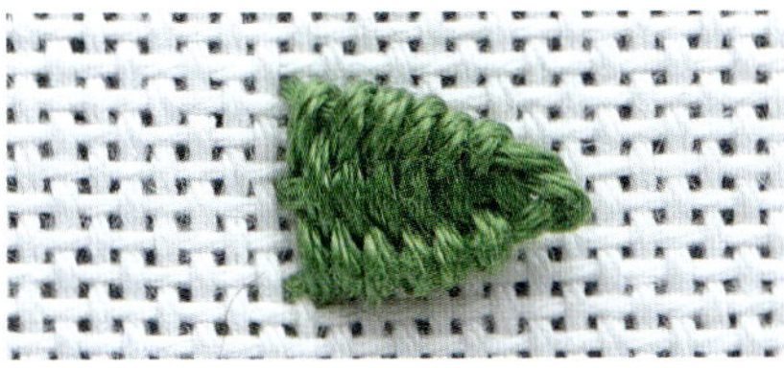

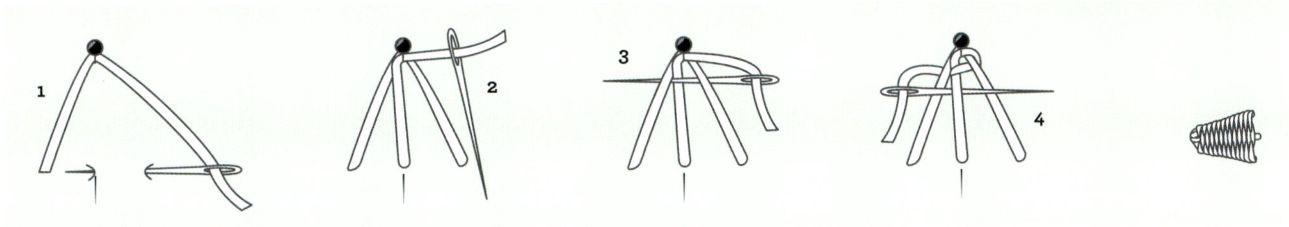

WEB-ROSE

Die Web-Rose, auch Spinnwebstich genannt, ist ein beliebter Blumenstich. Sie kann allerdings nicht beliebig groß gestickt werden, da die Fäden irgendwann beginnen den Kreisverlauf abzukürzen. Je dicker das Garn, desto größer kann die Web-Rose gestickt werden. Damit das Weben im Kreis funktioniert, muss immer eine ungerade Anzahl Basis-Stiche angelegt werden. Meist wird mit fünf Stichen gearbeitet, für kleinere Rosen mit drei Stichen oder für große Rosen mit sieben Stichen.

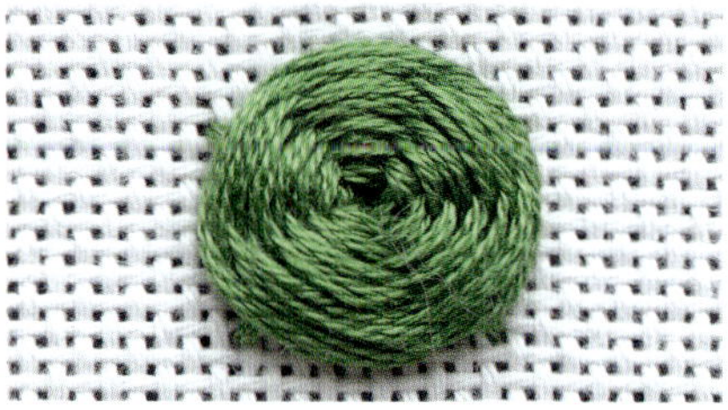

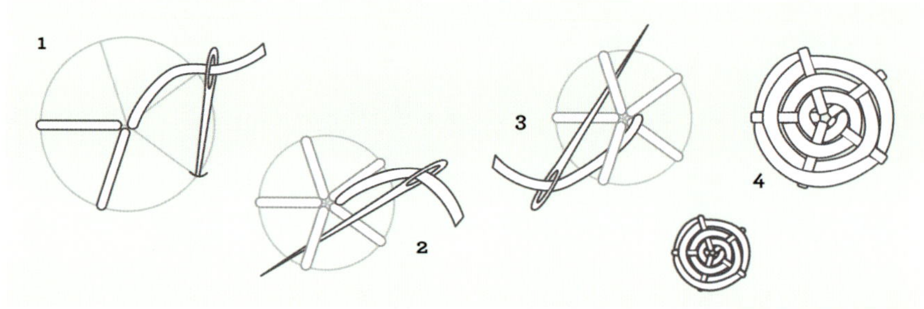

1 Für die Basis von einem Mittelpunkt aus fünf Stiche gleichmäßig verteilt im Kreis anordnen.

2+3 Die Nadel am Mittelpunkt nach oben führen und in Spiralrunden abwechselnd über und unter den Basis-Stichen entlangführen.

4 Ganz zum Schluss mit der Nadel unter den gewebten Fäden in den Stoff einstechen.

TIPP: JE NACHDEM WIE STARK MAN DEN FADEN BEIM WEBEN ANZIEHT, WIRD DIE WEB-ROSE FLACH ODER GEWÖLBT. WEBT MAN DIE FÄDEN OHNE VIEL SPANNUNG IM KREIS, ENTSTEHT EINE SEHR GLEICHMÄSSIGE, FLACHE ROSE. ZIEHT MAN DIE FÄDEN BEIM STICKEN AN, ZIEHEN SICH DIE VORHER GESTICKTEN FÄDEN ZUSAMMEN UND ES ENTSTEHT EINE GEWÖLBTE ROSE. BEIDE VARIANTEN HABEN IHREN CHARME. LETZTERE VERBRAUCHT ALLERDINGS MEHR FADEN.

PORTUGIESISCHER KANTENSTICH

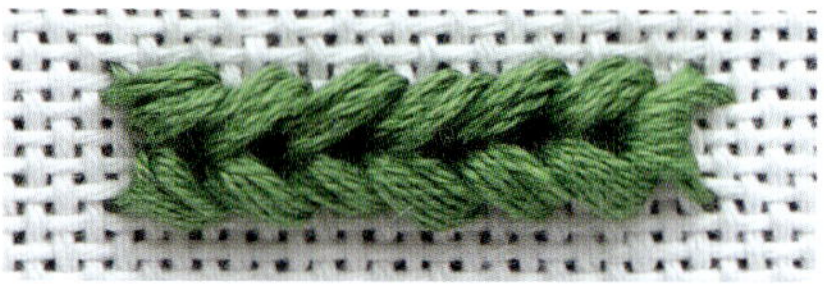

Der Portugiesische Kantenstich erzeugt eine dicke Linie, die wie geflochten wirkt. Er kann einzeln als Kantenstich benutzt werden oder nebeneinander als Füllstich.

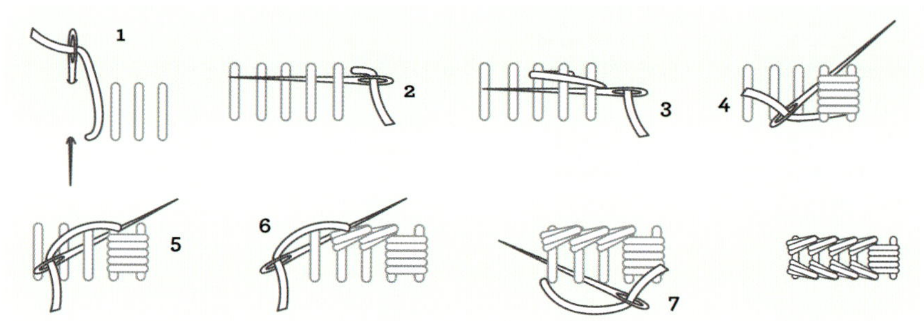

1 Beliebig viele senkrechte Stiche parallel zueinander als Basis sticken.

2+3 An der rechten oberen Seite ausstechen. Die Nadel mehrmals waagerecht um die ersten beiden Basis-Stiche führen, bis diese komplett umwickelt sind.

4 Mit der Nadel unter den umwickelten Stichen entlang- und am oberen Ende zwischen den beiden Basis-Stichen nach oben führen.

5+6 Den zweiten und dritten Basis-Stich 3-mal umwickeln. Dies fortlaufend mit je zwei der folgenden Basis-Stichen wiederholen. Am Ende unter dem letzten Basis-Stich in den Stoff einstechen.

7 Die Nadel auf der anderen Seite nach oben führen und, wie zuvor, immer zwei Basis-Stiche 3-mal umwickeln. Am Ende unter dem vorletzten Basis-Stich in den Stoff einstechen.

SONSTIGE STICHE

ANLEGETECHNIK

Bei der Anlegetechnik wird ein Faden oder anderes Material auf den Stoff gelegt und mit kurzen Überfangstichen fixiert. Meist wird für den gelegten Faden dickeres Material benutzt als für die kurzen Stiche. So kann beispielsweise auch wenig biegsames Material, wie Metallfäden, Draht oder sogar Holzstücke in eine Stickerei integriert werden.

Die Abstände und die verwendeten Stickstiche für das Übersticken des vorgelegten Fadens können optional variieren.

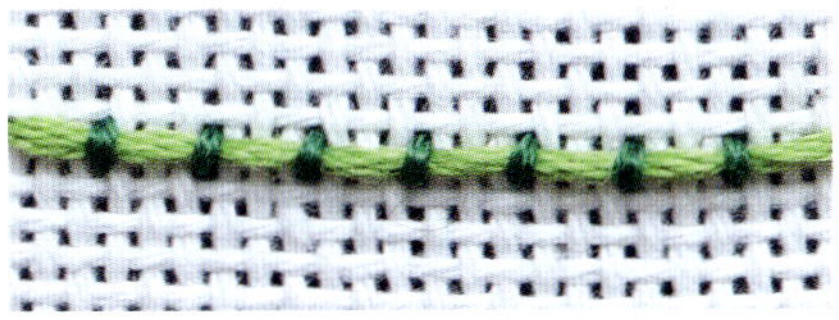

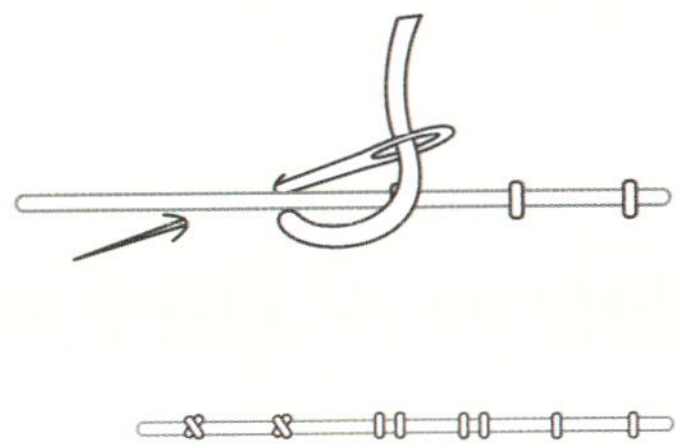

VERSENKTE ANLEGETECHNIK

Bei der versenkten Anlegetechnik werden die kurzen Überfangstiche so weit nach unten gezogen, dass sie auf der Oberseite des Stoffs nicht mehr sichtbar sind. Deshalb muss als Legefaden ein Material genutzt werden, das sich etwas biegen lässt.

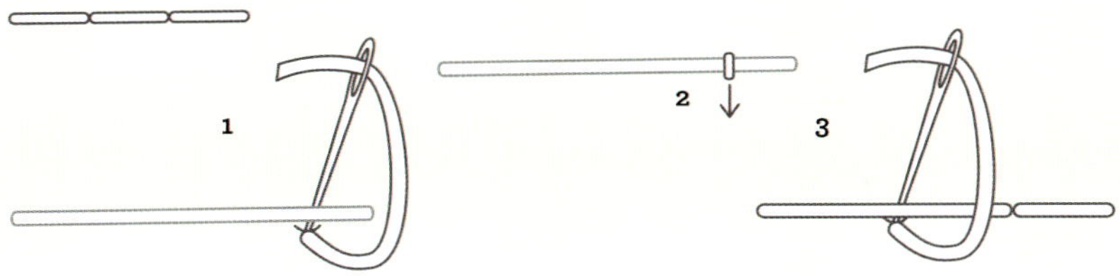

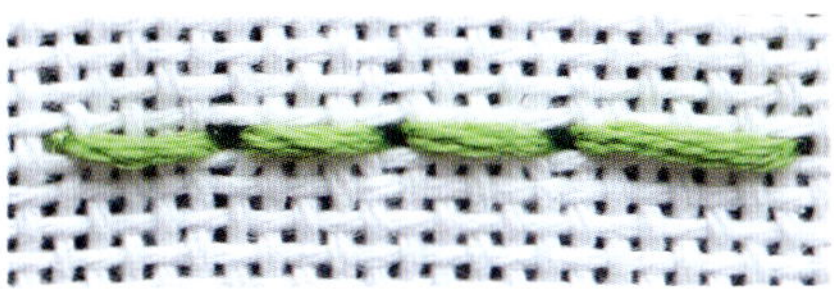

1 Den zu fixierenden Faden auf den Stoff legen. Einen kurzen Stich über den Faden sticken, dabei exakt in die Ausstichstelle wieder einstechen.

2 Den Faden des Überfangstichs kontrolliert nach unten ziehen, sodass der Legefaden etwas im Stoff versinkt. Es entsteht eine Linie, die dem Rückstich ähnelt.

UMWICKELTER STEG

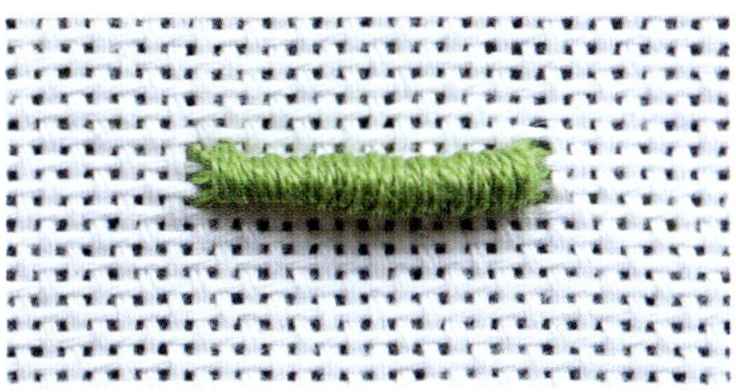

1 Mehrere lange Spannstiche waagerecht untereinander sticken.

2 Die Nadel an der rechten Seite, knapp unterhalb der gestickten Stiche ausstechen, dann von oben nach unten um die Stiche führen, dabei weder Stoff noch Fäden durchstechen. Die Stiche fortlaufend umwickeln, bis die linke Seite der Spannstiche erreicht ist. Zum Beenden die Nadel in das Ende des untersten Spannstichs stechen.

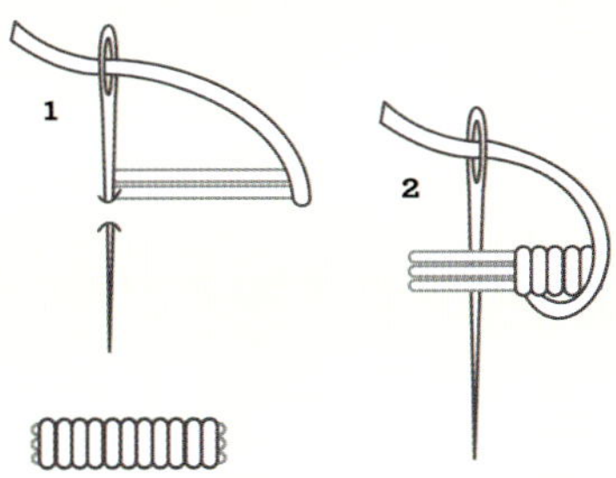

SCHNEIDERFLIEGE 1

Die beiden Schneiderfliegen werden in der Handnäherei genutzt, um Nahtenden zu sichern, die größerer Belastung ausgesetzt werden. Also z. B. Rockschlitze oder Ausschnitte. Schneiderfliegen werden gerne mit festem Seidengarn gestickt, verringern so einen möglichen Schaden und sehen zudem noch gut aus.

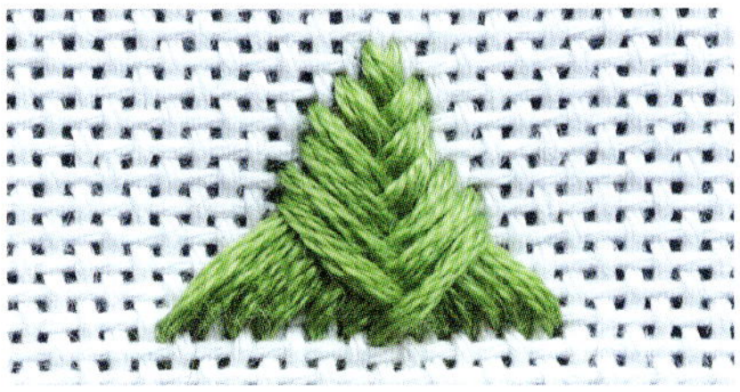

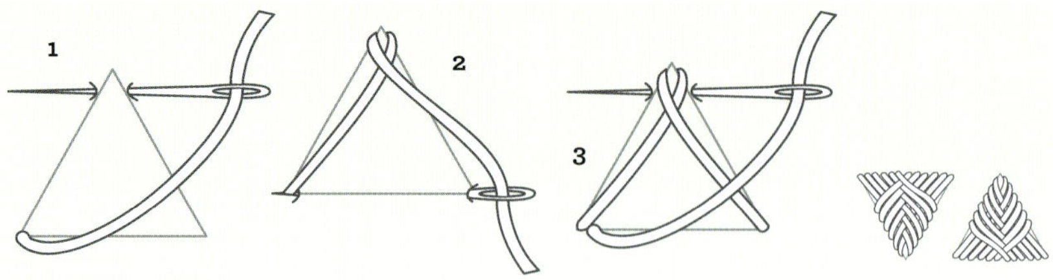

1 Bei einem gedachten gleichseitigen Dreieck unten links ausstechen. Oben rechts neben der Spitze einstechen und waagerecht auf der linken Seite wieder nach oben kommen.

2 Die Nadel in der Spitze unten rechts in den Stoff stechen und entlang der Dreiecksbasis rechts neben dem linken Stich wieder nach oben führen.

3 Schritte 1+2 wiederholen. Dabei schrittweise entlang der Dreieckschenkel nach unten, an der Basiskante nach innen sticken.

SCHNEIDERFLIEGE 2

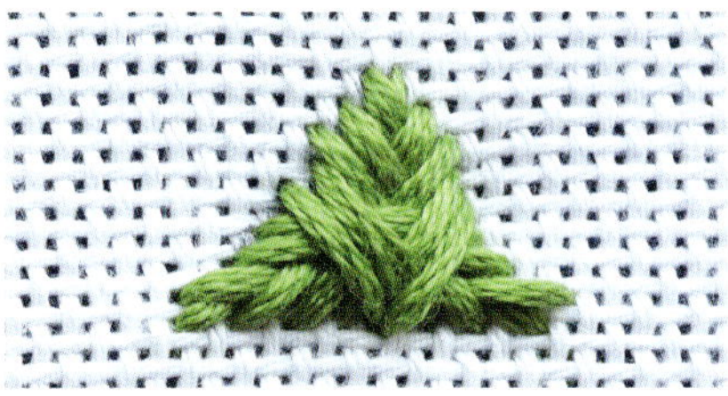

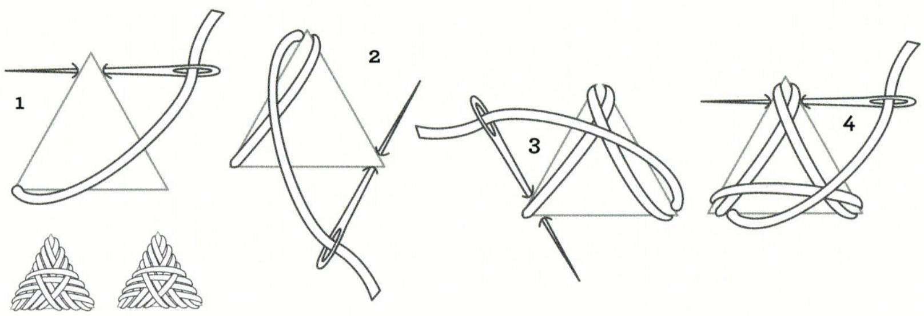

1 Bei einem gedachten gleichseitigen Dreieck unten links ausstechen. Oben rechts neben der Spitze einstechen und waagerecht am linken Dreieckschenkel wieder nach oben kommen.

2 Die Nadel rechts unten neben der Spitze einstechen und am rechten Dreieckschenkel wieder nach oben führen.

3 Die Nadel am linken Dreieckschenkel oberhalb des ersten Stichs in den Stoff einstechen und auf der Dreiecksbasis wieder nach oben führen. Schritte 1–3 wiederholen. Dabei schrittweise entlang der Dreieckskanten nach innen sticken bis die Form ausgefüllt ist.

SCHWERTSTICH

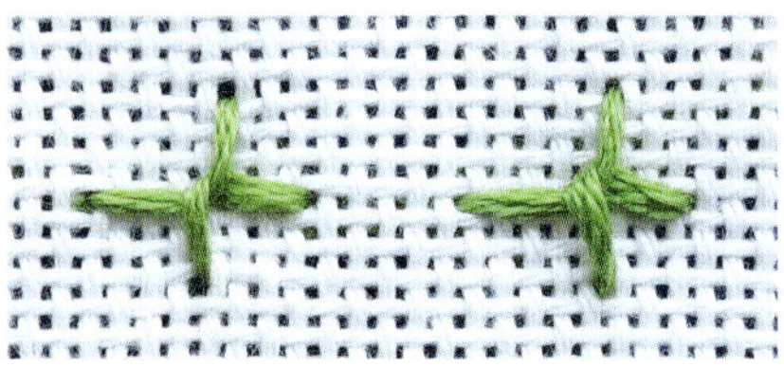

1 Unten links ausstechen. Die Nadel schräg oben rechts in den Stoff stechen und schräg unten rechts wieder nach oben führen.

2 Die Nadel von rechts nach links unter dem ersten Stich entlangführen. Dabei weder Stoff noch Faden durchstechen.

3 Die Nadel weiter unten, mittig in den Stoff stechen und den Faden anziehen.

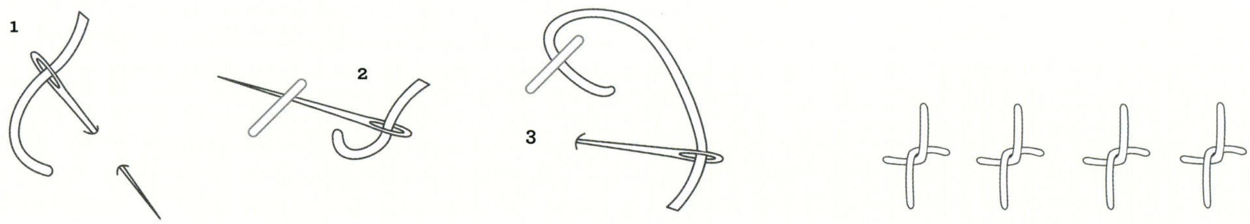

DIAMANTSTICH

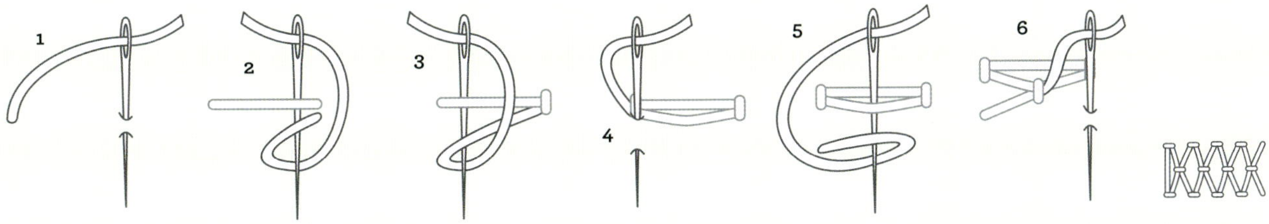

Der Diamantstich ergibt eine breite, offene Linie und kann als dekorative Borte genutzt werden.

1 Links ausstechen. Die Nadel waagerecht nach rechts einstechen und ein Stück weiter unten nach oben führen.

2+3 Die Nadel von oben unter dem entstandenen Stich entlangführen. Den Faden dabei von rechts nach links über die Nadelspitze und von links nach rechts unter der Nadelspitze entlanglegen. Den entstandenen Knoten auf der rechten Seite des Stichs anziehen. In gleicher Weise einen zweiten Knoten bilden und auf der linken Seite des Stichs anziehen. Dabei weder Stoff noch Faden durchstechen.

4 Direkt unterhalb des linken Knotens in den Stoff stechen und ein Stück weiter unten nach oben führen.

5 Für den nächsten Knoten die Nadel von oben unter dem letzten Stich entlangführen. Den Faden dabei über die Nadelspitze von links nach rechts legen und dann wieder von rechts nach links

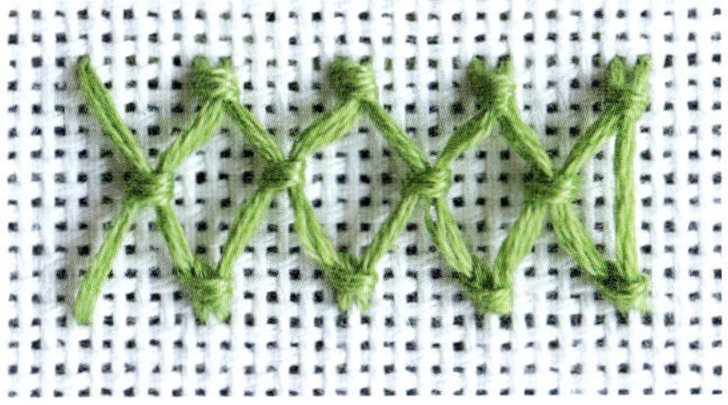

unter die Nadelspitze führen. Der Faden muss auf der linken Seite liegen. Dabei weder Stoff noch Faden durchstechen.

6 Schritte 1–5 fortlaufend wiederholen.

TÜRKISCHER KNOTEN

Mit dem türkische Knoten werden Schlaufen in einer Linie gestickt. Dabei wird viel Faden verbraucht, daher empfiehlt es sich, mit einem längeren Faden als üblich zu sticken. Die Länge der Schlaufen kann individuell angepasst werden. Außerdem können die Schlaufen nach dem Sticken aufgeschnitten werden. Dadurch ergibt sich bei kurzen Schlaufen eine Art Flor, längere Schlaufen können z. B. zum Sticken von langen Haaren genutzt werden.

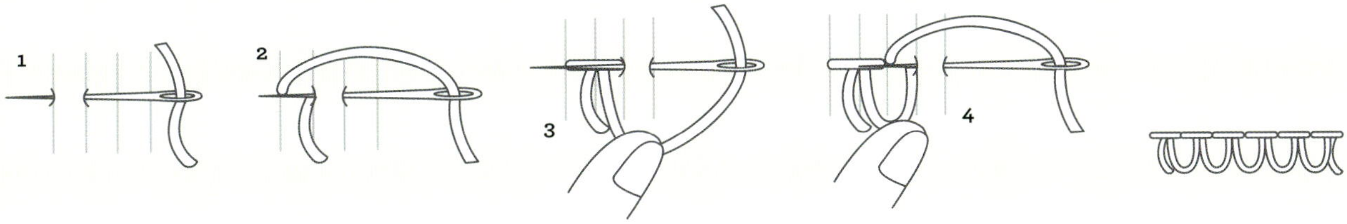

1 Die Nadel rechts einstechen und ein Stück weiter links aus dem Stoff herausführen. Das Fadenende bleibt auf der Vorderseite des Stoffs und wird so lang gelassen, wie die

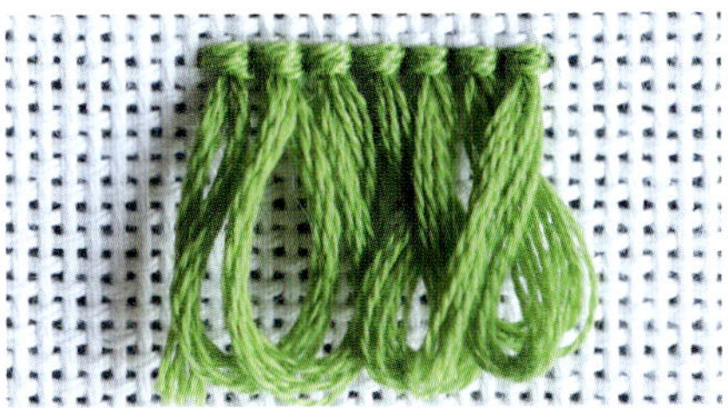

nachfolgenden Schlaufen werden sollen.

2 Die Nadel ein Stück weiter rechts einstechen und am Austrittspunkt des Fadenendes wieder nach oben führen.

3 Die Fadenschlaufe mit einem Finger festhalten. Die Nadel ein Stück weiter rechts einstechen und am Austrittspunkt des letzten Stiches wieder nach oben führen. Die Nadel durchziehen und die Fadenschlaufe soweit zusammenziehen, bis die gewünschte Länge erreicht ist.

4 Die Fadenschlaufe weiter festhalten. Die Nadel ein Stück weiter rechts einstechen und am Austrittspunkt des letzten Stiches wieder nach oben führen, dabei liegt der Faden oberhalb der Nadel. Die Nadel durchziehen und den Faden festziehen. Jetzt die Fadenschlaufe loslassen. Schritte 3+4 fortlaufend wiederholen.

BURDEN-STICH

Dieser Stich ist ein einfacher und effektiver Füllstich. Er kann dicht oder offen gestickt werden und größere Flächen abdecken.

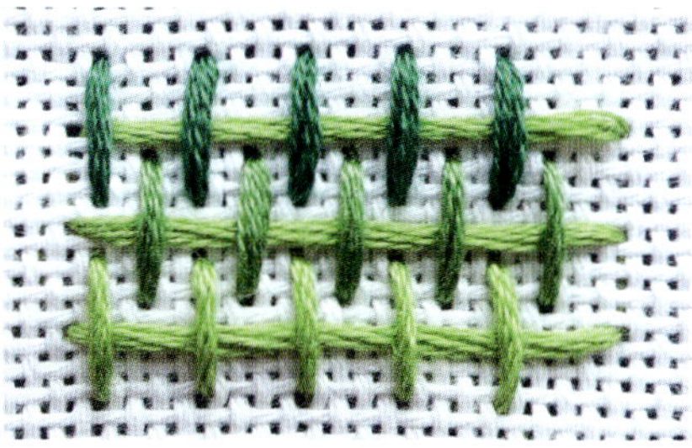

1–4 Zuerst werden lange, parallel zueinander liegende, waagerechte Spannstiche gestickt. Diese werden dann mit kurzen Spannstichen überstickt. Dabei die kurzen Stiche der Reihen versetzt zueinander anordnen. Für eine Fläche mit Farbverlauf wechselt man für jede Reihe die Farbe.

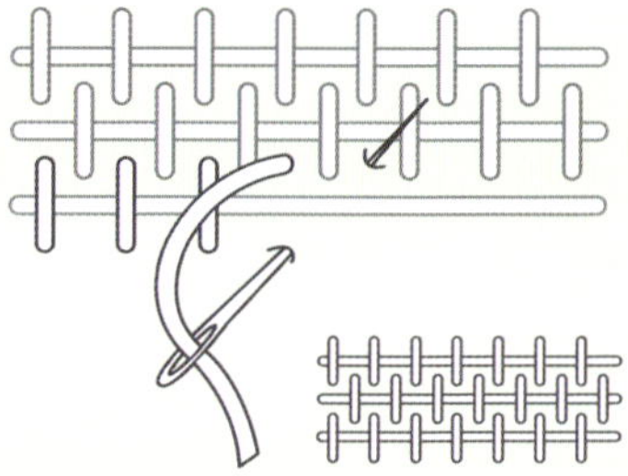

SMOKSTICH 1

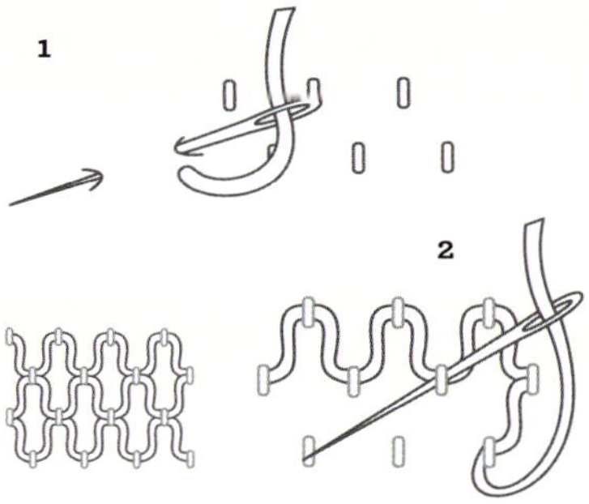

Mit den beiden Smokstichen werden Flächen gefüllt. Es hilft hier, einen Zählstoff zu benutzen, um die Abstände gleichmäßig zu halten.

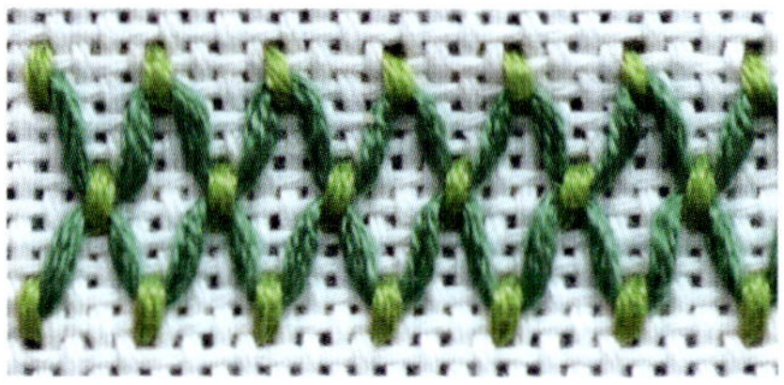

1 Versetze Reihen mit kurzen, senkrechten Vorstichen sticken.

2 Nun wird immer über zwei Reihen gestickt. Die Nadel abwechselnd unter dem nächsten oberen und unteren Stich entlangführen. Dabei weder Stoff noch Fäden durchstechen. In der Rückreihe in gleicher Weise horizontal gespiegelt arbeiten.

SMOKSTICH 2

Anders als beim ersten Smokstich, werden die Fäden hier von oben nach unten durchgezogen.

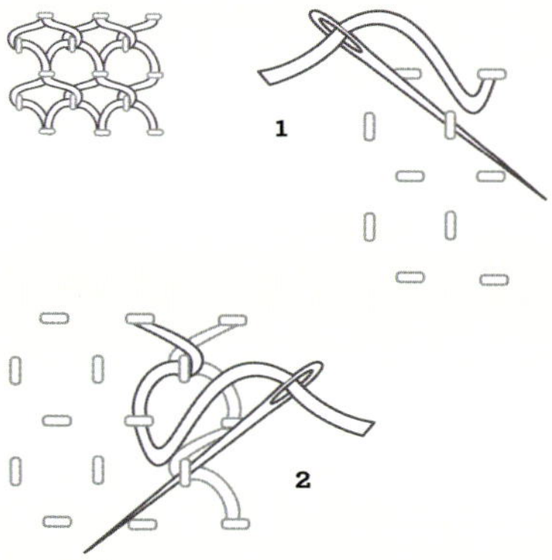

1 Ein Gitter aus vertikalen und horizontalen Vorstichen sticken. Dabei zuerst die horizontalen Linien sticken und dann, versetzt dazu, die vertikalen. Nun oben rechts unter dem horizontalen Stich ausstechen. Die Nadel von links nach rechts unter dem ersten vertikalen Stich entlangführen. Dann die Nadel von oben unter dem nächsten horizontalen Stich entlangführen. Immer abwechselnd so die Spalte füllen. Dabei weder Stoff noch Fäden durchstechen. Jede zweite Spalte wird so gestickt.

2 Oben unter dem zweiten horizontalen Stich ausstechen. Die

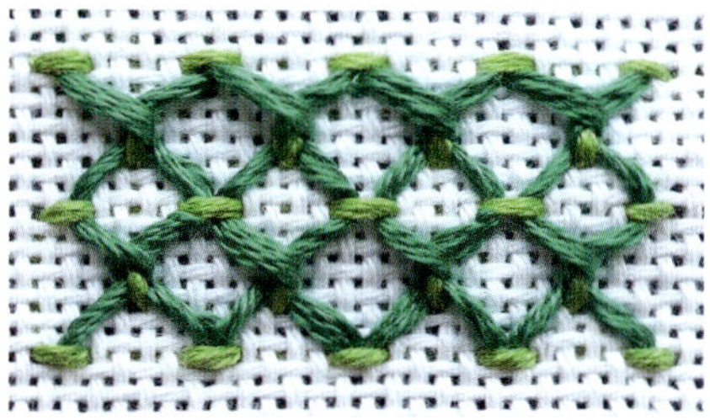

Nadel von rechts nach links unter dem ersten vertikalen Stich entlangführen. Dann die Nadel von oben unter dem nächsten horizontalen Stich entlangführen. Immer abwechselnd so die Spalte füllen. Dabei weder Stoff noch Fäden durchstechen. Jede zweite Spalte wird so gestickt.

SIENASTICH

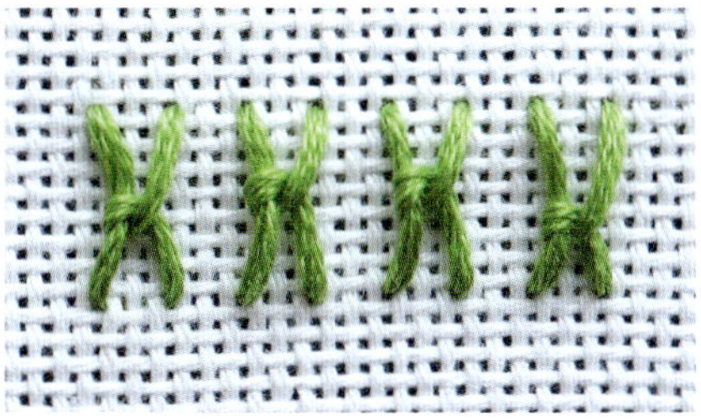

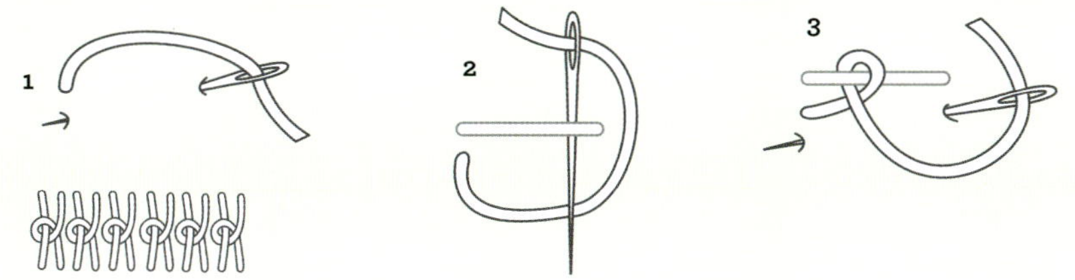

1 Links ausstechen. Die Nadel auf gleicher Höhe, ein Stück weiter rechts, einstechen und unter dem Fadenaustritt auf der linken Seite nach oben führen.

2 Die Nadel von oben nach unten unter dem ersten Stich entlangführen. Dabei weder Stoff noch Faden durchstechen. Der Faden liegt dabei unter der Nadelspitze.

3 Die Nadel rechts unter dem ersten Stich einstechen und ein Stück weiter unten auf der linken Seite nach oben führen. Schritte 1–3 fortlaufend wiederholen.

BLUMEN & BLÄTTER

Wenn nicht anders angegeben, wurde 3fädiges Stickgarn verwendet. Die originalgroßen Vorlagen für die Motive findest du in der DigiBib (siehe dazu auch den Kasten beim Vorwort).

1 CLEMATIS

Die Blüte dieser Blume ist im Plattstich gestickt und die Blütenblätter im Austernstich (6fädig). Der Stiel ist zweifarbig im umwickelten Rückstich gearbeitet. Die Plattstichblätter greifen die zweite Farbe des Stiels in den Blattadern auf, die mit drei einfachen Spannstichen über den Plattstich gestickt sind.

Farben: gelb, hellgrün, grasgrün, dunkelgrün

2 ZWEIG

Der Fliegenstich eignet sich sehr gut für Zweige wie diesen. Hier wurden zudem, unregelmäßig verteilt, Knötchenstiche hinzugefügt, wie runde Beeren an einer Eibe oder Ähnlichem. Werden die Stiche dichter gesetzt, wirkt er auch als Tannenzweig sehr dekorativ.

Farben: grasgrün, gelb

3 BLÄTTERZWEIG

Besonders gut eignet sich der Rückstich um große Umrisslinien, wie hier bei den Blättern, zu sticken. Die inneren Blattadern sind im Fliegenstich gearbeitet. Bei sehr großen Blättern ist der Fliegenstich an dieser Stelle jedoch zu instabil – dann bietet es sich an, diese Linien ebenfalls im Rückstich zu sticken.

Farbe: mittelgrün

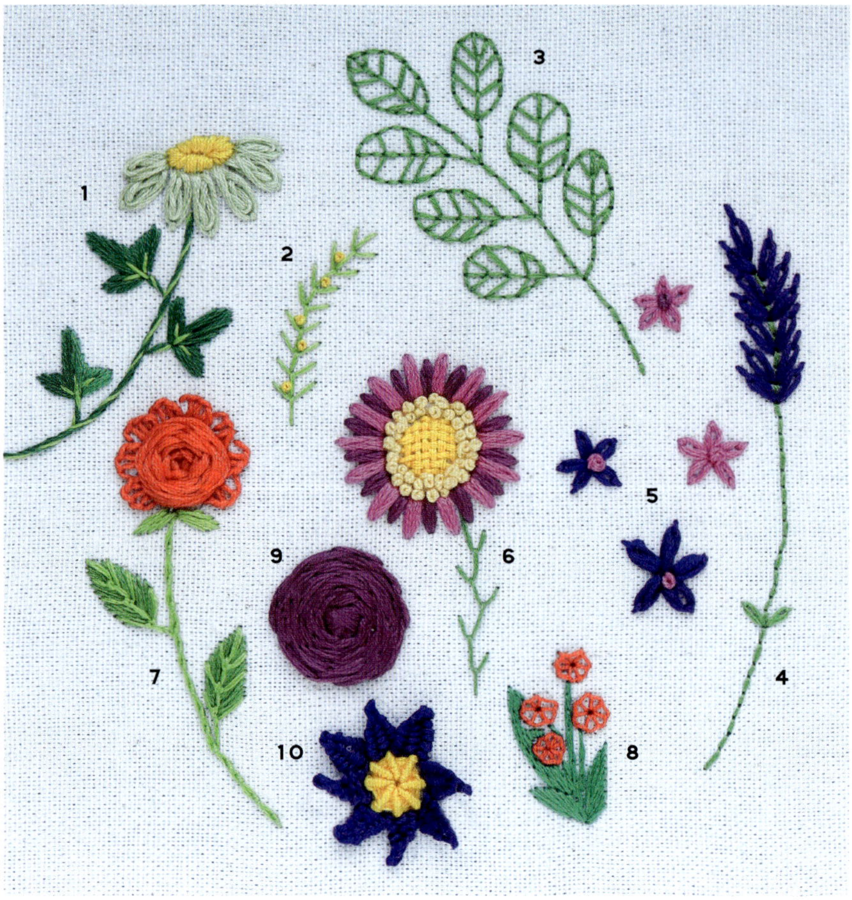

4 LAVENDEL

Für den Stiel wurde hier zuerst im Rückstich gestickt. Die kleinen Blätter sind im Margeritenstich angesetzt.
Die Blüten sind ebenfalls im Margeritenstich, allerdings der gestielten Variante, gestickt (6fädig).

Farben: mittelgrün, lila

5 STREUBLUMEN

Der Margeritenstich ist einer der beliebtesten Stiche für Streublumenmuster. Die größere der Blumen ist im doppelten Margeritenstich mit 6fädigem Garn gestickt. Die Mitte ziert jeweils ein Knötchenstich. Dieser kann in derselben oder einer Kontrastfarbe gestickt werden.

Farben: rosa, lila

6 ZINNIE

Das Zentrum der Zinnie ist als Webstich gestickt (6fädig). Der Kreis darum herum ist mit vielen Knötchenstichen (6fädig) ausgefüllt. Dabei immer zwei Reihen Knötchenstiche um die Mitte sticken.
Die Blütenblätter sind als Plattstich gearbeitet (6fädig). Um die spitz zulaufende Form der Blütenblätter zu erhalten, sind alle Plattstiche außen ins selbe Loch gestickt und am inneren Kreis nebeneinander gearbeitet. Hier reichen 3–4 Stiche in der Regel aus. Am symmetrischsten wird es, wenn zuerst der mittlere Stich gesetzt wird und dann rechts und links jeweils die angrenzenden Stiche gearbeitet werden. Für den Stiel ist hier der Federstich sehr dekorativ.

Farben: gelb, hellgelb, rosa, dunkelrosa, mittelgrün

7 ROSE

Die Mitte der Rose ist als Web-Rose/Spinnwebstich gestickt. Da der Durchmesser des Kreises recht groß ist, sind hier 12 Basis-Fäden angebracht, indem 6fädiger Faden doppelt genommen wurde.
Die Blütenblätter sind in Langettenstichen gestickt. Für die Blätter am unteren Ende der Blüte sind einige Plattstiche zum Einsatz gekommen. Der Stiel wirkt durch den portugiesischen Stielstich besonders erhaben und voluminös. Die Blätter sind in zwei Lagen gestickt. Während der Grätenstich die unterste Schicht bedeckt, ergibt der darüber gestickte geknotete kretische Stich ein interessantes Blattmuster.

Farben: rot, grasgrün, mittelgrün

8 ROTE BLUMEN

Die Blüten dieser Blumen sind als Wagenrad gestickt. Hier ist es besonders wichtig, dass sehr kurze Stiche gemacht werden, da die Schlaufen sonst umklappen und die Kreislinie verlassen. Deshalb ist es auch ratsam, jeden Stich nach dem Durchziehen nach außen hin festzuziehen, bevor der nächste Stich gemacht wird. Dadurch bleiben die Kreise schön rund. Für den Stiel wurde der Spaltstich genutzt und die Blätter im Plattstich gearbeitet.

Farben: grün, rot

9 PFINGSTROSE

Das Zentrum der Pfingstrose ist kreisförmig im Rhodes-Stich gearbeitet (6fädig). Danach wurde im Stielstich spiralförmig um den inneren Kreis gestickt bis dieser komplett ausgefüllt ist. Die Stielstiche sollten dabei sehr dicht aneinander gestickt werden. Für etwas mehr Volumen kann mit 12 Fäden oder sehr lockeren Stielstichen gearbeitet werden.

Farbe: dunkelrosa

10 GERBERA

Die Mitte dieser Blume ist als Rückstichspinne gestickt (6fädig). Die äußeren Blütenblätter bestehen aus Web-Pikots (6fädig). Beim Sticken der Blütenblätter immer etwas versetzt zu den vorherigen Blättern sticken damit sie sich gegenseitig überlappen.

Farben: lila, gelb

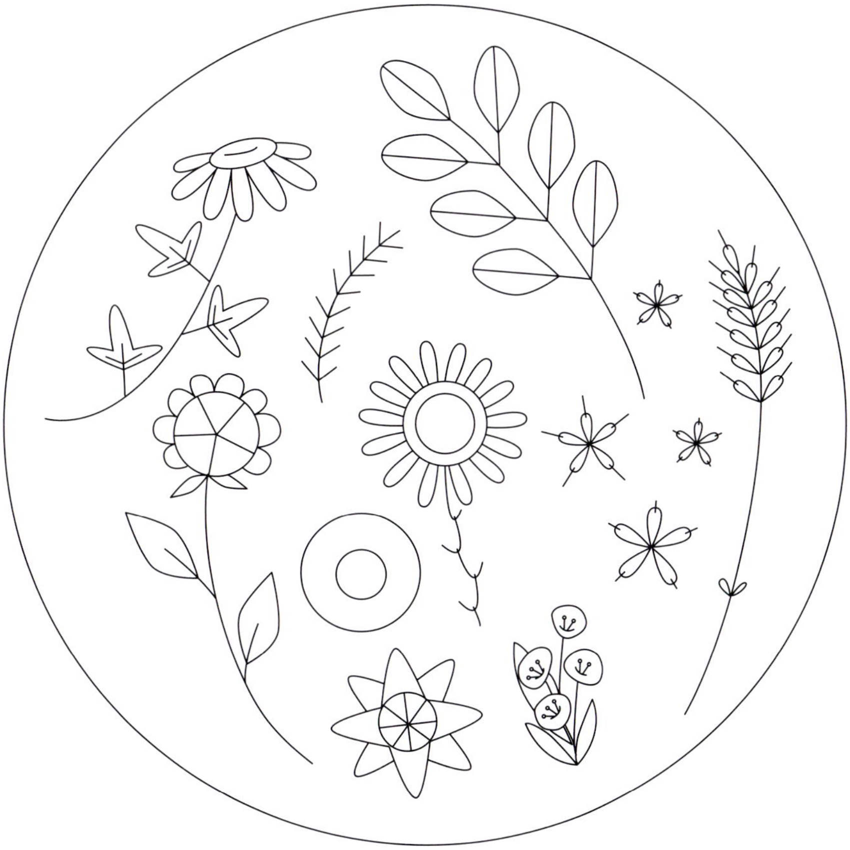

WELTRAUM

Wenn nicht anders angegeben, wurde 6fädiges Stickgarn verwendet. Die originalgroßen Vorlagen für die Motive findest du in der DigiBib (siehe dazu auch den Kasten beim Vorwort).

1 HALBMOND

Zuerst den äußeren Kreis im Spaltstich sticken. Danach, der Rundung folgend, hin und zurück sticken um den Halbmond im Spaltstich zu füllen. Eine ähnliche Optik hätte der Kettenstich oder der gespaltene Rückstich. Der Kettenstich würde hier allerdings eine dickere Linie ergeben, sollte also eher mit 3 Fäden gestickt werden.

Farbe: hellgelb

2 KLEINER STERN

Der Sternstich ist ein guter Stich für kleinere Sterne. Hier ist das größere Kreuz in einer anderen Farbe als das kleinere gestickt. Als Streumuster macht sich diese Art Stern sehr gut.

Farben: gelb, hellgelb

3 MONDPHASEN

Alle Flächen im rumänischen Plattstich ausfüllen. Mögliche Alternativen sind der versetzte oder verzahnte Plattstich. Begonnen wird hier an der dicksten Stelle und dann nach außen gearbeitet. Wird die Fläche an den Halbmonden zu schmal für den rumänischen Plattstich, kann im normalen Plattstich weitergestickt werden.

Farben: gelb

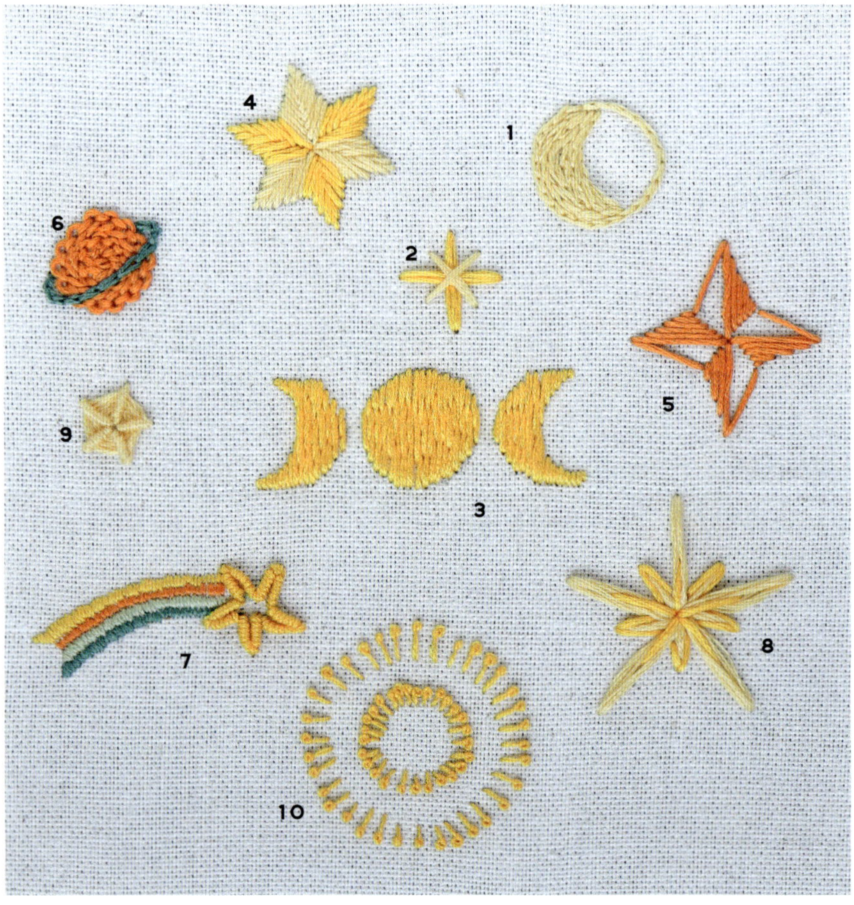

4 SECHSZACKIGER STERN

Die einzelnen Zacken dieses Sterns sind im Grätenstich gestickt. Es kann mit einer oder mehreren Farben gearbeitet werden. Für etwas mehr Textur kann auch der gehöhte Grätenstich benutzt werden.

Farben: gelb, hellgelb

5 VIERZACKIGER STERN

Bei diesem einfachen Stern wird nur die eine Hälfte jedes Zackens gestickt. Bei der dargestellten Größe reichen 4–5 Plattstiche aus. Am Ende werden die Zacken mit langen, einzelnen Stichen verbunden.

Farbe: orange

6 PLANET MIT RINGEN

Die Planetenkugel ist im Peking-Stich gestickt. Dafür zuerst zwei Kreise Rückstiche sticken und diese dann umschlaufen. Sollte in der Mitte noch ein Fleck frei bleiben, kann diesen ein einzelner Kettenstich abdecken. Den Planet-Ring mit dem Kettenstich (3fädig) sticken.

Farben: orange, türkis

7 STERNSCHNUPPE

Der Stern selbst ist in Wickelstichen gestickt. Dafür wird entlang jeder Linie ein Wickelstich platziert.
Der Sternenschweif ist in den einzelnen Farben im Schnurstich gestickt (3fädig). Da das Motiv relativ klein ist, reicht es einen Faden (statt drei) unterzulegen.

Farben: gelb, orange, hellgrün, türkis

8 GROSSER STERN

Dieser Stern wird in zwei Lagen gestickt. Dafür zuerst die langen Linien nachsticken, indem drei Stiche in Hellgelb direkt übereinandergelegt werden. Über die kurzen Linien jeweils einen Stich in Hellgelb sticken. Danach in Gelb immer einen Stich in die langen, zuvor gestickten Stiche sticken. Dann jeweils zur beiden Seiten der kurzen Stiche einen Stich in Gelb setzen.

Farben: gelb, hellgelb

9 GEFÜLLTER STERN

Eine ganz schnell gestickte Methode dafür ist die Rückstich-Spinne. Dieser Stickstich lässt sich allerdings nicht beliebig groß sticken und ist daher für eher kleine Sterne gedacht.

Farbe: hellgelb

10 SONNENSTRAHLEN

Mit dem Stempelstich (3fädig) alle Linien nachsticken. Optional kann hier auch die Länge der Stiche abwechselnd variiert oder mit mehreren Farben gestickt werden.

Farbe: gelb

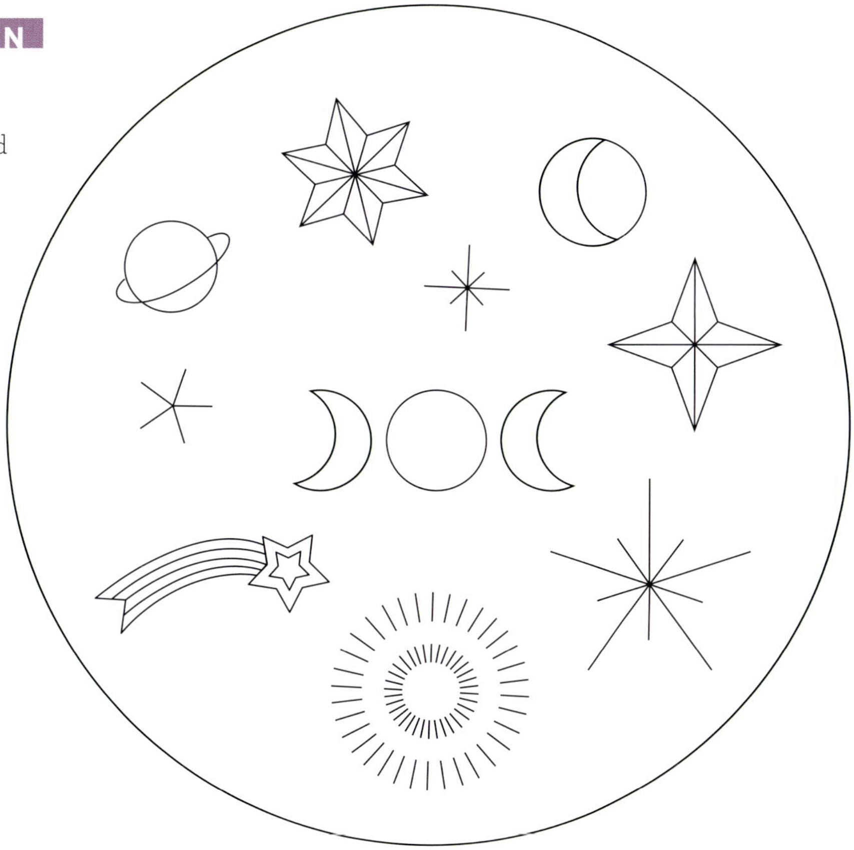

BORTEN

Wenn nicht anders angegeben, wurde 3fädiges Stickgarn verwendet. Die originalgroßen Vorlagen für die Motive findest du in der DigiBib (siehe dazu auch den Kasten beim Vorwort).

1

Für das Diamantmuster werden zuerst alle Linien im umwickelten Rückstich gestickt. Dabei zuerst in einer Farbe im Rückstich arbeiten und diese dann mit der Kontrastfarbe umwickeln. Zum Schluss kommt in die Mitte jedes Felds ein Knötchenstich.

Farben: rot, hellgrün, blau

2

Für diese einfache, aber effektvolle Borte wird zuerst eine Linie im Federstich gestickt. Dann werden mit einer Kontrastfarbe die Blätter an den äußeren Enden der Federstiche mit dem Margeritenstich ergänzt. Soll dieses Motiv einfarbig gestickt werden, bietet es sich an, den gefiederten Kettenstich zu verwenden, da dieser fast identisch aussieht.

Farben: mittelgrün, grasgrün

3

Dieses Muster kann schön als Flächenmuster genutzt werden. Dafür zuerst die einzelnen Fliegenstiche mit großzügigem Abstand zueinander verteilen. Danach im Vorstich den Hintergrund ausfüllen. Das geht am leichtesten, wenn man sich dabei an den Fäden des Stoffes orientiert. Wird im Vorstich hin und zurück gestickt, sollten dabei die Bereiche direkt um die Fliegenstiche herum ausgelassen werden.

Farben: rot, blau

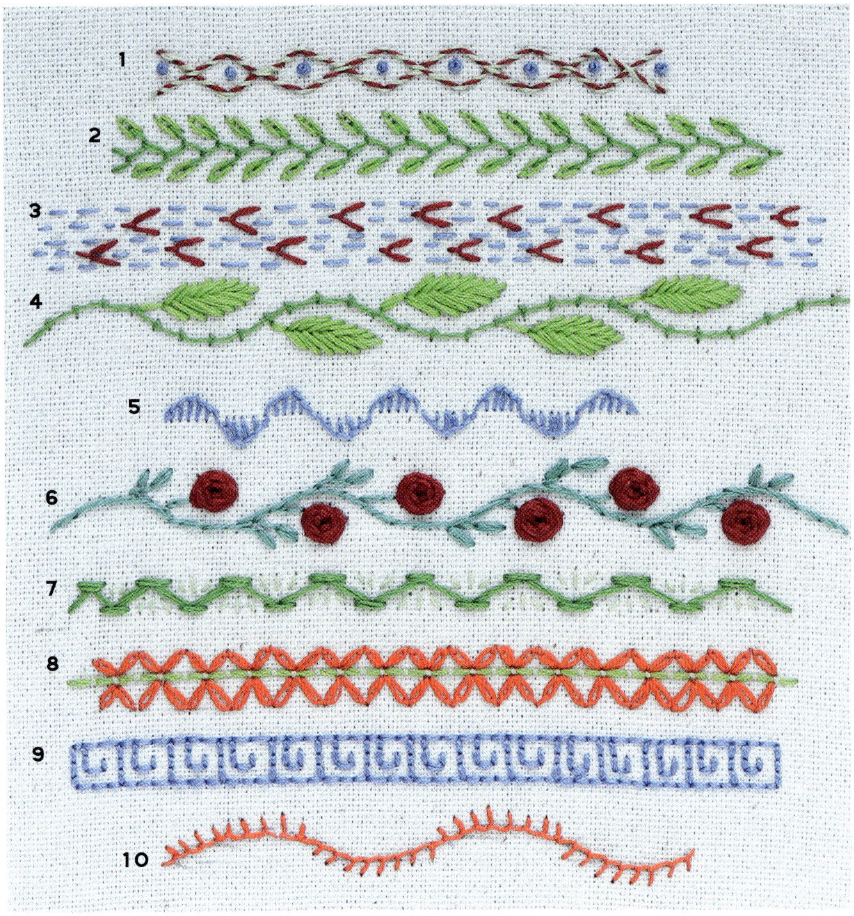

4

Für eine große Blätterranke zuerst die geschwungene Linie im Korallenstich vorsticken. Dann mit dem Grätenstich die Blätter (6fädig) ausfüllen. Mit einem kurzen, einzelnen Stich werden Blatt und Ranke verbunden. Die einzelnen Knoten des Korallenstichs können auch als Ansatzpunkt für zusätzliche Blätter fungieren.

Farben: mittelgrün, grasgrün

5

Ein Muster aus Dreiecken lässt sich mit dem Langettenstich sticken. Die Stiche sehr dicht aneinandersetzen, damit die Flächen gut abgedeckt werden. Jedes Dreieck wird einzeln gestickt und dann für das nächste neu angesetzt, da hier die Richtung der Stiche gewechselt wird. Eine schöne Variante wäre es, mit zwei Farben zu arbeiten und die Zwischenräume ebenfalls mit Dreiecken zu füllen.

Farbe: blau

6

Bei dieser Blumenranke zuerst die Web-Rosen sticken (6fädig) – je nach Größe kann mit drei oder fünf Basisstichen gearbeitet werden. Hier wurden fünf verwendet. Dann im Stielstich die geschwungene Linie sticken. Anschließend die einzelnen Blätter und Stiele ausarbeiten. Für die Stiele reicht es in der Regel einen einzelnen Stich zu setzen oder einen gespaltenen Rückstich, falls der Abstand größer ist. Die Blätter lassen sich sehr gut mit drei bis vier Stichen, die direkt übereinander gestickt werden, ausarbeiten. So werden sie etwas plastischer und breiter.

Farben: türkisgrün, weinrot

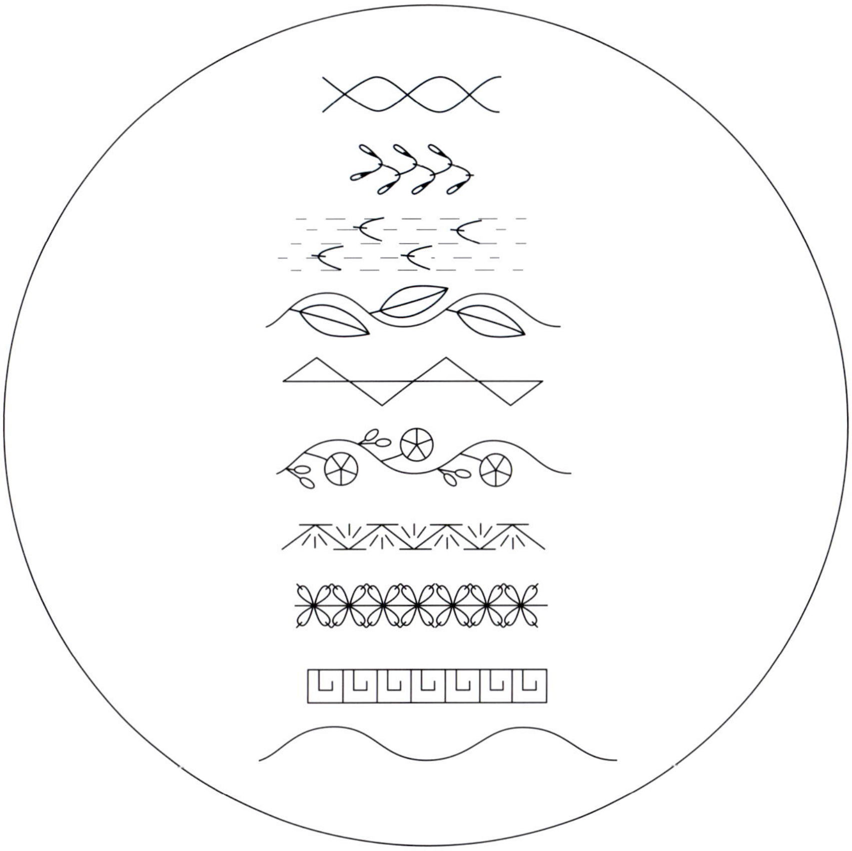

7

Diese simple Borte ist aus dem Wabenstich und einzelnen Spannstichen zusammengesetzt. Hier könnten auch andere Elemente in die Freiräume gestickt werden, wie zum Beispiel kleine Blumen oder Dreiecke. Mit einzelnen Spannstichen lassen sich erstaunlich viele Motive zusammensetzen.

Farben: mittelgrün, hellgrün

8

Zuerst die Mittellinie in der Anlegetechnik sticken. Dafür den dickeren Faden (6fädig) der Länge nach positionieren. Dann mit der Kontrastfarbe in gleichmäßigen Abständen den Faden aufsticken. Im nächsten Schritt mit Margeritenstichen X-förmig diese Linie umsticken. Dabei an jedem zweiten Stich auf der Mittellinie ausstechen und schräg nach außen sticken.

Farben: rot, grasgrün, hellgrün

9

Mit dem Rückstich (6fädig) alle Linien sticken. Dafür zuerst die obere Linie in einem Zug ausarbeiten. Dann die untere Linie mitsamt der Zwischenlinien im nächsten Schritt sticken. Dabei die Stiche immer gleichmäßig verteilen. So ergibt sich ein ebenmäßiges Erscheinungsbild.

Farbe: blau

10

Mit dem Langettenstich sehr kurze Stiche entlang der Linie sticken. Nach jedem Bogen den Stich beenden und neu ansetzen, da die Langettenstiche immer in die andere Richtung gestickt werden müssen.

Farbe: rot

SCHRIFT

Wenn nicht anders angegeben, wurde 3fädiges Stickgarn verwendet. Die originalgroßen Vorlagen für die Motive findest du in der DigiBib (siehe dazu auch den Kasten beim Vorwort).

1

Zuerst den dicken Strich im Plattstich sticken. Dabei die Schräge der Buchstabenform als Hilfslinie nutzen. Für besonders saubere Kanten die Form vorher mit dem Spaltstich umsticken und danach mit dem Plattstich übersticken. Zum Schluss die restlichen Linien im Spaltstich sticken.

Farbe: türkisgrün

2

Die Flächen im Bucharastich ausfüllen. Beim Sticken des kleinen Stichs über dem langen Stich an der Mittellinie orientieren. Dadurch entsteht eine gleichmäßige Linie aus den kleinen Stichen, die dem ganzen mehr Textur verleiht. Für die kurzen Striche zwischen den Flächen den Spaltstich oder gespaltenen Rückstich nutzen.

Farbe: rot

3

Ausdrucksstarke Linien lassen sich mit dem magischen Kettenstich sticken (6fädig). Dieser Stich ist relativ dick, ist also gut für schlichte, große Buchstaben geeignet.

Farben: türkisgrün, hellgrün

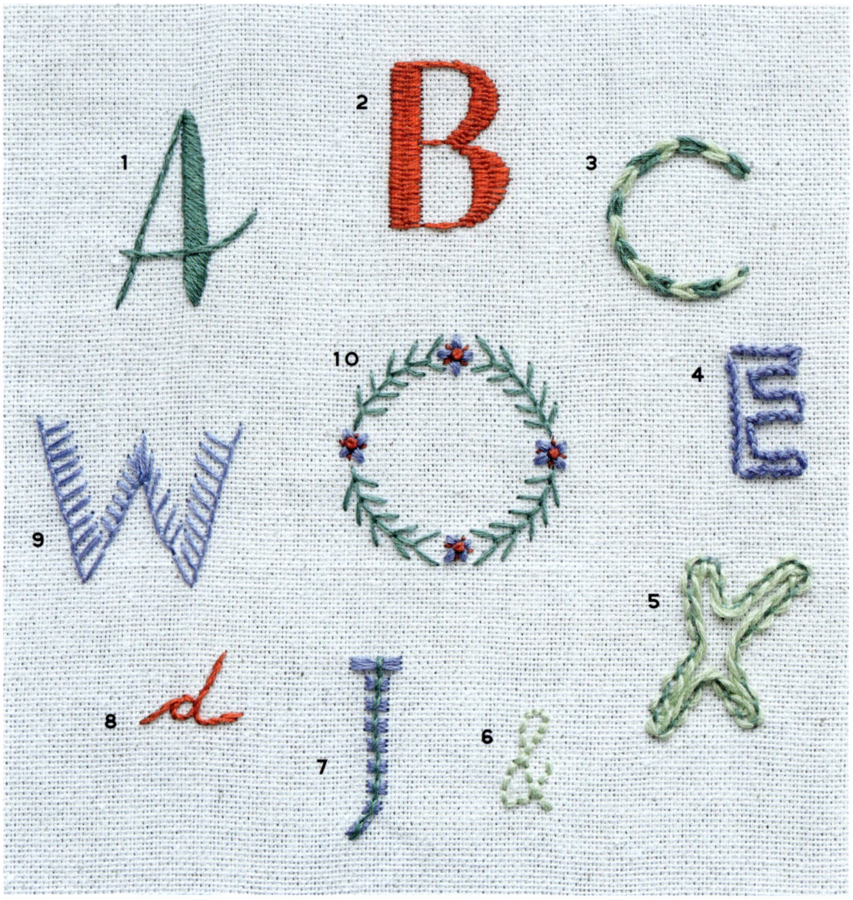

4

Ebenfalls als dicker Stickstich glänzt der Perlstich (6fädig). Setzt man die Knoten sehr eng beieinander ähnelt die Linie einer Perlenkette. Hier wurde der Stich als Umrisslinie genutzt, doch arbeitet er sich auch gut als Linie bei Schreibschrift-Buchstaben.

Farbe: blau

5

Ein zweifarbiger Stich ist der umschlungene Vorstich (Vorstich 3fädig, Schlingen 6fädig). Bei einfachen Buchstaben mit starker Kontur ergibt es einen tollen Effekt. Nutzt man zum Umschlingen Fusselgarn oder andere Effektgarne, lassen sich spannende Ergebnisse erzielen.

Farben: türkisgrün, hellgrün

6

Ein Klassiker für Schrift in allen Formen ist der Rückstich (6fädig). Bei diesem und auch anderen Linienstichen muss immer darauf geachtet werden, dass in den Kurven die Stiche kürzer werden. Je kleiner und filigraner der Buchstabe, desto kürzer müssen die Stiche sein. Andernfalls kürzen die geraden Stiche die Rundung ab und es ergibt sich eher eine Aneinanderreihung von geraden Strichen als eine gebogene Linie.

Farbe: hellgrün

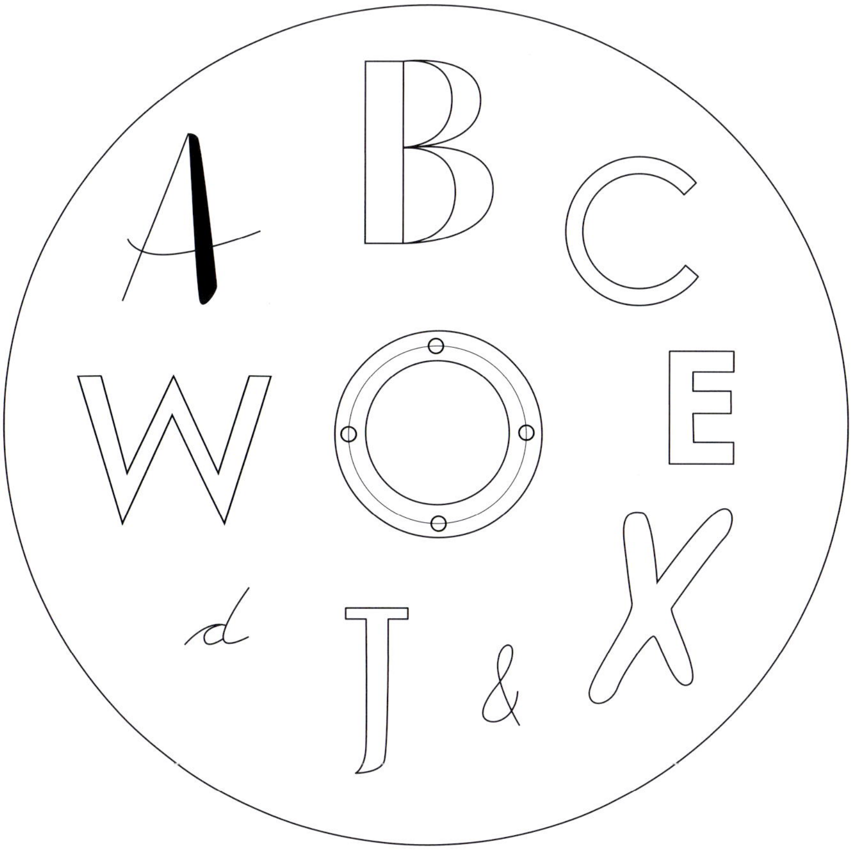

7

Für dicke, einfache Buchstaben ist der Schleifen-Kettenstich ein Hingucker. Dieser ist besonders geeignet für Buchstaben ohne feine Schnörkel. Dabei muss vorher festgelegt werden, welche Linien in einem Zug gestickt werden. Bei Buchstaben, die aus mehreren Linien in unterschiedlichen Winkeln bestehen, wie zum Beispiel einem „K", wird jede Linie einzeln gestickt, beendet und dann die nächste Linie neu angesetzt.

Farben: blau, türkisgrün

8

Der Stielstich ist die klassische Wahl für Schreibschriften. Stielstiche erzielen wunderbar gleichmäßige Kurven (siehe Hinweis bei Buchstabe 6). Da der Stielstich relativ dicke Linien erzeugt, ist es bei sehr kleiner und feiner Schrift sinnvoll, die Stickgarnstärke optional bis zu einen Faden zu reduzieren.

Farbe: rot

9

Der Langettenstich kann wunderbar dicke Buchstaben ausfüllen. Je nachdem wieviel Abstand die Stiche zueinander haben, deckt er mehr oder weniger stark. Wird der Langettenstich so offen gestickt wie hier, kommen die Schenkel der Stiche optisch mehr zum Tragen. Werden die Stiche sehr nah beieinander gesetzt, sodass sie die Fläche komplett abdecken, wirkt die Fläche im Ganzen einheitlicher. Wie auch schon bei Buchstabe 7, müssen hier die einzelnen Linien des Buchstaben immer neu angesetzt werden.

Farbe: blau

10

Das Herzstück dieses Buchstabens ist der Fliegenstich, welcher entlang der Umrisslinie gestickt wird. Dabei darauf achten, dass die Stichrichtung jeweils gespiegelt zur anderen Seite ist. So entstehen Freiräume, die im zweiten Schritt mit kleinen Blumen bestickt werden. Hier kann entweder im doppelten Kreuzstich oder vier einzelnen Stichen zur Mitte gearbeitet werden. Das erste Kreuz wird dabei 6fädig gestickt und das zweite 3fädig. In die Mitte der Blume wird noch ein Knötchenstich (3fädig) gesetzt.

Farben: türkisgrün, rot, blau

AUFLISTUNG NACH STICHNAMEN

VORSTICH

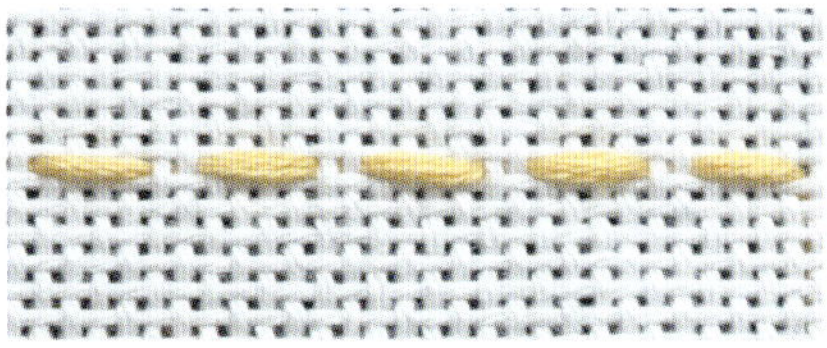
Vorstich ... 23

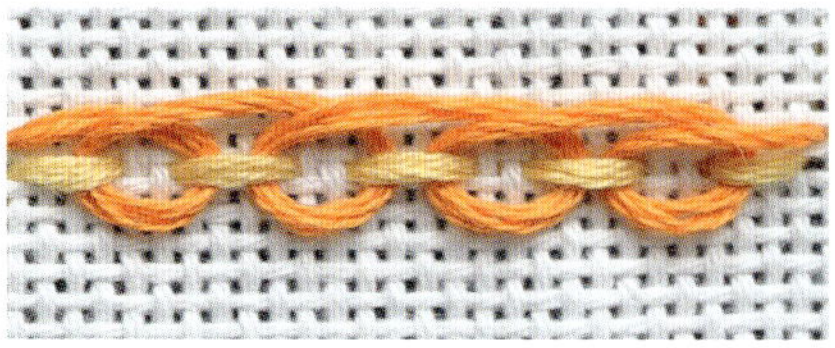
Umschlaufter Vorstich ... 24

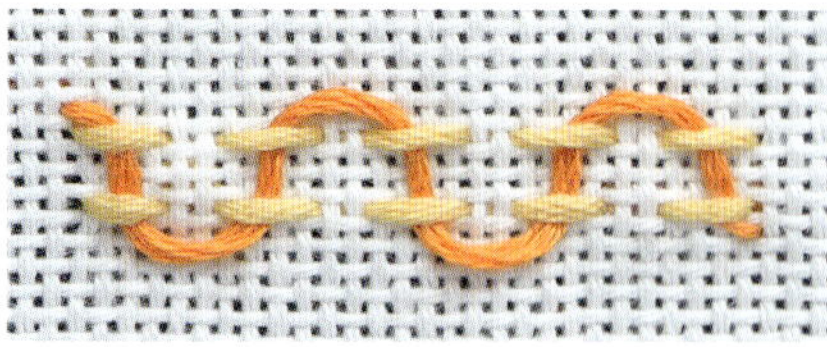
Umschlungener doppelter Vorstich ... 26

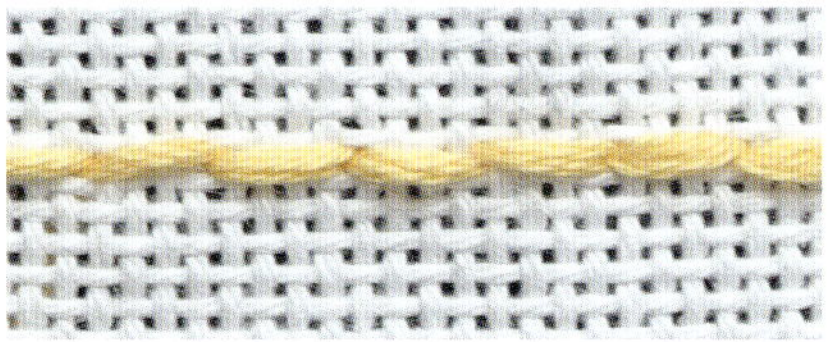
Doppelter Vorstich ... 23

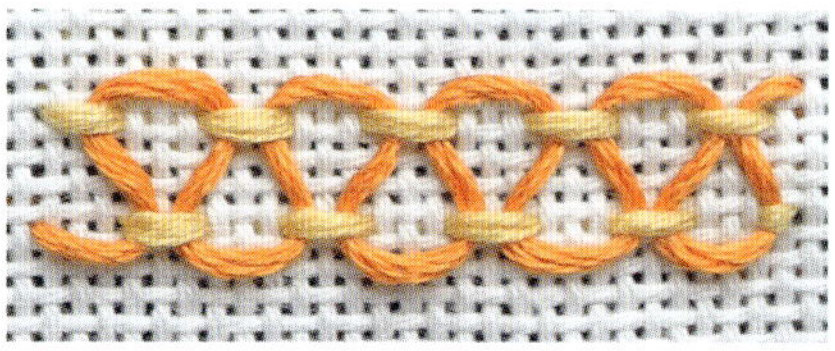
Gesteppter Vorstich ... 25

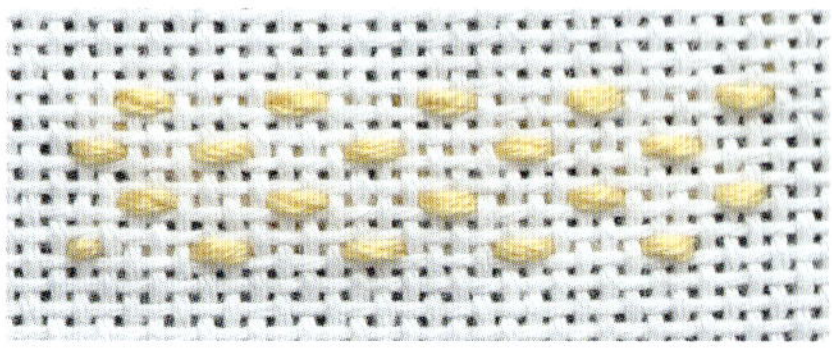
Kurzer Vorstich ... 26

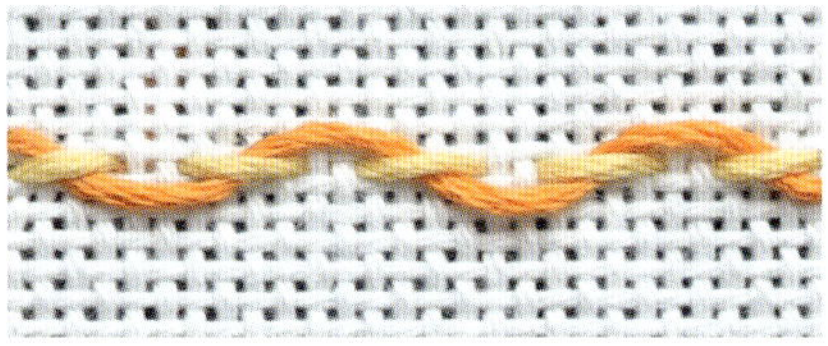
Umschlungener Vorstich ... 24

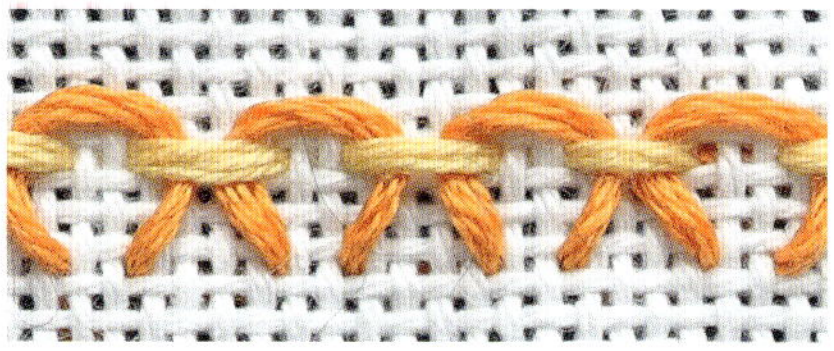
Eskimo-Vorstich ... 25

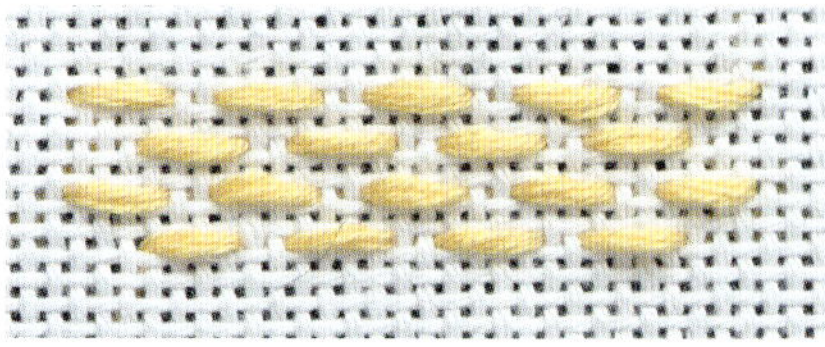
Stopfstich ... 26

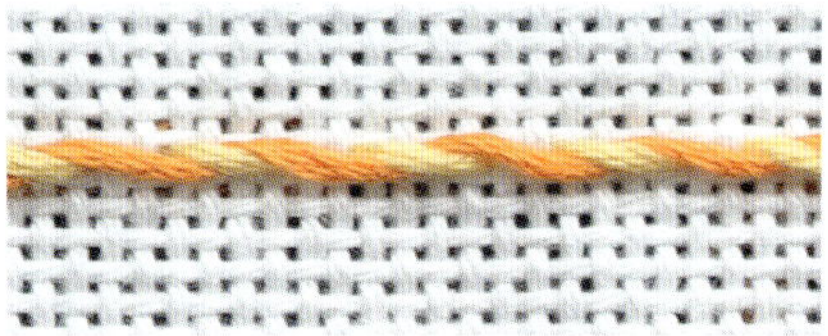
Umwickelter Vorstich ... 24

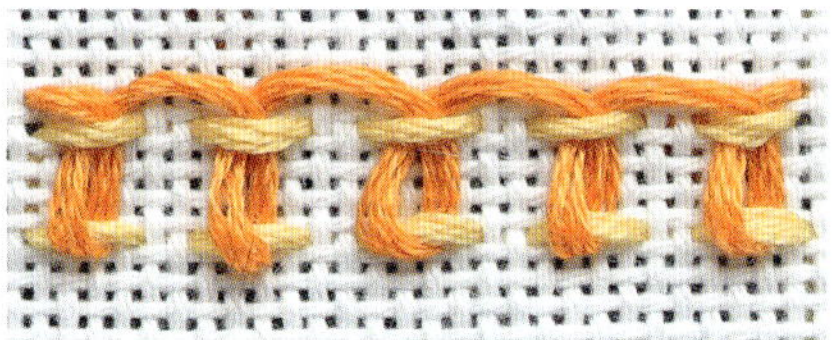
Paralleler Vorstich ... 25

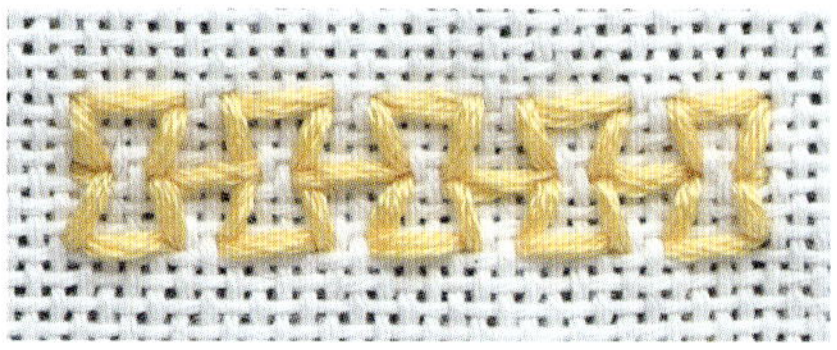
Japanischer Stopfstich ... 27

RÜCKSTICH

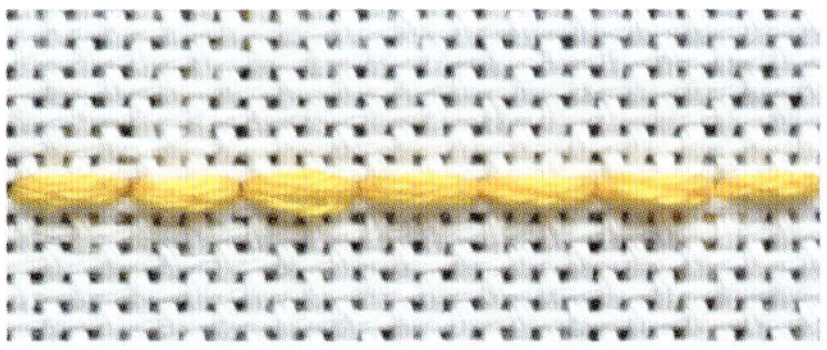
Rückstich ... 28

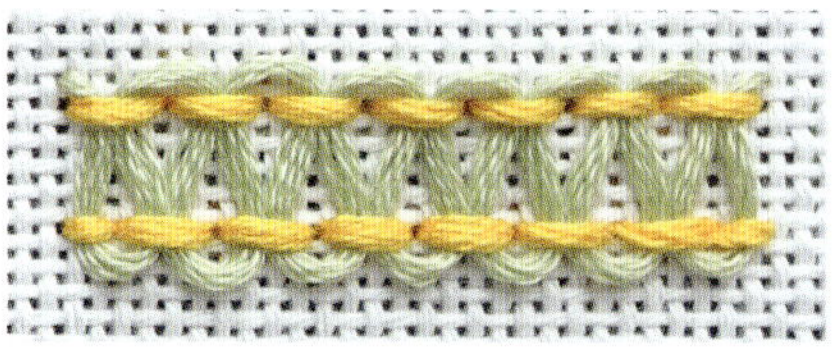
Umschlungener doppelter Rückstich ... 29

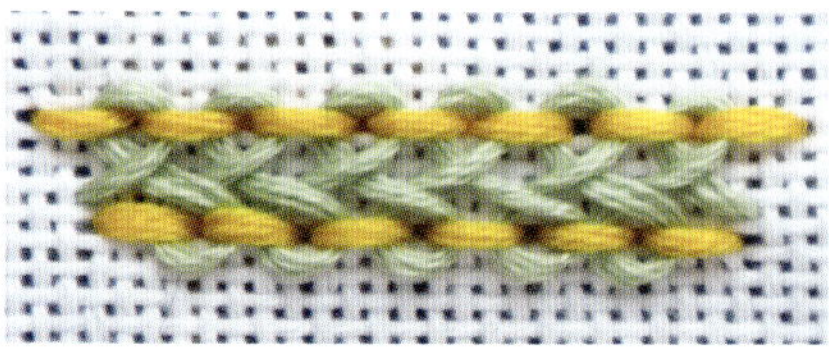
Hexenleiter ... 30

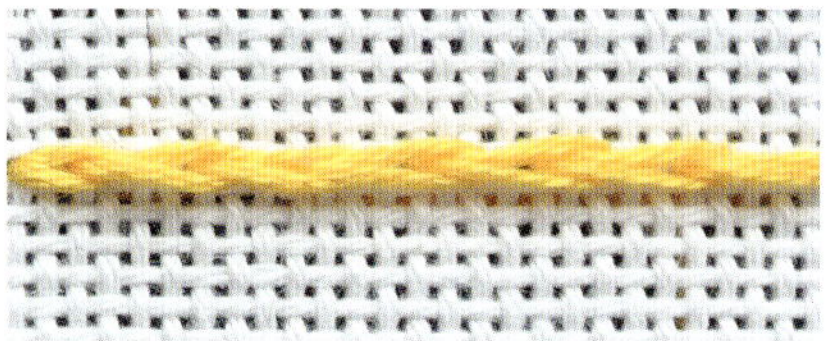
Gespaltener Rückstich ... 28

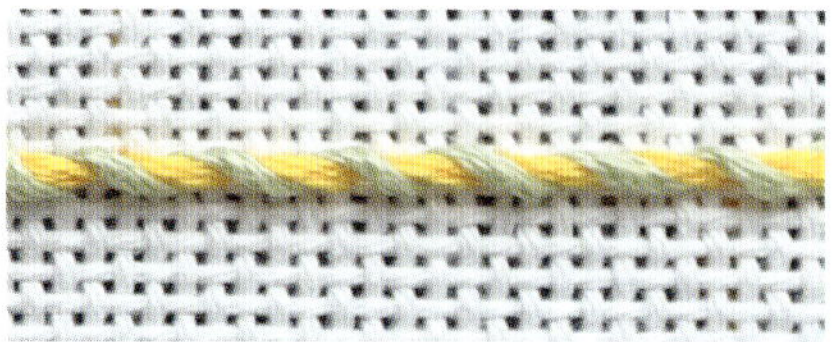
Umwickelter Rückstich ... 29

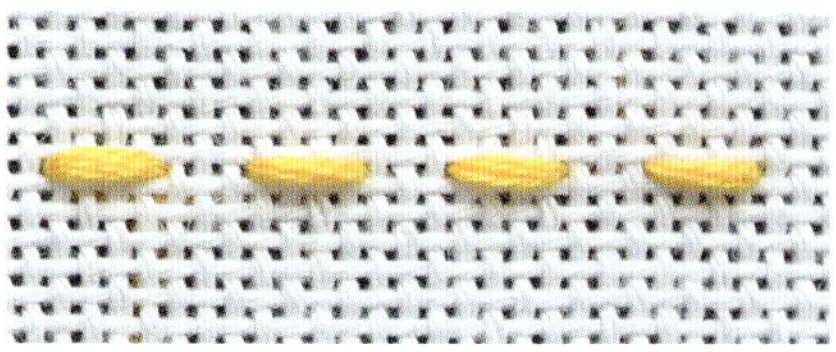
Offener Rückstich ... 31

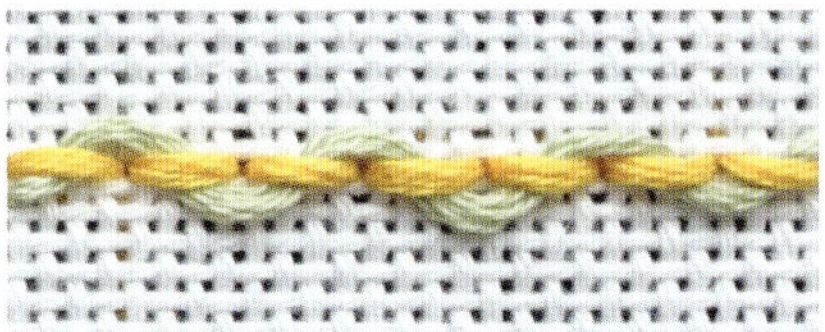
Umschlungener Rückstich ... 29

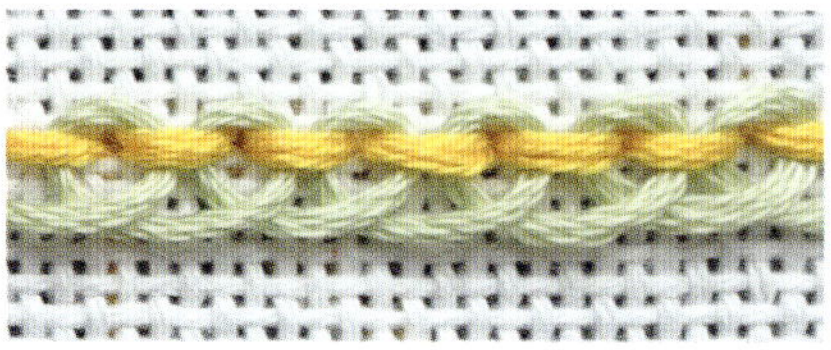
Peking-Stich ... 30

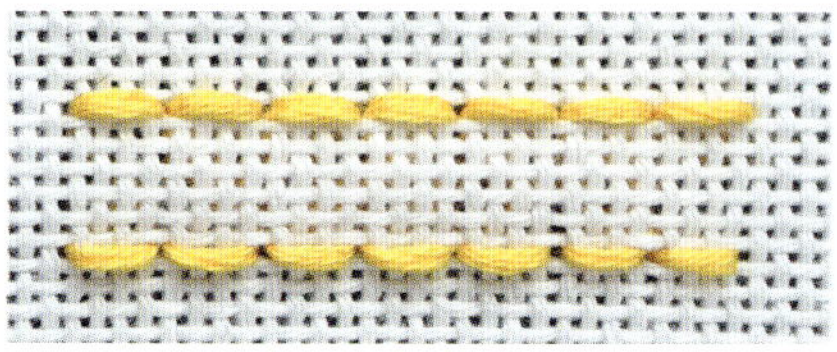
Doppelter Rückstich ... 31

STIELSTICH

In dieser Auflistung nach Stichfamilien mit Bildern findest du alle Stickstichfamilien übersichtlich zusammengestellt. Das Bild zeigt den jeweiligen Stich und anhand der Seitenzahl kannst du im Buch schnell seine Beschreibung finden.

PLATTSTICH

WABENSTICH

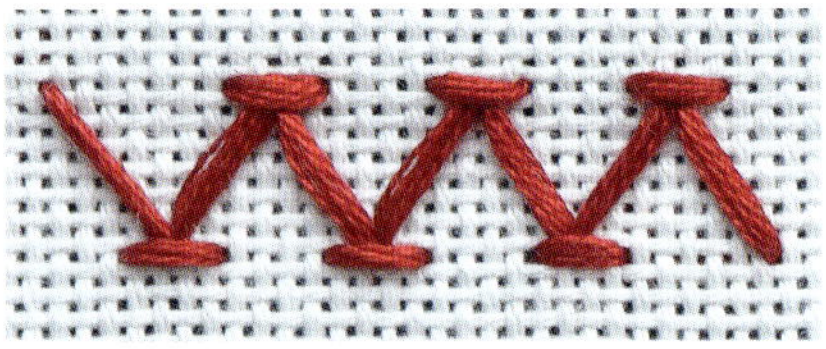
Wabenstich ... 39

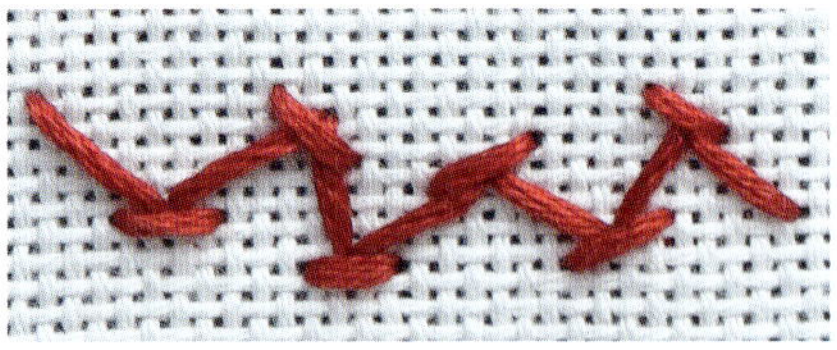
Torkelnder Wabenstich ... 40

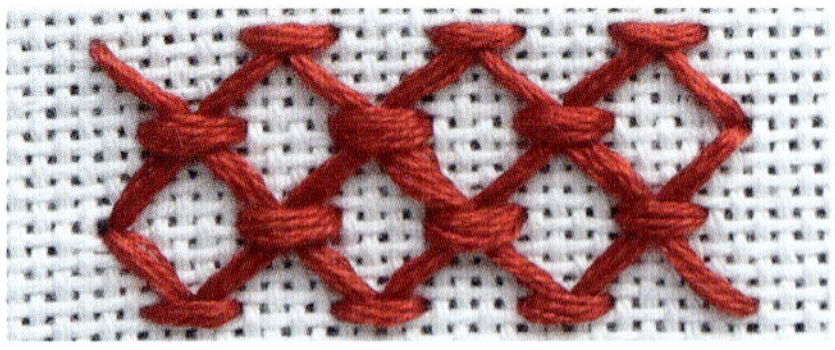
Gespiegelter Wabenstich ... 40

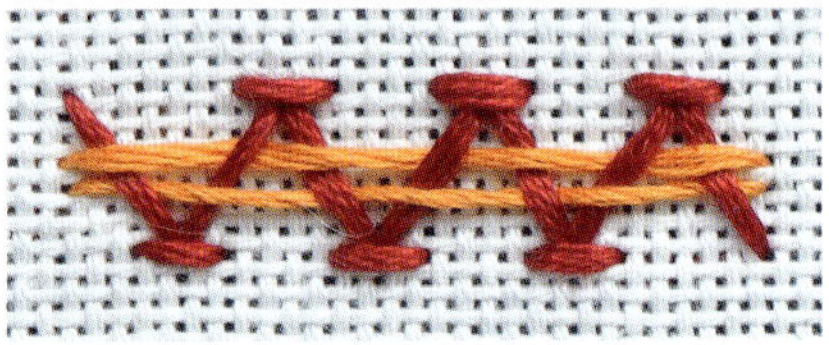
Umschlungener Wabenstich ... 39

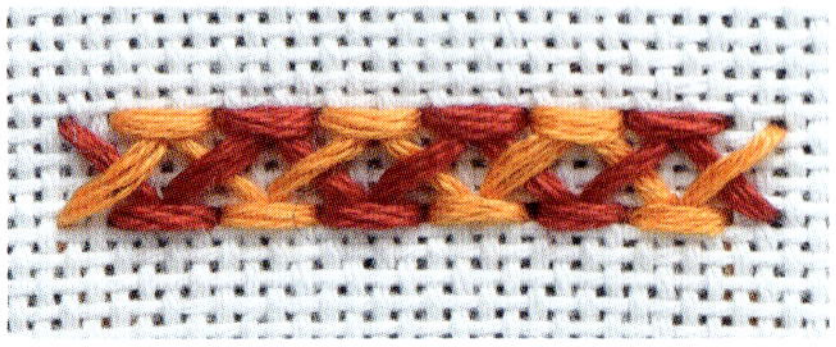
Doppelter Wabenstich ... 40

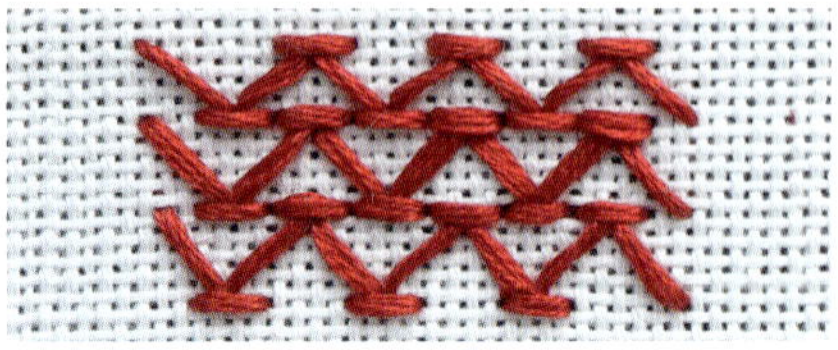
Wabenstich als Füllstich ... 41

GERADSTICH

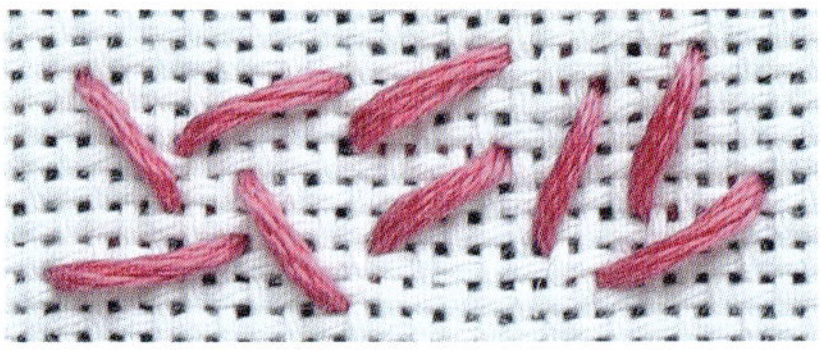
Geradstich ... 42

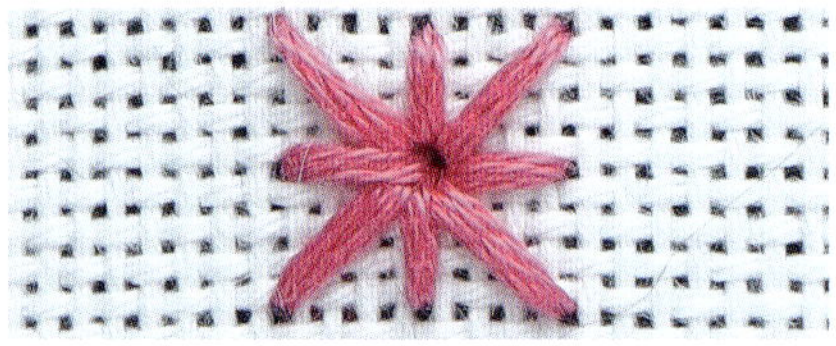
Algerischer Lochstich ... 44

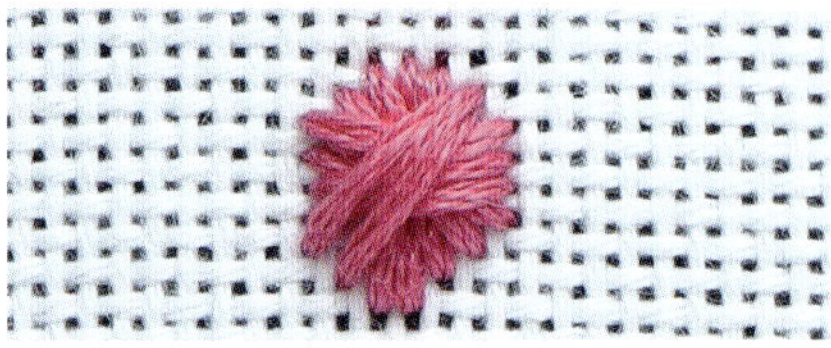
Runder Rhodes-Stich ... 45

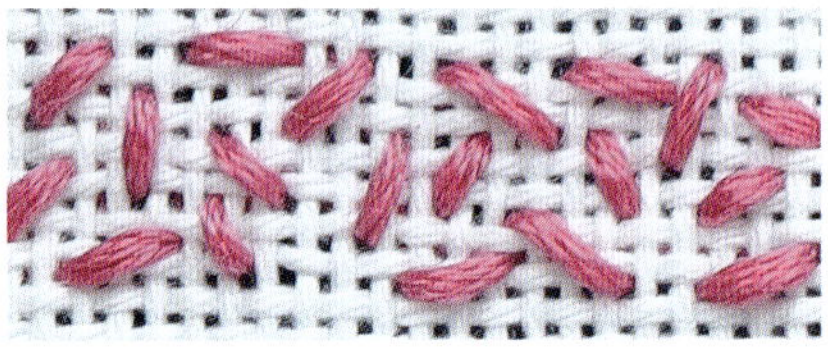
Reisstich ... 42

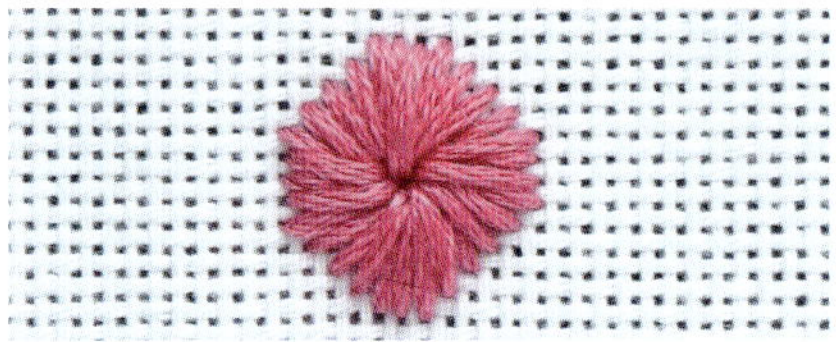
Lochstich ... 44

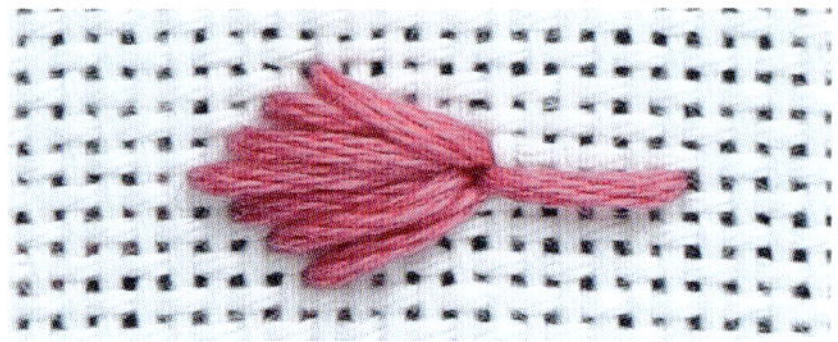
Fächerstich ... 46

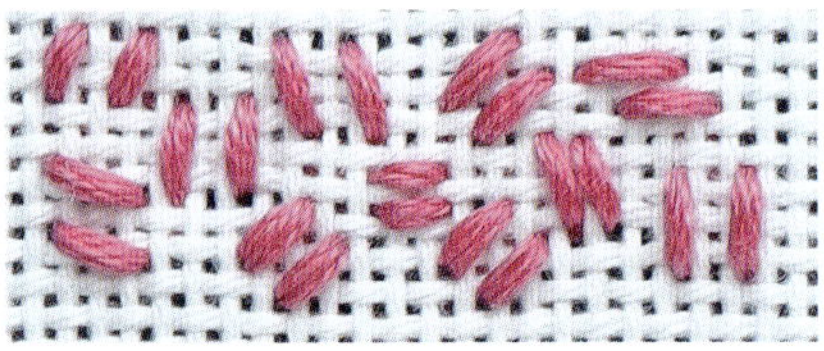
Doppelter Reisstich ... 42

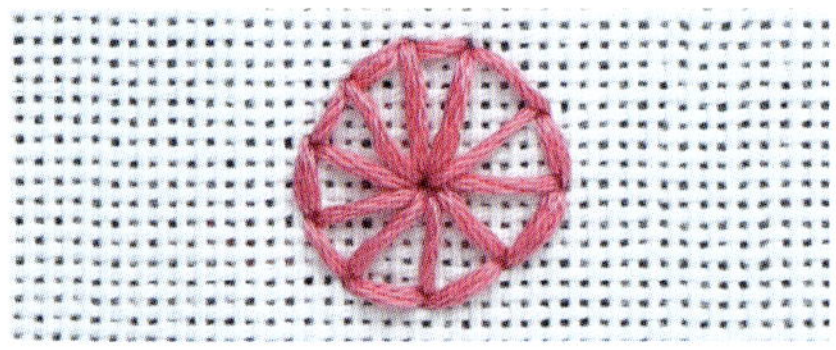
Wagenrad-Lochstich ... 44

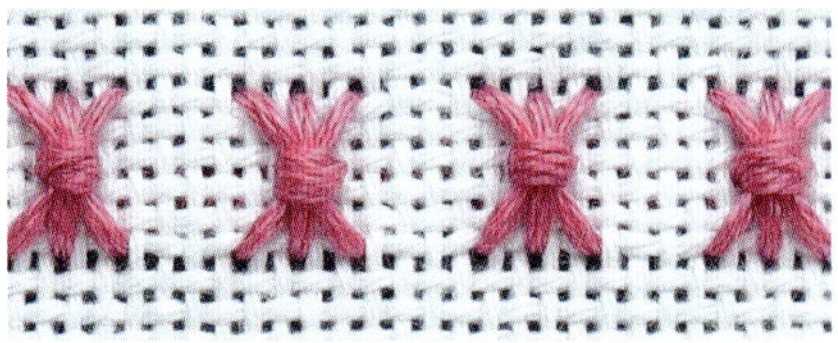
Garbenstich ... 46

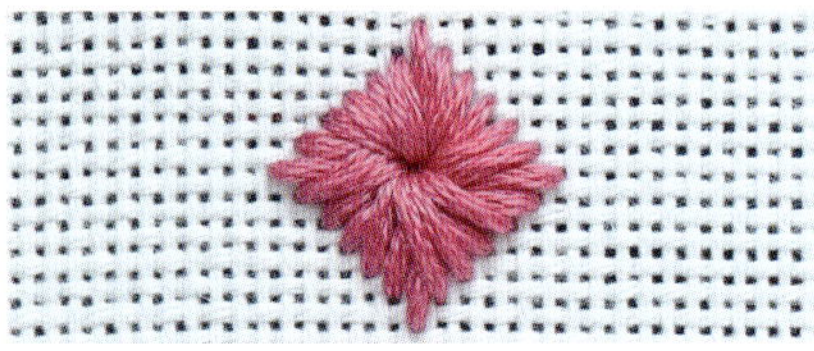
Rautenspannstich ... 43

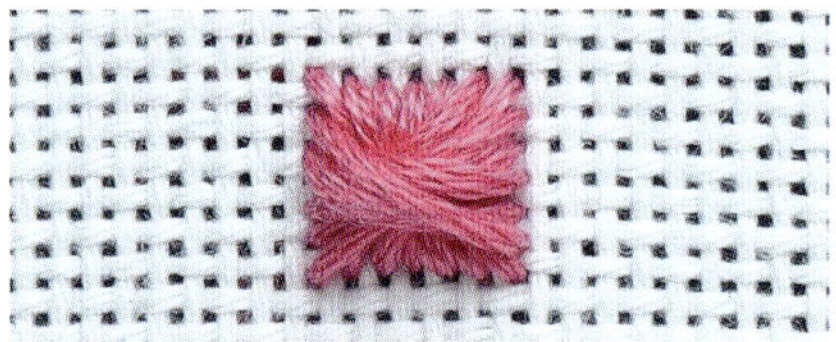
Rhodes-Stich ... 45

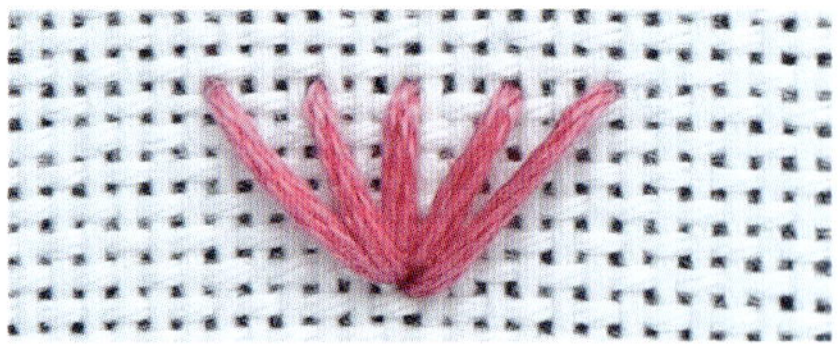
Strahlenstich ... 47

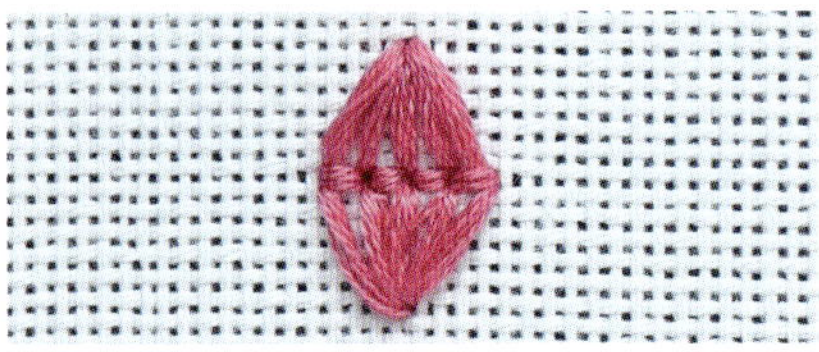
Laternenstich ... 43

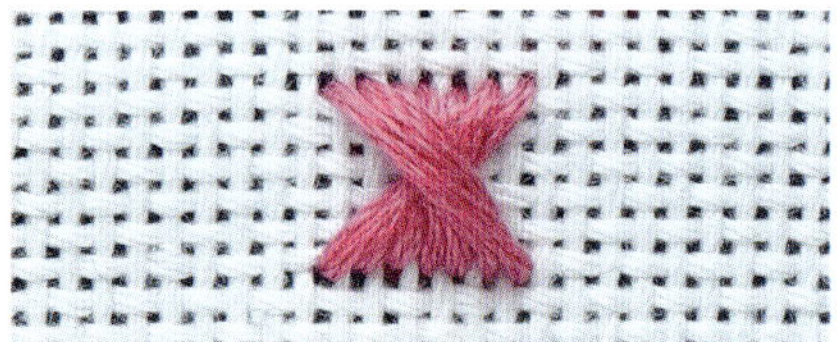
Halber Rhodes-Stich ... 45

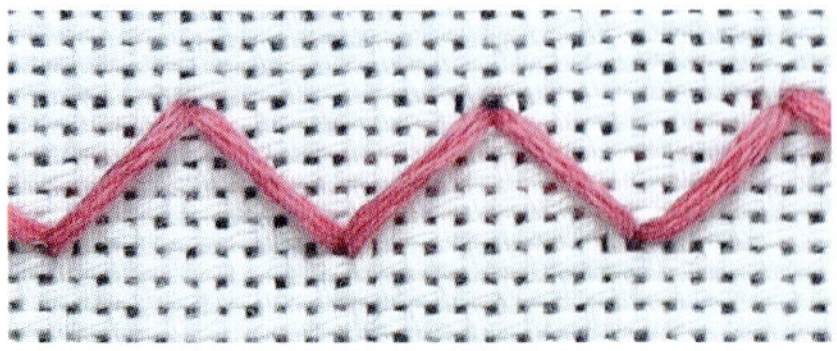
Zackenstich ... 47

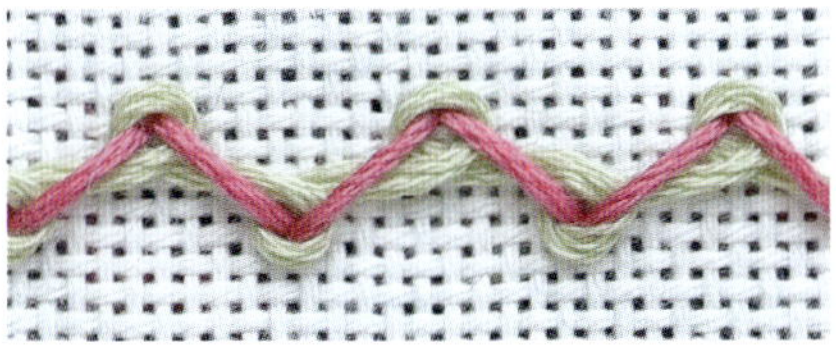
Umschlungener Zackenstich 47

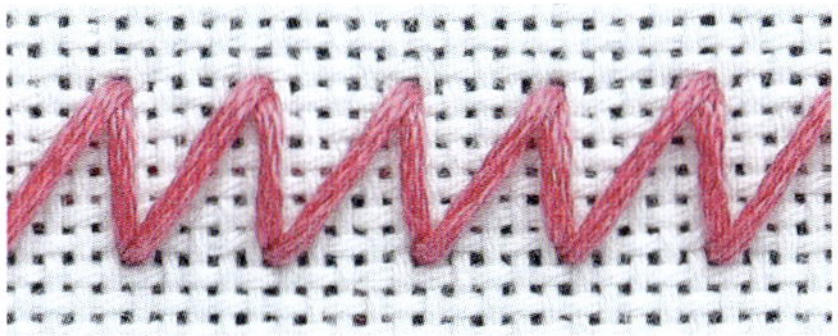
Bosnischer Stich 48

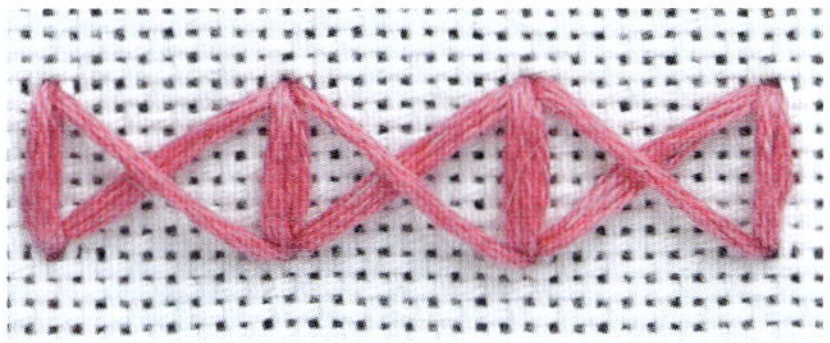
Rautenstich 49

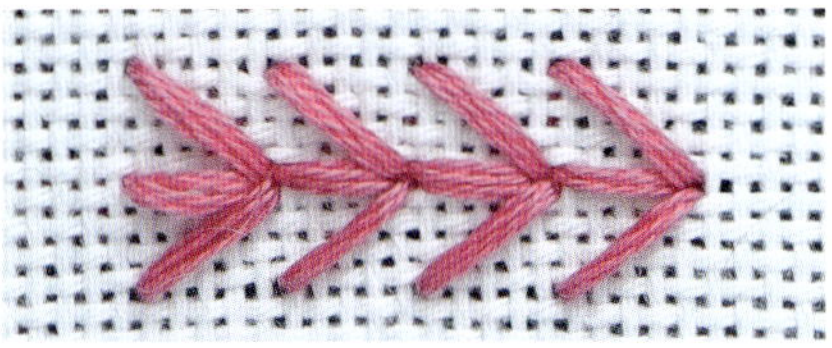
Bäumchenstich 48

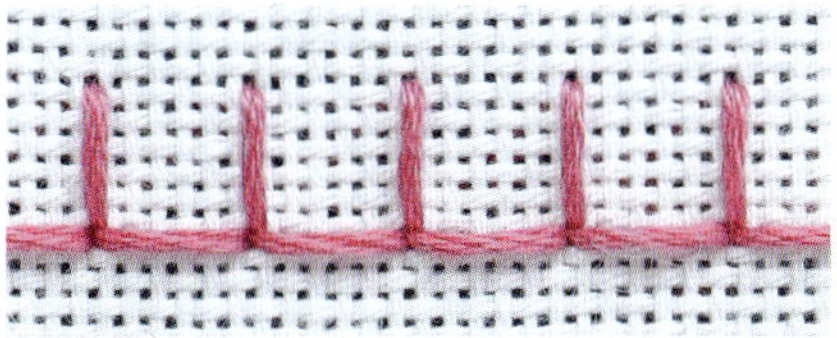
Pariser Stich 49

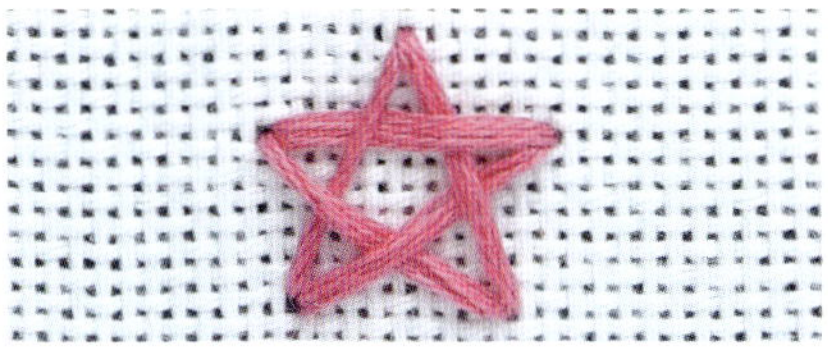
Flechtstern 50

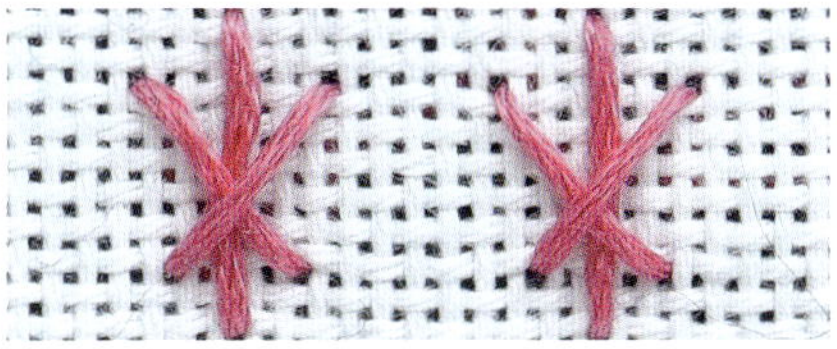
Bourbonenstich 48

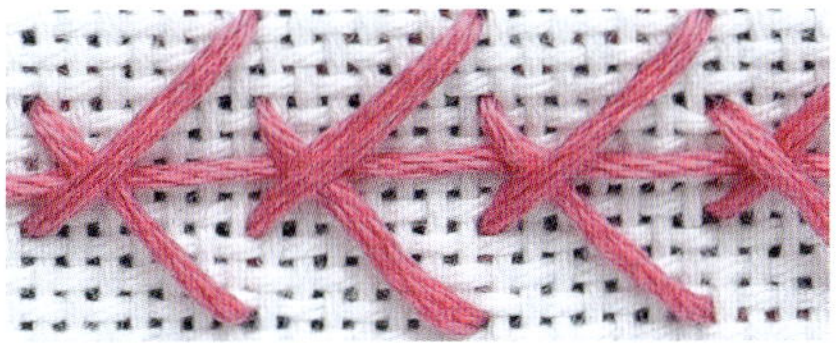
Dornenstich 49

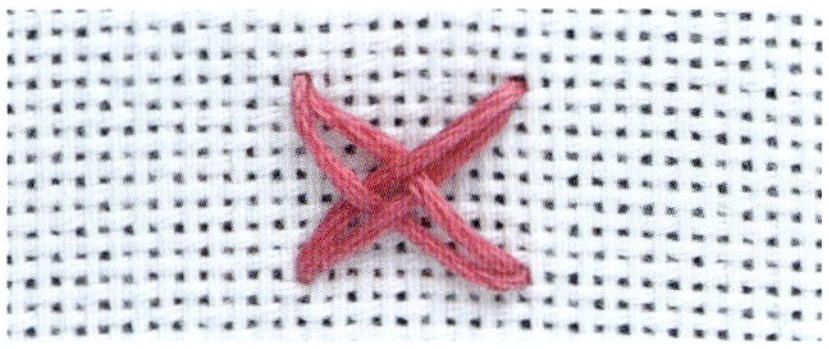
Flechtkreuz 50

FEDERSTICH

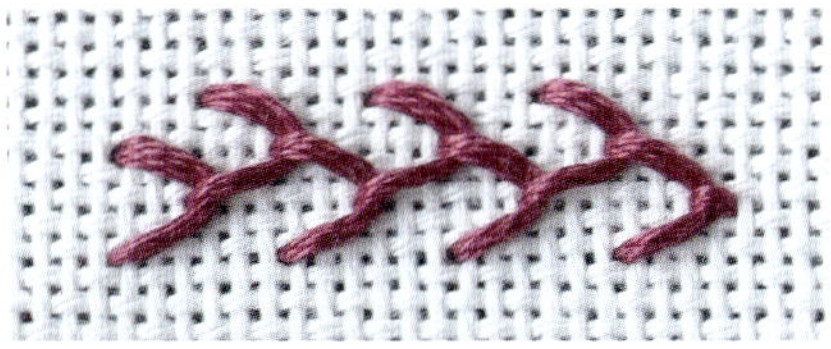
Federstich 51

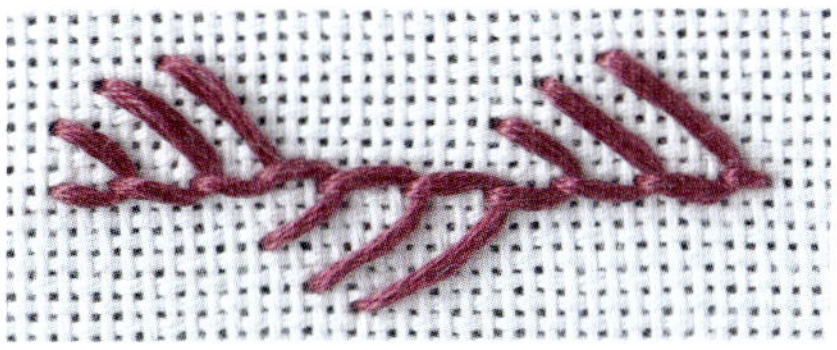
Paariger Federstich 52

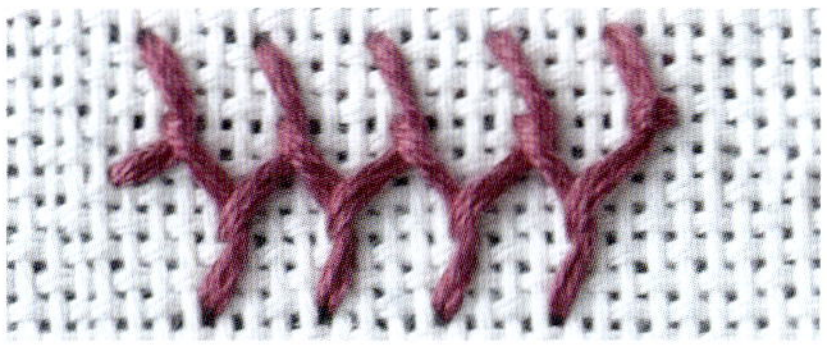
Offener Kretischer Stich 54

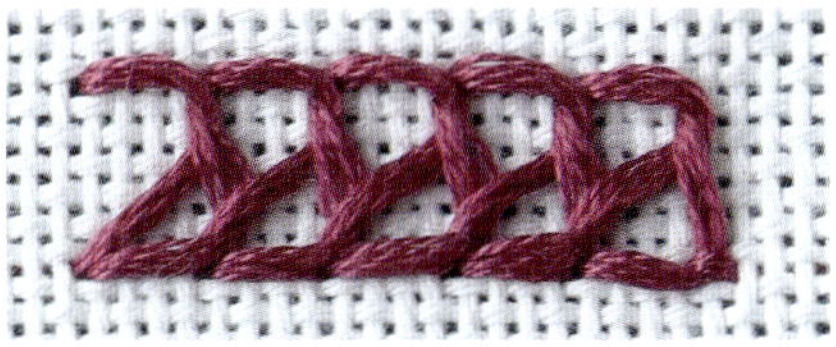
Geschlossener Federstich 51

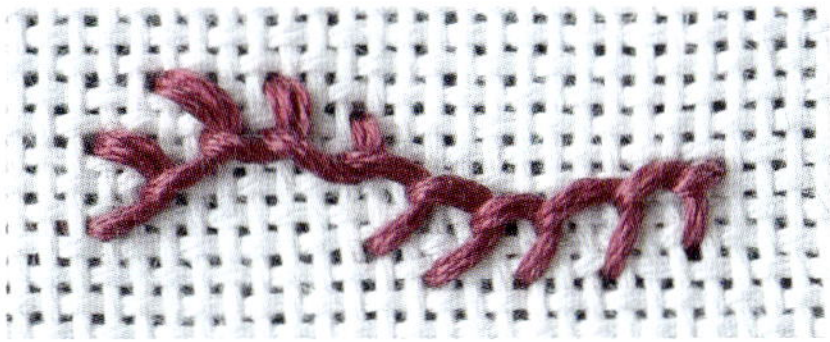
Wellen-Federstich 53

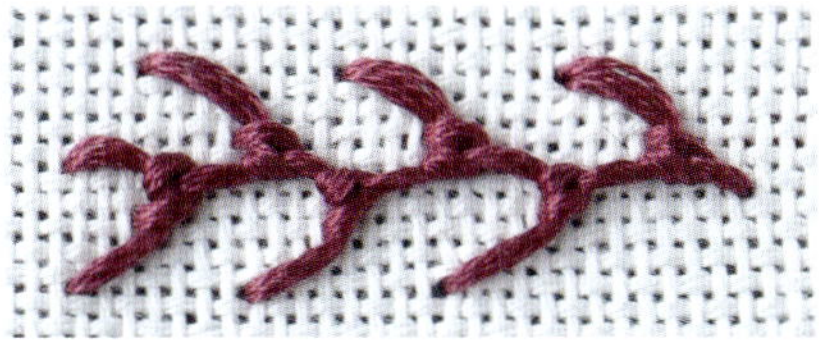
Geknoteter Kretischer Stich 54

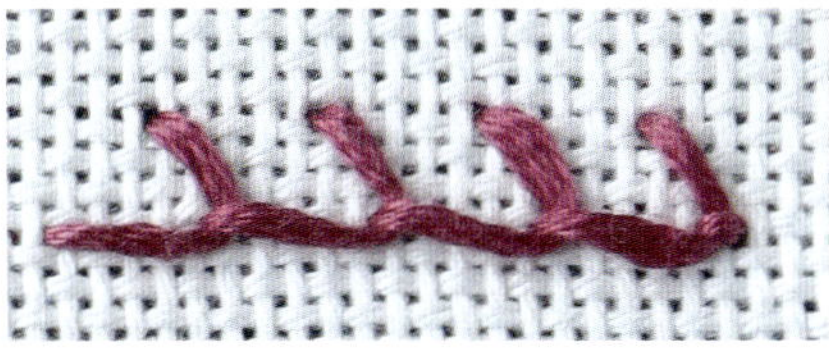
Einseitiger Federstich 52

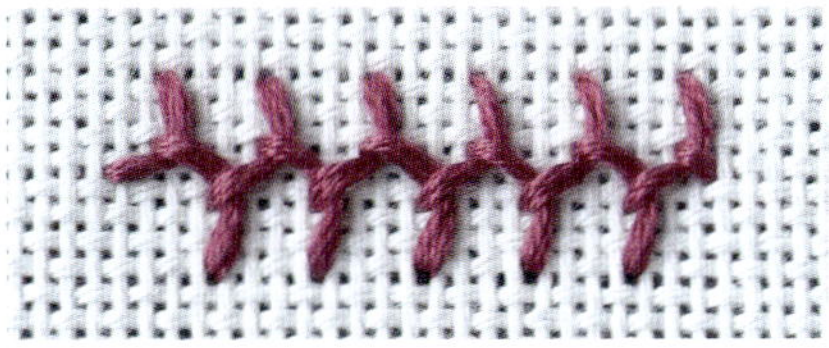
Kretischer Stich 53

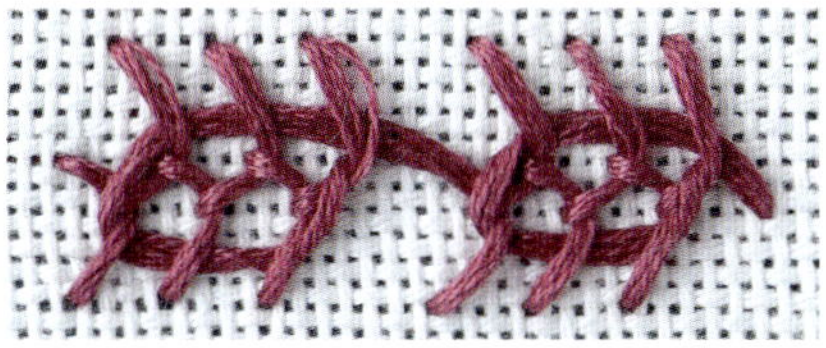
Schottischer Kretischer Stich 54

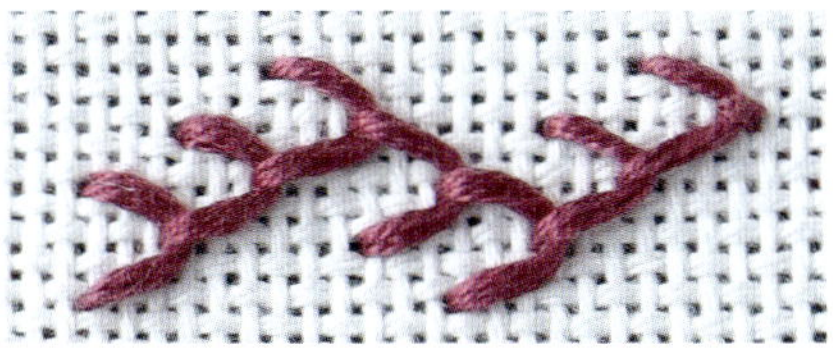
Doppelter Federstich 52

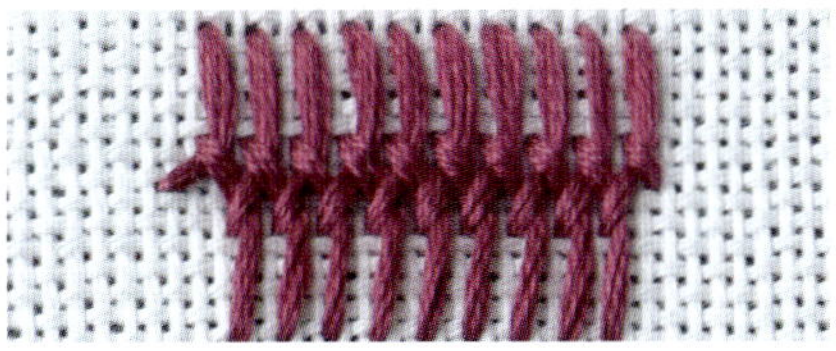
Geschlossener Kretischer Stich 53

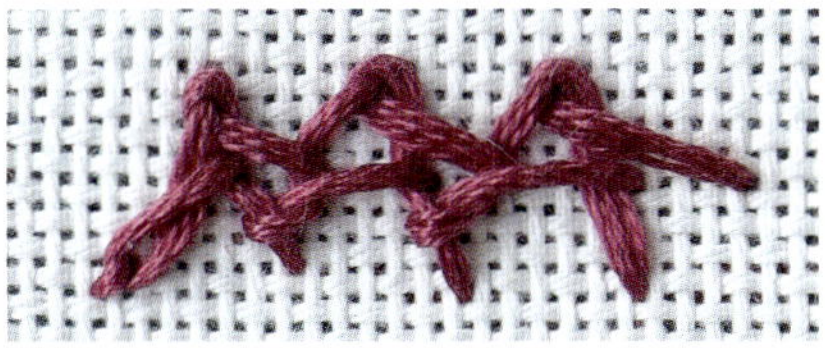
Spanischer geknoteter Federstich 55

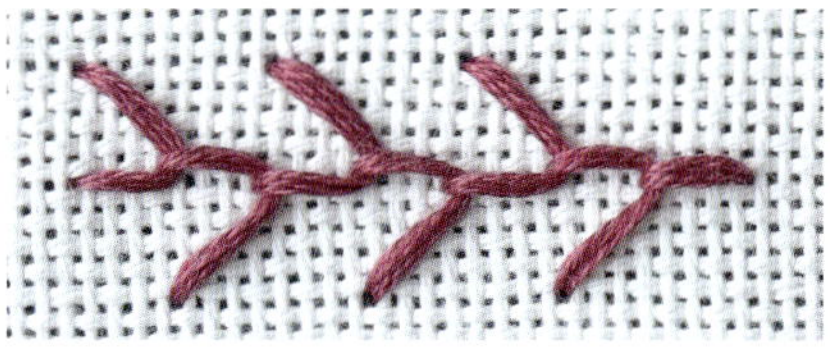

Rückgratstich ... 55

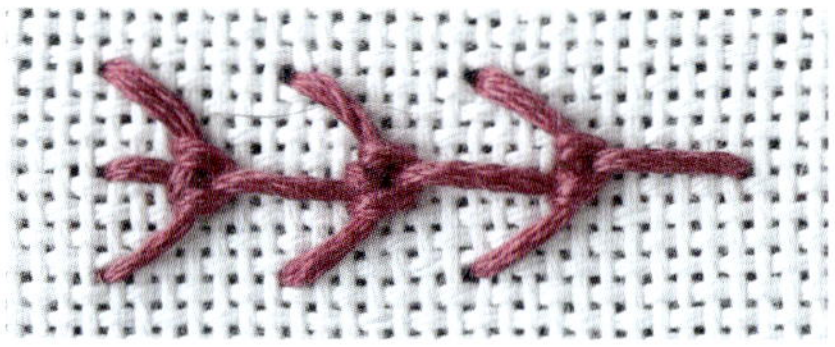

Geknoteter Federstich ... 55

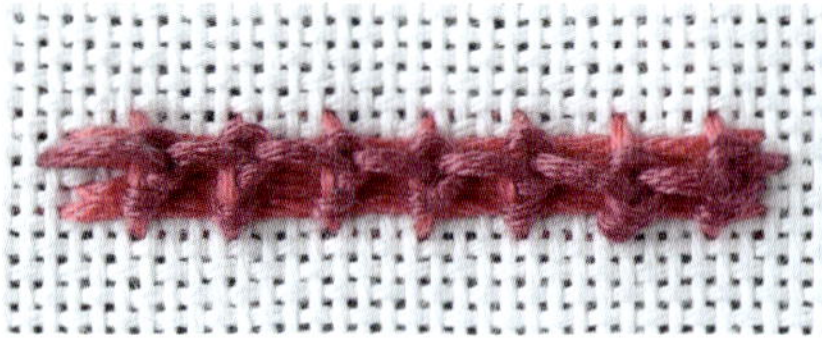

Gehöhtes Federstichband ... 56

FLIEGENSTICH

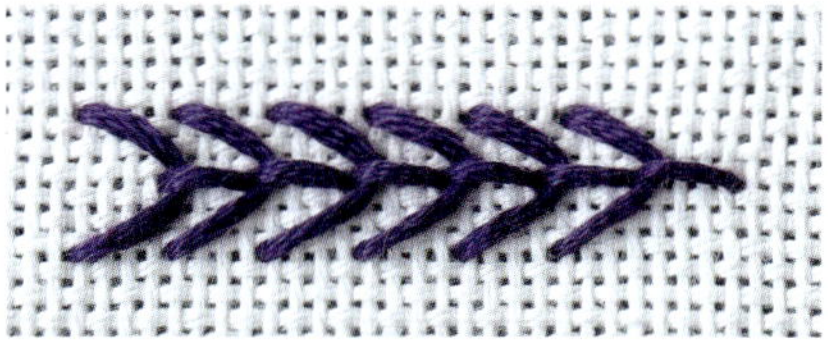

Fliegenstich ... 57

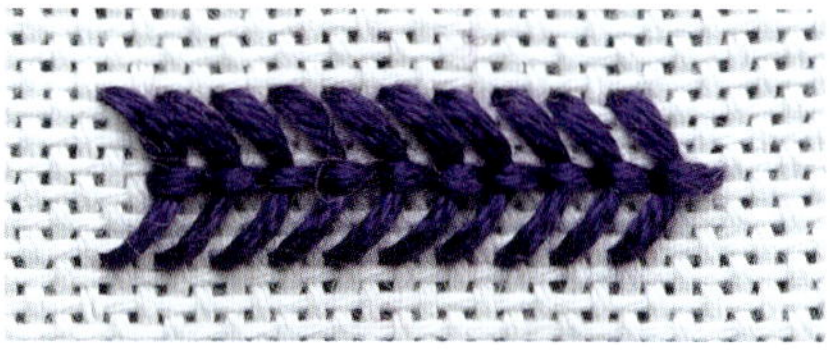

Geschlossener Fliegenstich ... 58

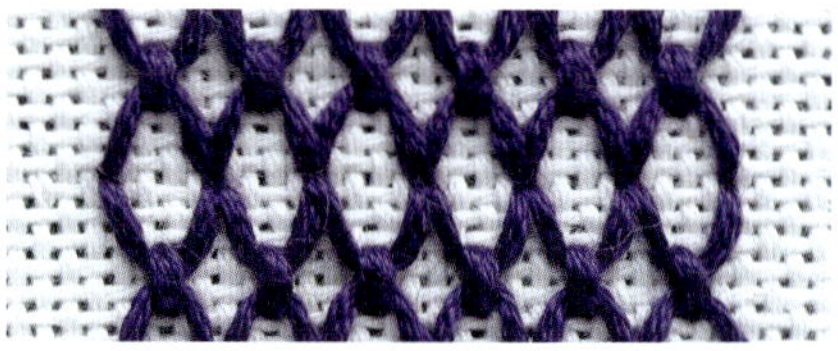

Gekreuzter Fliegenstich ... 59

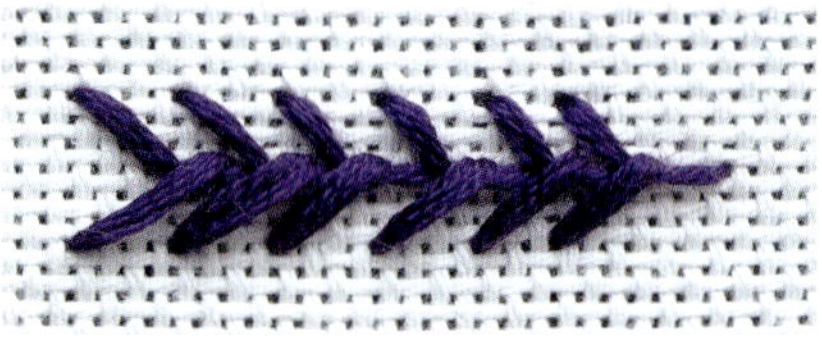

Gedrehter Fliegenstich ... 57

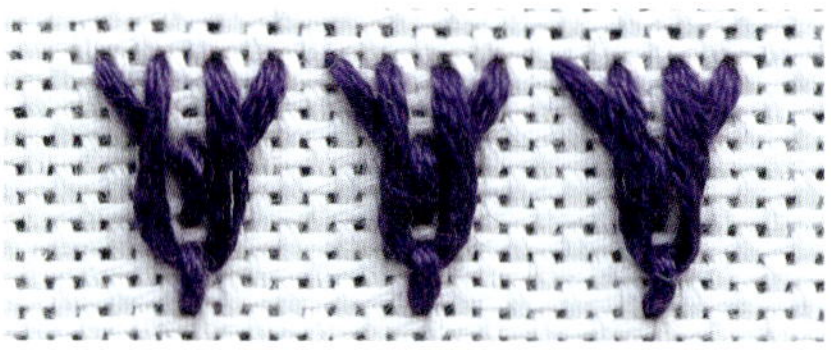

Doppelter Fliegenstich ... 58

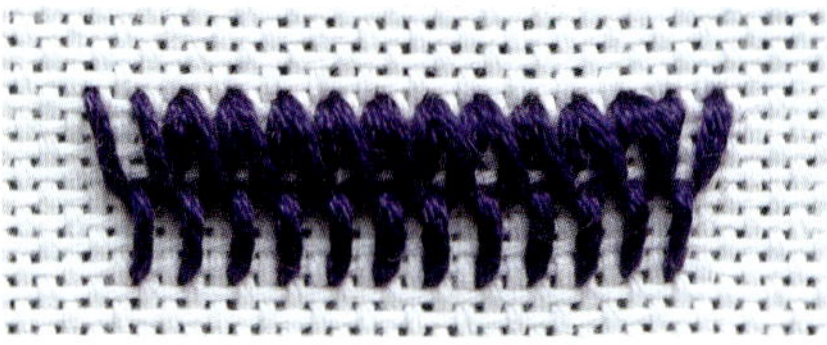

Geflochtener Fliegenstich ... 59

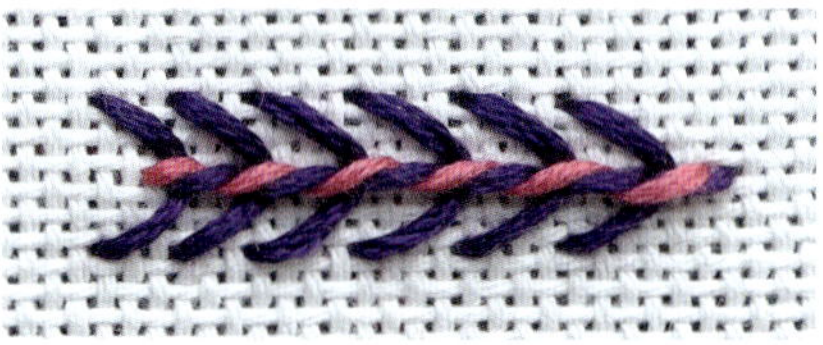

Umwickelter Fliegenstich ... 58

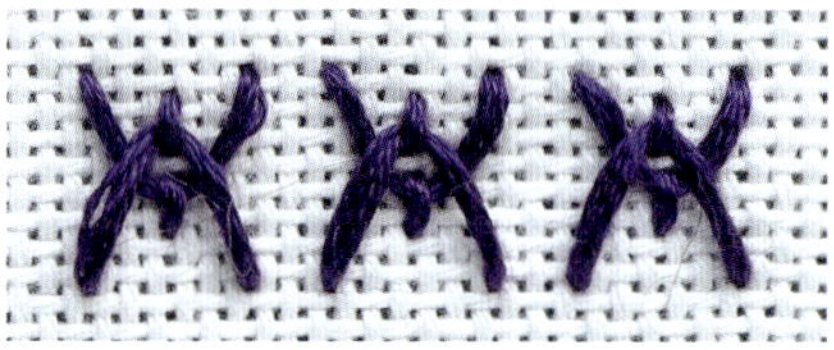

Gespiegelter Fliegenstich ... 58

KETTENSTICH

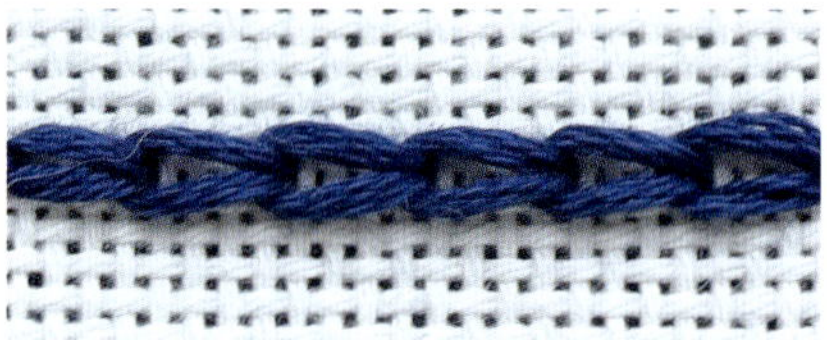

Kettenstich ... 60

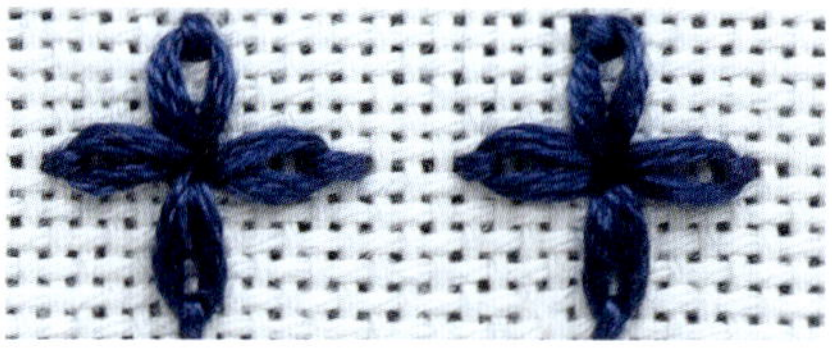

Margeritenstich ... 61

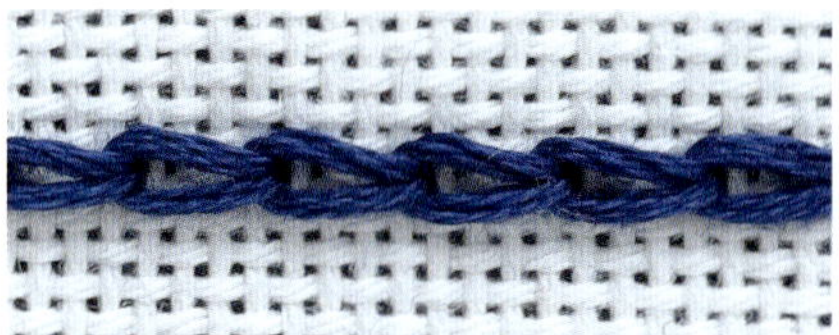

Rückwärtiger Kettenstich ... 61

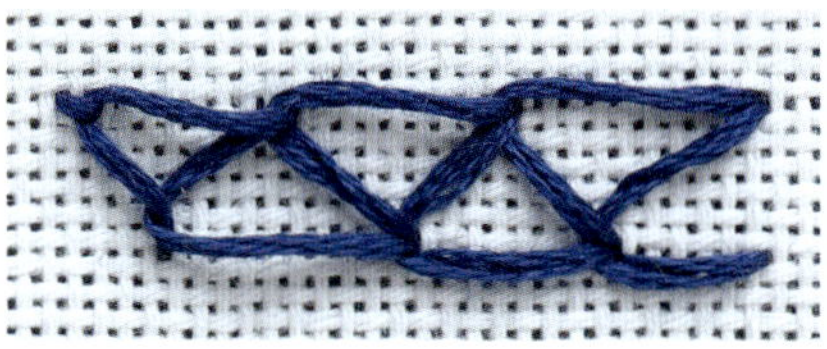

Geschlossener Kettenstich ... 60

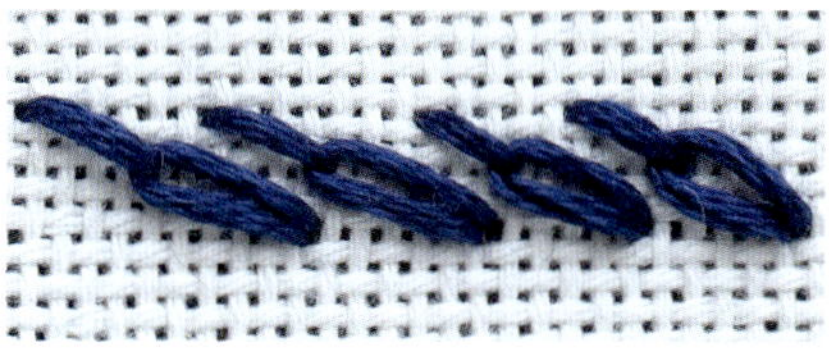

Gestielter Margeritenstich ... 61

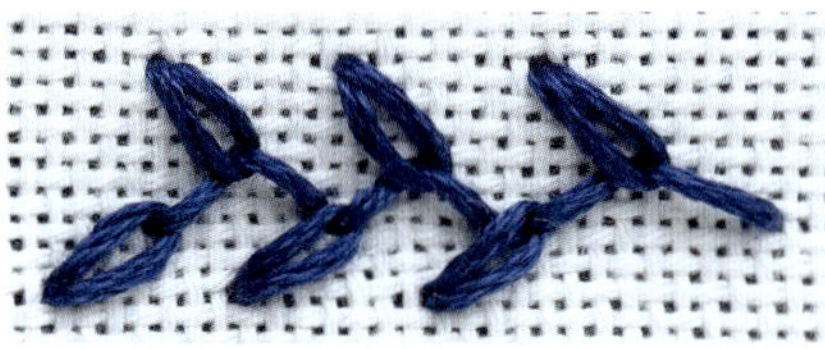

Gefiederter Kettenstich ... 62

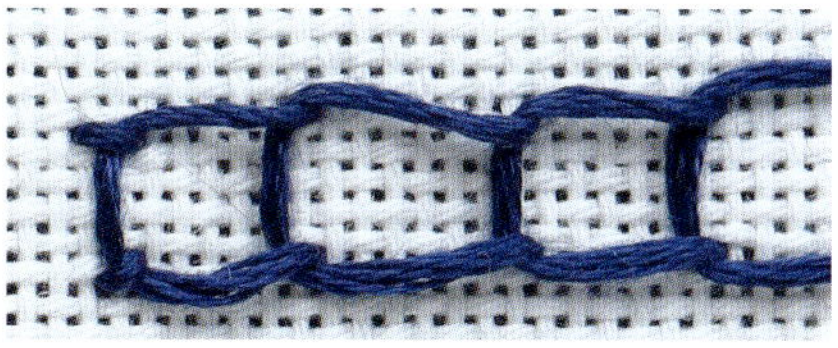

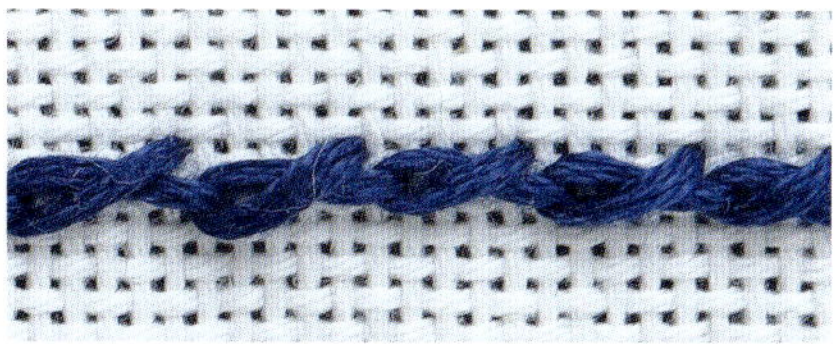

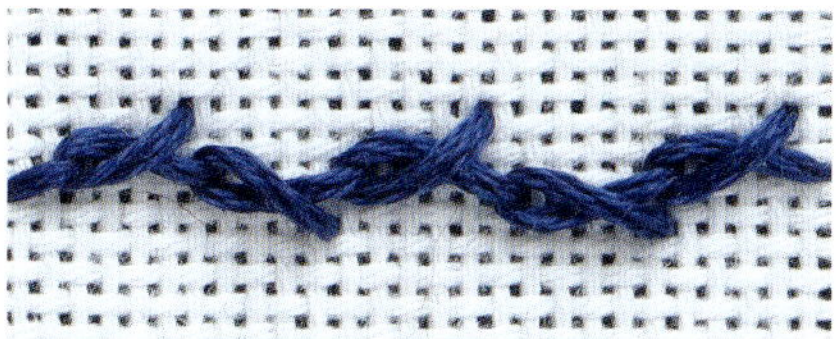

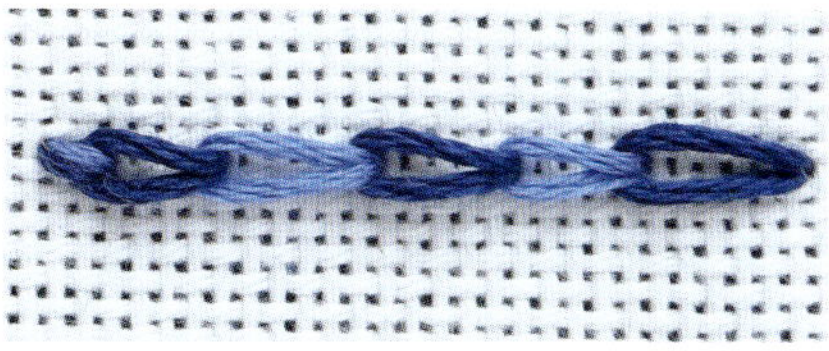

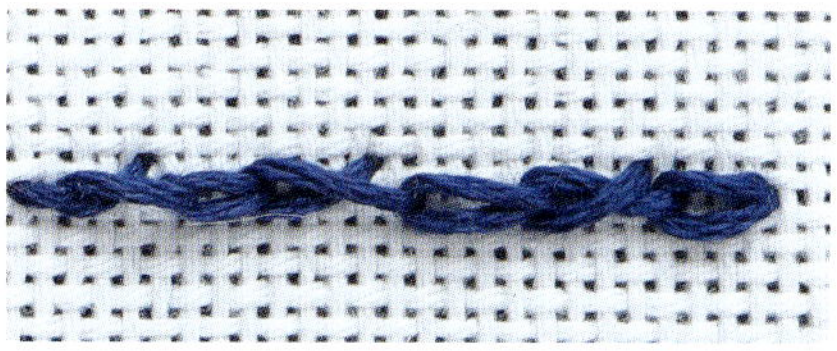

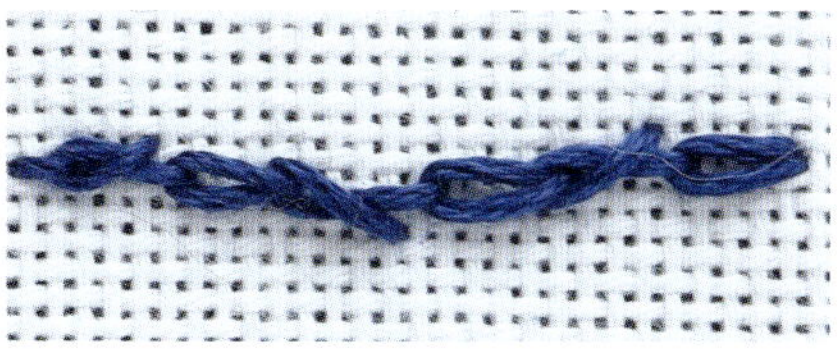

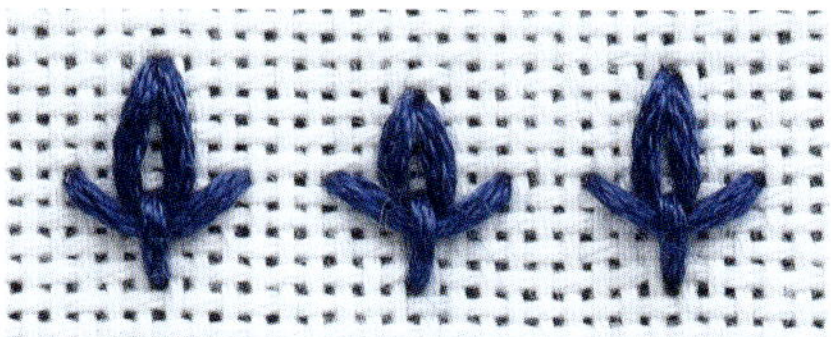

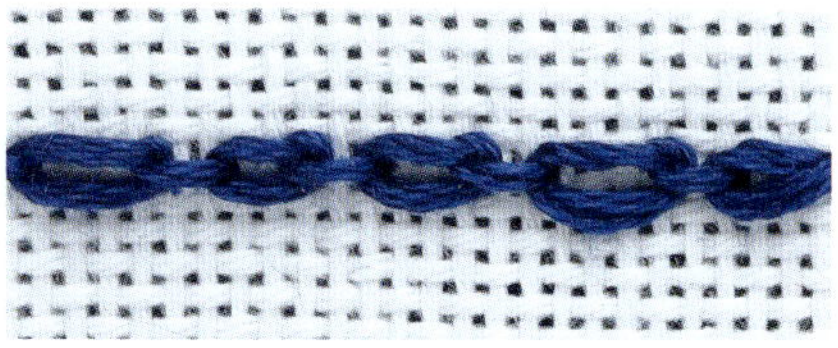

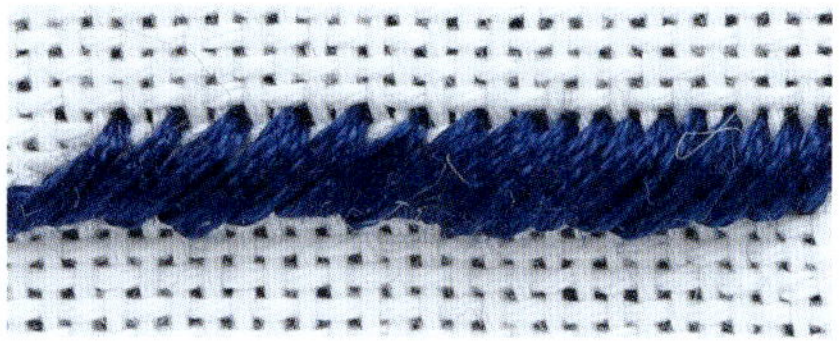

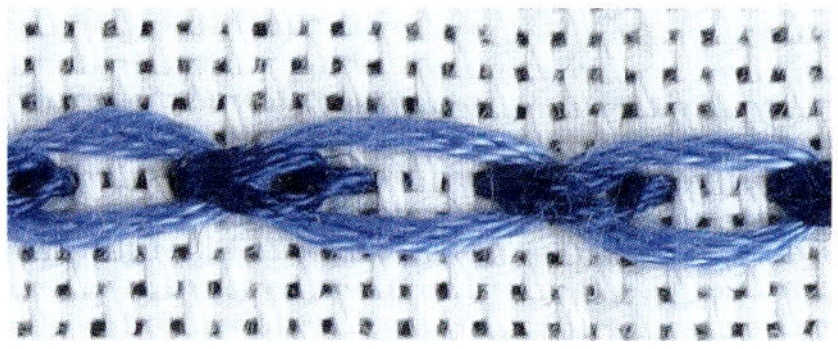

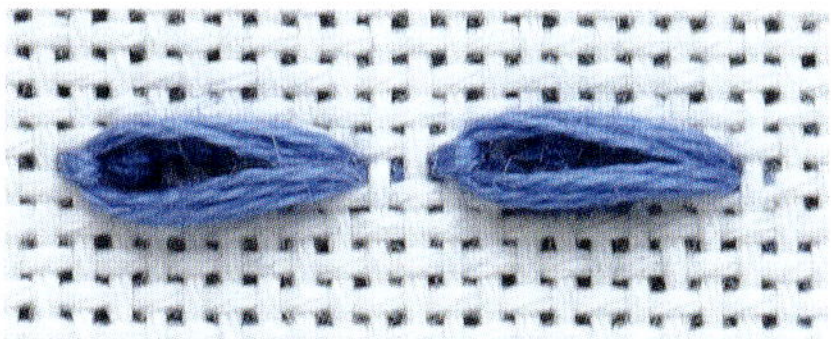

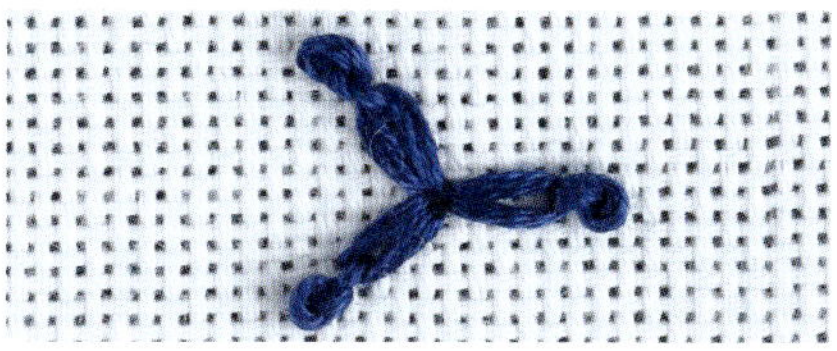

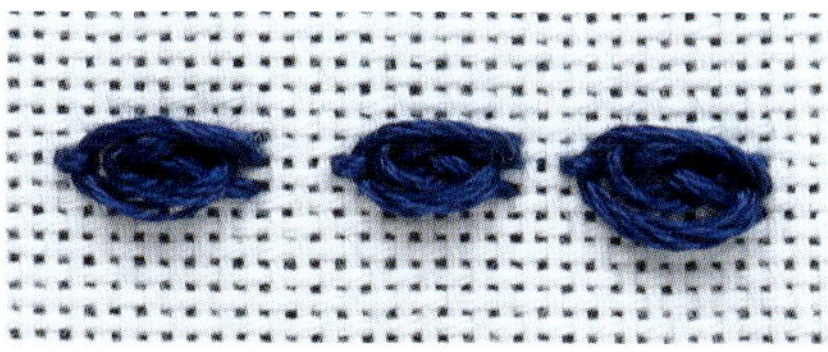

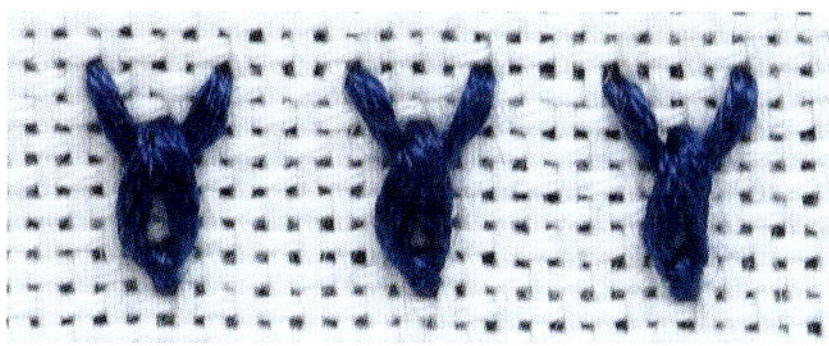

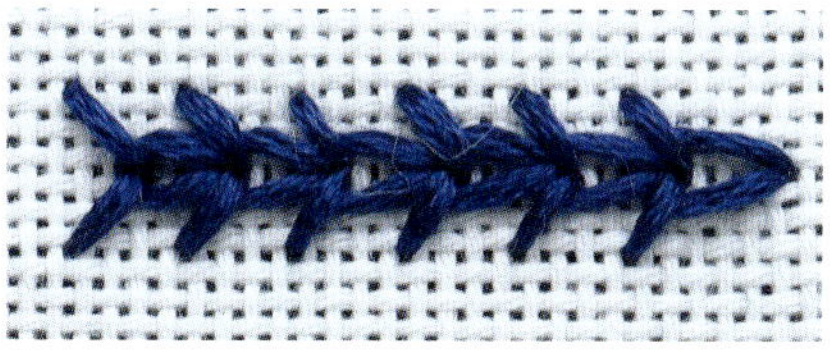

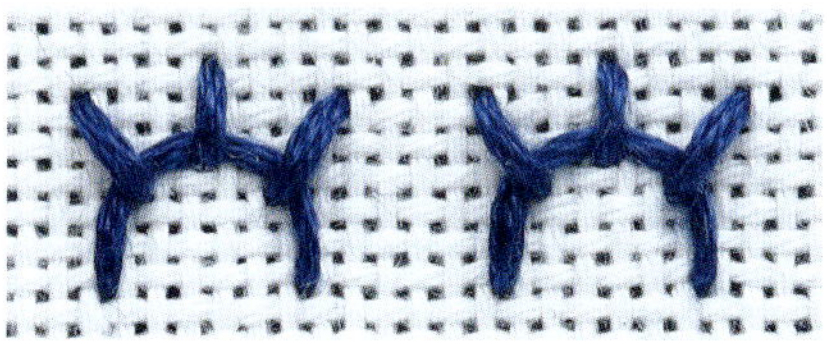

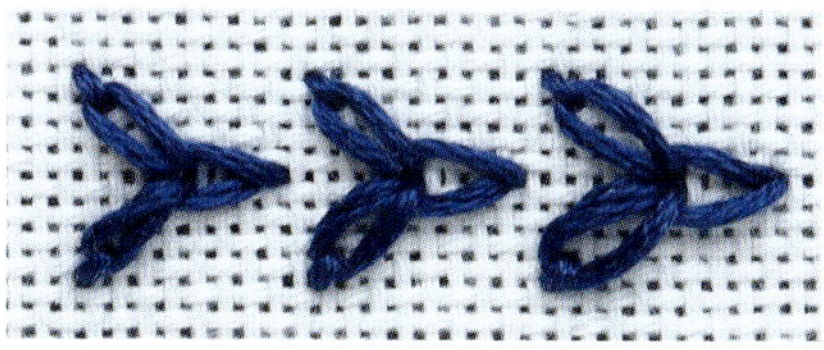

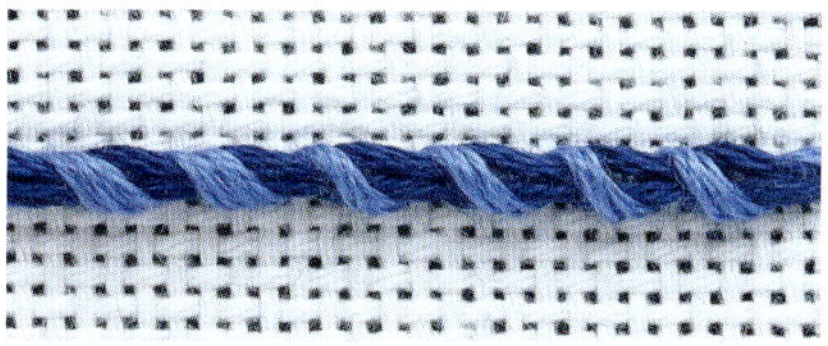

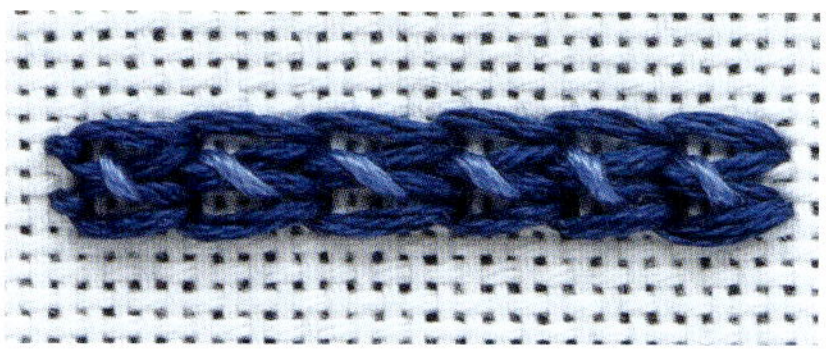

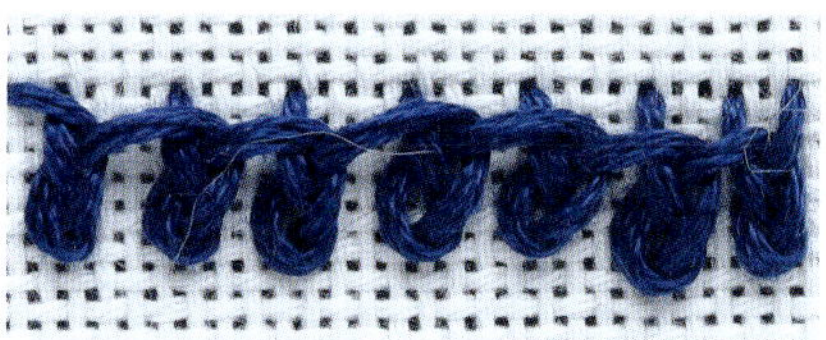

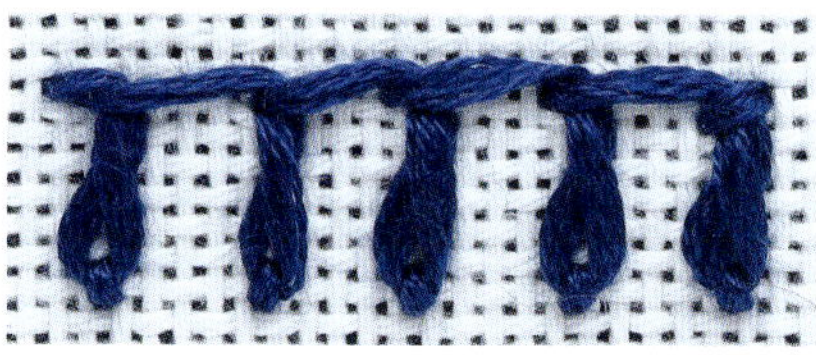

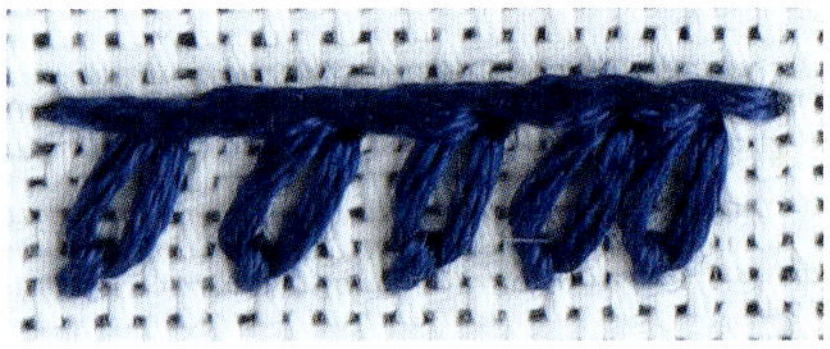

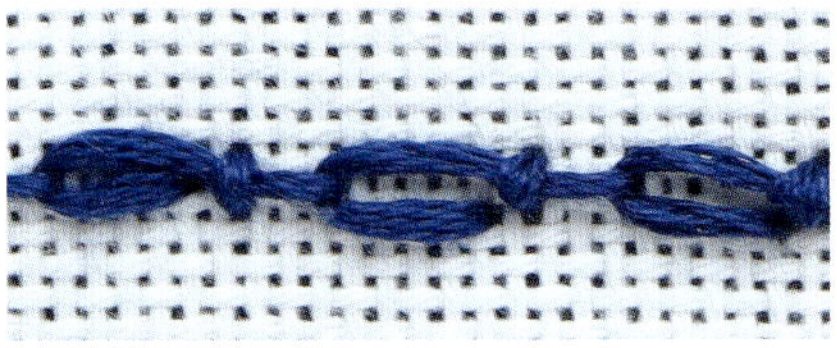

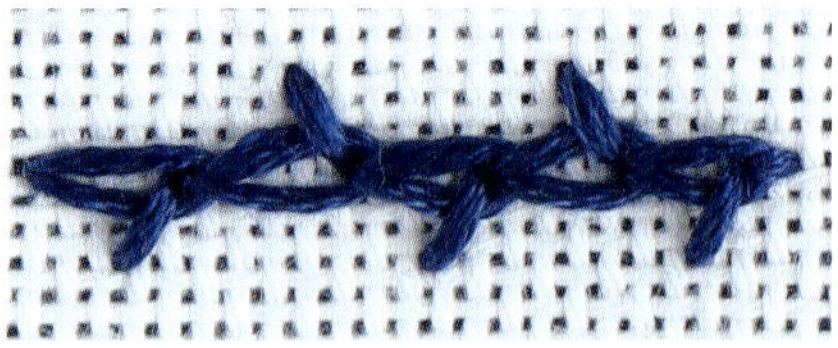

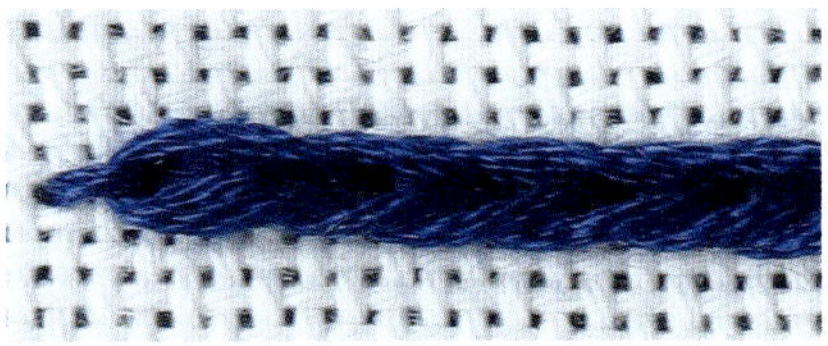

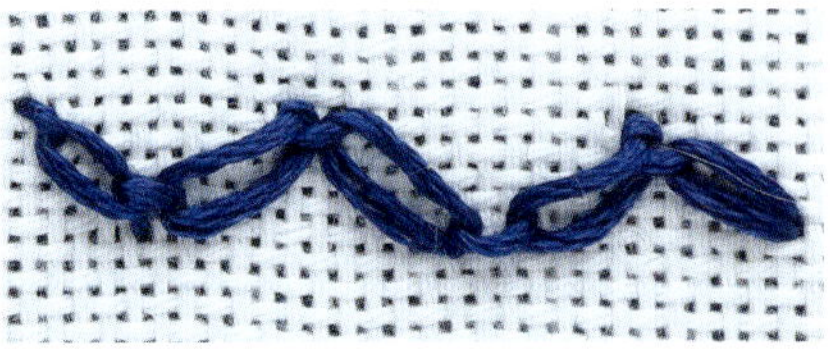

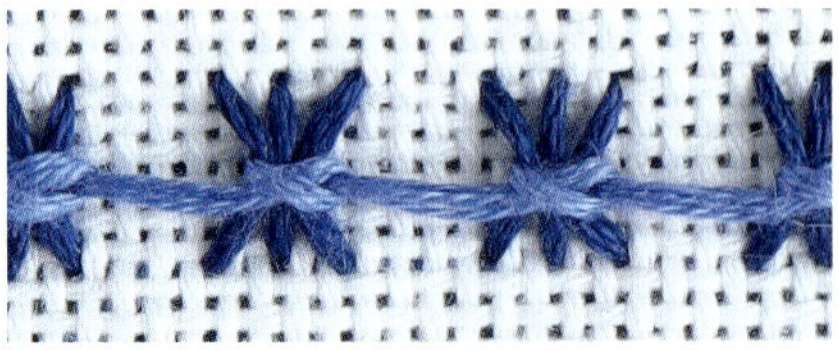

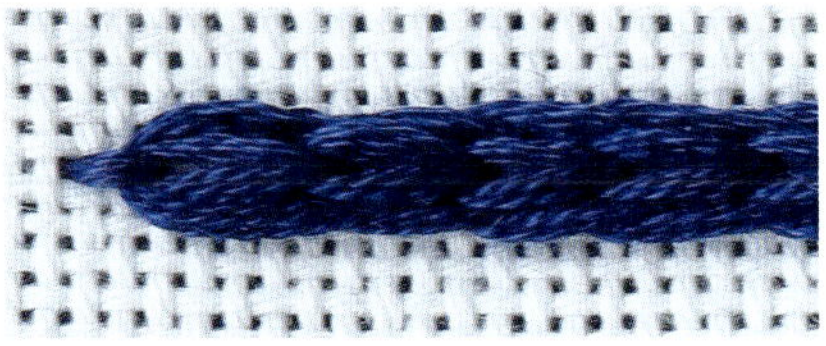

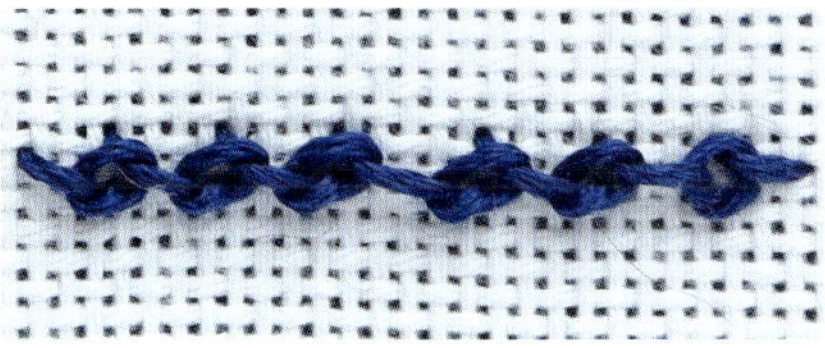

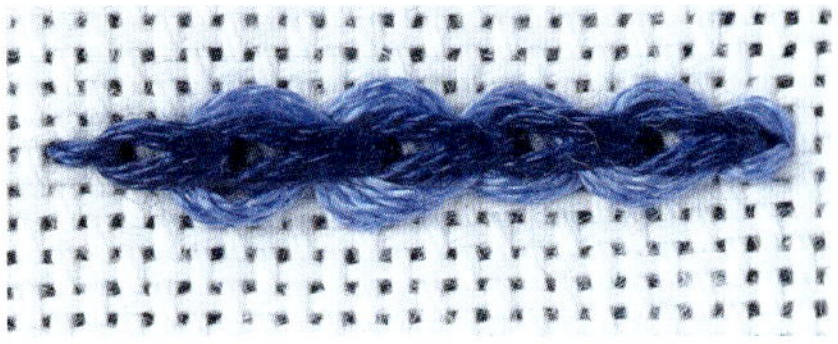

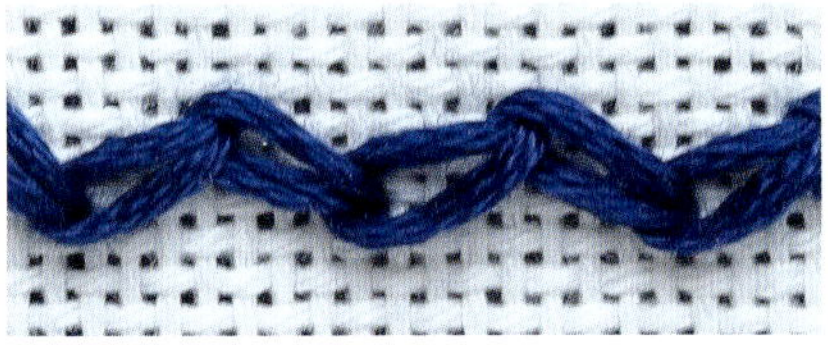

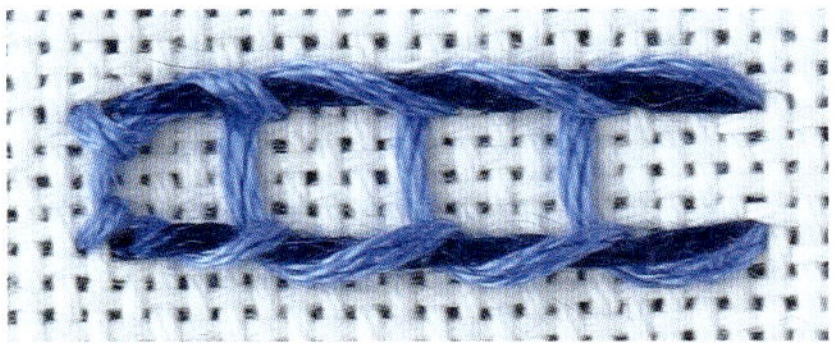

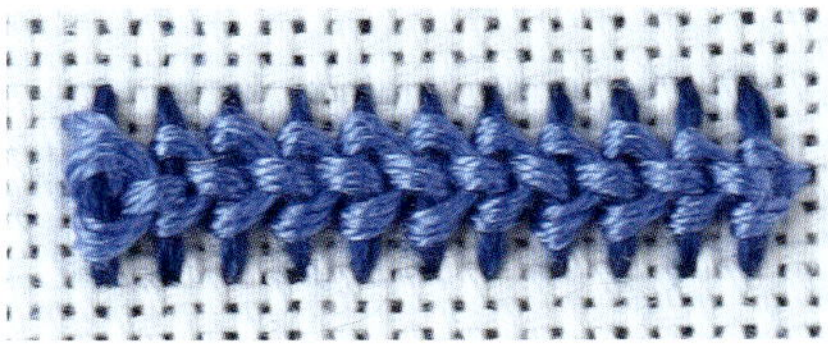

LANGETTENSTICH

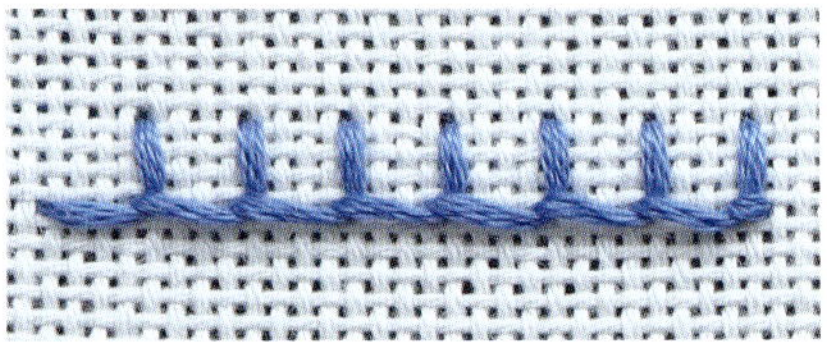

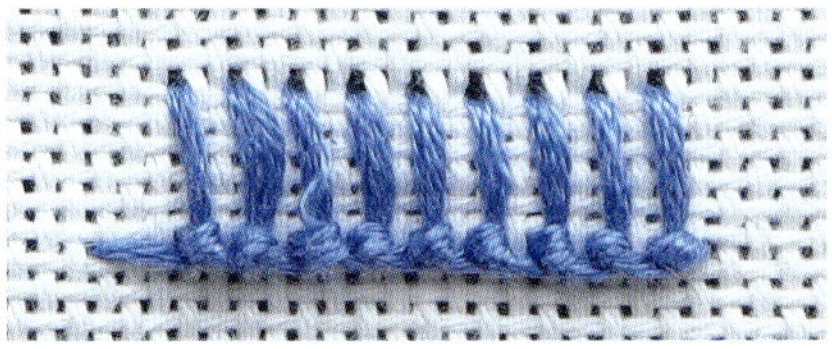

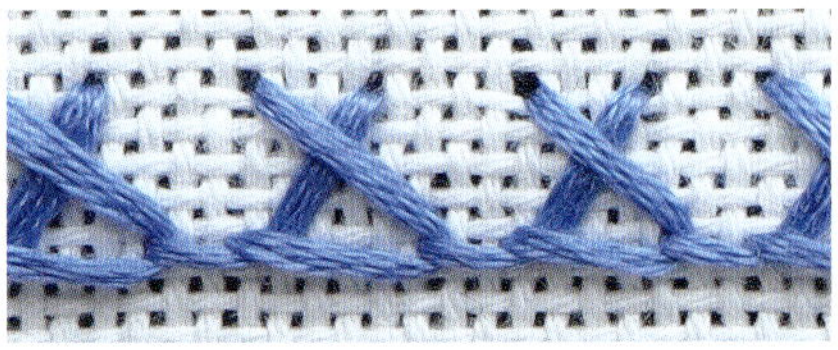

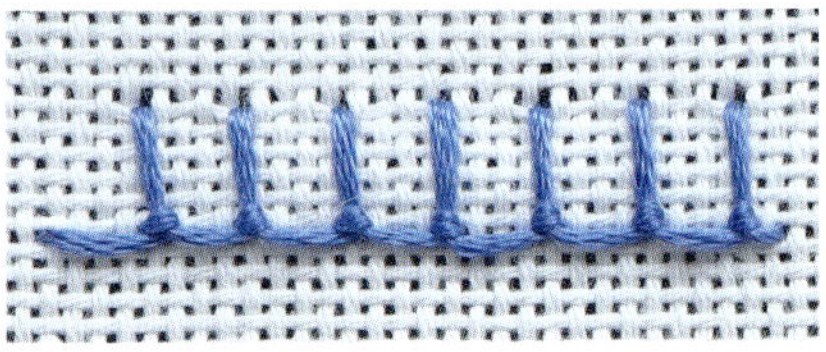

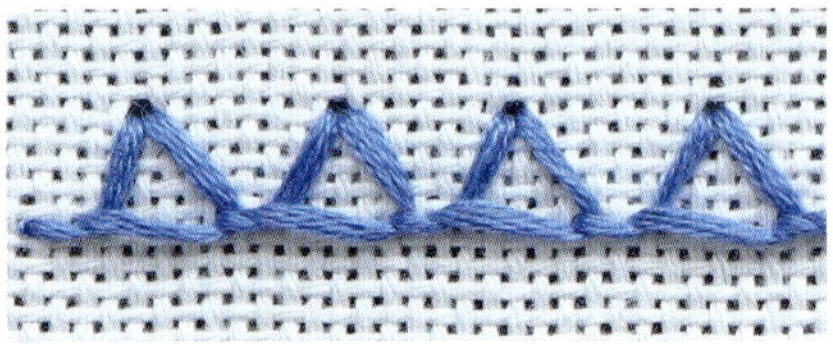

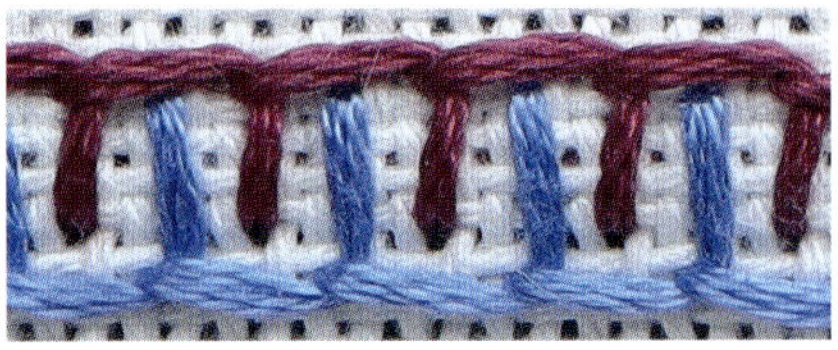

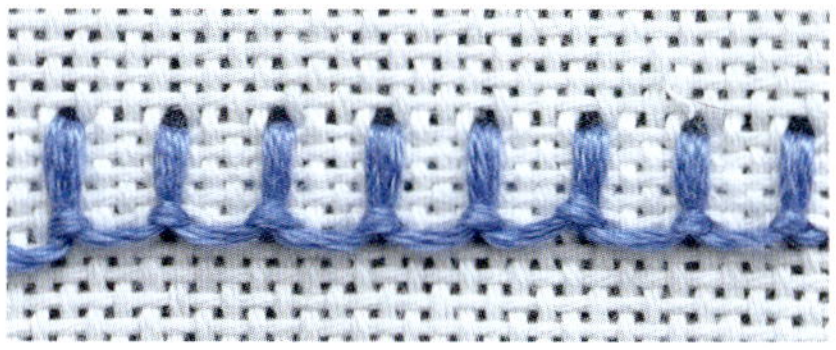

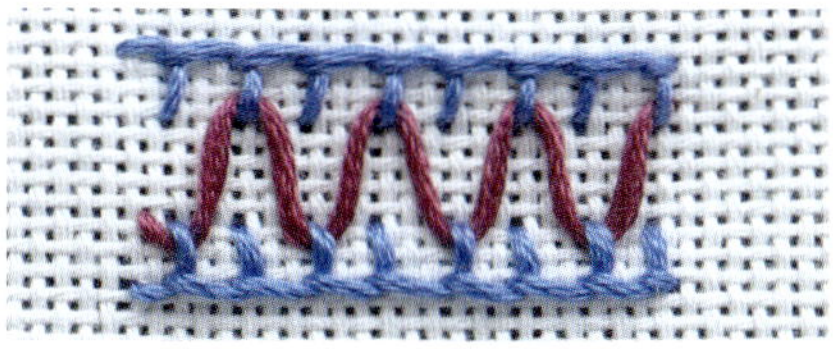

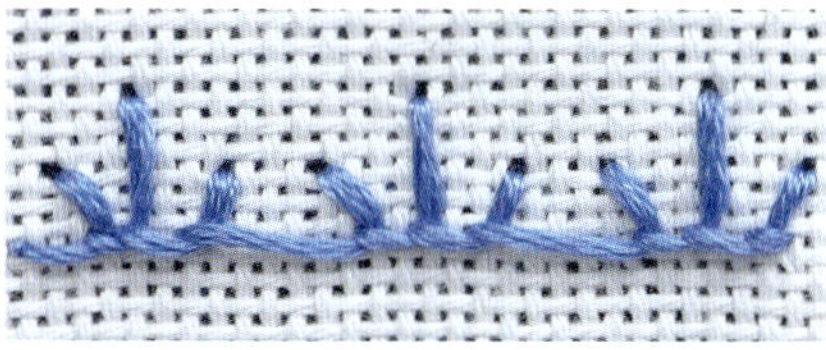

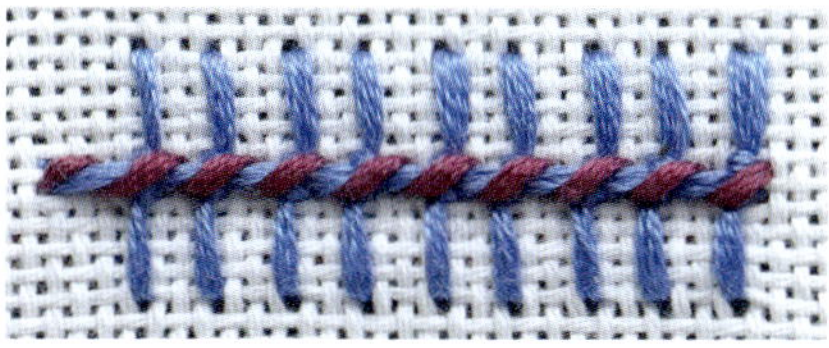

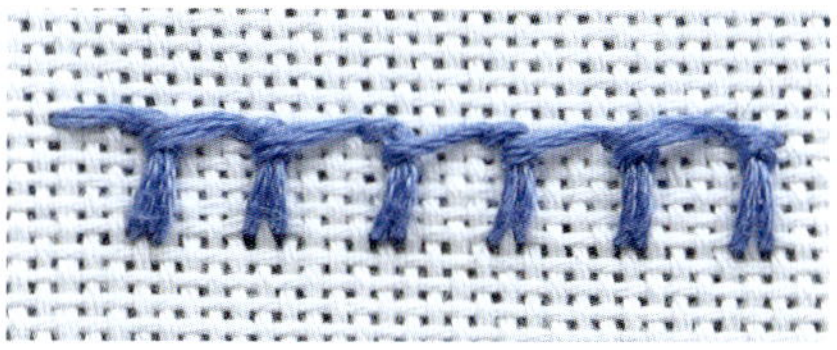

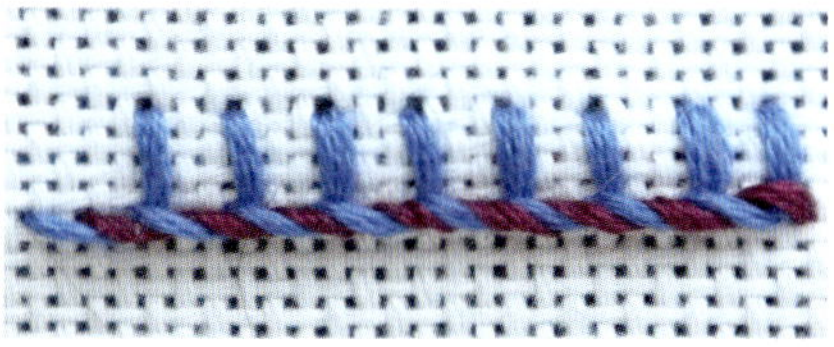

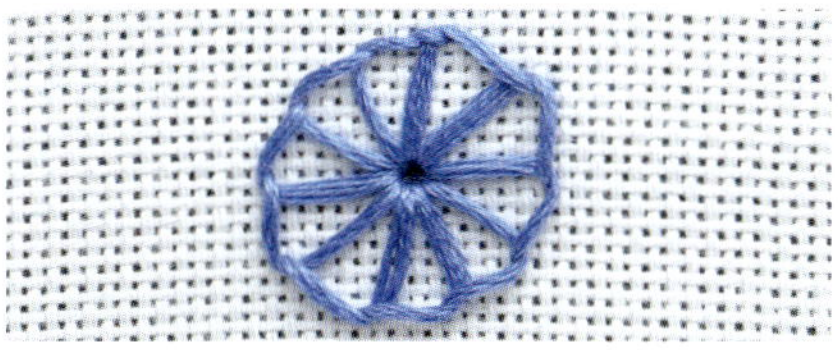

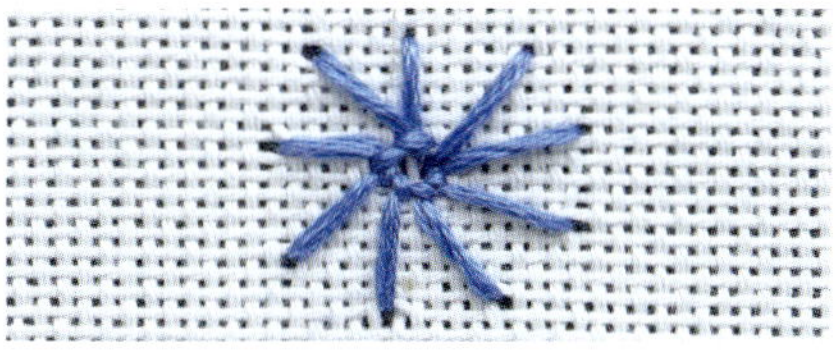

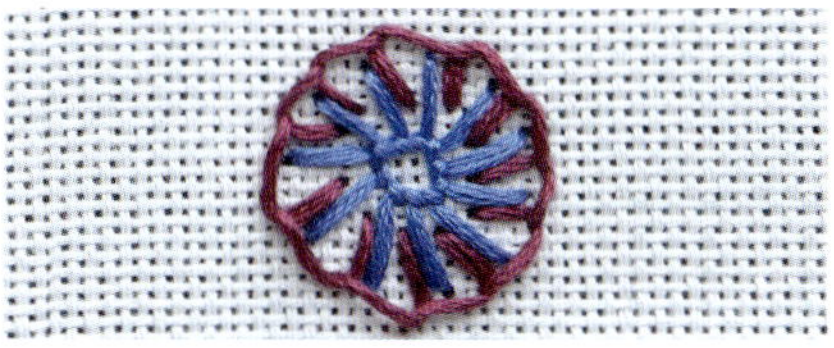

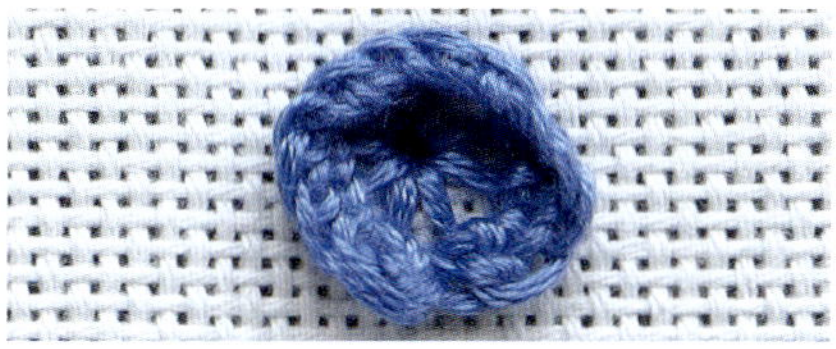

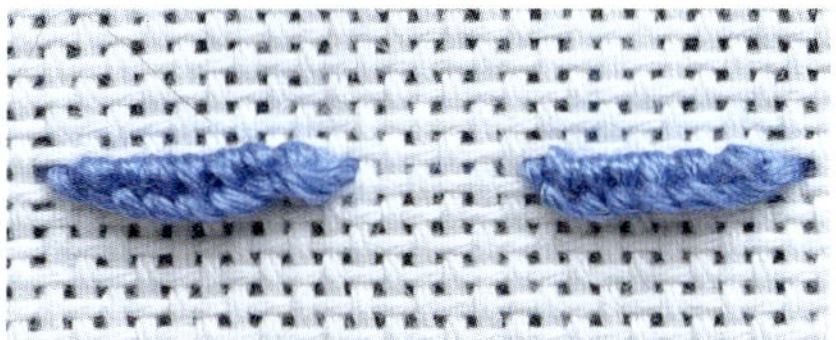

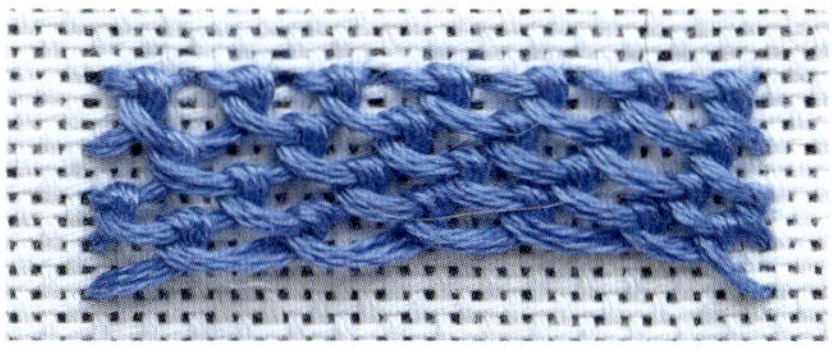

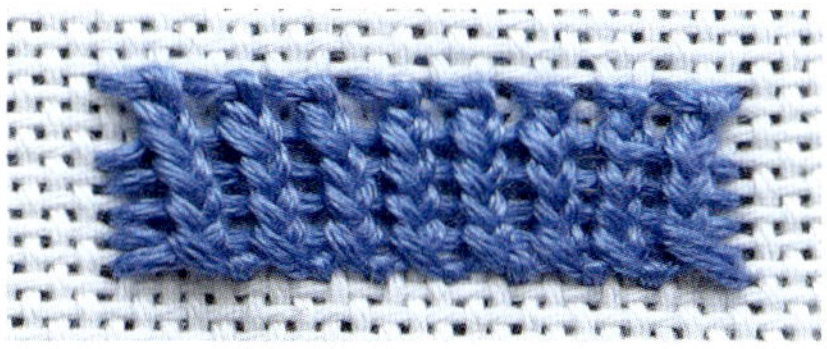

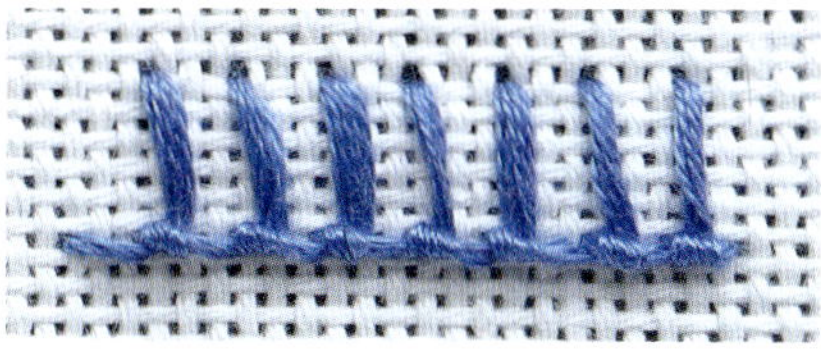

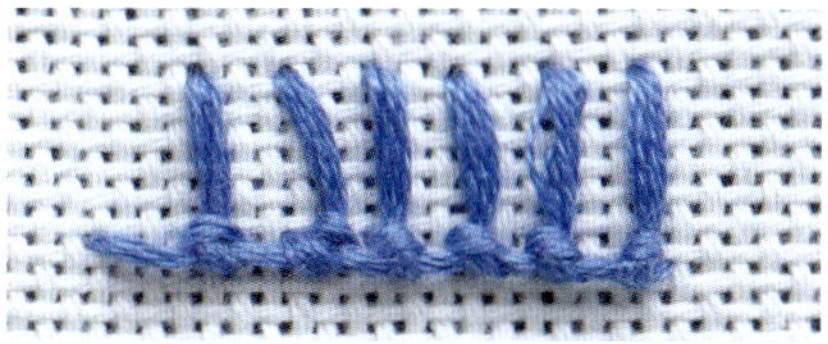

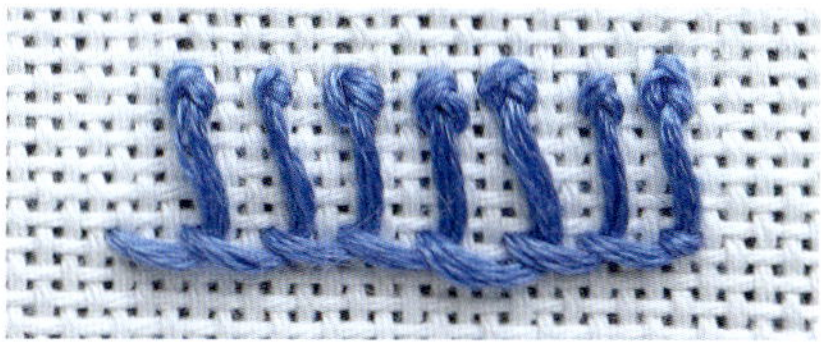

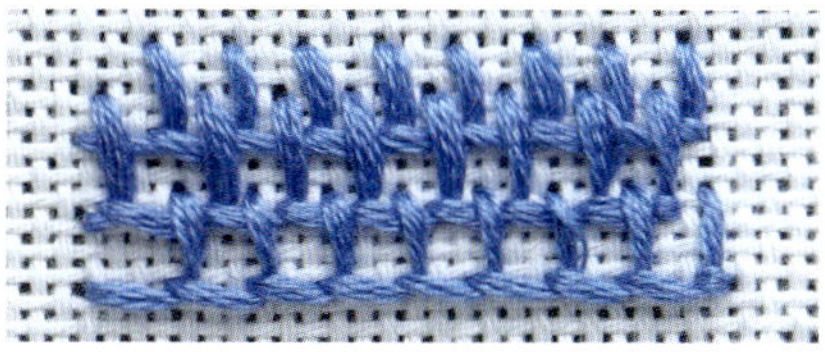

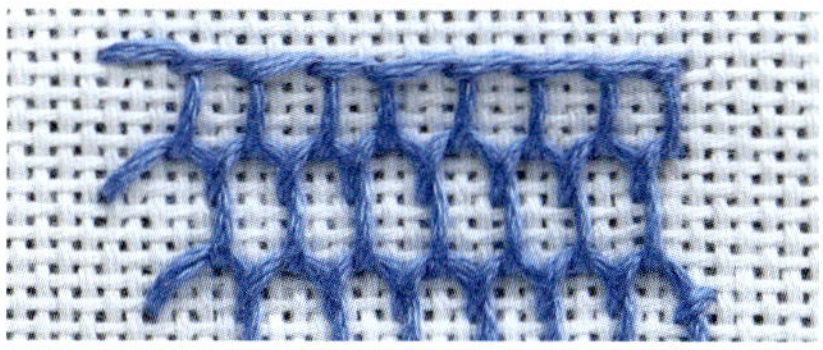

KREUZSTICH

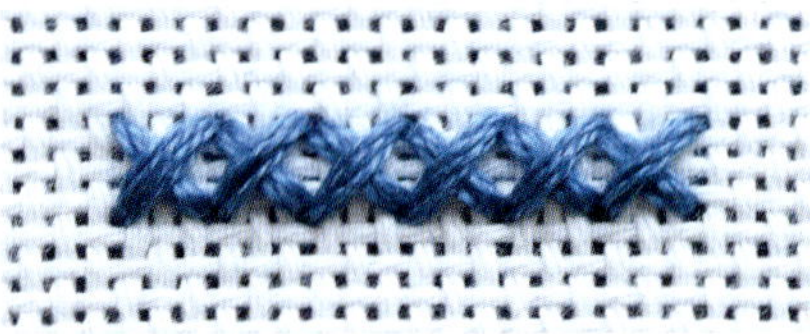
Kreuzstich 83

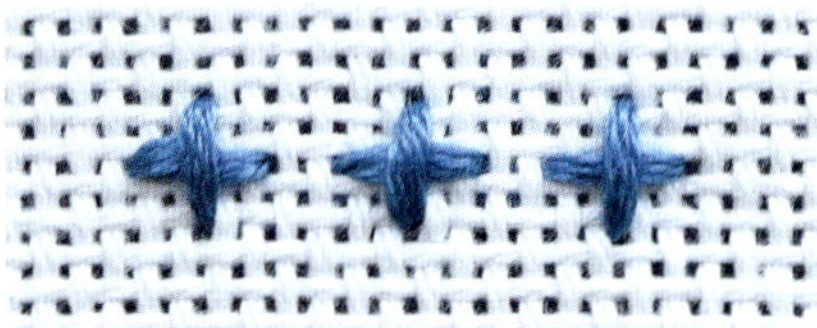
Gerader Kreuzstich 83

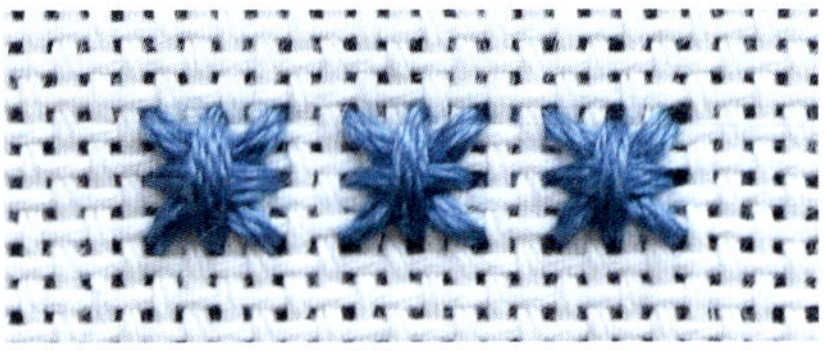
Doppelter Kreuzstich 84

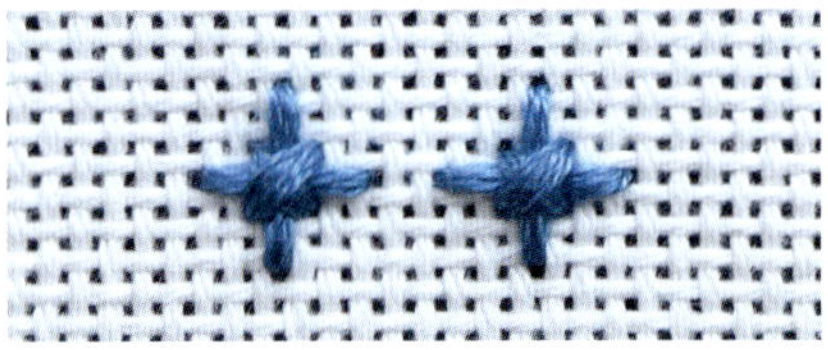
Sternstich 84

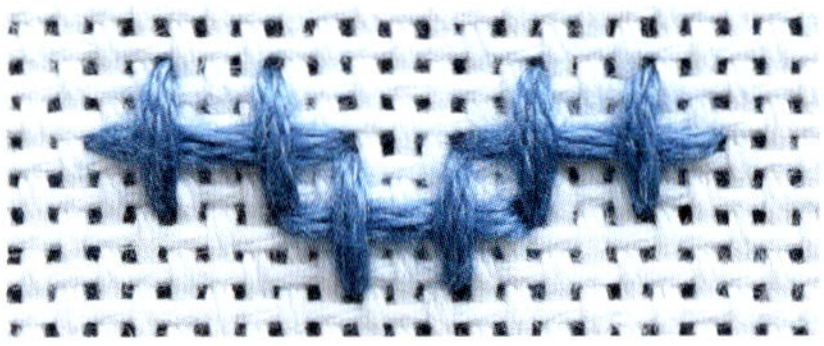
Chinesischer Kreuzstich 84

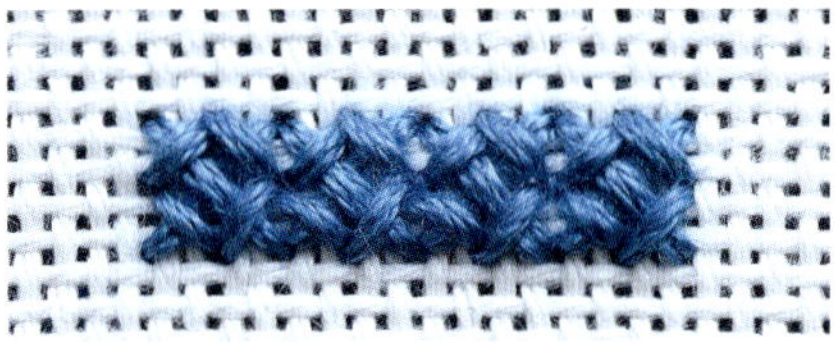
Reisstich 85

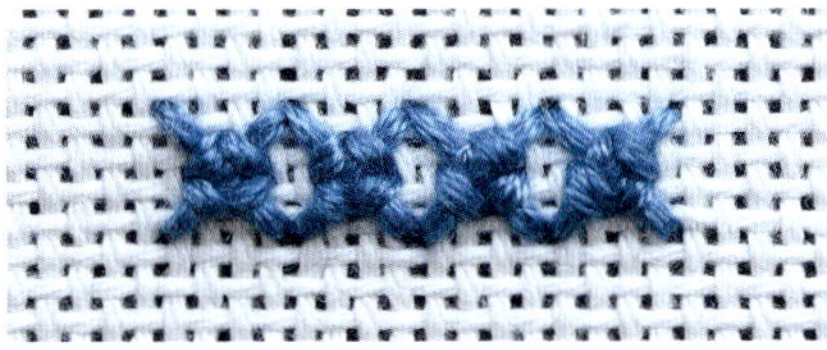
Gefangener Kreuzstich 85

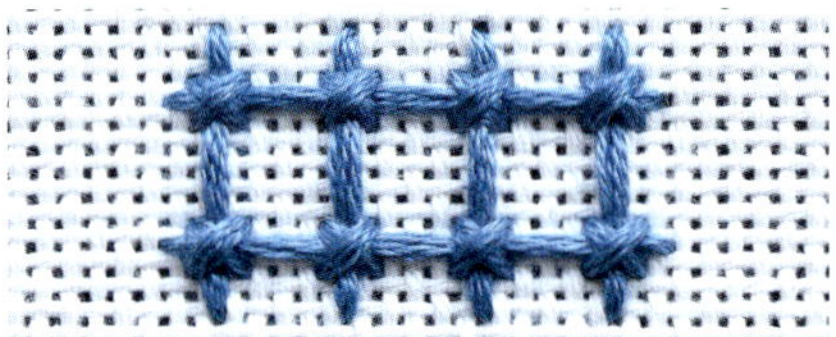
Gitter-Kreuzstich 85

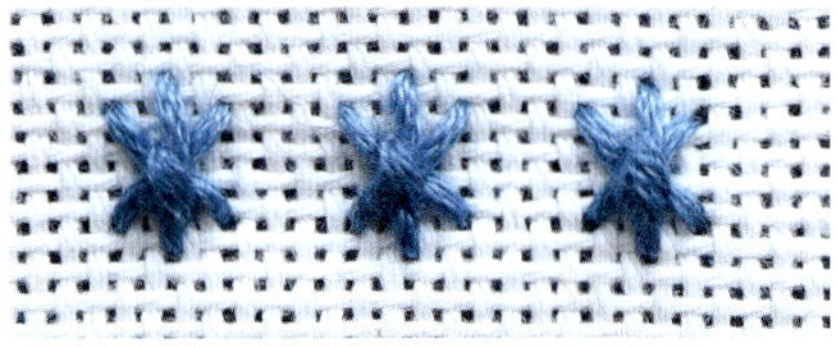
Umschlaufter Kreuzstich 86

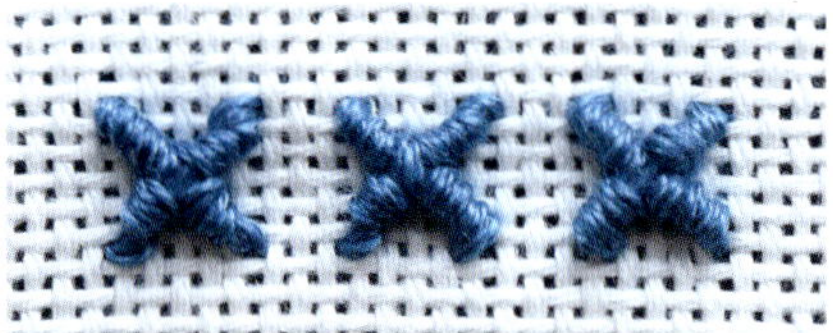
Umwickelter Kreuzstich 86

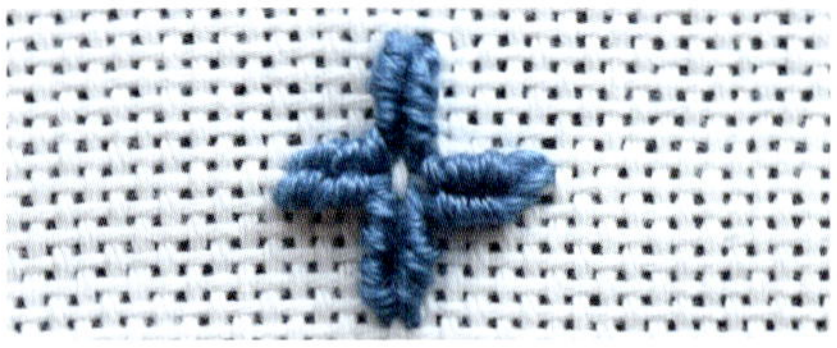
Point à la Minute 86

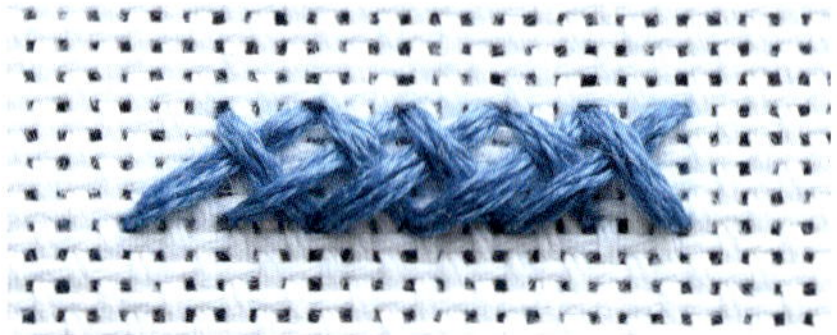
Wiener Flechtstich 87

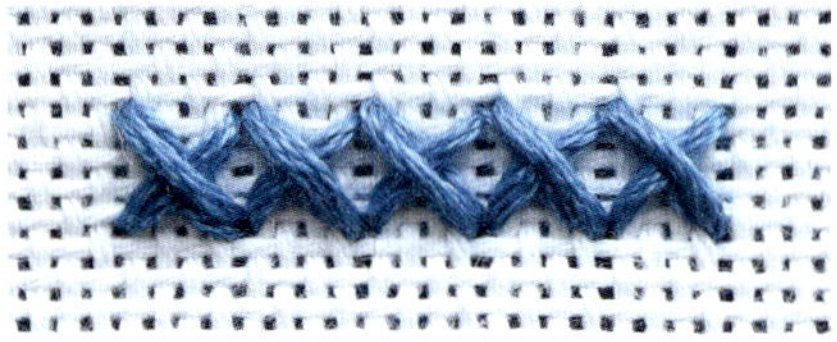
Wendbarer Kreuzstich 87

HEXENSTICH

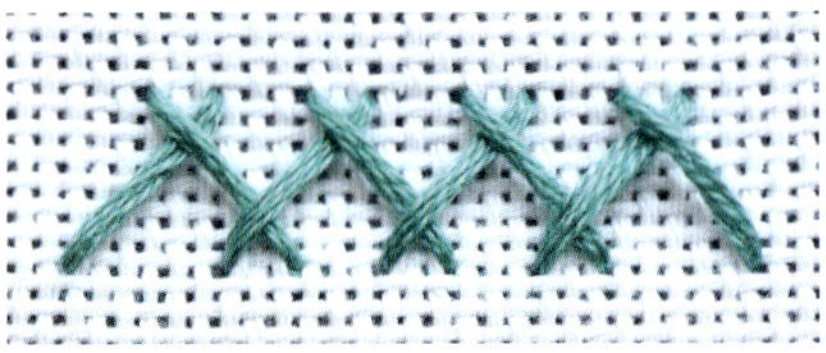
Hexenstich 88

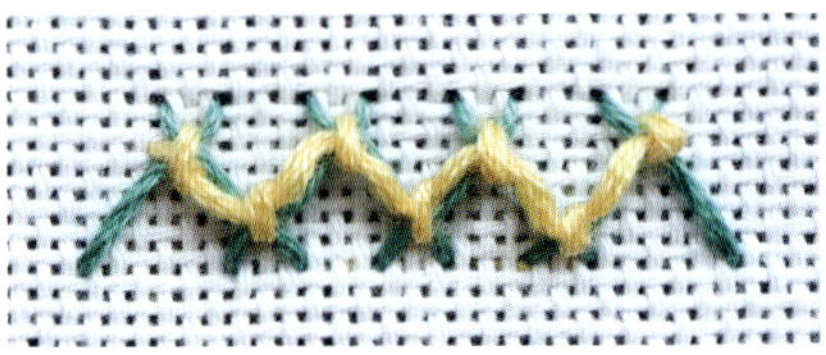
Geknoteter Hexenstich 88

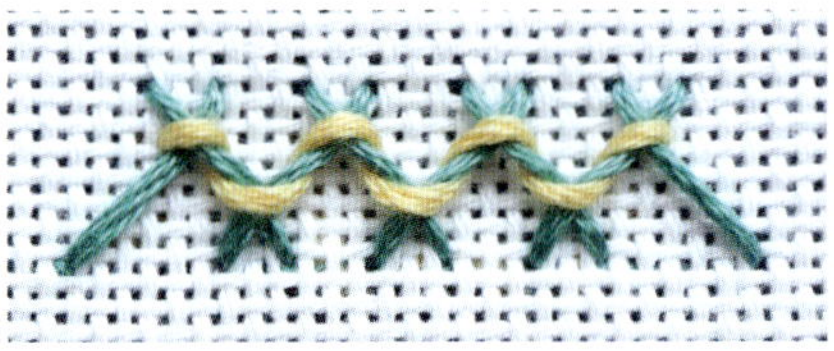
Umschlungener Hexenstich 89

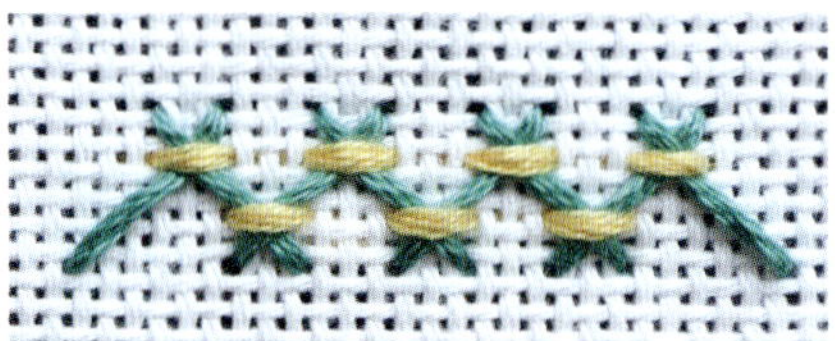
Nachgesteppter Hexenstich 89

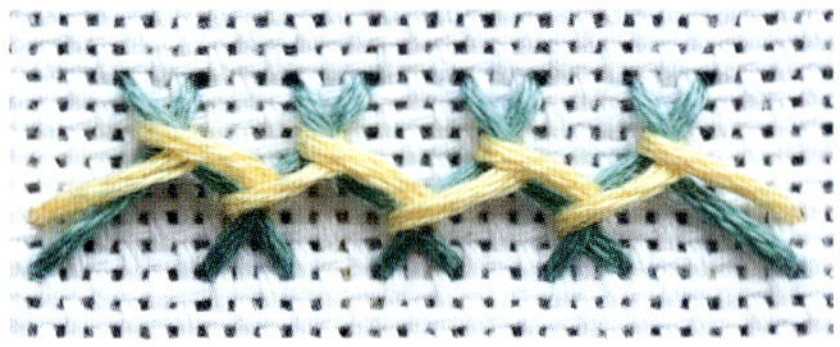
Doppellagiger Hexenstich 89

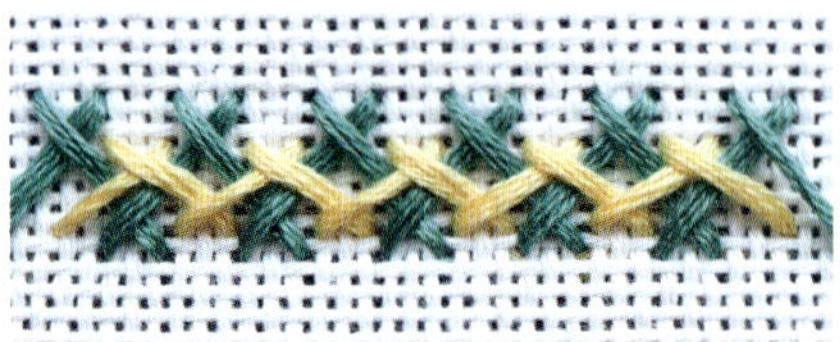
Zweifacher Hexenstich 89

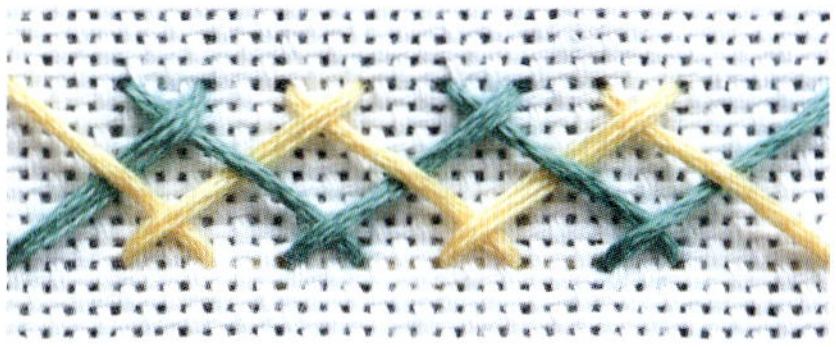
Doppelter Hexenstich 90

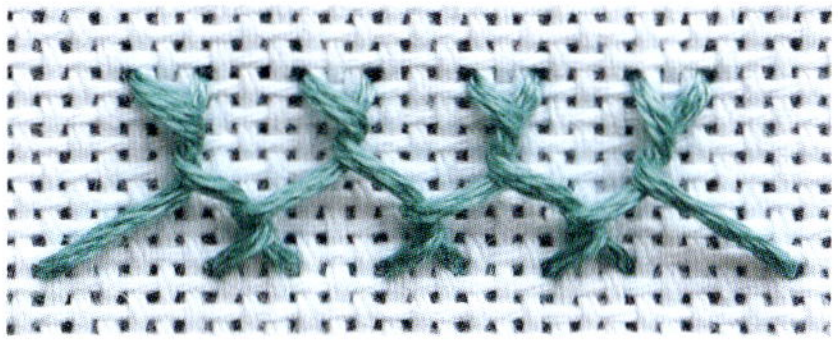
Gedrehter Hexenstich 92

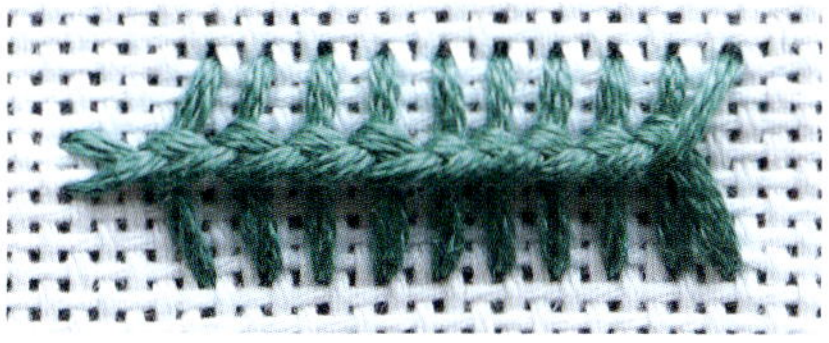
Vandykestich 93

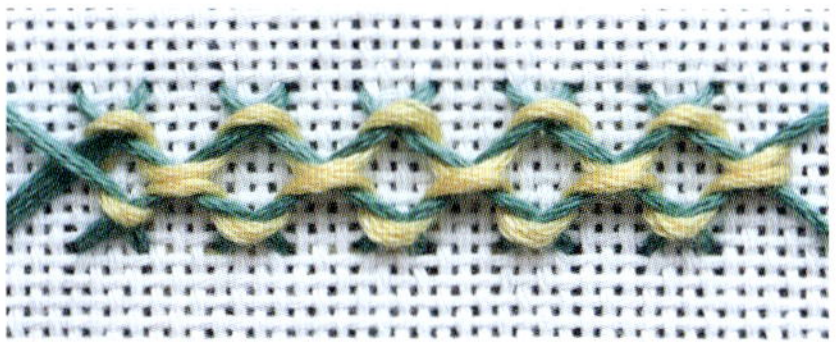
Doppelt umschlungener Hexenstich 90

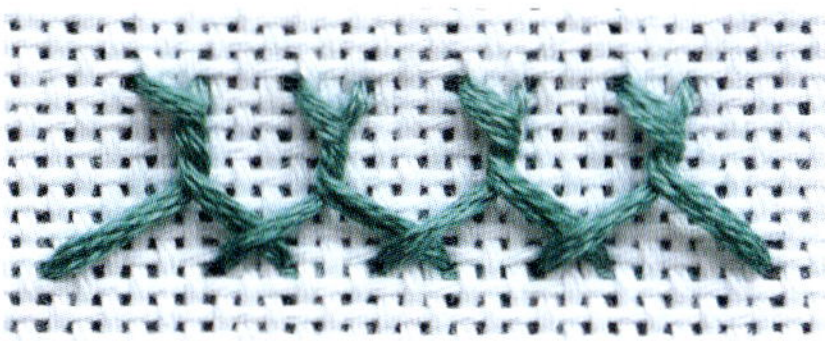
Bretonstich 92

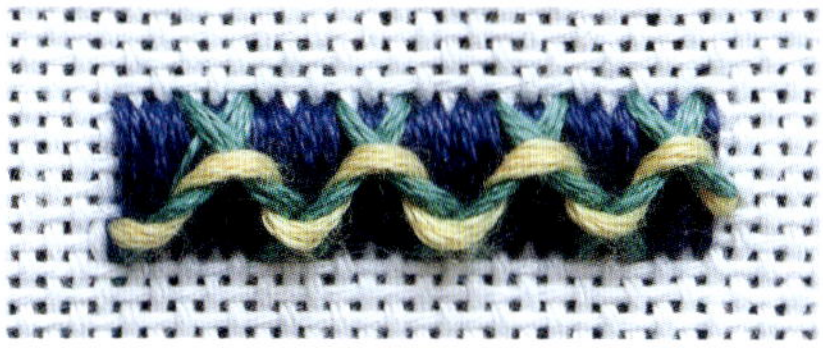
Gehöhter umschlungener Hexenstich 94

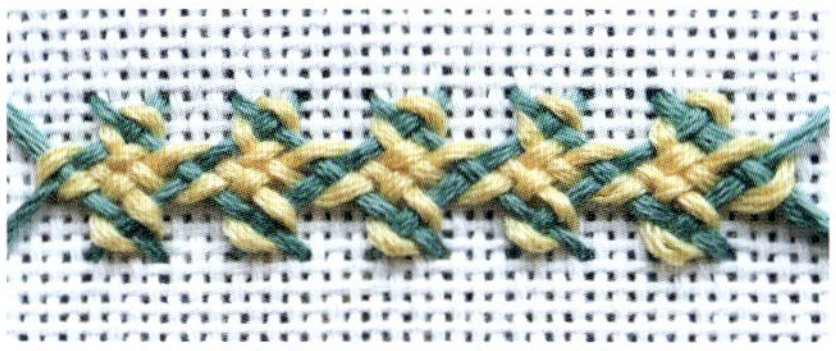
Doppelt umschlaufter Hexenstich 91

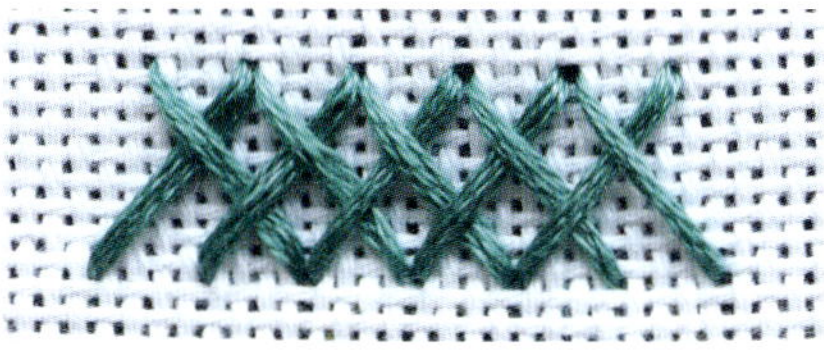
Geschlossener Hexenstich 92

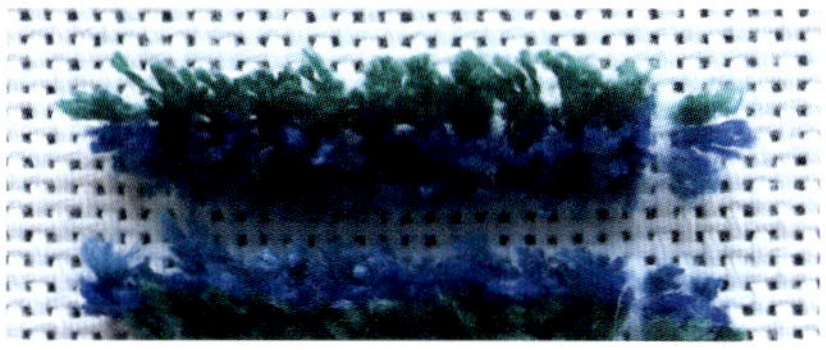
Viktorianischer Tuftstich 94

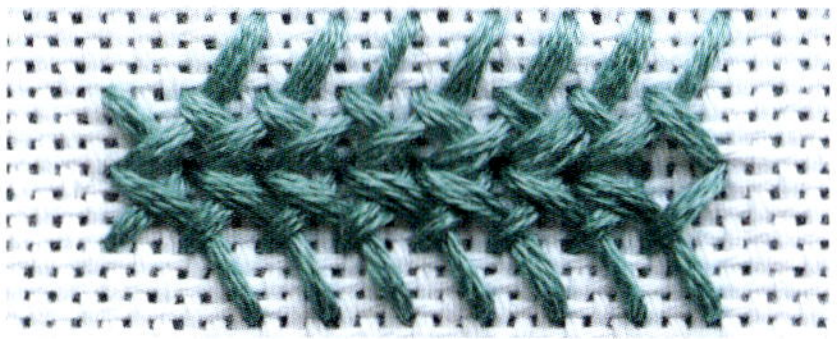
Gespiegelter halber Hexenstich 91

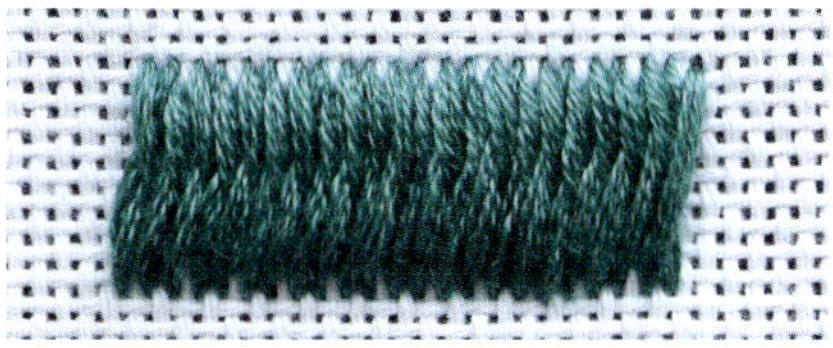
Otomi-Hexenstich 93

GRÄTENSTICH

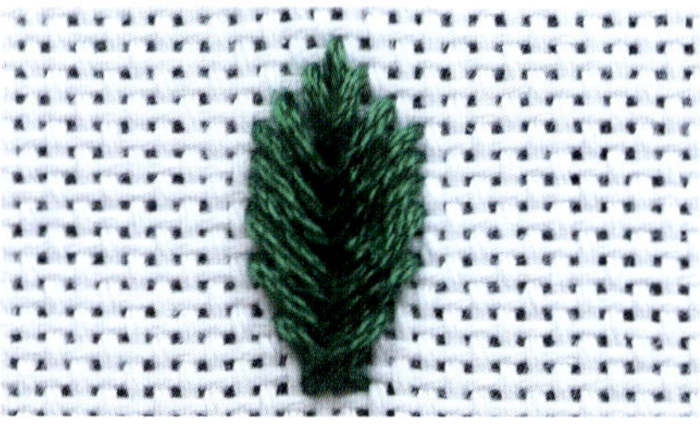
Grätenstich 95

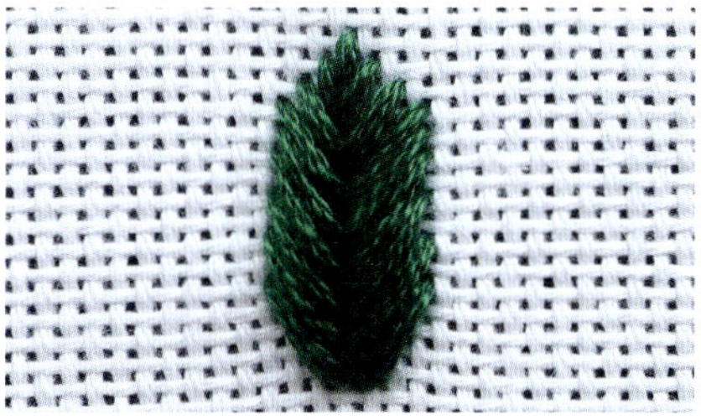
Gehöhter Grätenstich 96

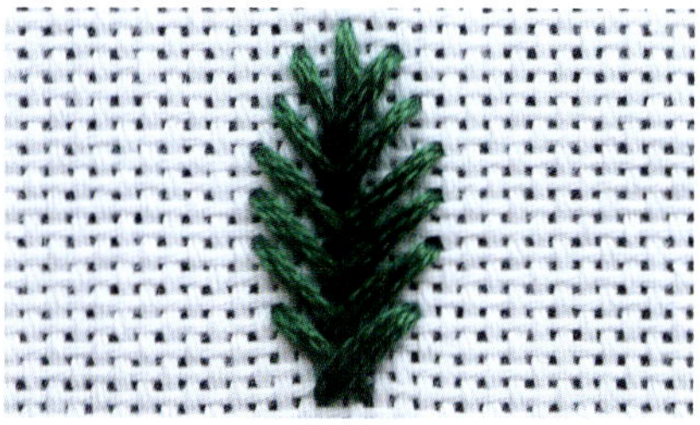
Offener Grätenstich 97

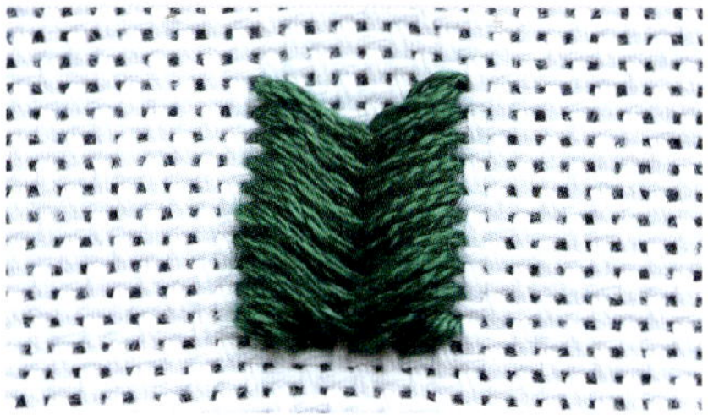
Flachstich 95

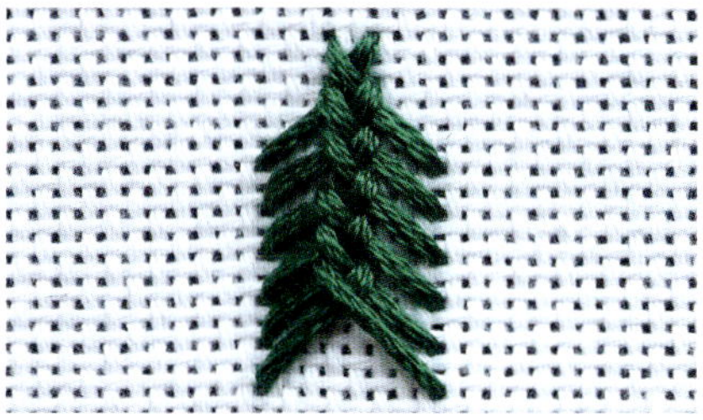
Gekreuzter Grätenstich 96

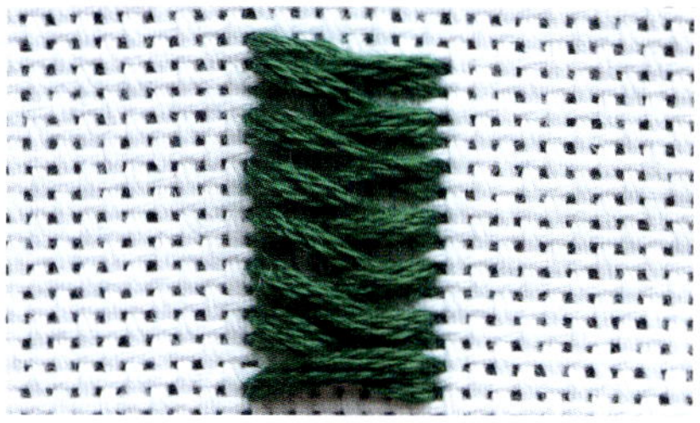
Flechtstich 97

KNOTENSTICH

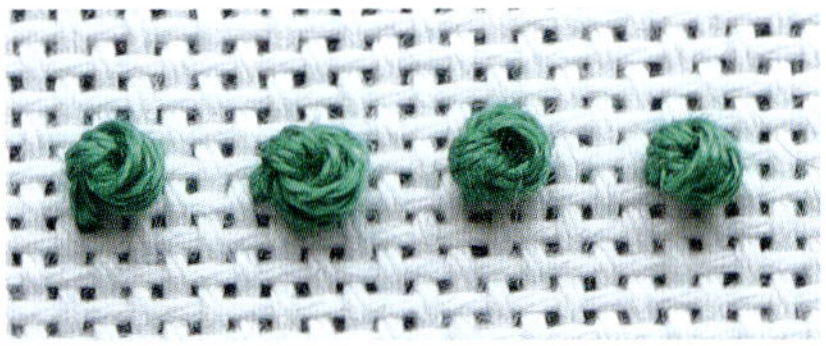
Knötchenstich 98

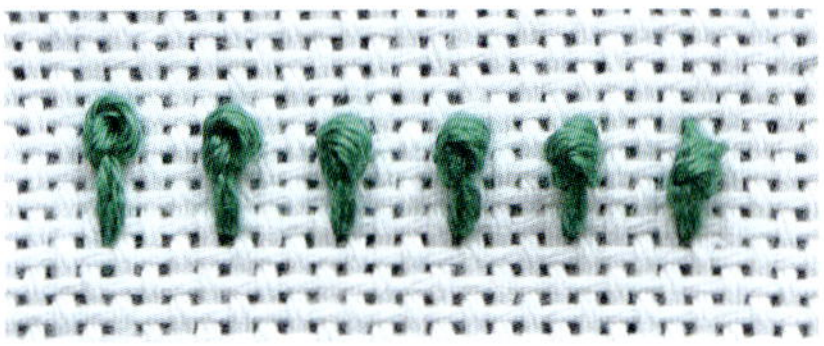
Stempelstich 98

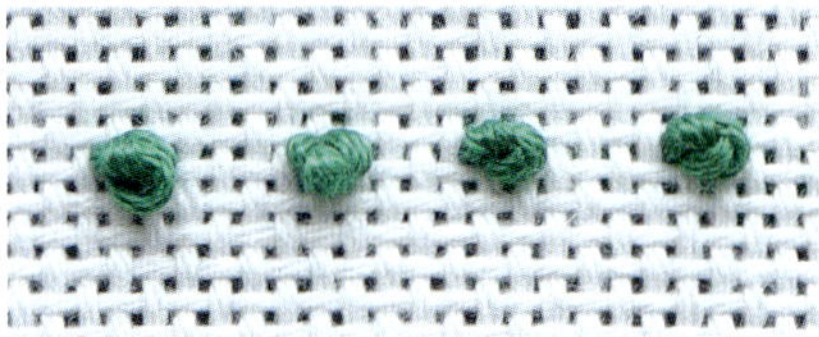
Kolonialknoten 99

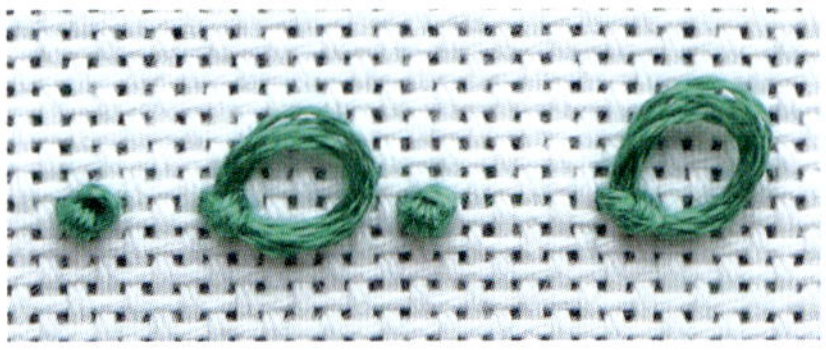
Peking-Knoten 99

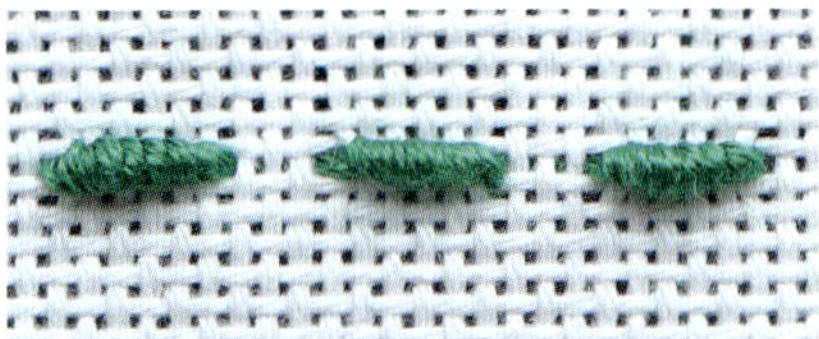
Wickelstich 99

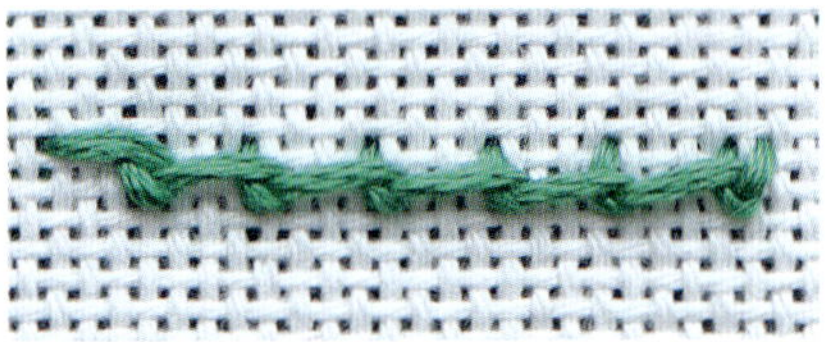
Schneckenstich 100

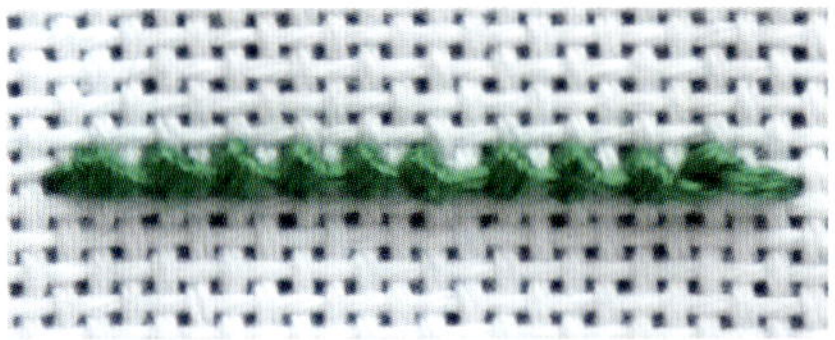
Perlstich 100

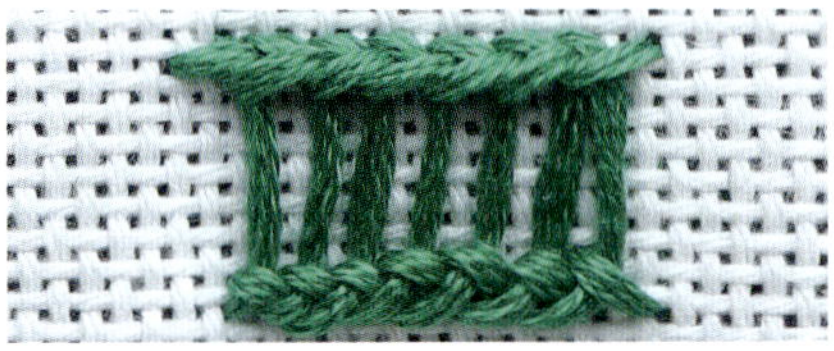
Leiterstich 100

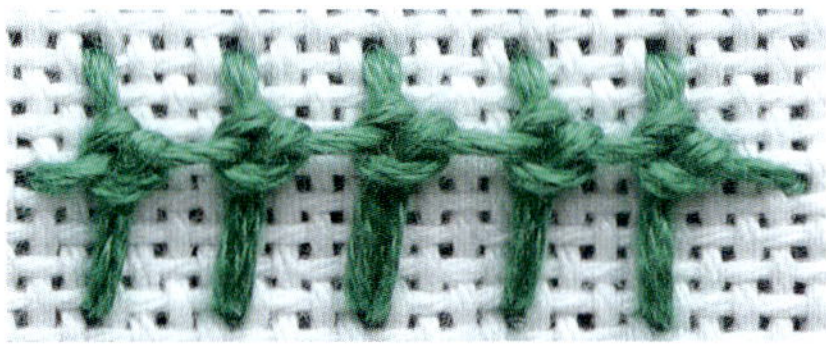
Basque-Stich 101

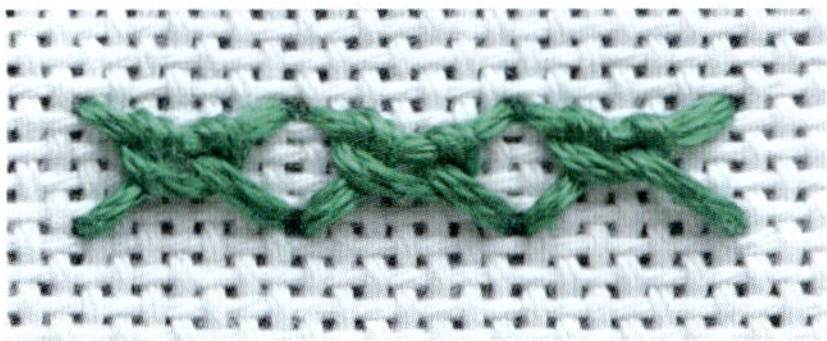
Sorbellostich 101

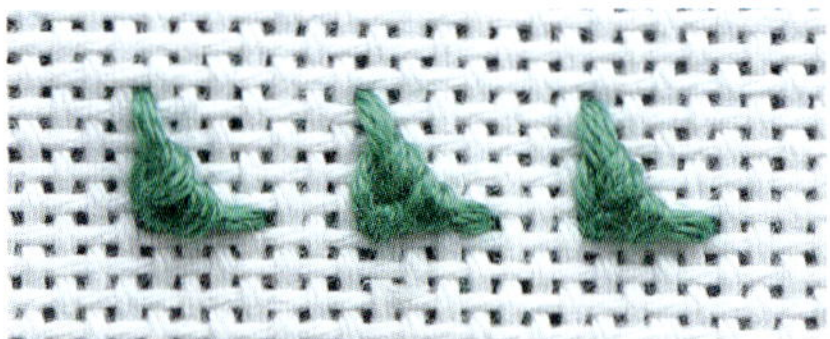
Dänischer Knotenstich 101

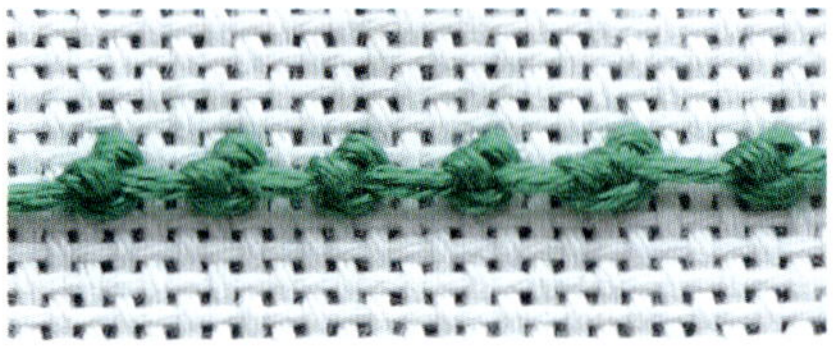
Palestrinastich 102

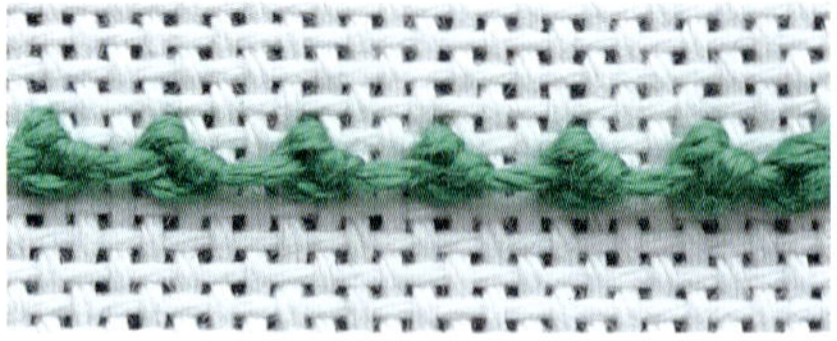
Rückwärtiger Palestrinastich 102

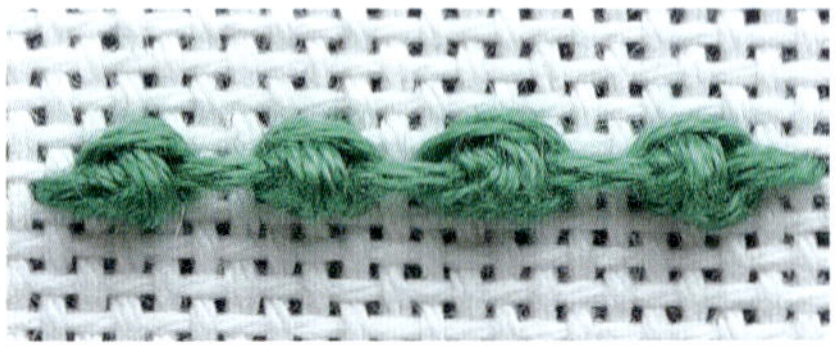
Dreifacher Palestrinastich 102

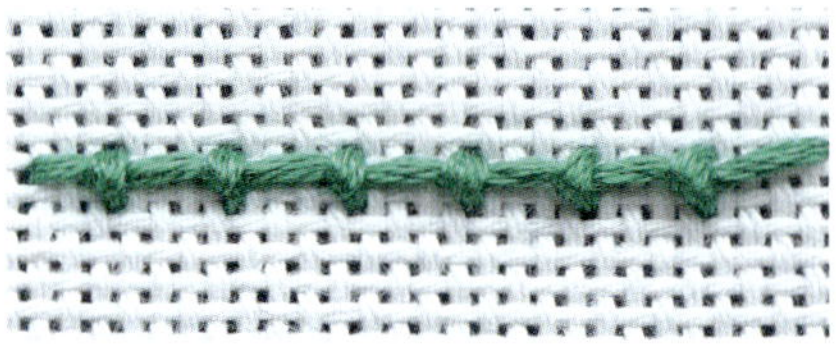
Korallenstich 103

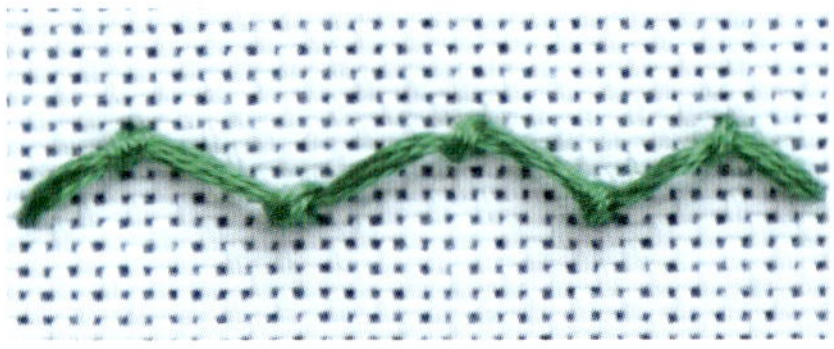
Zickzack-Korallenstich 103

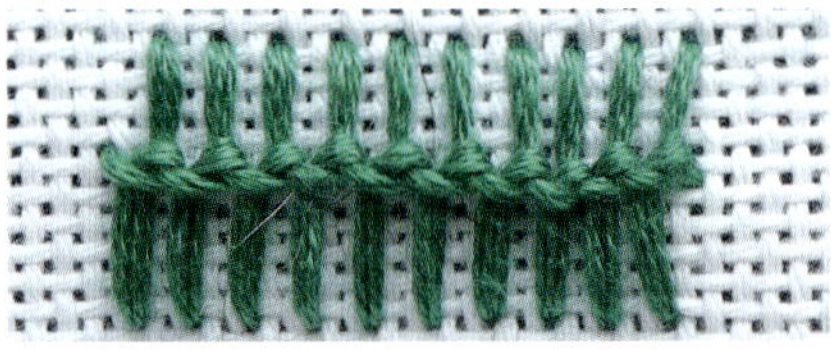
Tausendfüßlerstich 103

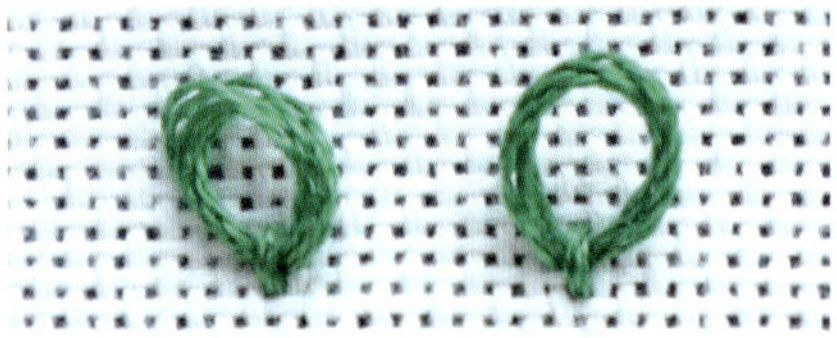
Ringstich 104

WEBSTICH

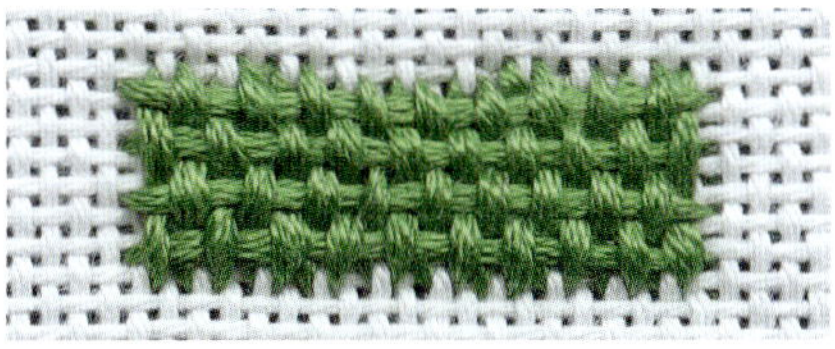

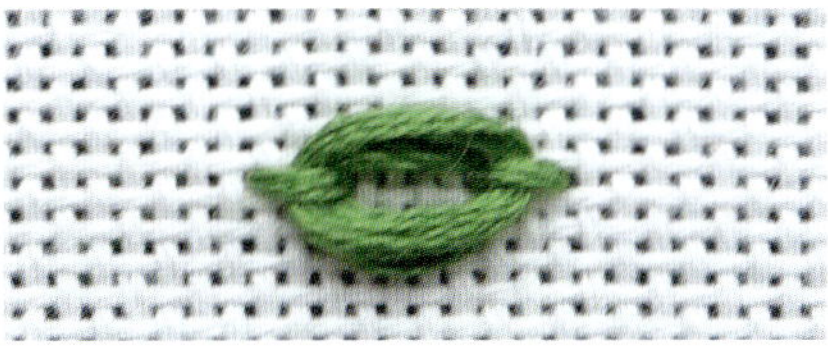

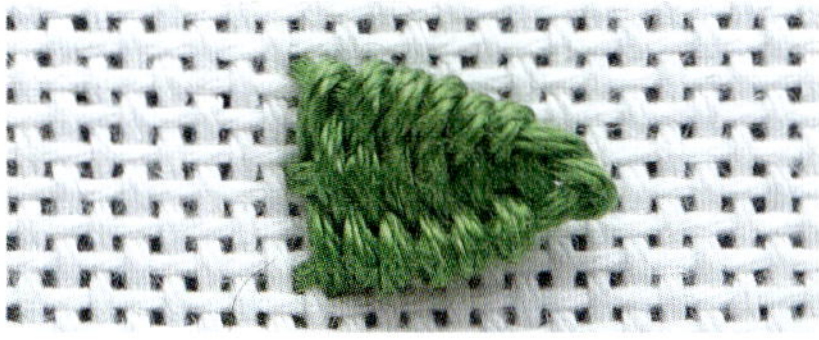

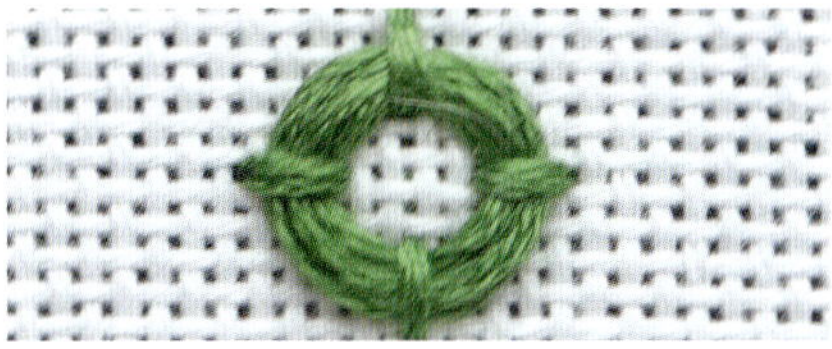

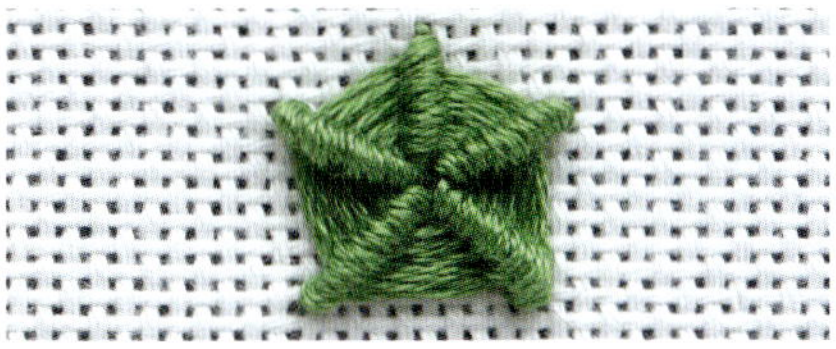

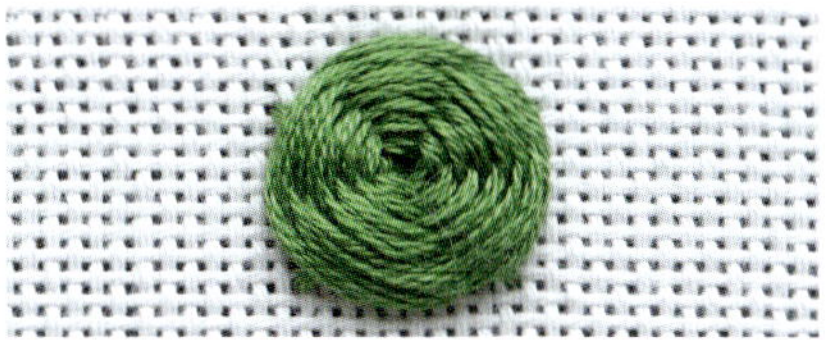

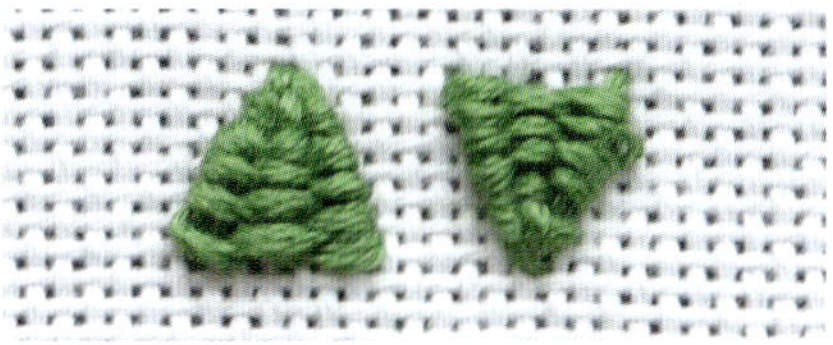

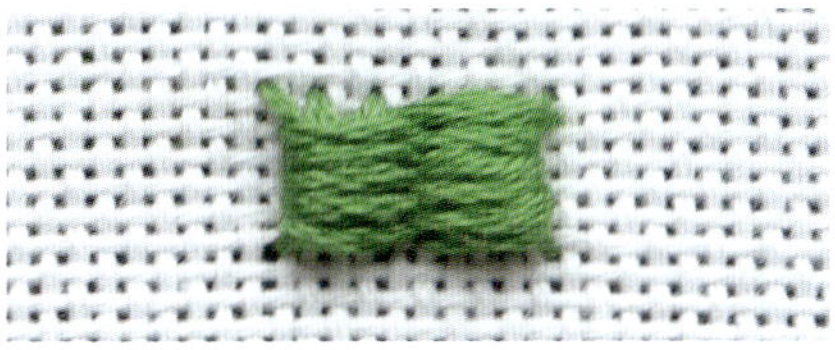

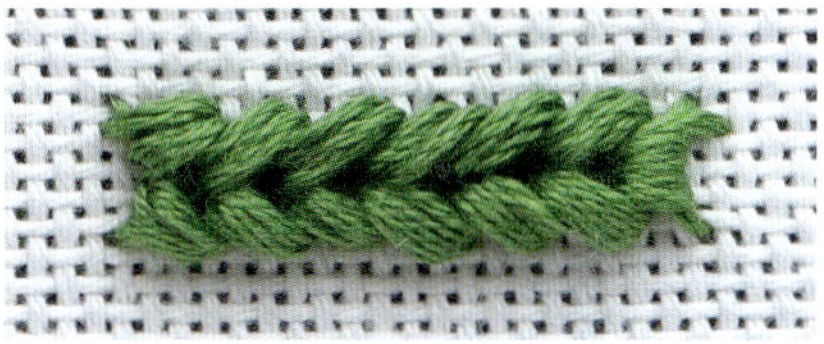

SONSTIGE STICHE

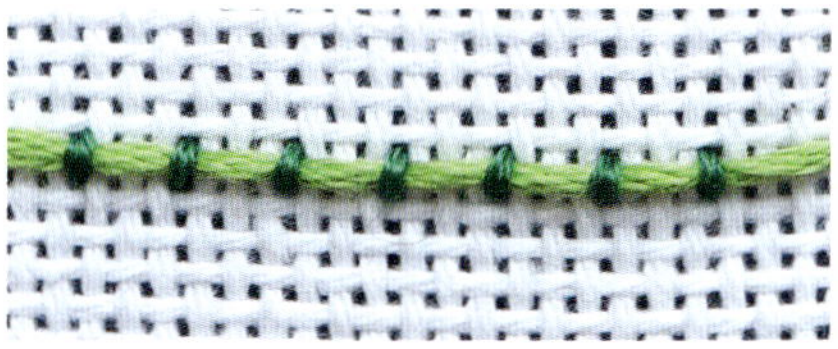

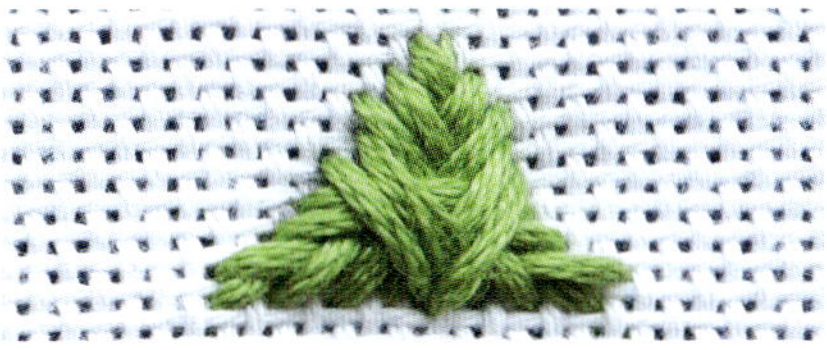

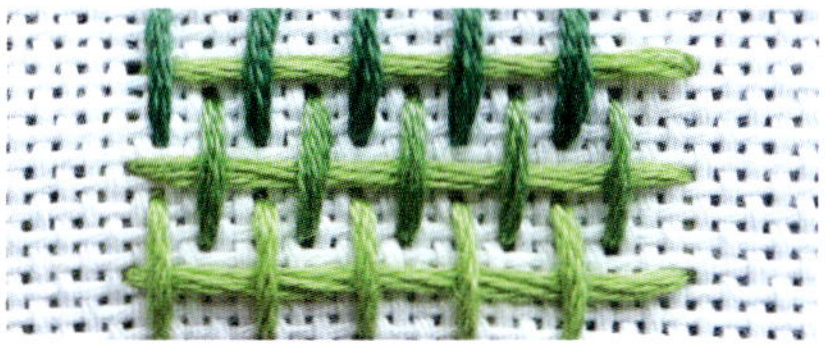

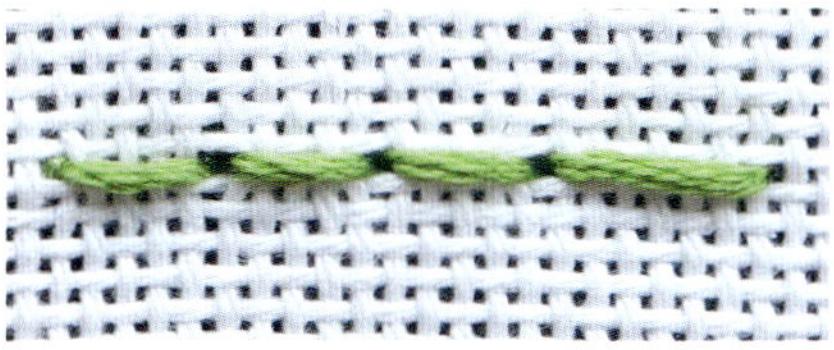

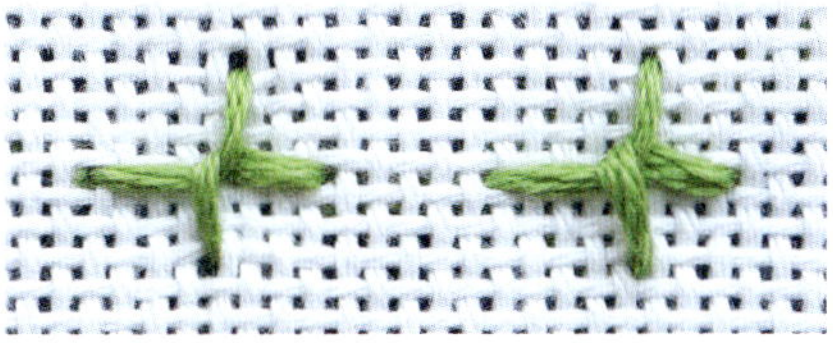

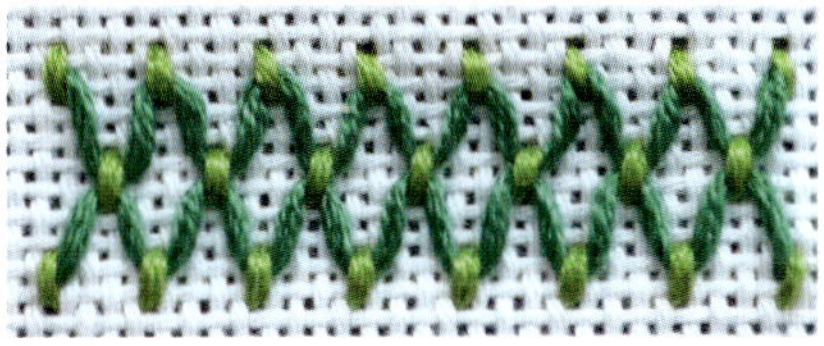

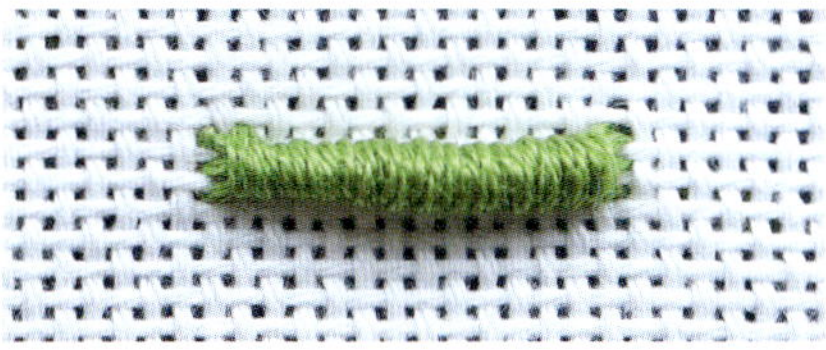

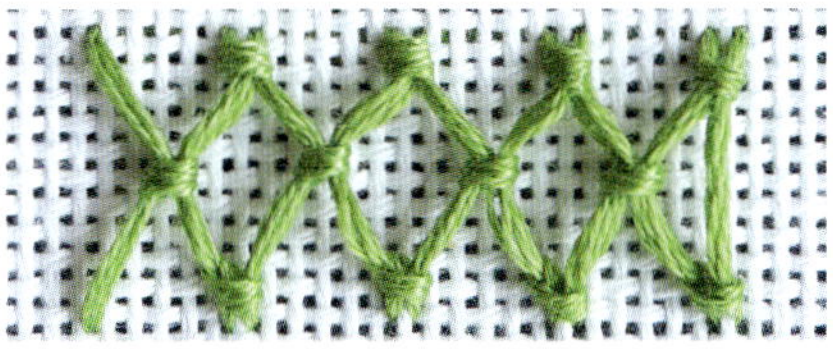

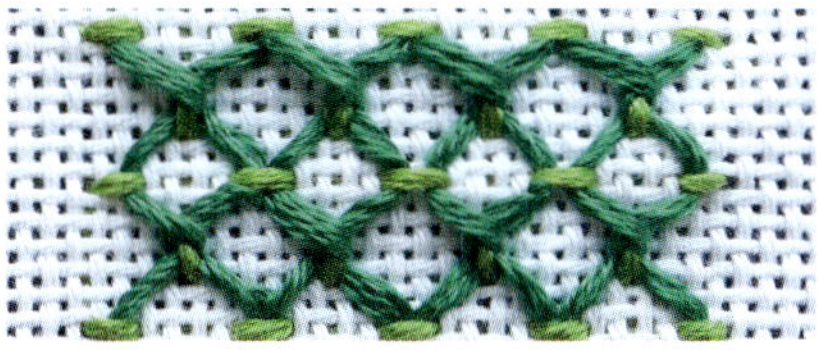

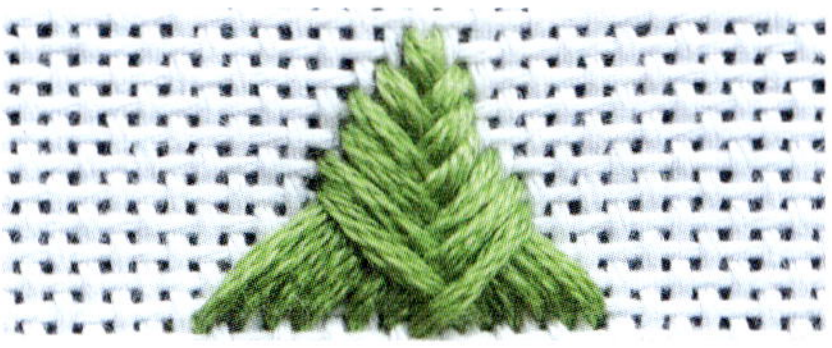

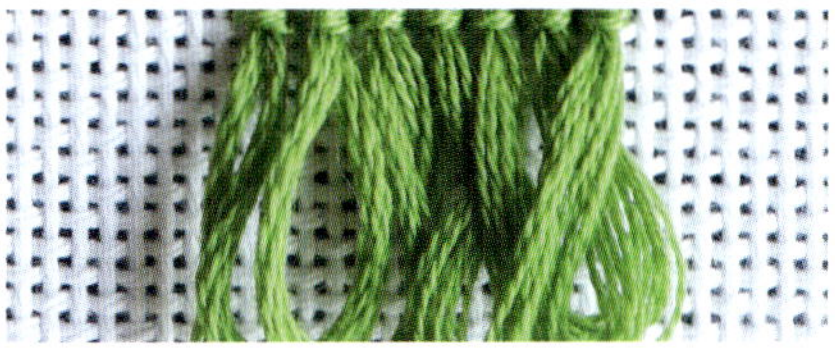

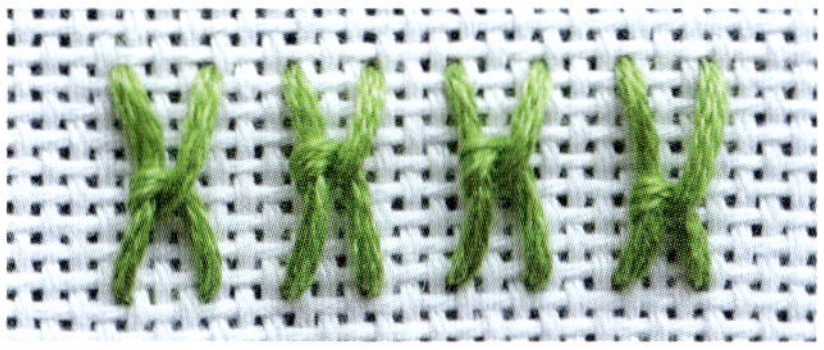

BUCHEMPFEHLUNGEN FÜR DICH

Noch mehr kreative Bücher zum gleichen Thema gesucht?

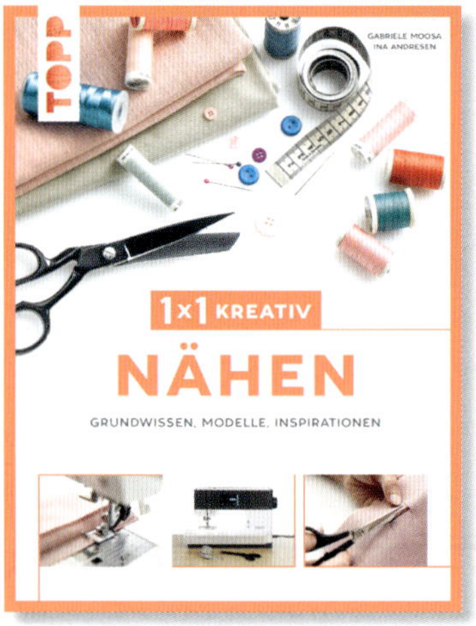

ISBN 978-3-7358-7022-3

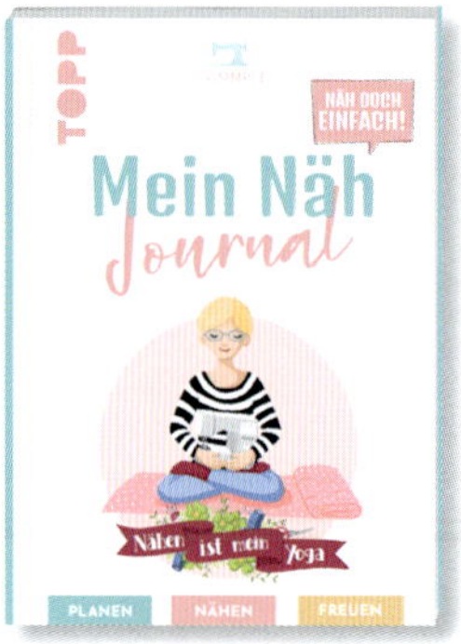

ISBN 978-3-7724-7358-7011-7

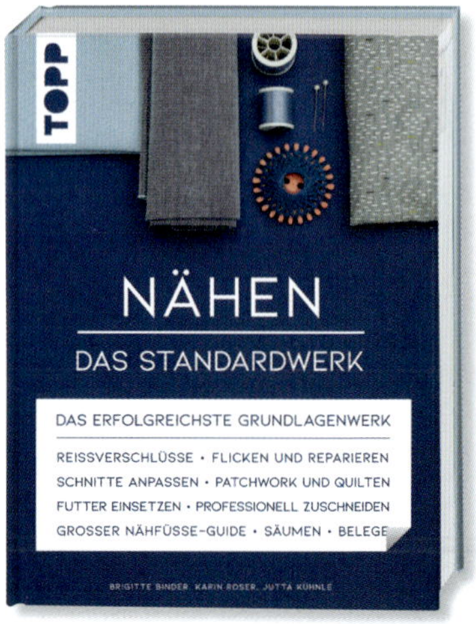

ISBN 978-3-7724-4860-7

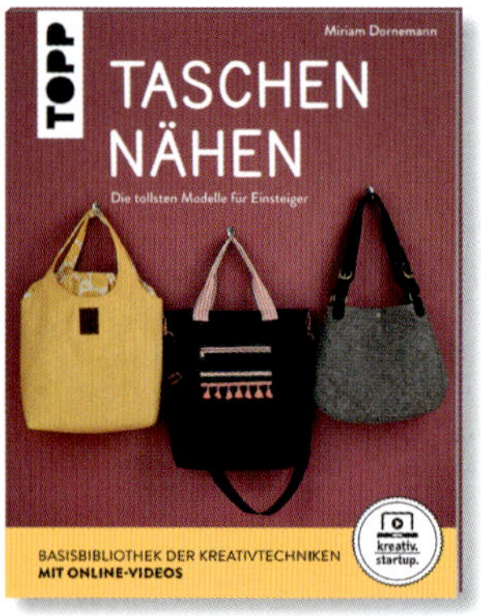

ISBN 978-3-7724-6887-2

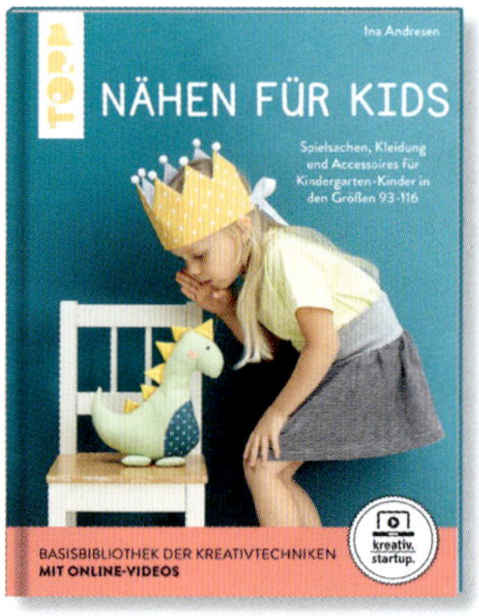

ISBN 978-3-7724-6850-6

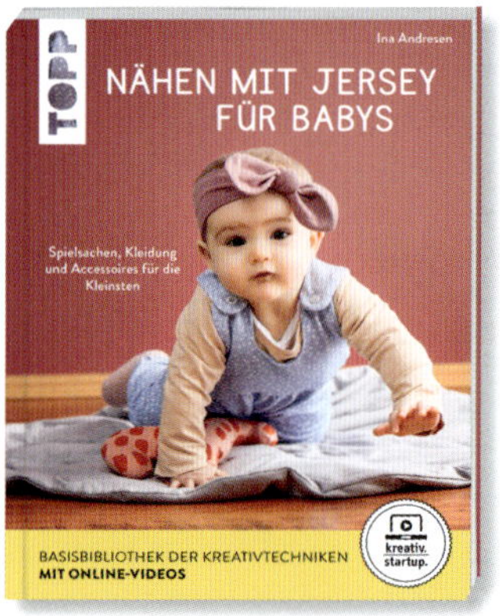

ISBN 978-3-7724-6855-1

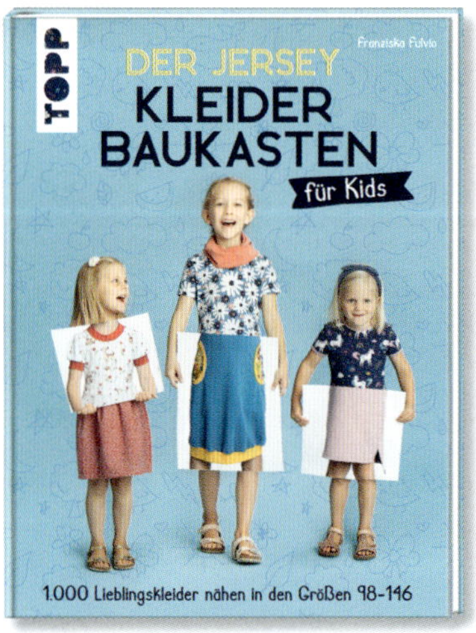

ISBN 978-3-7724-4881-2

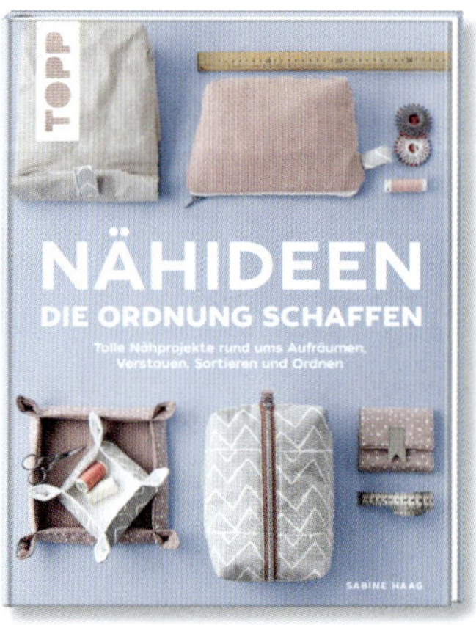

ISBN 978-3-7724-6891-9

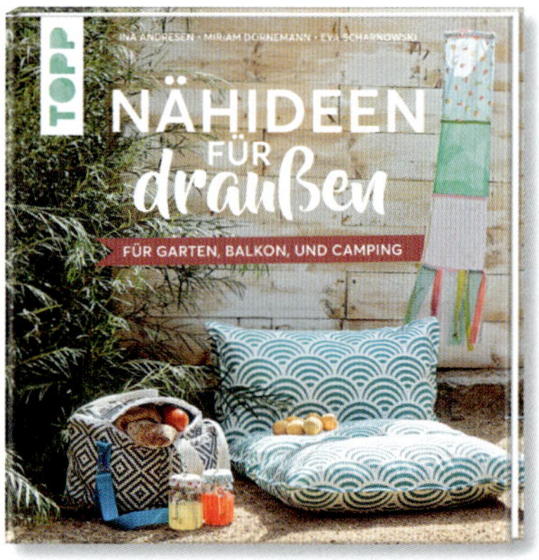

ISBN 978-3-7724-6883-4

Noch mehr Kreativ-Bücher findest du auf www.TOPP-kreativ.de

WEITERE INTERESSANTE TITEL ZUM THEMA ...

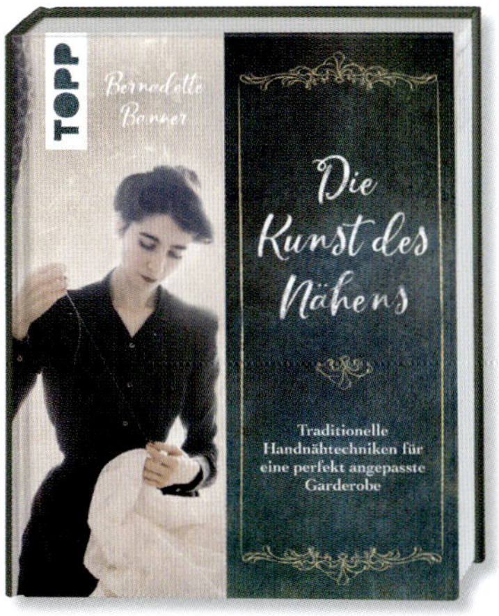

ISBN 978-3-7358-7005-6

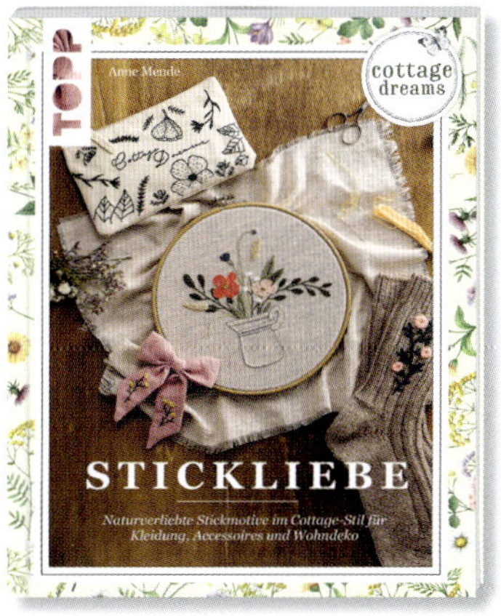

ISBN 978-3-7724-6857-5

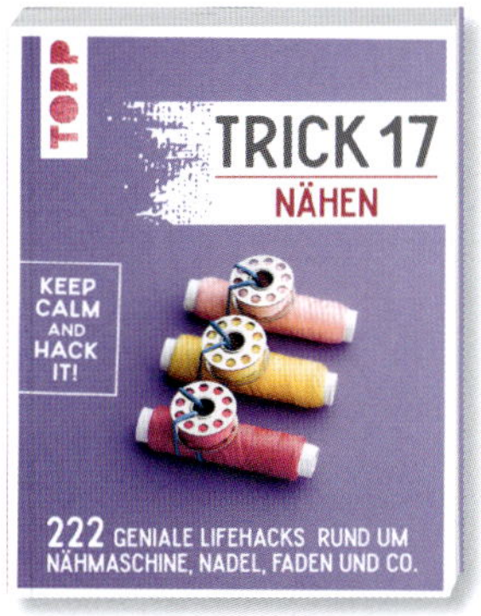

ISBN 978-3-7724-4835-5

#TOPPprojekt

Die eigene Kreativität zeigen: TOPPprojekt mit anderen Kreativen teilen und Teil der Gemeinschaft werden.

DIY-begeistert und auf Instagram? Dann unbedingt mitmachen! Hier gibt's Tipps und Feedback zu den eigenen Projekten. Außerdem verlosen wir jeden Monat ein Überraschungspaket. Um am Gewinnspiel teilzunehmen, einfach ein Bild vom Kreativ-Projekt aus unseren Büchern mit #TOPPprojekt posten und unserem Account @frechverlag folgen. Mehr Infos auf TOPP-kreativ.de/TOPPprojekt

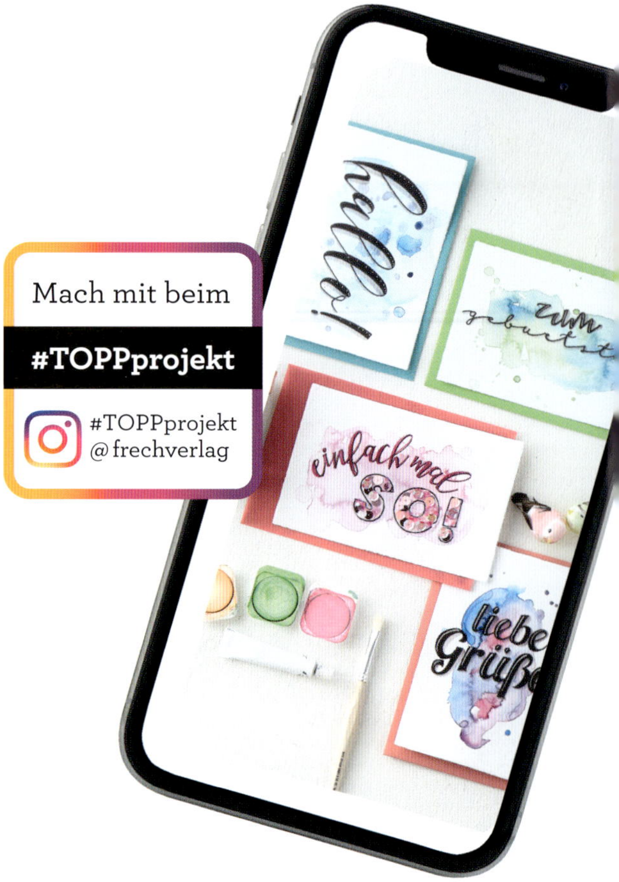

Webseite
Auf TOPP-kreativ.de gibt es ein riesiges Angebot von über 1.000 Kreativbüchern, Sets und mehr zu entdecken.

Newsletter
Immer als Erstes von unseren Neuheiten und Sonderaktionen erfahren: TOPP-kreativ.de/newsletter

Instagram
@frechverlag

Pinterest
pinterest.com/frechverlag

Facebook
facebook.com/frechverlag

DigiBib
Hier gibt es zusätzlich zu einigen unserer Bücher digitale Extras, wie Video-Tutorials, Plotter-Dateien, Vorlagen, Übungsblätter und vieles mehr. Einfach im Impressum eines TOPP-Buchs nachschauen, ob dort ein Code vorhanden ist, und exklusive Inhalte freischalten. TOPP-kreativ.de/digibib

Youtube
youtube.com/frechverlag

WER WIR SIND, WIE WIR ARBEITEN, WAS WIR LIEBEN …

Mehr über uns und unsere Arbeit und immer mit den neuesten Informationen versorgt schnell und einfach auf Instagram, Facebook und Pinterest.

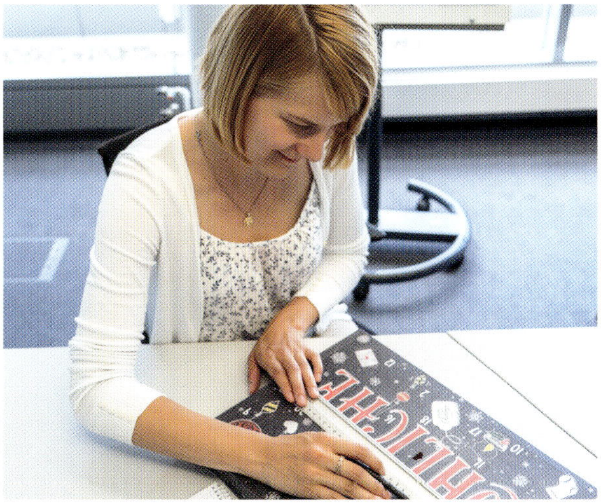

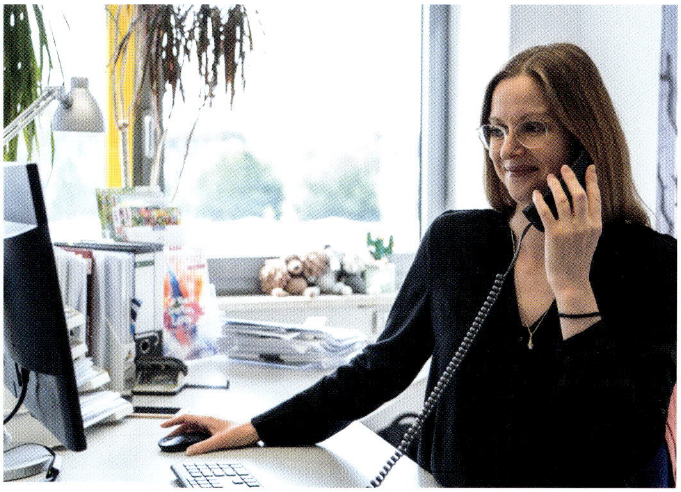

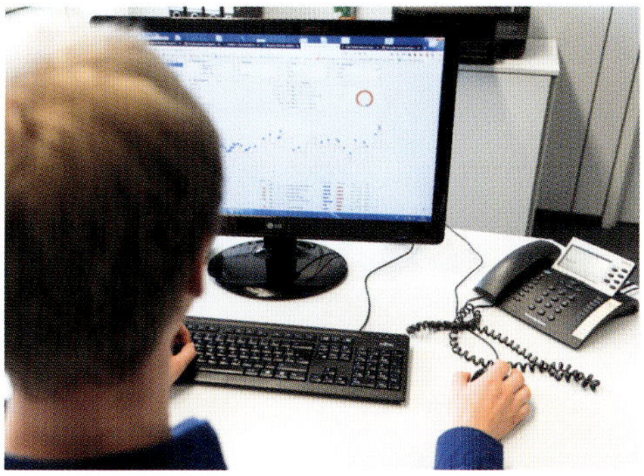

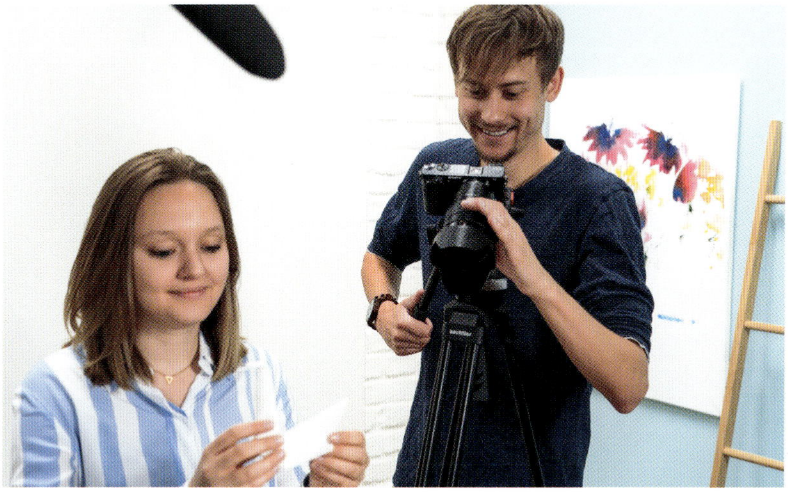

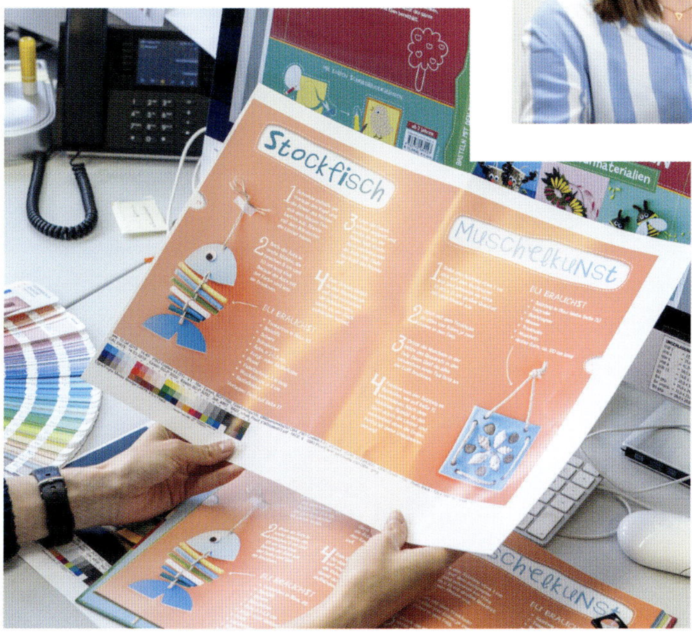

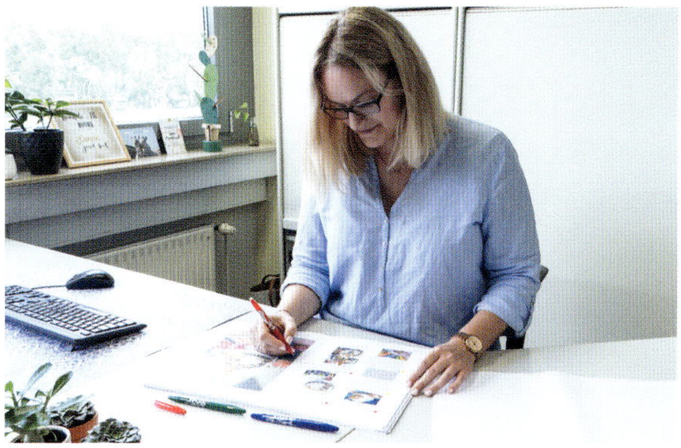

Alle News, alle Infos und alle Links findest du auf www.TOPP-kreativ.de

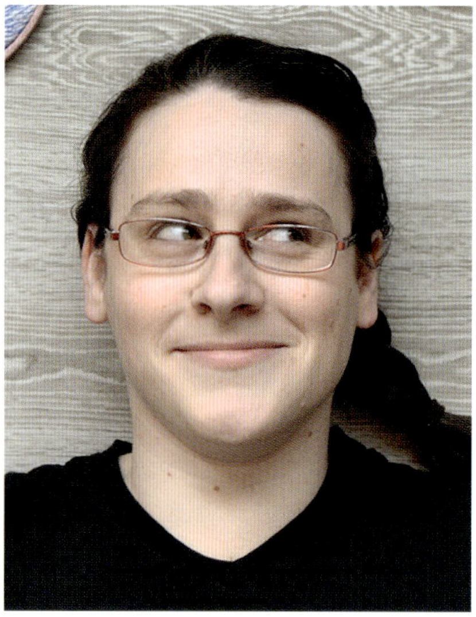

Hallo, ich bin Anne Mende und ich bin stickverrückt. Seit über zehn Jahren ist es meine Mission, Stickbegeisterten zu helfen, sticken zu lernen oder das Sticken noch besser zu verstehen. Begonnen hat meine eigene textile Reise in meinem Kinderzimmer mit der alten Nähmaschine meiner Mutter. Vom Nähen über Stricken, Spinnen, Färben und Häkeln habe ich alles ausprobiert. Doch nichts ist bei mir so hängen geblieben wie das Sticken.
Nach vielen Umzügen bin ich mit meiner Familie jetzt im Oderbruch mitten auf dem platten Land gelandet. Hier bauen wir unser altes Bauernhaus aus, bearbeiten den Garten und laufen den ausgebüxten Hühnern hinterher (ja, wirklich!). Es war eine lange Reise bis hierher, die über Japan, zwei abgebrochene Studiengänge, aufregende Jahre in einem Mittelalterverein und auch das Mamawerden und -sein führte. Mit dabei waren immer die Handarbeiten. Ich bin so dankbar, damit einen Begleiter gehabt zu haben, mit dem ich in turbulenten Zeiten einen Raum der Ruhe und Entspannung finden konnte.

DANKE!

Wir bedanken uns sehr herzlichen bei MEZ GmbH (www.mezcrafts.com) für die freundliche Unterstützung dieses Buches.

UNSER SERVICE FÜR SIE

Hilfestellung zu allen Fragen, die Materialien und Bücher zu kreativen Hobbys betreffen: Frau Erika Noll berät Sie. Rufen Sie an oder schreiben Sie eine E-Mail!
Telefon: 0711 / 12 37 57 20 * *normale Telefongebühren
E-Mail: mail@kreativ-service.info

IMPRESSUM

Der Downloadcode für die Vorlagen lautet: **55288**

Texte, Fotos und Illustrationen: Anne Mende

Produktmanagement: Lisa-Marie Weigel

Lektorat: A. Reuß, Karlsruhe

Layout: Petra Theilfarth

Druck und Bindung: Print Best OÜ

4. Auflage 2025

ISBN 978-3-7358-7027-8 • Best.-Nr. 27027

MIX
Papier | Fördert gute Waldnutzung
FSC® C129413

Penguin Random House Verlagsgruppe FSC® N001967

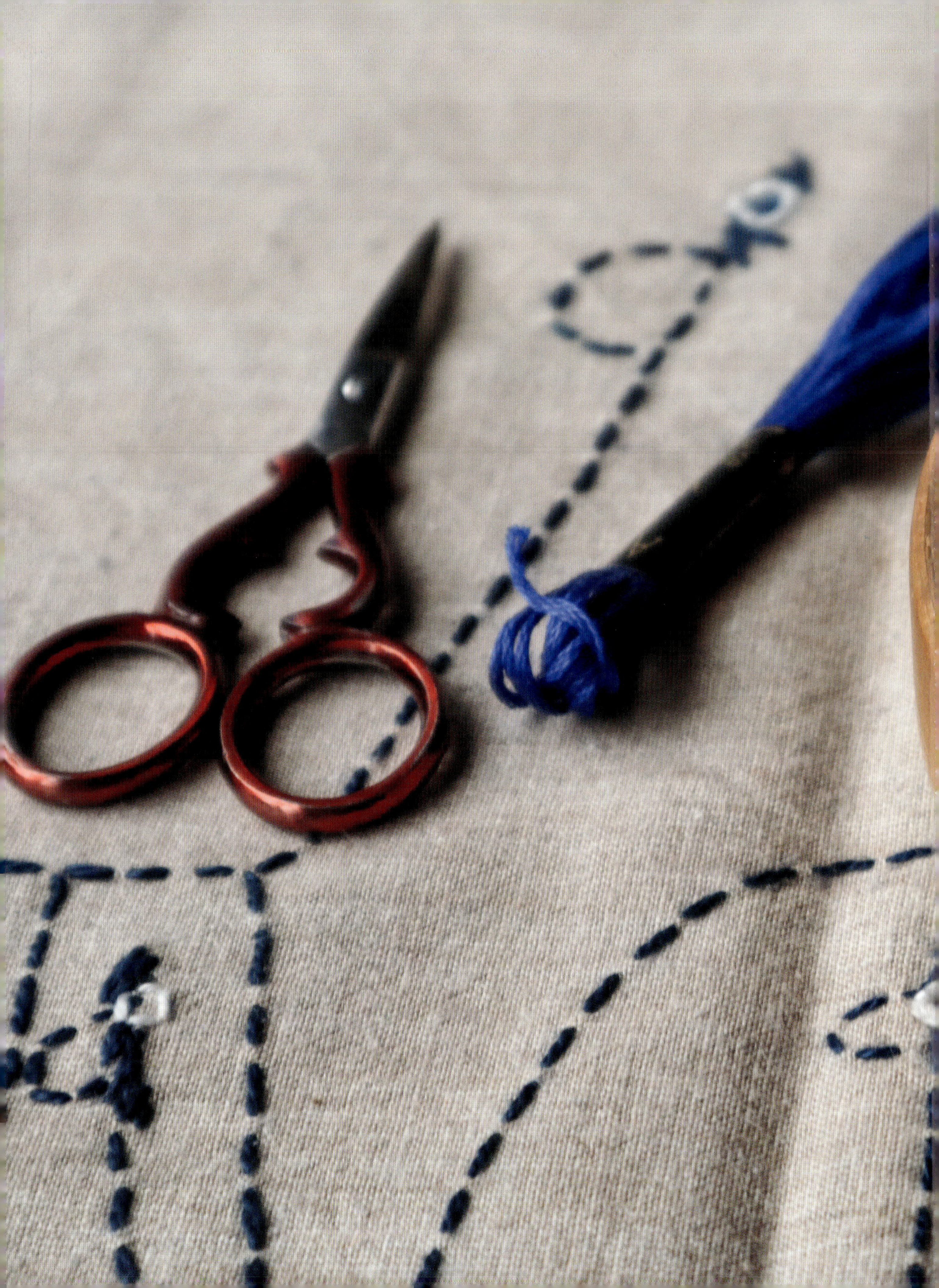